中国特色高水平高职学校项目建设成果

路基路面工程施工

LUJI LUMIAN GONGCHENG SHIGONG

主　编◎张志伟
副主编◎王天成　吴　岩
主　审◎葛贝德　徐国良

中国铁道出版社有限公司
CHINA RAILWAY PUBLISHING HOUSE CO., LTD.

内 容 简 介

本书依据高等职业院校道路桥梁工程技术专业人才培养目标和定位要求，结合交通运输部颁发的现行公路路基、路面工程施工技术规范规定，以及国务院发布的《国家职业教育改革实施方案》（职教20条）等相关文件，以路基路面工程施工工作过程为导向编写而成。全书包括填筑路基工程施工、修砌路基附属工程施工、铺筑路面工程施工三个学习情境，根据具体的工程施工特点梳理出8个可实施的工作任务并以新型活页式教材形式呈现。本书侧重培养学生在施工一线从事公路工程实践的能力，满足企业对于学生知识、技能及思政素质等方面的要求。

本书适合作为高等职业院校道路桥梁工程技术专业学习用书，对于公路与城市道路、市政工程技术、寒区路桥工程施工技术、工程监理、公路养护技术、旧路旧桥加固技术等交通运输类、土建类专业群及相关工程技术人员同样具有参考价值。

图书在版编目（CIP）数据

路基路面工程施工 ：中国特色高水平高职学校项目建设成果 / 张志伟主编. -- 北京 ：中国铁道出版社有限公司，2024. 12. -- ISBN 978-7-113-31610-5

Ⅰ. U416

中国国家版本馆CIP数据核字第2024J9V777号

书　　名：路基路面工程施工
作　　者：张志伟

策　　划：祁　云　何红艳　　　**编辑部电话：**（010）63560043
责任编辑：何红艳　许　璐
封面设计：刘　颖
责任校对：刘　畅
责任印制：赵星辰

出版发行：中国铁道出版社有限公司（100054，北京市西城区右安门西街8号）
网　　址：https://www.tdpress.com/51eds
印　　刷：天津嘉恒印务有限公司
版　　次：2024年12月第1版　2024年12月第1次印刷
开　　本：880 mm×1 230 mm　1/16　**印张：**19　**字数：**587千
书　　号：ISBN 978-7-113-31610-5
定　　价：59.80元

中国特色高水平高职学校项目建设系列教材编审委员会

编写说明

实施中国特色高水平高职学校和专业建设计划(简称“双高计划”)是教育部、财政部为建设一批引领改革、支撑发展、中国特色、世界水平的高等职业学校和骨干专业(群)而做出的重大决策。哈尔滨职业技术大学(原哈尔滨职业技术学院)入选“双高计划”建设单位,学校对中国特色高水平学校建设进行顶层设计,编制了站位高端、理念领先的建设方案和任务书,并扎实开展了人才培养高地、特色专业群、高水平师资队伍与校企合作等项目建设,借鉴国际先进的教育教学理念,开发中国特色、国际水准的专业标准与规范,深入推动“三教改革”,组建模块化教学创新团队,实施“课程思政”,开展“课堂革命”,校企双元开发活页式、工作手册式、新形态教材。为适应智能时代先进教学手段应用,学校加大优质在线资源的建设,丰富教材的信息化载体,为开发工作过程为导向的优质特色教材奠定基础。

按照教育部印发的《职业院校教材管理办法》要求,教材编写总体思路是:依据学校双高建设方案中教材建设规划、国家相关专业教学标准、专业相关职业标准及职业技能等级标准,服务学生成长成才和就业创业,以立德树人为根本任务,融入课程思政,对接相关产业发展需求,将企业应用的新技术、新工艺和新规范融入教材之中。教材编写遵循技术技能人才成长规律和学生认知特点,适应相关专业人才培养模式创新和课程体系优化的需要,注重以真实生产项目、典型工作任务及典型工作案例等为载体开发教材内容体系,实现理论与实践有机融合,满足“做中学、做中教”的需要。

本系列教材是哈尔滨职业技术大学中国特色高水平高职学校项目建设的重要成果之一,也是哈尔滨职业技术大学教材建设和教法改革成效的集中体现。教材体例新颖,具有以下特色:

第一,教材研发团队组建创新。按照学校教材建设统一要求,遴选教学经验丰富、课程改革成效突出的专业教师担任主编,邀请相关企业作为联合建设单位,形成了一支学校、行业、企业高水平专业人才参与的开发团队,共同参与教材编写。

第二,教材内容整体构建创新。精准对接国家专业教学标准、职业标准、职业技能等级标准确定教材内容体系,参照行业企业标准,有机融入新技术、新工艺、新规范,构建基于职业岗位工作需要的体现真实工作任务、流程的内容体系。

第三,教材编写模式形式创新。与课程改革相配套,按照“工作过程系统化”“项目+任务式”“任务驱动式”“CDIO 式”四类课程改革需要设计四大教材编写模式,创新新形态、活页式及工作手册式教材三大编写形式。

第四，教材编写实施载体创新。依据本专业教学标准和人才培养方案要求，在深入企业调研、岗位工作任务和职业能力分析基础上，按照“做中学、做中教”的编写思路，以企业典型工作任务为载体进行教学内容设计，将企业真实工作任务、真实业务流程、真实生产过程纳入教材之中。开发了教学内容配套的教学资源①，满足教师线上线下混合式教学的需要，本教材配套资源同时在相关平台上线，可随时下载相应资源，满足学生在线自主学习课程的需要。

第五，教材评价体系构建创新。从培养学生良好的职业道德、综合职业能力与创新创业能力出发，设计并构建评价体系，注重过程考核和学生、教师、企业等参与的多元评价，在学生技能评价上借助社会评价组织的“1 + X”考核评价标准和成绩认定结果进行学分认定，每部教材均根据专业特点设计了综合评价标准。

为确保教材质量，哈尔滨职业技术大学组建了中国特色高水平高职学校项目建设系列教材编审委员会，教材编审委员会由职业教育专家和企业技术专家组成。学校组织了专业与课程专题研究组，对教材持续进行培训、指导、回访等跟踪服务，有常态化质量监控机制，能够为修订完善教材提供稳定支持，确保教材的质量。

本系列教材在学校骨干院校教材建设的基础上，经过几轮修订，融入课程思政内容和课堂革命理念，既具积累之深厚，又具改革之创新，凝聚了校企合作编写团队的集体智慧。本系列教材的出版，充分展示了课程改革成果，为更好地推进中国特色高水平高职学校项目建设做出积极贡献！

哈尔滨职业技术大学中国特色高水平高职
学校项目建设系列教材编审委员会
2024 年 7 月

---

① 2024 年 6 月，教育部批复同意以哈尔滨职业技术学院为基础设立哈尔滨职业技术大学（教发函〔2024〕119 号）。本书配套教学资源均是在此之前开发的，故署名均为“哈尔滨职业技术学院”。

前　言

本书是在积极推进职业教育改革、探索校企合作、工学结合人才培养模式下，按照企业需求构建的基于工程施工过程课程体系的高等职业院校教材。本书围绕职业院校启动“学历证书＋职业技能等级证书”（1＋X 证书）制度试点工作，遵循以学生为主体，以行为为导向的课程开发理念，确定教材的知识点、技能点和思政点。本书着眼于学生职业生涯发展，有利于智能教学改革的实施，注重学生诚实守信、爱岗敬业、沟通合作、创新意识、工匠精神等思政素质和综合能力的培养，直接反映产业升级、技术进步和职业岗位变化的新要求。

本书主要内容包括填筑路基工程施工、修砌路基附属工程施工、铺筑路面工程施工三个学习情境，根据具体的工程施工特点梳理出 8 个可实施的工作任务，即编制路基施工准备计划、填筑路基土石方工程施工、处理特殊路基工程施工、砌筑路基防护工程施工、修建路基排水工程施工、铺筑路面基（垫）层工程施工、铺筑水泥混凝土路面面层工程施工、铺筑沥青路面面层工程施工。本书参考学时数为 65～83 学时。

本书特色与创新体现在如下几个方面：

1. 采用“学习情境—工作任务”式新的结构形式。本书打破了传统知识体系章节的结构形式，与典型路桥企业合作，开发了全新的以路基路面工程施工与管理人员的工作任务为载体的任务结构形式；设计的教学模式对接岗位工作模式，开发了利于学生自主学习的任务单、资讯单、计划单、决策单、作业单、检查单、评价单、反思单等能力训练的工作单，通过完成真实的工作任务掌握工作流程，实现学习过程与工作过程一致。

2. 全面融入行业技术标准、素质教育与能力培养。将路桥行业工程技术标准和学生就业岗位的工程施工员职业资格标准融入教材中，突出了职业道德和职业能力培养。通过学生自主学习，在完成学习性工作任务中训练学生对于知识、技能、思政、劳动教育和职业素养方面的综合职业能力，锻炼学生分析问题、解决问题的能力，注重多种教学方法的组合使用，将学生素质教育与能力培养融入教材。

3. 采用新型活页式设计引导学生学习工作过程系统化。本书的设计逻辑是以“学生学习为中心”，情境导入、学习目标、任务安排、资讯思维导图、课前自学、自学自测、任务实施指导等内容均是以工作过程系统化为指导原则，融知识点、技能点和思政点于情境导入、任务描述、资讯问题、任务实施，本书可以按照完成工作任务的需要摘取活页式训练测试，实现教材教学功能的有机拆分与实时聚合。

4. 配套教学资源丰富，支撑线上精品在线平台开放。本书针对学银在线（超星泛雅网络课程平台）上线的“道路工程施工技术”课程编写。2018 年该课程被评为黑龙江省级精品在线课程，每年更新资源 10% 左右，实现时间空间不限、线上线下混合的教学模式，编织丰富多彩的路桥工程新形态立体化课堂。本书配套教学资源主要包括书中所列二维码资源（含任务微课、试验视频、施工动画、岗位职责、实训项目、习题答案等）；网络平台资源包括微课视频、PPT、PDF 文本、Word 文件、导学帖、任务工单、讨论题、习题练习、测试题（1 + X 证书）、在线论坛、实训训练、作业库、试卷库、图片、辅助教学资料可在超星泛雅网络课程平台查看。

本书由哈尔滨职业技术大学张志伟任主编，哈尔滨职业技术大学王天成、吴岩任副主编，哈尔滨职业技术大学李维维、赵明微、刘红，黑龙江黑航航务勘察设计院有限公司崔维彬，哈尔滨铁道职业技术学院冯建亚，哈尔滨职业技术大学赵光楠、王希伟，东北林业大学王立峰参与编写。全书由哈尔滨职业技术大学葛贝德教授、黑龙江省招标有限公司徐国良研究员级高级经济师主审。具体编写分工如下：张志伟负责教材统稿和定稿工作，并编写任务 3、任务 7 和任务 8；王天成负责教材体例研究与审核工作并编写任务 2；吴岩编写任务 6；李维维、赵明微、刘红编写任务 4；崔维彬和冯建亚编写任务 5；赵光楠、王希伟编写任务 1；王立峰负责教材任务工单的实践性、操作性审核。

在此特别感谢哈尔滨职业技术大学教材编审委员会领导给予教材编写的指导和大力帮助，同时在本书的编写过程中，参考了书后所附各位专家的著作及文献资料，在此一并表示诚挚感谢。

由于编写组的业务水平和经验之限，书中难免有不妥之处，恳请广大读者批评、指正。

欲获得本书课程思维导图及“自学自测”参考答案可扫描以下二维码。

课程思维导图　　【自学自测】参考答案

编　者

2024 年 7 月

目　录

学习情境一　填筑路基工程施工 ………… 1

任务1　编制路基施工准备计划 ………… 3

任务单 ………… 3

自学资讯思维导图 ………… 4

课前自学 ………… 4

知识点1　组织准备 ………… 5

知识点2　技术准备 ………… 7

知识点3　物质准备 ………… 10

知识点4　施工现场准备 ………… 11

自学自测 ………… 14

任务实施 ………… 15

工作单 ………… 19

任务2　填筑路基土石方工程施工 ………… 28

任务单 ………… 28

自学资讯思维导图 ………… 29

课前自学 ………… 29

知识点1　路基施工放样 ………… 30

知识点2　路堤施工 ………… 36

知识点3　路堑施工 ………… 46

自学自测 ………… 55

任务实施 ………… 56

工作单 ………… 59

任务3　处理特殊路基工程施工 ………… 68

任务单 ………… 68

自学资讯思维导图 ………… 69

课前自学 ………… 69

知识点1　特殊土的种类 ………… 70

知识点2　软弱路基施工 ………… 70

知识点3　其他特殊路基施工 ………… 89

知识点4　路基整修、检查及验收 ………… 97

知识点5　路基施工资料整理 ………… 99

自学自测 ………… 101

任务实施 ………… 102

工作单 ………… 105

学习情境二　修砌路基附属工程施工 ………… 114

任务4　砌筑路基防护工程施工 ………… 116

任务单 ………… 116

自学资讯思维导图 ………… 117

课前自学 ………… 117

知识点1　坡面防护工程施工 ………… 118

知识点2　冲刷防护工程施工 ………… 122

知识点3　挡土墙防护工程施工 ………… 125

自学自测 ………… 134

任务实施 ………… 135

工作单 ………… 137

任务5　修建路基排水工程施工 ………… 146

任务单 ………… 146

自学资讯思维导图 ………… 147

课前自学 ………… 147

知识点1　地表排水工程施工 ………… 148

知识点2　地下排水工程施工 ………… 153

知识点3　路基附属工程检查与验收 ………… 157

自学自测 ………… 158

任务实施 ………… 159

工作单 ………… 163

学习情境三　铺筑路面工程施工 ………… 172

任务6　铺筑路面基(垫)层工程施工 ………… 174

任务单 ………… 174

自学资讯思维导图 ………… 175

课前自学 ………… 175

知识点1　路面基层施工概述 ………… 176

知识点 2　路面基层施工测量 …… 180

知识点 3　碎(砾)石类基(垫)层施工 …… 183

知识点 4　无机结合料稳定类基(垫)层施工 …… 186

知识点 5　其他路基基层施工 …… 191

知识点 6　路面基层施工检查验收标准 …… 198

知识点 7　路面基层施工资料整理 …… 200

自学自测 …… **202**

任务实施 …… **203**

工作单 …… **207**

任务 7　铺筑水泥混凝土路面面层工程施工 …… 216

任务单 …… **216**

自学资讯思维导图 …… **217**

课前自学 …… **217**

知识点 1　水泥混凝土路面面层概述 …… 218

知识点 2　水泥混凝土路面施工测量 …… 221

知识点 3　水泥混凝土路面施工准备工作 …… 223

知识点 4　水泥混凝土路面施工 …… 224

知识点 5　水泥混凝土路面施工检查及验收 …… 234

知识点 6　水泥混凝土路面施工资料整理 …… 234

自学自测 …… **236**

任务实施 …… **237**

工作单 …… **241**

任务 8　铺筑沥青路面面层工程施工 …… 250

任务单 …… **250**

自学资讯思维导图 …… **251**

课前自学 …… **251**

知识点 1　沥青路面面层概述 …… 252

知识点 2　沥青面层施工测量 …… 259

知识点 3　透层、黏层及封层施工 …… 259

知识点 4　沥青表面处治路面施工 …… 262

知识点 5　沥青贯入式路面施工 …… 264

知识点 6　热拌沥青混合料路面施工 …… 266

知识点 7　沥青路面的季节性施工 …… 272

知识点 8　沥青路面施工检查及验收 …… 274

知识点 9　沥青路面施工资料整理 …… 275

自学自测 …… **279**

任务实施 …… **280**

工作单 …… **285**

参考文献 …… 294

学习情境一

填筑路基工程施工

学习指南

情境导入

某省级路桥有限公司要进行路基工程施工，前期需要做好组织、物质和技术等准备工作，作为一名该企业现场施工技术人员该如何进行操作呢？例如技术准备内容包括熟悉设计文件、现场调查核对、设计交桩、复测与放样等。路基开工前应在全面理解设计要求的基础上，再根据合同、现场情况等编制实施性施工组织设计，并按管理规定报批。施工单位对现场施工人员进行岗位培训、技术和安全交底；临时工程应满足正常施工需要，保证路基施工影响范围内原有道路、结构物及农田水利等设施的使用功能。对填土材料中含水率、标准击实试验、有机质含量、冻胀、CBR 值进行试验，并在地质条件、断面形式等工程特点具有代表性的地段进行实际试验段测试，路段长度不宜小于 100 m。请你编制填筑路基工程施工实施的具体指导方案，保障施工单位按时顺利开展施工作业。

学习目标

知识目标：

1. 使用仪器设备进行边桩定位与放样；能够进行道路中线定位操作与质量检查。
2. 利用试验设备进行路基填土压实度的检测和工艺操作与规范检查。
3. 学习道路施工的技术交底；进行填方挖方计算；进行施工现场质量监控与检测评定。
4. 学习路堤填料的填筑方法；土方开挖组织；特殊路基工程施工，保证施工安全。
5. 路基边桩放样的实践；各种不同填筑材料的施工要求；路基压实的机械特点。

能力目标：

1. 制定各种类型道路路基路面的施工流程；编制道路路基路面的质量控制方案。
2. 区别填方、挖方路基施工要点；土质路基填筑和开挖方案与施工方法。

3. 选择石质路堑爆破施工的常用方法与注意事项;编制路基填筑施工技术交底。

4. 使学生具有探究学习、终身学习、分析问题、解决问题的能力。

5. 使学生具有良好的语言、文字表达能力和沟通能力。

素质目标:

1. 培养学生热爱祖国的民族自信心和自豪感,自觉践行社会主义核心价值观。

2. 培养学生社会主义公民道德、社会公德和家庭美德意识。

3. 培养学生严谨求实的科学态度和积极的生活态度。

4. 培养学生乐于奉献、诚实守信的工作态度。

5. 培养学生劳动伟大、劳动光荣的劳模精神及安全意识。

文件
项目经理部人员岗位职责

工作任务

任务 1 编制路基施工准备计划　　参考学时:课内 4 学时(课外 2 学时)

任务 2 填筑路基土石方工程施工　　参考学时:课内 12 学时(课外 4 学时)

任务 3 处理特殊路基工程施工　　参考学时:课内 10 学时(课外 4 学时)

任务1　编制路基施工准备计划

任 务 单

<table>
<tr><td>学习情境一</td><td>填筑路基工程施工</td><td>任务1</td><td colspan="4">编制路基施工准备计划</td></tr>
<tr><td colspan="2">任务学时</td><td colspan="5">课内4学时＋课外2学时</td></tr>
<tr><td colspan="7">布置任务</td></tr>
<tr><td>工作目标</td><td colspan="6">1. 能够识读道路工程施工中路基工程设计图纸。
2. 能够进行组织准备。
3. 学会编制物质准备计划。
4. 能够完成技术准备工作。
5. 能够做好施工现场准备工作计划。
6. 能够在完成任务过程中锻炼职业素养，严谨认真对待工作程序，完成任务能够吃苦耐劳主动承担，能够主动帮助小组落后的其他成员，有团队意识，诚实守信、不瞒骗，培养保证质量等建设优质工程的爱国情怀。</td></tr>
<tr><td>任务描述</td><td colspan="6">通过给定的道路工程施工中路基工程设计图纸和施工现场的概况描述，完成路基施工的准备方案及计划，工作中严格遵循《公路工程技术标准》（JTG B01—2014）和《公路路基施工技术规范》（JTG/T 3610—2019）。其中组织准备的主要内容包括设立项目经理部并选择相应的组织结构形式。技术准备的主要内容包括踏勘和调查、全面熟悉设计文件和编制施工组织设计文件。物质准备包括施工机械和原材料等。施工现场准备的目的是给顺利施工、方便职工生活、防洪、防火等文明生产和文明施工创造良好的条件，包括场地准备和临时工程。</td></tr>
<tr><td rowspan="2">学时安排</td><td>资讯</td><td>计划</td><td>决策</td><td>实施</td><td>检查</td><td>评价</td></tr>
<tr><td>1学时＋课外2学时</td><td>0.5学时</td><td>0.5学时</td><td>1学时</td><td>0.5学时</td><td>0.5学时</td></tr>
<tr><td>对学生学习及成果的要求</td><td colspan="6">1. 每名同学均能按照自学资讯思维导图自主学习，并完成课前自学的问题训练和自学自测。
2. 严格遵守课堂纪律，学习态度认真、端正，能够正确评价自己和同学在本任务中的素质表现。
3. 每位同学必须积极参与小组工作，在教师的示范指导下完成各种路基施工准备工作的相应劳动工作，做到能够积极主动不推诿，能够与小组成员合作完成工作任务。
4. 每位同学均需独立或在小组同学的帮助下完成技能训练工作单，并提请检查、签认，对提出的建议或有错误务必及时修改。
5. 每组必须完成全部“路基施工准备计划”工作的报告工单，并提请教师进行小组评价，小组成员分享小组评价分数或等级。
6. 每名同学均完成任务反思，以小组为单位提交。</td></tr>
</table>

自学资讯思维导图

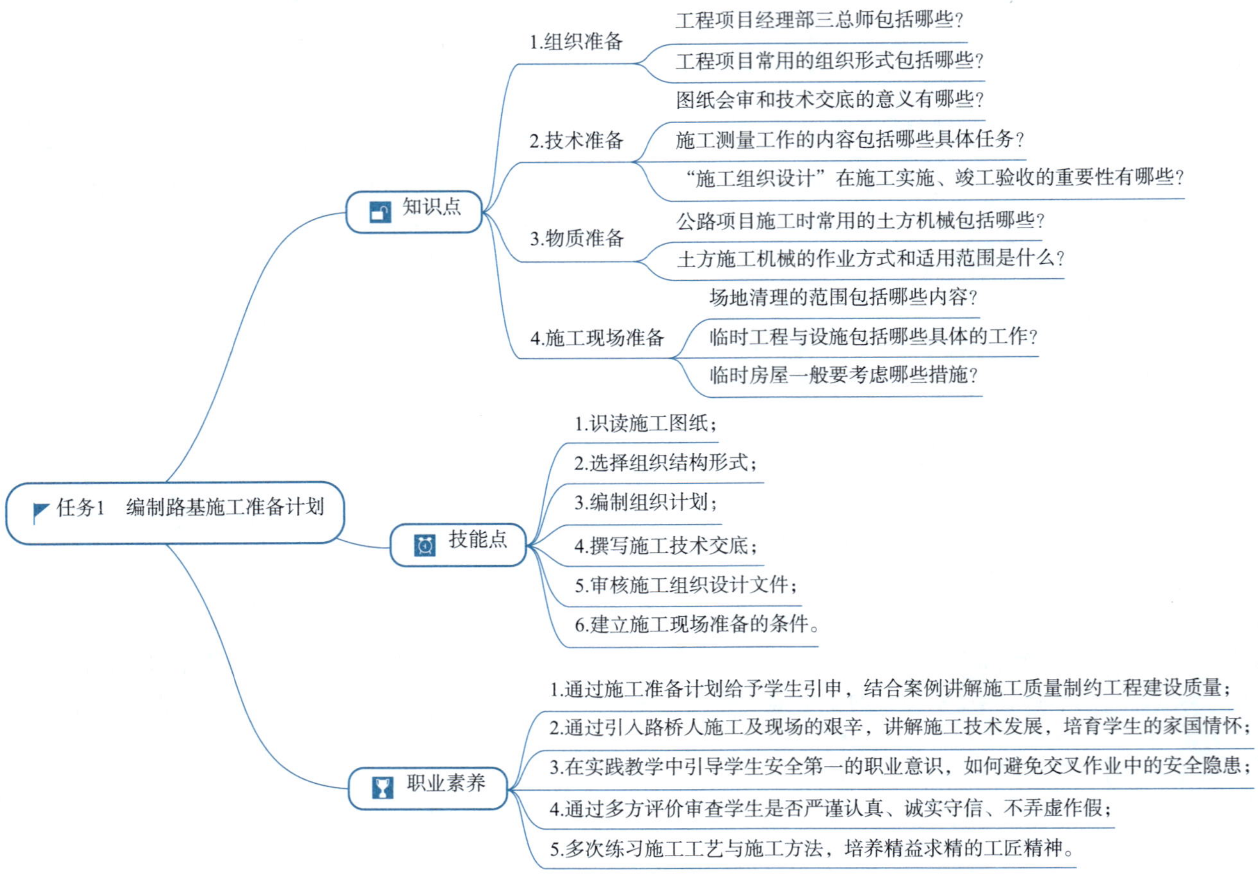

课 前 自 学

道路工程施工的第一个重要工作就是进行工程施工准备。道路工程项目施工准备工作按其性质及内容通常包括技术准备、物质准备、劳动组织准备、施工现场准备和施工场外准备。准备工作的好坏直接影响后续各项工作的施工质量、进度和工程造价。技术准备是施工准备的核心,由于任何技术的差错或隐患都可能引起人身安全和质量事故,造成生命、财产和经济的巨大损失。技术准备是准备工作的重点和难点,也是体现专业知识和专业技术水平的重要环节。

本任务是道路施工现场施工和管理人员必须具备的专业能力,涉及道路工程施工图识读、工程测量等专业知识,通过任务实施目的是使学生初步了解道路工程施工技术准备的具体工作内容、需要的专业技术知识和职业能力,课程教学可引入现场施工准备视频、图片等直观教学资源,以激发学习兴趣。任务实施可以由教师与学生共同设置情景,进行角色定位,虚拟道路工程施工准备过程;同时也可布置任务,进行相应的工地现场调研,使学生进入道路工程施工现场,了解现场道路工程施工的准备工作和工作内容。培养工程意识、质量意识、经济意识,并能很好完成本职工作;善于语言表达,能够与工程相关的设计单位、监理单位、分包商、各部门进行沟通与交流;遵守规范标准要求,善于观察和思考,养成发现问题、提出问题、及时解决问题的良好学习和工作习惯。

工程项目中标后,应会同上级有关主管部门及时进行工程资料交接,需要交接的资料主要包括投标期间的现场考察技术资料、投标文件、中标通知书、合同文件、与业主签订的相关协议、投标承诺、图纸等。为较好地落实各项施工准备工作,应根据各项准备工作的内容、时间和人员,编制施工准备工作计划。责任落实到人,并加强对计划的检查和监督,保证准备工作如期完成。项目施工涉及项目参加单位、道路沿线行政村及各单位、企业等,工程的协作和配合程度决定工程进度和投资能否达到预期,因此施工准备工作也必须将各专业、各工种的准备工作统筹安排和协调配合起来。只有取得建设单位、设计单位、监理单位以及与项目有关的人员和单位的支持，分工协作，才能顺利有效地实施。

路基施工前的准备计划工作包括各方面的内容。通过给定的道路工程施工中路基工程设计图纸和施工现场的概况描述，完成路基施工的准备方案及计划。其中组织准备的主要内容包括设立项目经理部并选择相应的组织结构形式。技术准备的主要内容包括踏勘和调查、全面熟悉设计文件和编制施工组织设计文件。物质准备包括施工机械和原材料等。施工现场准备的目的是给顺利施工、方便职工生活、防洪、防火等文明生产和文明施工创造良好的条件，包括场地准备和临时工程。

知识点1　组织准备

组织准备工作包括建立健全施工组织管理机构，制定施工管理制度，明确分工，落实责任。组织准备是一切工作的前提。我国对工程管理推行项目管理制度，实行项目管理。项目经理部设立的相关知识如下。

1.1.1　设立程序

设立项目经理部时应从项目管理的目标出发明确事项，因事设立机构定编制，按编制设岗定人员，以职责定制度授权力，组织机构设立程序如图1.1所示。

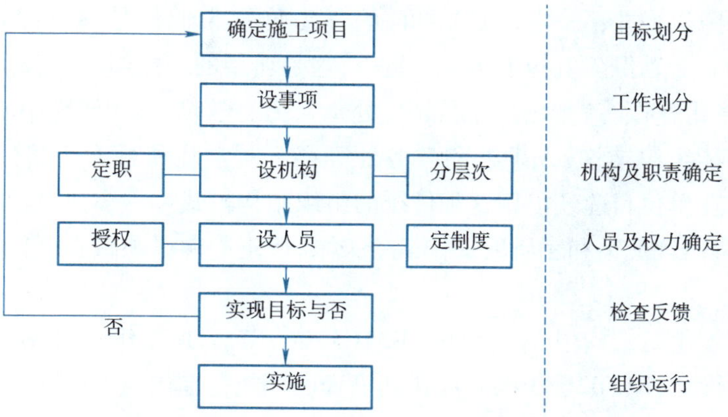

图1.1　组织结构设立程序图

1.1.2　管理跨度和分层

管理跨度亦称管理幅度，是指一个管理人员直接管理的下属人员的数量。跨度大，管理人员接触的关系增多，处理人与人之间关系的数量也随之增多。跨度太大，领导者及下属常会出现应接不暇的情况。组织结构设计中，必须使跨度适当。跨度大小与层次多少有关，层次多，跨度会小；层次小，跨度就会大。

项目经理部一般分为三个层次：

(1)决策层。项目经理部的决策层为以项目经理为首，有项目副经理、三总师（总工程师、总经济师、总会计师）参加的领导班子。

(2)管理层。管理层是指在项目经理的直接领导下的项目经理部中的各个职能部门或部门负责人。管理层是施工项目具体实施的直接指挥者，并对劳务作业层按劳动分包合同进行监督管理。

(3)业务实施层。业务实施层是由各职能部门经理直接指挥的部门专业人员，是项目的底层管理者。

想一想

工程项目经理部三总师包括哪些？

1.1.3 组织结构形式

常用的组织形式包括职能组织结构、线性组织结构和矩阵组织结构等。这几种组织结构形式可以在企业管理中运用,也可在建设项目管理中运用。

组织结构形式反映了一个组织系统中各子系统之间或各元素(各工作部门)之间的指令关系。组织分工反映了一个组织系统中各子系统或各元素的任务分工和管理职能分工。组织结构形式和组织分工都是一种相对静态的组织关系。而工作流程组织则反映一个组织系统中各个工作之间的逻辑关系,是一种动态关系。在一个建设工程项目实施过程中,其管理工作的流程、信息处理的流程,以及设计工作、物质采购和施工的流程的组织都属于工作流程组织的范畴。

1. 职能组织结构的特点及其应用

在人类历史发展过程中,当手工业作坊发展到一定规模时,一个企业内需要设置对人、财、物和产、供、销管理的职能部门,这样就产生了初级的职能组织结构。因此,职能组织结构是一种传统的组织结构模式。在职能组织结构中,每一个职能部门可根据它的管理职能对其直接非直接的下属工作部门下达工作指令,因此,每一个工作部门可能得到其直接和非直接的上级工作部门下达的工作指令,它就会有多个矛盾的指令源。一个工作部门的多个矛盾的指令源会影响企业管理机制的运行。

在一般的工业企业中,设有人、财、物和产、供、销管理的职能部门,另有生产车间和后勤保障机构等。虽然生产车间和后勤保障机构并不一定是职能部门的直接下属部门,但是,职能管理部门可以在其管理的职能范围内对生产车间和后勤保障机构下达工作指令,这是典型的职能组织结构。在高等院校中,设有人事、财务、教学、科研和基本建设等管理的职能部门(处室),另有学院、系和研究中心等教学和科研的机构,其组织结构形式也是职能组织结构,人事处和教务处等都可对学院和系下达其分管范围内的工作指令。我国多数企业、学校、事业单位目前还沿用这种传统的组织结构模式。许多建设项目也沿用这种传统的组织结构模式,在工作中常出现交叉和矛盾的工作指令关系,严重影响了项目管理机制的运行和项目目标的实现。

在图1.2所示的职能组织结构中,A、B1、B2、B3、C5、C6、C7都是工作部门,A可以对B1、B2、B3下达指令;B1、B2、B3都可以在其管理的职能范围内对C5、C6、C7下达指令;因此C5、C6、C7有多个指令源,其中有些指令可能是矛盾的。

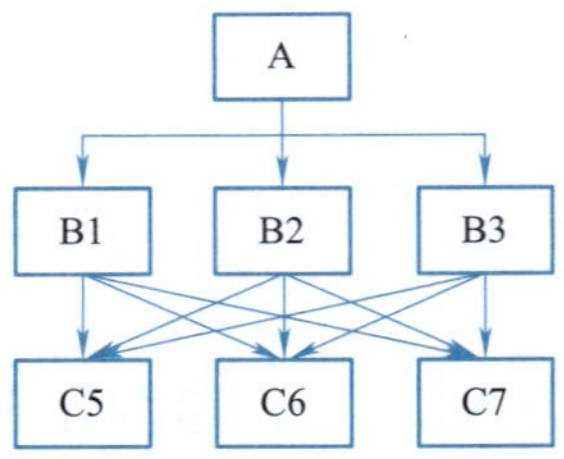

图1.2 职能组织结构

2. 线性组织结构的特点及其应用

在军事组织系统中,组织纪律非常严谨,军、师、旅、团、营、连、排和班的组织关系是指令按逐级下达,一级指挥一级和一级对一级负责。线性组织结构就是来自这种十分严谨的军事组织系统。在线性组织结构中,每一个工作部门只能对其直接的下属部门下达工作指令,每一个工作部门也只有一个直接的上级部门,因此,每一个工作部门只有唯一的指令源,避免了由于矛盾的指令而影响组织系统的运行。

在国际上,线性组织结构形式是建设项目管理组织系统的一种常用模式,因为一个建设项目的参与单位很多,少则数十,多则数百,大型项目的参与单位将数以千计,在项目实施过程中矛盾的指令会给工程项目目标的实现造成很大影响,而线性组织结构模式可确保工作指令的唯一性。但在一个特大的组织系统中,由于线性组织结构形式的指令路径过长,有可能会造成组织系统在一定程度上运行的困难。

图1.3所示的线性组织结构中:

(1)A可以对其直接的下属部门B1、B2、B3下达指令;

(2)B2可以对其直接的下属部门C21、C22、C23下达指令;

(3)虽然B1和B3比C21、C22、C23高一个组织层次,但是,B1和B3并不是C21、C22、C23的直接上级部门,它们不允许对C21、C22、C23下达指令。

在该组织结构中,每一个工作部门的指令源是唯一的。

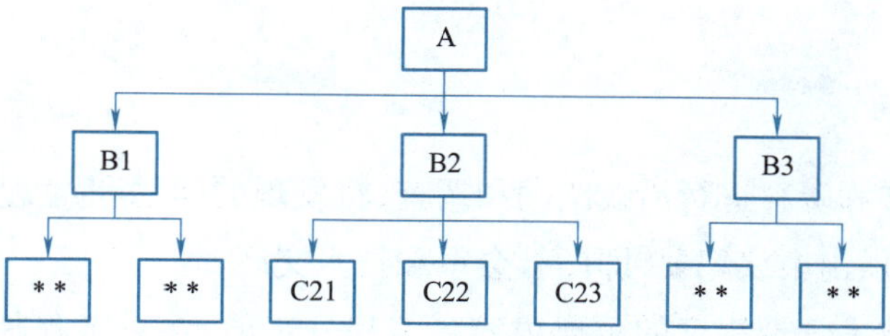

图 1.3　线性组织结构

3. 矩阵组织结构的特点及其应用

矩阵组织结构是一种较新型的组织结构模式。在矩阵组织结构最高指挥者(部门)下设纵向和横向两种不同类型的工作部门。纵向工作部门如人、财务、物、产、供、销的职能管理部门,横向工作部门可以是计划管理、技术管理、合同管理、财务管理和人事管理部门等,而横向工作部门可以是项目部,如图 1.4 所示。

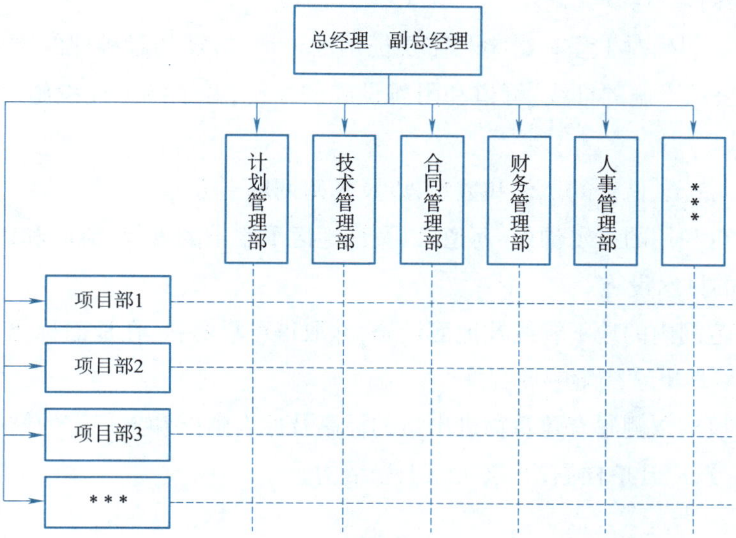

图 1.4　矩阵组织结构

一个大型建设项目如采用矩阵组织结构模式,则纵向工作部门可以是投资控制、进度控制、质量控制、合同管理、信息管理、人事管理、财务管理和物质管理等部门,而横向工作部门可以是各子项目的项目管理部,矩阵组织结构适宜用于大的组织系统,在上海地铁一号线建设时期都采用了矩阵组织结构形式。

在矩阵组织结构中,每一项纵向和横向交会的工作,指令来自纵向和横向两个工作部门,因此其指令源为两个。当纵向和横向工作部门的指令发生矛盾时,由该组织系统的最高指挥者(部门),即总经理进行协调或决策。

答一答

工程项目常用的组织形式包括哪些?

知识点 2　技术准备

施工技术准备工作是工程开工前期一项重要的工作,包括施工前的踏勘和调查,施工测量及交桩复测,全面熟悉设计文件,根据核实的工程数量、工地特点、工期要求及设备准备情况等编制实施性施工组织设计文件等。

1.2.1 踏勘和调查

开工前应根据设计图样和资料进行沿线踏勘和调查,将发现的问题和意见逐一标明,会同设计单位和建设单位进行协调解决,并做出会议纪要,即图纸会审和技术交底。

图纸会审是基本建设技术管理制度的重要内容。工程开工前,在总工程师的带领下集中有关技术人员仔细审阅图纸,将不清楚或不明白的问题汇总并通知业主、监理及设计单位及时解决。图纸会审应由建设单位负责召集,是一次正式会议,各方可先审阅图纸会审问题,然后在会议上由设计单位解答或各方共同确定。测量复核成果是对所有控制点、水准点进行复核,与图纸有出入的地方应及时与设计人员联系解决。

技术交底一般分为设计技术交底、施工组织技术交底、试验专用数据交底、分部分项或工序安全技术交底等几个层次。工程开工后,每一工序均由总工程师组织技术人员向施工人员及作业班组交底。

踏勘和调查的主要内容有:

(1)核实工程范围。明确对工程有影响和需要征购的土地、拆迁的各种建筑物或构筑物的确切位置、结构和数量,以及相关公用设施的杆线、管道和附属设施的情况,并了解上述设施与场地有无可能供施工临时使用。

(2)确定沿线填土、挖土、借土的地价和数量,以及平衡调度土方。

(3)摸清沿线附近可利用的排水沟渠、河道,以及该地区下水道的管径、流向和以往暴雨后的集水情况等,以便考虑施工期间的排水设施。

(4)认真核实施工范围内的地下管线及地面设施,并取得可靠资料,在地面标出明显标志,以正确估计在路基的施工碾压时,对地下管线影响的程度。

(5)改建工程必须核实两侧原有建筑物进出口的标高及原有道路和人行道的结构类型。

(6)需要翻挖的部分,应开挖样洞,并核实原工程结构。

查一查

图纸会审和技术交底的意义有哪些?

1.2.2 施工测量

路基开工前应做好施工测量工作,其内容包括导线、中线、水准点复测、增设水准点及横断面复测和补测等。测量精度、技术要求等应符合《公路勘测规范》(JTG C10—2007)和《公路路基施工技术规范》(JTG/T 3610—2019)的要求。

1. 导线复测

微课
圆曲线主点放样现场实操

当原测的道路中心线主要控制桩由导线控制时,施工单位应根据设计提供资料计算复核导线控制点,做好检查复测工作。导线复测仪器使用前应进行定标、检验校正,仪器定标、校正报告复印件报监理工程师备案。原有导线点不能满足要求时,可增设满足相应精度要求的附合导线点。同一项目内相邻施工段的导线应闭合,并满足同等级精度要求。对可能受施工影响的导线点,施工前应加以固定或改移,从开工至竣工验收的时间段内应保证其精度。导线测量技术要求见表 1.1。

表 1.1　导线测量技术要求

等级	附合导线长度/km	平均边长/m	每边测距中误差/mm	测角中误差/(")	导线全长相对闭合差	方位角闭合差/(")	测回数	
							DJ_2	DJ_6
一级	10	500	17	5.0	1/15 000	$\pm 10\sqrt{n}$	2	4
二级	6	300	30	8.0	1/10 000	$\pm 16\sqrt{n}$	1	3
三级	—	—	—	20.0	1/2 000	$\pm 30\sqrt{n}$	1	2

2. 中线复测

路基开工前应全面检查、恢复道路中桩，如交桩、转点、圆曲线和缓和曲线的主点等。高速公路、一级公路宜采用坐标法进行测量放样。

恢复中线时应注意与结构物（桥涵等）中心、相邻施工段的中线闭合，发现问题应及时查明原因，并报现场监理工程师或建设单位。如复测与定测桩位之间的误差不超过容许误差，则以原桩位为准，不予更动；如果超过容许误差，则必须将原桩位改正。改正的方法：在直线地段，以相邻交点桩为准，改正中间转点桩、百米桩及加桩；在曲线地段，则应重新计算曲线要素，另行测设曲线控制桩及其他中线桩（百米桩及加桩等）。

对于地形复杂的高填深挖和路基加固地段，必要时应增补加桩，以满足路基土石方数量计算和施工放样的需要。

3. 水准点复测与加密

沿路线每500 m宜有一个水准点。在结构物附近、高填深挖路段、工程量集中及地形复杂路段，宜增设水准点。临时水准点应符合相应等级的精度要求，并与相邻水准点闭合。当水准点有可能受到施工影响时，应进行处理。测设距离应以测高不加转点为原则，一般平原区不大于200 m，山岭区或丘陵区为100 m。

下列情况下应增设临时水准基点：

（1）桥位附近及填土超过5 m地段。

（2）隧道进出口、山岭垭口及其他较大的人工构造物附近（如涵洞、挡土墙等）。

（3）重丘、山岭区工程集中、地形复杂地段。

动画

四等水准测量

增设临时水准点必须坚持：不符合测量精度要求的临时水准基点的高程不准采用。因此，必须对精度进行认真检核。如其个别水准基点有受施工影响（如爆破、行车等）的可能时，应将其移至受影响的范围之外，并检核其高程是否与原水准基点相闭合。水准测量等级和水准测量精度要求见表1.2和表1.3。

表 1.2　水准测量等级

公路等级	水准测量等级	水准路线最大长度/km
高速公路、一级公路	四等	16
二级及二级以下公路	五等	10

表 1.3　水准测量精度要求

等级	每公里高差中数中误差		往返较差、符合或环线闭合差/mm		检测已测测段高差/mm
	偶然中误差 M_Δ	全中误差 M_W	平原微丘区	山岭重丘区	
三级	±3	±6	$\pm 12\sqrt{L}$	$\pm 3.5\sqrt{n}$或$\pm 15\sqrt{L}$	$\pm 20\sqrt{L_i}$
四级	±5	±10	$\pm 20\sqrt{L}$	$\pm 6.0\sqrt{n}$或$\pm 25\sqrt{L}$	$\pm 30\sqrt{L_i}$
五级	±8	±16	$\pm 30\sqrt{L}$	$\pm 45\sqrt{L}$	$\pm 40\sqrt{L_i}$

注：1. 计算往返较差时，L为水准点间的路线长度，km。

2. 计算附合或环线闭合差时，L为附合或环线的路线长度，km。

3. n为测站数，L_i为检测段长度，km。

思一思

施工测量工作的内容包括哪些具体任务？

微课

电子水准仪二等水准测量要点

1.2.3 熟悉设计文件

熟悉、审核施工图样是领会设计意图、明确工程内容、掌握工程特点的重要环节，其主要内容包括：

(1)进行施工前的现场调查，核对设计计算是否符合实际情况，工程质量能否保证，施工是否有足够的可靠性，对保证安全施工有无影响。

(2)核对设计是否符合施工条件，如需采用特殊施工方法和特定技术措施时，技术上和设备条件上有无困难。

(3)结合生产工艺和使用上的特点核对有哪些技术要求，施工能否满足设计规范规定的标准。

(4)核对有无特殊的材料要求，这些材料的品种、规格、数量能否解决。

(5)核对图纸说明有无矛盾，规定是否明确、齐全。

(6)核对图样中各构造物的主要尺寸、位置、标高有无错误。

(7)核对土建工程与设备安装有无矛盾，施工中如何交叉衔接。

(8)通过熟悉设计图样，明确在施工中场外所需材料和构件等制备工程项目的安排。

(9)通过熟悉设计文件，确定与施工有关的组织、物质、技术等各方面的准备工作项目。

1.2.4 编制施工组织设计文件

施工组织设计是整个工程施工的指导性文件，亦是其他各项工作的依据。它包括选择施工方案，确定施工方法，布置施工现场(施工总平面布置)，编制施工进度计划，调节劳动力分布密度，安排材料机具供应，控制施工设备进场情况，拟定关键工程的技术措施，项目风险管理，信息管理等。抓住施工组织设计这一环节，对加强施工管理和保证工程质量均有重要意义。

道路施工组织设计的编制程序如下：

(1)根据设计文件，进行现场勘察与选择，确定材料供应范围及加工方法。

(2)选择施工方法和施工工序。

(3)计算工程量。

(4)编制流水作业图，布置任务，组织工作班组。

(5)编制工程进度计划。

(6)编制单位人工、材料、施工机械供应计划。

(7)质量保证体系、文明施工及环境保护措施。

搜一搜

公路工程建设过程中“施工组织设计”在招投标、施工实施、竣工验收中的重要性表现在哪些方面？

知识点3 物质准备

物质准备工作可保证施工组织计划的顺利实施。例如，土方挖掘和运输中，应合理选用机械，最大限度地发挥机械施工的功率和功能。常用的土方机械有推土机、铲运机、平地机、松土机、挖土机等。这些机械常用的作业方式和适用范围见表1.4。

表 1.4　常用土方机械的作业方式和适用范围

机械名称	适用的作业项目		
	施工准备工作	基本土方作业	施工辅助作业
推土机	1. 修筑临时道路； 2. 推倒树木，拔除树根； 3. 铲除草皮； 4. 清除积雪； 5. 清理建筑碎屑； 6. 推缓陡坡地形； 7. 翻挖回填井、坟、穴	1. 高度 3 m 以内的路堤和路堑土方工程； 2. 运距 10 ~ 100 m 的土方挖运与铺填及压实； 3. 傍山坡的半填半挖路基土方	1. 路基缺口土方的回填； 2. 路基面粗平； 3. 取土坑及弃土堆平整工作； 4. 配合铲运机作业； 5. 斜坡上推挖台阶
铲运机	—	运距 60 ~ 70 m 以内土方挖运、铺填及碾压作业	1. 路基面及场地粗平； 2. 取土坑及弃土堆整理工作
自动平地机	1. 铲除草皮； 2. 清除积雪； 3. 疏松土壤	1. 修筑 0.75 m 以下的路堤及 0.6 m 以下的路堑土方； 2. 傍山坡半填半挖路基土方	1. 开挖排水沟及山坡截水沟； 2. 平整场地及路基； 3. 修刮边坡
松土机	1. 翻松旧路的路面； 2. 清除树根小树墩及灌木丛	—	1. 在含砾石及坚硬的Ⅲ ~ Ⅳ类土中做疏松工作； 2. 破碎及揭开 0.5 m 以内的冻土层
挖掘机	—	1. 半径为 7 m 以内的土壤挖掘； 2. 配合自卸车运土	1. 开挖沟槽及基坑； 2. 水下捞土

练一练

公路项目施工时常用的土方机械包括哪些？

____

____

____

知识点 4　施工现场准备

1.4.1　场地准备工作内容

1. 范围

场地清理的范围包括公路用地范围及借土场范围内施工场地的清理、拆除和挖掘，以及必要的场地平整等。

2. 一般要求

（1）在施工前确定现场工作界线，应按设计要求进行公路用地放样，对增加的临时用地、计划的公路用地进行测量，绘制用地平面图及用地划界表，并办理有关拆迁及临时占用土地手续，保护所有规定保留和监理工程师指定要保留的植物及构造物。

（2）场地清理拆除及回填压实后，应重测地面高程，并将填挖断面和土石方调配图提交监理工程师审核。

（3）路基用地范围内的既有房屋、道路、河沟、通信和电力设施、上下水道、坟墓及其他建筑物，均应协助有关部门事先拆迁或改造；对于路基附近的危险建筑物应给予适当的加固；对文物古迹应妥善保护。

3. 清理场地

（1）路基用地范围内的树木、灌木丛等均应在施工前砍伐或移植，砍伐的树木应堆放在路基用地之外，并妥善处理。

（2）路基用地范围内的垃圾、有机物残渣及原地面以下至少 100 ~ 300 mm 内的草皮、农作物的根系和表土应予以铲除，并且堆放在规定的弃土场内。场地清理完成后，应全面进行填前碾压，其密实度应达到规定要求。

(3)路基用地范围及取土场范围内的树根应全部挖除,并将路基用地范围内的坑穴填平夯实。

4. 拆除与挖掘

(1)路基用地范围内的旧桥梁、旧涵洞、旧路面和其他障碍物等应予拆除。但正在使用的旧桥梁、旧涵洞、旧路面及其他排水结构物,应在对所需正常交通和排水做出妥善安排之后,才能拆除。

(2)原有结构物的整部结构应拆除到河床底部以下 30 cm,其在河床以外的部分至少拆除到天然地面以下 50 cm;如其整个或部分处于新建筑结构物的界限之内时,则应拆除到使新结构物施工不受影响的范围。

(3)拆除原有结构物或障碍物需进行爆破或其他作业有可能损伤新结构物时,应在新工程动工之前完成。

(4)所有指定为可利用的材料应避免不必要的损失。为了便于运输,承包人应分段或分片,按监理工程师指定的地点存放;对于废弃材料,承包人应按监理工程师的指示自费妥善处理。

(5)承包人将所有因拆除施工造成的坑穴回填并压实。承包人由于拆除施工造成其他建筑物、设施等的损坏时,应自费负责修复或赔偿。

5. 施工场地排水

场地排水是指疏干、排除场地上所积地面水,保持场地干燥,为施工提供正常条件。通常是依据现场情况,设置纵横排水沟,形成排水系统,或者抽水机强制排水,将水引入附近河渠、低洼处予以排除。为节省工程量,避免返工浪费,所开挖的排水沟,应按所涉及的路基排水系统布置。

在受地面积水或地下水影响的土质不良地段施工时,为了保证工程质量,减少土方挖掘、运送和夯实的困难,施工前也应切实做好场地排水工作。

想一想

场地清理的范围包括哪些?

1.4.2 临时工程工作内容

临时工程与设施包括为实施永久性工程所必需的各项相关的临时性工程与相关工作,如临时道路、桥涵的修建与维护;临时电力、电信线路的架设与维修,临时供水、排污系统的建设与维护以及其他相关的临时设施等。临时工程的建设对于保证正常施工以及确保施工质量和安全,起着必备前提条件的作用,因此临时工程的施工要与正式工程一样进行周密的考虑。但由于它只要求在施工期内达到预期的目的,所以在确保安全、满足使用要求的前提下,应力求简化。

施工单位应按规定要求对临时工程与设施进行设计和施工,其设计、图纸与说明书提交监理工程师审批。

1. 场内交通及水电设施的施工要点

(1)场内道路应常维护,保持畅通。载重车辆通过较多的道路,其弯道半径一般不小于 15 m,特殊情况不得小于 10 m;首推车道路的宽度不小于 1.5 m。急弯及陡坡地段应设置明显交通标志;与交通交叉处应有专人照管,并设信号装置和落杆;靠近河流和陡壁处的道路,应设置护栏和明显警告标志,场内形式斗车、平车的轨道应平坦顺直,纵坡不得大于 3% ,车辆应装置动闸。

(2)利用现有的乡村道路作为临时道路时,应对其进行整修、加宽、加固,且设置相应的交通标志,以保证施工的需要,并应经监理工程师认可。

(3)工程施工期间,应配备人员对临时道路进行养护,以保证其满足施工的需要。

(4)生产生活用水进行鉴定,其水质应符合国家现行标准。对水源应采取保护措施,防止水质污染。

(5)一切垃圾应每天有专人负责清理、集中并合理处理,作业现场保持整洁、卫生,并不得污染周边环境。

(6)施工中所需的全部电力的发电和配电系统的说明与图纸,应报监理工程师批准。

(7)电力和通信设施的施工,均应按相关的规范和操作规程进行。

忆一忆

临时工程与设施包括哪些具体内容?

---

2. 临时房屋

在公路建设中,应修建一批临时房屋,以解决施工期间职工居住、物质生活、办公和生产上的需要。施工所需的临时房屋修建费用很大,故必须注意尽可能减少临时房屋的数量,降低临时房屋的造价。但也应照顾到工人的生活福利和材料、设备、人员的安全,满足施工的需要。一般可考虑下列各项措施:

(1)组织均衡施工。需要使用临时房屋的施工人数不应突增突减,这样可以减少临时房屋的修建数量,提高房屋的利用率。

(2)充分利用当地的空闲公共房屋及民房作为施工临时房屋。

(3)提前修建部分正式房屋。结合当地建筑材料供应情况及当地施工条件,可考虑将一部分为通车需要的永久性房屋或建筑物提前修建,以满足一部分施工需要。

(4)采用定型拼装式房屋或在分散的工地使用活动工棚与帐篷,以便多次使用,降低临时房屋投资。

(5)采用移动式设备。如在铺轨后修建的工程,可考虑使用建筑安装列车,将移动式的发动机、空气压缩机和修配车间安装在车辆上,人员居住可用宿营车。在铺轨前施工的工程也可以考虑用汽车修理车间,流动服务于工地。

(6)就地取材,采用当地廉价的材料修建,并力求运杂费为最少。

3. 临时用地

临时用地包括施工单位的办公和生活用地、仓库与料场、预制场地、借土场、工地试验室、临时道路;临时堆土及监理工程师所需的办公、生活、试验等用地。

(1)施工技术人员应熟悉施工组织设计文件的内容和相关规定要求。

(2)按设计图纸和规范组织实施施工。

看一看

为了满足施工的需要,临时房屋一般要考虑什么措施?

自学自测

一、单选题(只有 1 个正确答案,每题 10 分,共 4 题)

1. 准备工作的好坏直接影响后续各项工作的施工质量、施工进度和(　　)。

A. 工程造价　　B. 机械数量　　C. 用工人数　　D. 材料准备

2. 施工准备包括组织准备、物质准备和(　　)。

A. 人员准备　　B. 测量放线　　C. 技术准备　　D. 征地拆迁

3. (　　)和技术交底是基本建设技术管理制度的重要内容。

A. 招投标　　B. 图纸会审　　C. 监理大纲　　D. 施工组织设计

4. 施工预算是施工单位(　　)编制的预算。

A. 投标　　B. 内部　　C. 结算　　D. 外部

二、名词解释(简单扼要说明,每题 10 分,共 4 题)

1. 管理跨度:

2. 组织结构形式:

3. 施工技术准备:

4. 场地清理:

三、判断题(对的划"√",错的划"×",每题 5 分,共 4 题)

1. 技术交底一般分为设计技术交底、施工组织设计交底、试验专用数据交底、分部分项或工序安全技术交底等几个层次。　　(　　)

2. 图纸会审由设计单位或者监理单位负责召集。　　(　　)

3. 施工过程中要注意查验各种材料、构配件的质量和使用情况,对与原试验检测品种不符或有怀疑的,应提出复验或化学检验的要求。　　(　　)

4. 垫层、基层、面层以及隔离带、路缘石等工序的安排,在确保养生期要求的条件下,应按照自上而下、先主体后附属的顺序施工。　　(　　)

任 务 实 施

背景资料

1. 工程简介

哈尔滨市道路工程项目设计速度为60 km/h,起点位于该市香坊区哈平路,终点接已建成的另一条"哈绥"高速公路松北区大耿家收费站并设枢纽型"互通式立交",本项目起止桩号为K10 +000 ~ K77 +521,路线全长67.521 km,合同段工程内容主要包括基底处理、路堤工程、路堑工程、路基附属工程及透层、改性沥青封层、沥青混凝土下面层、改性沥青混凝土中面层、改性沥青混凝土上面层。

2. 沿线地质情况

此项目位于我国公路自然区 I_2 区,为双向四车道,拟采用沥青路面结构进行施工图设计,沥青路面设计年限为15年,沿线土质以黑色低液限黏土为主,也有部分低液限粉质土和灰白泥灰岩等石质路段,由于地下水位埋深大,地基强度较一般路线大,一些高填土路基和部分弱、中等强度的膨胀性土基均需要做特殊处理。填方路基平均高3.0 m,边坡1:1.5,地下水位距路床10.0 m,属中湿状态;年降雨量为350 mm,最高气温30 ℃,最低气温 -33 ℃,多年最大道路冻深为276 cm,预测交通量增长率前5年为8.0%,之后10年为5.0%。

3. 交通、通信

路线相距较近的公路有城区三环、城市道路两条和国道干线G102公路等,还有一些县乡道路、乡村道路,公路交通方便,铁路运输也相当方便。附近城市通信设施完备齐全,通信便利。

4. 路面工程技术标准

路基宽度:主线路基宽度为49.0 m,道路红线总宽40.0 m,按双向四车道布置。道路标准横断面具体布置:5.0 m城市绿化带 +2.0 m树池 +5.0 m人行道 +8.0机动车道 +8.0机动车道 +5.0 m人行道 +2.0 m树池 +5.0城市绿化带。主线路面面层结构形式:5 cm厚中粒式改性沥青混凝土上面层、6 cm厚中粒式改性沥青中面层和7 cm厚粗粒式沥青混凝土下面层。

某省级路桥有限公司对此工程在合同工期内要开展路基工程施工前期工作,对于路基工程的技术准备、物质准备、现场准备情况做出规划,请你结合施工作业要求,编写路基施工准备计划工作方案。

一、路基施工前计划工作

道路工程施工的第一个重要工作就是进行工程施工准备。道路工程项目施工准备工作按其性质及内容通常包括技术准备、物质准备、劳动组织准备、施工现场准备和施工场外准备。准备工作的好坏直接影响后续各项工作的施工质量、进度和工程造价。在项目经理部统一领导下,施工前应做好组织、技术、物质和现场准备等工作。

(一)技术准备

它是工程顺利实施的基础和保证。技术准备工作的好坏,直接影响到工程的进度、质量和经济效益。技术准备工作包括设计文件、现场调查、设计交接桩、复测与放样、工程材料试验与试验段施工,等等。

微课

点的平面位置定位方法的选择

(1)施工测量放样。线形控制在直线段每10 m,平曲线段每5 m设一定位桩,确保顺直度。对设立好的定位桩进行水平测量,并标出设计标高。

(2)填料试验。取土场的填料中有代表性的土样进行试验,试验方法按《公路土工试验规程》(JTG 3430—2020)执行。

(3)调查施工范围内的地质、水文及障碍物的详细情况。

（4）调查沿线电缆、光缆及天然气管线位置、埋深，按设计要求进行改移或埋设明显标志。

（5）修建临时排水设施，做到永临结合，以保证施工场地处于良好的排水状态。

（6）场地清理。施工前将路基用地范围内的垃圾、有机物残渣及原地面以下 10 ~ 20 cm 内的草皮和表土清除。对妨碍视线、影响行车的树木、灌木丛等进行砍伐、移植或清理。将树根全部挖除，清除的垃圾由装载机配备汽车运至指定堆放区，场地清除完后全面进行填前碾压，使密实度达到设计要求。

（7）规划作业程序、机械作业路线，制定土石方调配方案。

（二）施工物质准备

无出厂合格证明或没有按规定进行复验的原材料、不合格的配件，不得使用。严格执行施工物质的进场检查验收制度，杜绝假冒伪劣产品进入施工现场。施工过程中要注意查验各种材料、构配件的质量和使用情况，对与原试验检测品种不符或有怀疑的，应提出复验或化学检验的要求。进场的机械设备必须进行开箱检查验收，产品的规格、型号、生产厂日期等必须与设计要求完全一致。

（1）各种道路工程所需材料的准备。

（2）配件和制品的加工准备。

（3）施工机械与安装机具的准备。

（4）其他生产工艺设备的准备。

（三）现场准备

施工现场是参加建筑施工的全体人员为优质、安全、低成本和高速度完成施工任务而进行工作的活动空间，施工现场准备工作是为拟建工程施工创造有利的施工条件和物质保证的基础。另外，路基、路面的施工均为长距离线形工程，受季节变化的影响很大，为使工程施工能保证质量、按期开工，必须做好导线、中线、水准复测、查桩、认桩工作，高温季节要做好降温防暑等工作，冬、雨季施工要采取相应措施。

（1）拆除障碍物，做好“三通一平”；

（2）做好施工场地的控制网测量与放线；

（3）搭建临时设施；

（4）安装调试施工机具，做好建筑材料、构配件等的存放工作；

（5）做好冬雨期施工安排；

（6）设置消防、保安设施和机构。

微课

静态GPS控制网布设要点

二、分析决策计划准备工作

路基开工前必须建立健全安全施工、文明、质量、环保、职业健康管理和质量检测等体系，并对各类现场施工人员进行岗前培训、技术交底和安全指导。

（一）安全施工

（1）成立安全、文明及环保施工小组，为工程顺利完成创造良好条件。

（2）加强对施工人员的安全教育，增强施工人员安全意识。施工中贯彻“安全第一，预防为主”的方针。

（3）安全检查员定期检查现场，发现安全隐患及时处理。

（4）设专人进行现场安全工作的检查、监督，有权停止存有事故隐患的作业。

（5）施工现场严禁焚烧废弃物，在现场和生活区配备足够的消防器材。

（6）严格遵守施工机械操作规程，严禁非专职人员上机。

（7）注意交通安全，路口设置醒目的警示灯、标牌，在主要路口设专人指挥、疏导。加强现场的警卫工作，严禁场外人员进入。

（8）建立安全事故汇报制度，出现事故必须及时上报。

（二）文明施工

（1）遵守当地政府的规定，与有关单位及当地人民建立良好关系，得到他们的理解和支持。

（2）教育职工做到利民、便民和不扰民，夜间施工时不要大声喧哗。

(3)保持施工现场干净整洁。

(4)运输土方及废弃物时,严禁遗撒,并派专人及时清扫。

(5)确保施工现场道路的畅通无阻,严禁将材料及其半成品堆放在施工现场的道路上。

(6)设立施工和生活垃圾集中存放点,定期清运;设专人清扫施工现场,保证现场的整洁卫生。

(7)合理使用材料,精打细算,各种材料、工具使用完毕后要及时交还给保管员,不能随意丢置。

(8)现场土堆进行遮盖,施工便道洒水避免扬尘。

(三)环保施工

(1)进行环保宣传教育,加强职工的环保意识。

(2)保护饮用水源,以免受到施工活动的污染。

(3)加强对噪声、粉尘、废气、废水的控制和治理,保证定期洒水,尽量减小扬尘出现。

(4)保护好地上、地下的公用设施及材料标志。

(5)进出现场的车辆在出场时轮胎不带土。

(6)材料堆放应整齐,废弃物不得胡乱堆放,更不得随意带出施工现场。

(7)指定专职人员负责施工现场环保工作,并及时进行检查。

三、任务记录与校核工作

按照有关规定和要求,建立试验室,对路基基底土质进行试验,每1 km至少取2个点;土质变化大时视具体情况增加取样点数。开工前,根据现场地质条件,选择有代表性的路段进行试验,并绘制填料厚度、含水量、压实方法、压实遍数与设计指标相关的规律曲线,确定施工最佳参数。在现场试验时直到该种填料达到规定的压实度,各种质量检查达到标准为止。将试验结果报监理工程师批准后,确定标准化施工工艺以指导施工。施工过程中当填料、压实机械发生变化时,重新做试验,取得准确参数。试验路段应选择在地质条件、断面形式等工程特点具有鲜明代表性的地段,路段长度不少于100 m。试验路段施工应包括以下内容并进行现场记录:

(1)填料试验、检测报告等。

(2)压实工艺主要参数:机械组合;压实机械规格、松铺厚度、碾压遍数、碾压速度;最佳含水率及碾压时含水率允许偏差等。

(3)过程质量控制方法、指标。

(4)质量评价指标、标准。

(5)优化后的施工组织方案及工艺。

(6)原始记录、过程记录。

(7)对施工设计图的修改意见等。

路基现场场地清理、填筑材料需要随时进行审核校对,例如应及时对来源不同、性质不同的拟作为路堤填料的材料进行复查和取样试验。土的试验项目包括天然含水率、液限、塑限、标准击实试验、CBR试验等,必要时应核对颗粒分析、相对密度、有机质含量、易溶盐含量、冻胀和膨胀量等试验数据。使用特殊材料作为填料时,应按相关标准作相应试验,必要时还应进行环境影响评估,经批准后方可使用,保证材料质量才可以保障工程的可靠性。

四、施工准备工作的实施

(一)施工准备中各种关系的协调

项目施工涉及项目参加单位、道路沿线行政村及各单位、企业等,工程的协作和配合程度决定工程进度和投资能否达到预期,因此施工准备工作也必须将各专业、各工种的准备工作统筹安排和协调配合起来。只有取得建设单位、设计单位、监理单位以及与项目有关的人员和单位的支持,分工协作,才能顺利有效地实施。

（二）编制施工准备工作计划

为较好地落实各项施工准备工作，应根据各项准备工作的内容、时间和人员，编制施工准备工作计划。责任落实到人，并加强对计划的检查和监督，保证准备工作如期完成。各项准备工作之间有相互依存的关系。有时用表难以表达明白，故应编制条形网络计划。提倡编制网络计划，以明确各项施工准备工作之间的相互依赖、相互制约的关系，找出关键的施工准备工作，便于检查和调整。

（三）建立严格的施工准备工作责任制

由于施工准备工作范围广、线路长、时间长，故必须有严格的责任制，使施工准备工作得以真正落实。在编制了施工准备工作计划后，就要按计划将责任明确到有关部门甚至个人，以便按计划要求的内容及完成时间进行工作。各级技术负责人在施工准备工作中所承担的责任应予以明确，以便推动和促进各级领导认真做好施工准备工作。现场施工准备工作应由项目经理部全权负责。

（四）建立施工准备工作检查制度

在施工准备工作实施的过程中，应定期进行检查，可按周、旬、月度进行检查。检查的目的是观察施工准备工作计划的执行情况。如果没有完成计划要求，应进行分析，找出原因，排除障碍，协调施工准备工作进度或调整施工准备工作计划。检查的方法可用实际情况与计划进行对比，即“对比法”；还可采用会议法，即相关单位或人员在一起开会，检查施工准备工作情况，当场分析产生问题的原因，提出解决问题的办法。后一种方法见效快，解决问题及时，应在制度中规定，多予采用。

（五）按建设程序办事，实行开工报告和审批制度

当施工准备工作完成，且具备开工条件后，项目经理部应及时向监理工程师提出开工申请，经监理工程师审批，并下达开工指令后，及时组织开工，不得拖延。

五、任务报告形成工作

把施工准备工作内容、试验数据、工作过程、检测检查记录、施工现场情况、施工人员、现场图片、工艺参数、原地面处理结果、试验段实施内容、施工方法、施工方案等整理齐全完备后，形成编制路基施工准备计划实施方案，满足施工单位指导现场施工的需求，并列举遇到特殊情况时相应的解决方案，最后形成报告上报给监理、建设单位备案并存档。

笔记栏

工 作 单

计 划 单

<table>
<tr><td>学习情境一</td><td colspan="2">填筑路基工程施工</td><td>任务 1</td><td colspan="2">编制路基施工准备计划</td></tr>
<tr><td>工作方式</td><td colspan="2">组内讨论、团结协作共同制订计划：小组成员进行工作讨论，确定工作步骤</td><td>计划学时</td><td colspan="2">0.5 学时</td></tr>
<tr><td>完成人</td><td colspan="5">1.　　2.　　3.　　4.　　5.　　6.</td></tr>
<tr><td colspan="6">计划依据：1. 某公路工程施工图；2. 教师分配的施工段落（里程桩号区间）</td></tr>
<tr><td>序号</td><td>计划步骤</td><td colspan="4">具体工作内容描述</td></tr>
<tr><td>1</td><td>准备工作
（准备工具、材料，谁去做？）</td><td colspan="4"></td></tr>
<tr><td>2</td><td>组织分工
（成立组织，
人员具体都完成什么？）</td><td colspan="4"></td></tr>
<tr><td>3</td><td>现场记录
（记录什么内容？）</td><td colspan="4"></td></tr>
<tr><td>4</td><td>技术准备工作
（怎么试验？包括哪些要素？）</td><td colspan="4"></td></tr>
<tr><td>5</td><td>核对工作
（谁核对？核对什么？）</td><td colspan="4"></td></tr>
<tr><td>6</td><td>整理资料
（谁负责？整理什么？）</td><td colspan="4"></td></tr>
<tr><td>制订计划
说明</td><td colspan="5">（写出制订计划中人员为完成任务的主要建议或可以借鉴的建议、需要解释的某一方面）</td></tr>
</table>

决 策 单

<table>
<tr><td>学习情境一</td><td colspan="2">填筑路基工程施工</td><td colspan="2">任务 1</td><td>编制路基施工准备计划</td></tr>
<tr><td colspan="3">决策学时</td><td colspan="3">0.5 学时</td></tr>
<tr><td colspan="6">决策目的：确定本施工任务需要进行的施工准备工作有哪些内容，并确定其必要性</td></tr>
<tr><td rowspan="6">选择编制施工准备工作内容</td><td rowspan="2">工作内容</td><td colspan="2">内容类别</td><td rowspan="2">必要</td><td rowspan="2">非必要
（可说明原因）</td></tr>
<tr><td>数据记录</td><td>性质描述</td></tr>
<tr><td>试验段</td><td>松铺厚度、碾压遍数</td><td>质量评价指标、标准</td><td></td><td></td></tr>
<tr><td>环境影响评估</td><td></td><td></td><td></td><td></td></tr>
<tr><td>环保、职业健康安全管理体系</td><td></td><td></td><td></td><td></td></tr>
<tr><td>质量监测体系</td><td></td><td></td><td></td><td></td></tr>
<tr><td>决策方案描述</td><td colspan="5">（本施工任务要提出来编制施工准备工作最佳方案是什么？最差方案是什么？描述清楚未来指导现场施工的技术、物质、组织准备等实际工作。）</td></tr>
</table>

作业单

<table>
<tr><td>学习情境一</td><td>填筑路基工程施工</td><td>任务 1</td><td>编制路基施工准备计划</td></tr>
<tr><td rowspan="2">参加编制施工准备方案人员</td><td colspan="2">第　　组</td><td>开始时间：</td></tr>
<tr><td colspan="2">签名：</td><td>结束时间：</td></tr>
<tr><td>序号</td><td colspan="2">工作内容记录
（技术、物质等准备工作情况）</td><td>分工
（负责人）</td></tr>
<tr><td>1</td><td colspan="2"></td><td></td></tr>
<tr><td>2</td><td colspan="2"></td><td></td></tr>
<tr><td>3</td><td colspan="2"></td><td></td></tr>
<tr><td>4</td><td colspan="2"></td><td></td></tr>
<tr><td>5</td><td colspan="2"></td><td></td></tr>
<tr><td>6</td><td colspan="2"></td><td></td></tr>
<tr><td>7</td><td colspan="2"></td><td></td></tr>
<tr><td>8</td><td colspan="2"></td><td></td></tr>
<tr><td>9</td><td colspan="2"></td><td></td></tr>
<tr><td>10</td><td colspan="2"></td><td></td></tr>
<tr><td>11</td><td colspan="2"></td><td></td></tr>
<tr><td>12</td><td colspan="2"></td><td></td></tr>
<tr><td rowspan="2">小结</td><td colspan="2">主要描述完成的成果及是否达到目标</td><td>存在的问题</td></tr>
<tr><td colspan="2"></td><td></td></tr>
</table>

编制路基施工准备信息记录单

学习情境一	填筑路基工程施工		任务 1	编制路基施工准备计划	
完成人姓名		组别		完成日期	
施工现场实施地点及桩号(手写):					
试验段(松铺厚度、碾压遍数、碾压速度;最佳含水率等)					
环境影响评估					
环保、职业健康安全管理体系、质量监测体系					
场地清理、临时工程、原地基处理情况					
填料试验、检测报告等					
检查人(签字)		检查存在的问题		检查时间	

技术准备中试验段记录单

（如多页可复印）

学习情境一	填筑路基工程施工		任务 1	编制路基施工准备计划	
完成人姓名		组别		完成日期	
具体实施地点的名称（手写）：					
施工现场准备情况说明或描述					
草图					
检查人（签字）		检查存在的问题		检查时间	

检 查 单

学习情境一	填筑路基工程施工		任务1	编制路基施工准备计划			
检查学时	课内0.5学时			第　　组			
检查目的及方式	教师过程监控小组的工作情况，如检查等级为不合格，小组需要整改，并拿出整改说明						
序号	检查项目	检查标准	检查结果分级①（在检查相应的分级框内划“√”）				
			优秀	良好	中等	合格	不合格
1	准备工作	资源是否已查到、材料是否准备完整					
2	分工情况	安排是否合理、全面，分工是否明确					
3	工作态度	小组工作是否积极主动、全员参与					
4	纪律出勤	是否按时完成负责的工作内容、遵守工作纪律					
5	团队合作	是否相互协作、互相帮助、成员是否听从指挥					
6	创新意识	任务完成不照搬照抄，看问题具有独到见解和创新思维					
7	完成效率	工作单是否记录完整，是否按照计划完成任务					
8	完成质量	工作单填写是否准确，记录单检查及修改是否达标					
检查评语					教师签字：		

注：①优秀（90分以上），良好（80～89分），中等（70～79分），及格（60～69分），不及格（60分以下）。

任务评价

1. 小组工作评价单

学习情境一	填筑路基工程施工	任务 1		编制路基施工准备计划		
评价学时			课内 0.5 学时			
班级：			第　　组			
考核情境	考核内容及要求	分值（100）	小组自评（10%）	小组间互评（20%）	教师评价（70%）	实得分（Σ）
汇报展示（20）	演讲资源利用	5				
	演讲表达和非语言技巧应用	5				
	团队成员补充配合程度	5				
	时间与完整性	5				
质量评价（40）	工作完整性	10				
	工作质量	5				
	报告完整性	25				
团队情感（25）	社会主义核心价值观	5				
	创新性	5				
	参与率	5				
	合作性	5				
	劳动态度	5				
安全文明（10）	工作过程中的安全保障情况	5				
	工具正确使用和保养、放置规范	5				
工作效率（5）	能够在要求的时间内完成，每超时 5 分钟扣 1 分	5				

2. 小组成员素质评价单

学习情境一	填筑路基工程施工		任务 1	编制路基施工准备计划				
班级		第　　组	成员姓名					
评分说明	每个小组成员评价分为自评和小组其他成员评价两部分，取平均值计算，作为该小组成员的任务评价个人分数。评价项目共设计 5 个，依据评分标准给予合理量化打分。小组成员自评分后，要找小组其他成员不记名方式打分							
评分项目	评分标准		自评分	成员 1 评分	成员 2 评分	成员 3 评分	成员 4 评分	成员 5 评分
社会主义核心价值观(20 分)	是否有违背社会主义核心价值观的思想及行动							
工作态度（20 分）	是否按时完成负责的工作内容、遵守纪律，是否积极主动参与小组工作，是否全过程参与，是否吃苦耐劳，是否具有工匠精神							
交流沟通（20 分）	是否能良好地表达自己的观点，是否能倾听他人的观点							
团队合作（20 分）	是否能与小组成员合作完成任务，做到相互协作、互相帮助、听从指挥							
创新意识（20 分）	看问题是否能独立思考，提出独到见解，是否能够用创新思维解决遇到的问题							
最终小组成员得分								

课后反思

学习情境一	填筑路基工程施工	任务1	编制路基施工准备计划
班级		第　　组	成员姓名	
情感反思	通过对本任务的学习和实训，你认为自己在社会主义核心价值观、职业素养、学习和工作态度等方面有哪些需要提高的部分？		
知识反思	通过对本任务的学习，你掌握了哪些知识点？请画出思维导图。		
技能反思	在完成本任务的学习和实训过程中，你主要掌握了哪些技能？		
方法反思	在完成本任务的学习和实训过程中，你主要掌握了哪些分析和解决问题的方法？		

任务2 填筑路基土石方工程施工

任 务 单

<table>
<tr><td>学习情境一</td><td colspan="3">填筑路基工程施工</td><td>任务2</td><td colspan="2">填筑路基土石方工程施工</td></tr>
<tr><td colspan="4">任务学时</td><td colspan="3">课内12学时+课外4学时</td></tr>
<tr><td colspan="7">布 置 任 务</td></tr>
<tr><td>工作目标</td><td colspan="6">1. 能够了解路基边桩放样的方法。
2. 能够了解石质路堑爆破施工的常用方法与注意事项。
3. 能理解各种不同填筑材料的施工要求。
4. 能掌握土质路基填筑和开挖方案与施工方法。
5. 能明确路基压实的机械特点。
6. 要求在完成任务过程中锻炼职业素质，做到“严谨认真、吃苦耐劳、诚实守信”。
7. 培养学生具备施工技术规范、爱护施工设备的职业操守。
8. 培养学生具备严谨认真、保证质量等建设优质工程的爱国情怀。
9. 培养学生具备团队协作、沟通协调的社会能力。
10. 培养学生具备精益求精的工匠精神，培养学生的劳动精神。</td></tr>
<tr><td>任务描述</td><td colspan="6">根据给定的道路工程施工图纸，结合工程施工规范的要求，编制路基填方施工方案，工作中严格遵循《公路工程技术标准》（JTG B01—2014）和《公路路基施工技术规范》（JTG/T 3610—2019）。具体方案要求如下：
1. 路基工程概况描述。
2. 路基填筑施工准备。
3. 选择路堤填料、土路堤的填筑方法。
4. 填方路基施工工艺流程及技术要点。
5. 填方施工工作注意事项。</td></tr>
<tr><td rowspan="2">学时安排</td><td>资讯</td><td>计划</td><td>决策</td><td>实施</td><td>检查</td><td>评价</td></tr>
<tr><td>4学时+
课外2学时</td><td>0.5学时</td><td>0.5学时</td><td>6学时+
课外2学时</td><td>0.5学时</td><td>0.5学时</td></tr>
<tr><td>对学生学习及成果的要求</td><td colspan="6">1. 每名同学均能按照自学资讯思维导图自主学习，并完成课前自学的问题训练和自学自测。
2. 严格遵守课堂纪律，学习态度认真、端正，能够正确评价自己和同学在本任务中的素质表现。
3. 每位同学必须积极参与小组工作，承担工程外业的相应劳动工作，做到能够积极主动不推诿，能够与小组成员合作完成工作任务。
4. 每位同学均需独立或在小组同学的帮助下完成技能训练工作单，并提请检查、签认，对提出的建议核实确有错误的务必及时修改。
5. 每组必须完成全部“填筑路基土石方工程施工”工作的报告工单，并提请教师进行小组评价，小组成员分享小组评价分数或等级。
6. 每名同学均完成任务反思，以小组为单位提交。</td></tr>
</table>

自学资讯思维导图

- 任务2　填筑路基土石方工程施工
  - 知识点
    - 1.路基施工放样
      - 路基测量的内容有哪些？
      - 路基放样方法有哪些？
      - 中线测量依据是什么？
    - 2.路堤施工
      - 基底处理和填料的选择？
      - 简述路基压实方法和施工要求。
      - 填方路基施工的方法和要点有哪些？
      - 简述路堤填筑的施工工艺及流程。
      - 什么是填石路堤？什么是土石路堤？
      - 路堤机械化施工过程，可采用哪些施工方案？适用性如何？
    - 3.路堑施工
      - 列举常用的几种机械的适用范围。
      - 土方路堑开挖机械化施工过程，可采用哪些施工方案？适用性如何？
      - 爆破作业的基本原理是什么？
      - 爆破施工中，必须遵循的规定有哪些？
      - 土质深挖路堑施工中应注意事项？
      - 挖方路基施工的方法和要点有哪些？
  - 技能点
    - 1.选择路堤填料、土路堤的填筑方法；
    - 2.比较土方开挖组织施工的方法；
    - 3.使用路基边桩的方法放样；
    - 4.区分各种不同填筑材料的施工要求；
    - 5.利用压实的机械特点压实路基；
    - 6.撰写挖方与填方路基施工要点；
    - 7.甄别石质路堑爆破施工的常用方法；
    - 8.编制土质路基填筑和开挖方案与施工计划。
  - 职业素养
    - 1.通过路基施工给予学生引申，结合案例讲解施工工艺、施工方法保障施工质量；
    - 2.通过引入路桥人施工及现场的艰辛，讲解施工技术发展，培育学生的家国情怀；
    - 3.在实践教学中引导学生安全第一的职业意识，如何避免交叉作业中的安全隐患；
    - 4.通过多方评价审查学生是否严谨认真、诚实守信、不弄虚作假；
    - 5.多次练习施工工艺与施工方法，培养精益求精的工匠精神。

课　前　自　学

路基是在原地面通过挖、填、压实、砌筑而修成的线形构造物，它多由自然土（石）填、挖而成。在使用过程中，路基一方面承受由路面传送而来的行车荷载的反复作用，另一方面要抵御风吹日晒、雨水冲刷、波浪侵袭等各种自然因素的影响。一条道路的使用品质不仅与道路等级的平纵线形及路面质量有关，还与路基的品质有重要关系。因此，要求路基必须具有足够的强度和整体稳定性、良好的水温稳定性和耐久性。要实现这一目标，除了要有合理的设计外，还必须进行精心的施工。

路基土石方工程量大、分布不均匀，不仅与路基工程相关的设施，如路基排水、防护与加固等相互制约，而且同道路工程的其他工程项目，如桥涵、隧道、路面及附属设施相互交错。因此，路基施工在质量标准、技术操作、施工管理等方面具有特殊性，必须予以研究和不断改进，就整个道路工程的施工而言，路基施工往往是施工组织管理的关键。此外，路基施工中还存在场地布置难、临时排水难、用土处置难、土基压实难等不利的因素。路基的隐蔽工程较多，质量不符合标准会给路面及自身留下隐患，一旦产生病害，不仅损坏道路使用品质，导致妨碍交通及经济损失，而且往往后患无穷，难以根治。因此，为确保工程质量，实现快速、高效、安全施工，必须重视施工技术与管理，就目前情况而言，有一个稳定的专业施工队伍，配有相应的技术骨干和机具设备，建立和健全施工技术操作规程与质量检查验收制度，采用现代化的施工管理方法是实现“精心施工”的必由之路。

路基施工的基本方法，按其技术特点大致可分为人工施工、机械化作业和爆破法等。

(1)人力施工是传统方法，它使用手工工具，劳动强度大、功效低、进度慢，工程质量亦难以保证，但限于具体条件，短期内还必然存在并适用于地方道路和某些辅助性工作。为了加快施工进度，提高劳动生产率，实现高标准、高质量施工，对于劳动强度大和技术要求高的工序，应配以数量充足、配套齐全的施工机械。机械化施工和综合机械化施工，是保证高等级公路施工质量和施工进度的重要条件，对于路基土石方工程来说，更具有迫切性。实践证明，单机作业的效率，比人力及简易机械施工要高得多，但需要大量的人力与之配合。由于机械和人力的效率差距过大，难以协调配合，单机效率受到限制，势必造成停机待料、机械的生产率很低等问题，如果对主机配以辅机，相互协调，可共同形成主要工序的综合运作。

(2)机械化作业能使工效大大提高。以挖掘机开挖土路堑为例，如果没有足够的汽车配合运输土方，或者汽车运土填筑路基，如果没有相应的摊平和压实机械配合，或者不考虑相应的辅助机械为挖掘机松土和创造合适的施工面，整个施工进度就无法协调，难以紧凑作业，功效亦势必达不到应有的要求，所以实现综合机械化施工，科学严密地组织施工，是路基施工现代化的重要途径。

(3)爆破法是石质路基开挖的基本方法，如果采用钻岩机钻孔与机械清理，亦是岩石路基机械化施工的必备条件。除石质路堑开挖外，爆破法还可用于冻土、泥沼等特殊路基施工，以及清除路面、开石取料与石料加工等。

上述施工方法的选择，应根据工程性质、施工期限、现有条件等因素而定，而且宜与各种方法综合使用。高速公路、一级公路以及在特殊地区或采用新技术、新工艺、新材料进行路基施工时，应采用不同的施工方案做试验路段，从中选出路基施工的最佳方案指导全线施工。试验路段位置应选择在地质条件、断面形式均具有代表性的地段，路段长度不宜小于 100 m。

知识点 1　路基施工放样

路基施工前，应根据路线中桩表、路基横断面图或路基设计表进行放样工作。其目的是在原地面标定出路线中桩、路基边缘、路堤坡脚及路堑坡顶、边沟以及各种附属设施(如取土坑、护坡道、弃土堆)等的位置，定出路基轮廓，放置边桩，画出作业界限，方便施工。

2.1.1　中线测量

微课

测设中桩——圆曲线主点测设

中线测量就是根据道路控制桩或在道路两旁布设的导线控制点将道路中线恢复，故又称为恢复中线。从道路的踏勘到开始施工这段时间，常有一部分桩点变位或丢失，为了保证道路中线位置准确，在道路施工测量中，首要任务就是恢复道路中线，即复核原有中桩，把丢失损坏的中桩复原。恢复中线的测量方法与中线测量相同。根据道路控制桩恢复中线：在控制桩上架设经纬仪，用经纬仪拨角度或定方向，用钢尺量距离。利用路线控制桩恢复中线通常采用的方法有偏角法和支距法两种。现在，全站仪已普遍使用，工程测量的效率更高，效果更好。

随着高等级道路建设的发展，对勘测设计和施工测量的精度提出了更高的要求。道路中线都是用交点坐标和曲线元素来标定的。无论是勘测设计还是施工测量都可直接根据这些坐标将中线放样到实地。现在几乎所有的施工单位都有测距仪或全站仪，因此这种方法得到了广泛的应用，成为中线测量的主要手段。

在实际工作中，有时将这两种手段结合起来使用，即先用导线控制点放出道路主要控制桩，再在路线主要控制桩上进行其余中桩的加密，以实现测量仪器和测量手段的合理应用。经校正恢复的中桩，施工中很难保全。因此，应在施工前根据施工现场的条件，选择不受施工干扰、便于使用、易于保存桩位的地方，测设施工控制桩。其测设方法有平行线法、延长线法和交会法等。

1. 平行线法

平行线法是在路线边 1 m 以外，以中线桩为准测设两排平行于中线的施工控制桩，如图 2.1 所示。该法适用于地势平坦、直线段较长的路段。控制桩间距一般取 10 ~ 20 m，桩上应标注被移桩的桩号和移设的距离，用以控制中桩位置和高程。

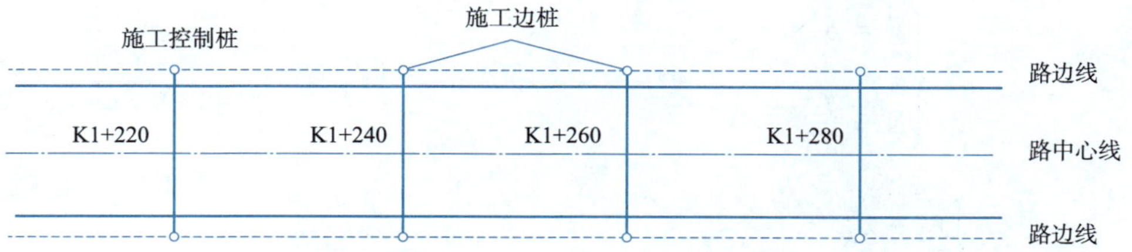

图 2.1　平行线法

2. 延长线法

延长线法在中线延长线上测设方向控制桩。当转角很小时，可在中线的垂直方向测设控制桩，如图 2.2 所示。此法适用于地势起伏大、直线段较短的路段。

3. 交会法

交会法是在中线的一侧或两侧选择适当位置设置控制桩或选择永久地物，如电线杆、房屋的墙角等，作为控制点，如图 2.3 所示。此法适用于地势较开阔、便于距离交会的路段。

上述三种方法在城镇区、郊区或山区的道路施工中均可根据实际情况互相配合使用。但无论使用哪种方法测设控制桩，都要绘出示意图，注明有关数据并做好记录，以便查用。

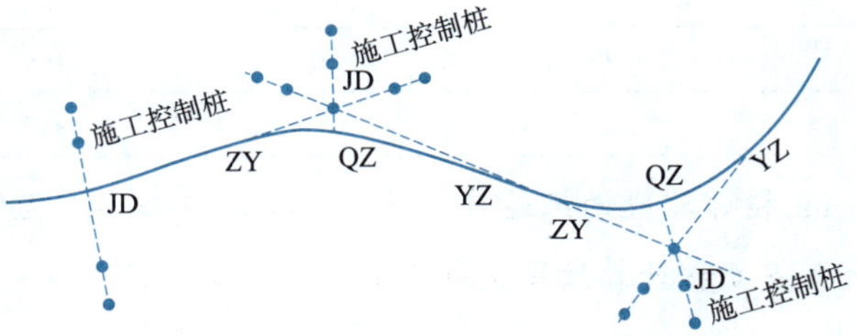

图 2.2　延长线法

注：JD 为交点；ZY 为直圆点；QZ 为曲线中点；YZ 为圆直点。

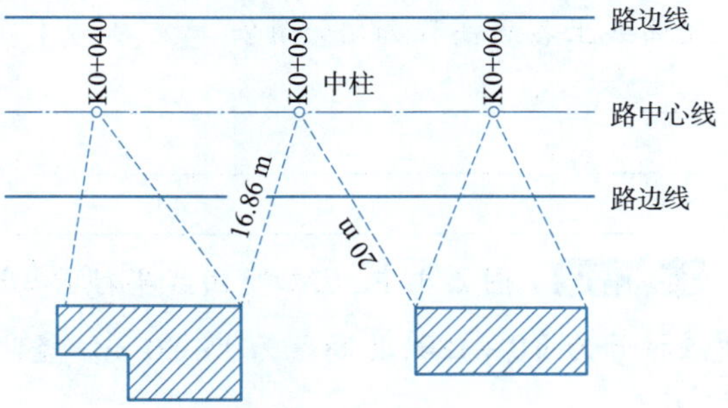

图 2.3　交会法

串一串

中线测量测设方法有哪些？

____

____

____

2.1.2　高程测量放样

恢复中线，只是完成了施工测量的第一步，接下来还要进行高程的测量与放样。道路经过勘测设计以后，往往要经过一段时间才能施工，在这段时间内现场可能出现局部的变化，为了核实土石方工程量，在施工前需要复测并加密纵、横断面。

高程测量放样的依据是勘测设计单位在沿线布设的水准点，这些水准点在使用前需复核。为便于施工和控制精度，在人工结构物附近、高填深挖地段、工程量集中及地形复杂地段需要增加一些水准点；随着路基的不断填筑和开挖，还需要调整水准点的位置，以便施工放样。增设或调整水准点必须采用附合或闭合水准（或三角高程）路线测量，才能满足精度要求。

在道路路线纵坡变化处的竖曲线，其放样方法如图 2.4 所示。竖曲线各元素按式（2.1）和式（2.2）计算。

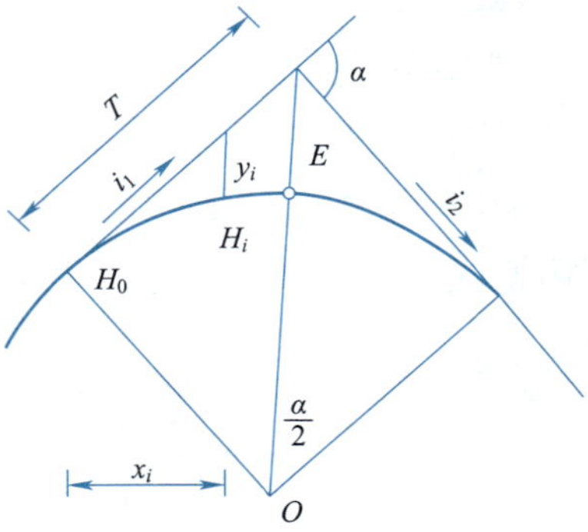

图 2.4　竖曲线放样方法

$$\begin{cases} T = R \times \dfrac{i_1 - i_2}{2} \\ E = \dfrac{T^2}{2R} \end{cases} \tag{2.1}$$

$$\begin{cases} y_i = \dfrac{x_i^2}{2R} \\ H_i = H_0 + x_i \times i \pm y_i \end{cases} \tag{2.2}$$

式中　R——竖曲线半径；

i_1, i_2——相邻纵坡度，上坡为正，下坡为负；

T, E——竖曲线切线长和外距；

H_i——竖曲线上任一点高程；

H_0——竖曲线起点（或终点）的高程；

x_i——竖曲线上任一点距竖曲线起点（或终点）的水平距离；i 为纵坡度，取 i_1 或 i_2；

y_i——竖曲线上任一点距切线的纵距，凸曲线取“－”；凹曲线取“＋”。

一般将竖曲线分成两半，从两头往中间计算。

算一算

竖曲线上各点高程如何计算？

例2.1　图 2.4 中，已知竖曲线半径 $R = 2\ 000$ m，相邻坡段的纵坡度 $i_1 = +1.40\%$，$i_2 = -1.25\%$，变坡点桩号为 K0＋180，其高程为 15.20 m。竖曲线上各点高程计算结果见表 2.1。

表 2.1　竖曲线上各点高程计算

桩号	至竖曲线起点或终点的平距 x/m	高程改正 y/m	坡道高程/m	竖曲线高程/m
起点 K0＋153.5	0	0	14.83	14.83
＋160	6.5	－0.01	14.92	14.91
＋170	16.5	－0.07	15.06	14.99
变坡 K0＋180	26.5	－0.18	15.20	15.02
＋190	16.5	－0.07	15.07	15.00
＋200	6.5	－0.01	14.95	14.94
终点 K0＋206.5	0	0	14.87	14.87

2.1.3　横断面放样测量

横断面放样测量包括边桩放样和边坡放样。

1. 路基边桩放样

路基边桩的测设就是在地面上将每一个横断面的路基边坡线与地面的交点用木桩标定出来。边桩的位置由它至中桩的距离来确定。常用的方法有以下几种：

(1)图解法。从横断面设计图上量出或从路基设计表中查取坡基点(或坡顶点)与中桩的水平距离，然后用钢尺或皮尺沿横断面方向实地丈量以确定边桩位置。丈量时尺子要拉平，如横坡较大时，需分段丈量，在量得的点上固定坡脚桩(或坡顶桩)，再用石灰标出坡脚(或坡顶)的分界线。施工中如有破坏，应及时补测。在地面较平坦，填挖方量大时，采用此法较多。

(2)解析法。即通过计算求得路基边桩至中桩的平距。

平坦地段路基边桩的距离如图 2.5 所示，其值

$$D = \frac{B}{2} + mh \tag{2.3}$$

路堑边桩至中桩的距离如图 2.6 所示，其值

$$D = \frac{B}{2} + s + mh \tag{2.4}$$

式中，B 为路基设计宽度；m 为边坡的设计坡率；h 为路基中心填土高度或挖土深度；s 为路堑边沟顶宽。

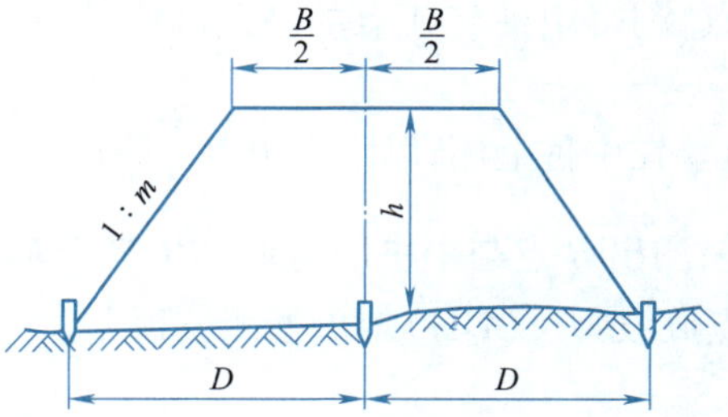

图 2.5　路基边桩

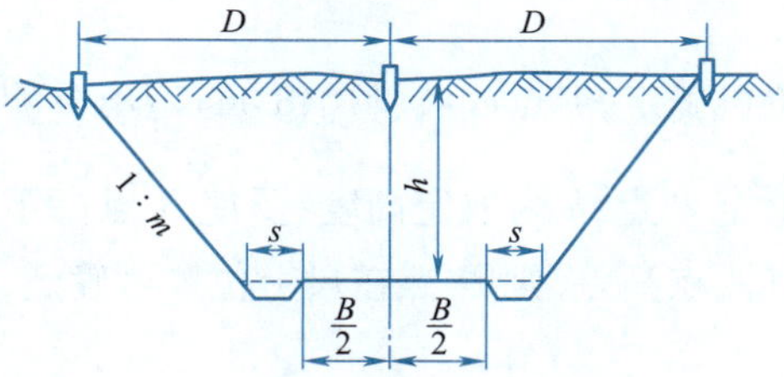

图 2.6　路堑边桩

若断面位于曲线上有设计加宽时，按上述方法求出 D 值后，还应在曲线加宽一侧的 D 值中计入加宽值。根据算得的 D 值，沿横断面方向丈量，定出路基边桩。

在倾斜地段，计算时应考虑地面横向坡度的影响，如图 2.7 所示。

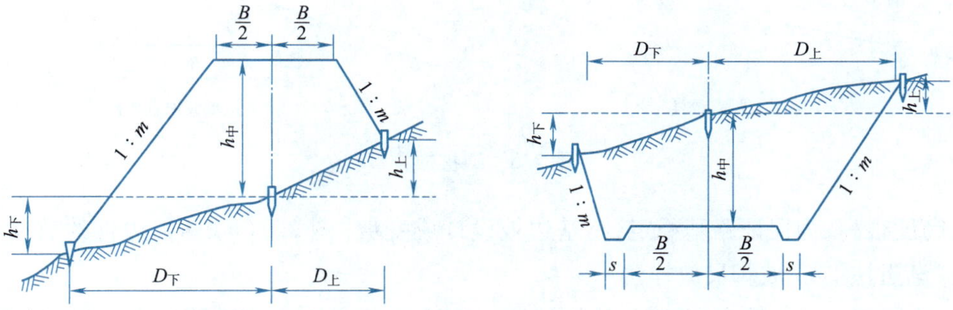

(a)　　(b)

图 2.7　路堤路堑边桩

路堤边桩至中桩的距离如图 2.7(a)所示，其值计算如下：

$$\begin{cases} \text{斜坡上侧 } D_{上} = \dfrac{B}{2} + m(h_{中} - h_{上}) \\ \text{斜坡下侧 } D_{下} = \dfrac{B}{2} + m(h_{中} + h_{下}) \end{cases} \tag{2.5}$$

路堑边桩至中桩的距离如图 2.7(b)所示，其值计算如下：

$$\begin{cases} \text{斜坡上侧 } D_{上} = \dfrac{B}{2} + s + m(h_{中} + h_{上}) \\ \text{斜坡下侧 } D_{下} = \dfrac{B}{2} + s + m(h_{中} - h_{下}) \end{cases} \tag{2.6}$$

式(2.5)和式(2.6)中，B、s、m 为已知，$h_{中}$中为中桩的填挖高度，也为已知。$h_{上}$、$h_{下}$为斜坡上、下侧边桩与中桩的高差，在边桩未定出之前则为未知数。因此，在实际工作中采用渐近法测设边桩。渐近法首先根据地面实际情况参照路基横断面图，估计边桩位置。然后测出估计位置与中桩地面间的高差，按此高差可推算出与其对应的边桩位置。若计算值与估计值不等，则重新估计边桩位置。重复上述工作，直至计算值与估计值基本相符便可确定边桩的位置。

(3)坡脚尺放样法。图2.8(a)中，欲放样路堤坡脚桩，先在中桩 O 下侧，以水平距离 $\frac{B}{2}+m\times H$ 在地面上定 A 点，测得中桩 O 与 A 点的高差 AA'，则 A'点在尺上的位置可确定，A'点放坡脚尺(1:m)定出下侧坡脚点。在中桩 O 上侧，以水平距离 $\frac{B}{2}+m\times(H-h)$ 在地面上定 B 点，h 为取定高度，要使 B'点高于坡脚桩，测出 B 点与中桩 O 的高差，BB'等于 h 减去 B、O 两点高差，则 B'点在尺上位置可确定，在 B'点放坡脚尺(1:m)定出上侧坡脚点。

微课 高程测量内业平差计算

图2.8(b)中，欲放路堑坡顶桩，其上述方法也可定出坡顶桩的位置。B_1为路堑路面宽度，先在中桩下侧，以水平距离 $\frac{B_1}{2}+m\times H$ 在地面上定 A 点，测得中桩与 A 点的高差 AA'，则 A'点在尺上的位置可确定，A'点放坡脚尺(1:m)定出下侧坡顶点。在中桩上侧，以水平距离 $\frac{B_1}{2}+m\times(H+h)$ 在地面上定 B 点，h 为取定高度，要使 B'点高于坡顶桩，测出 B 点与中桩的高差，BB'等于 h 减去 B 点与中桩两点高差，则 B'点在尺上位置可确定，在 B'点放坡脚尺(1:m)定出上侧坡顶点。

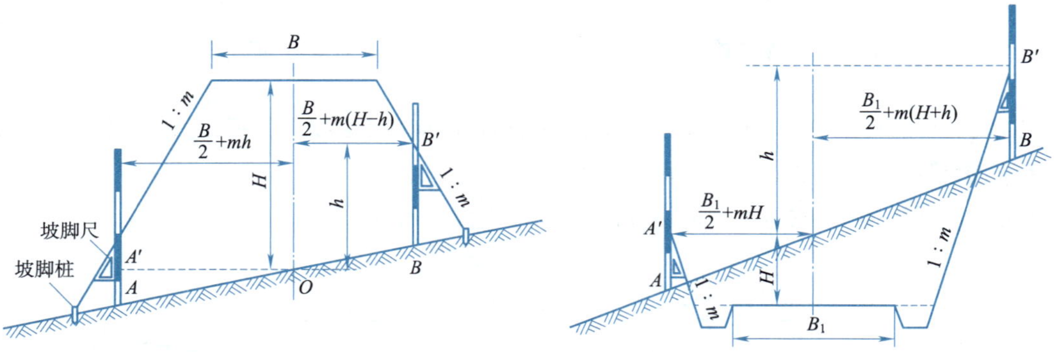

(a)路堤坡脚点放样　　(b)路堑坡顶点放样

图2.8　边桩放样

如果填土高度很高，为保证路基稳定，路基边坡设计成变坡[图2.9(a)]时，边桩的放样则比较麻烦，但仍然可采用“渐近法”或“坡脚尺放样法”。

图2.9(b)的挖方路基边坡有变坡时，边桩的计算比较复杂，此时更多地要依靠横断面设计图或路基设计表。上述边桩计算公式亦可按照几何原理导出。

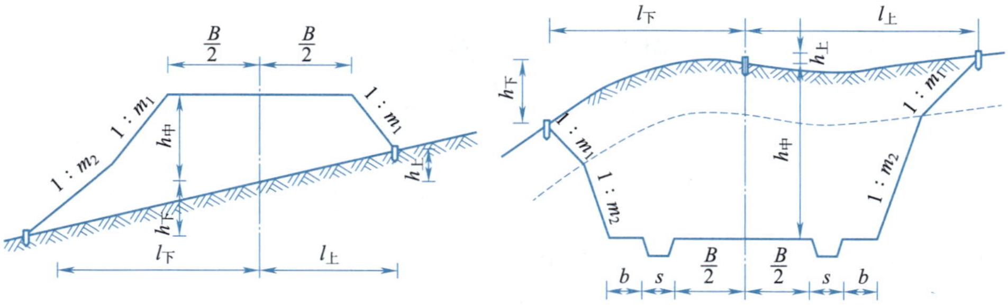

(a)有边坡路堤坡脚点放样　　(b)有边坡路堑坡顶点放样

图2.9　边桩的计算示意图

坡脚或开口桩位确定后，把沿线道路两侧的各桩位连接起来，撒上白灰线条，便完成了路基放样工作。

演一演

路基边桩放样的图解法指什么？

____

____

____

边桩放样的注意事项：

（1）在计算测设边桩距离时，要注意路基设计的尺寸和要求。如路基是否有加宽等；对挖方地段，要注意边沟的设计尺寸及是否有护坡平台，以免边桩放样时漏掉，造成返工事故。

（2）在地形复杂路段，最好用仪器进行边桩放样；在曲线段，更应注意使横断面方向与路中线的切线方向垂直。

（3）放完一段边桩后，要进行复核。地面平坦或地面横坡一致时，边桩连线应为一直线或圆缓的曲线，如有个别边桩凸出来或凹进去，就说明有问题。

（4）在施工过程中，应及时加固保护边桩，并作好明显的标记。

2. 路基边坡放样

测设出边桩后，为了保证路基填挖边坡能按设计要求进行施工，应把设计边坡在实地标定出来。

（1）用竹竿绳索进行边坡放样。当路堤填土不高时，可用一次挂线。如图2.10所示，设 O 为中桩，A、B 为路基边桩，C、D 为坡顶桩位，CO 及 DO 的水平距离均为路基设计宽度的一半。放样时，在 C、D 处竖立竹竿，在其上等于填土高度处作记号 C'、D'，用绳索连接 AC' 及 BD'，即得设计边坡放样线。

当路堤填土较高时，可采用分层挂线。如图2.11所示，在每层挂线前都应当标定中线并对杆面 $C'D'$ 适当抄平。

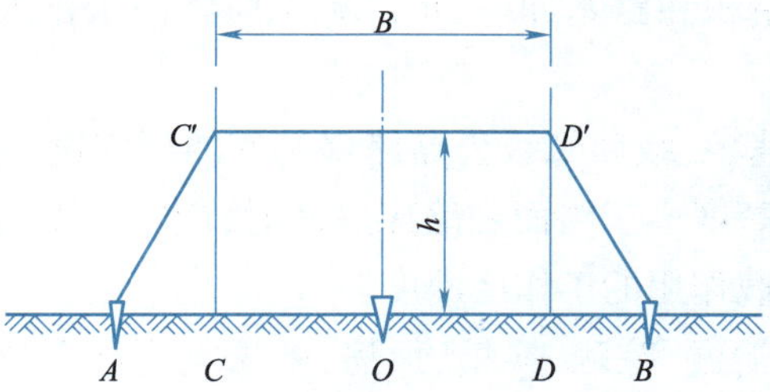

图2.10　竹竿绳索边坡放样（一次挂线）

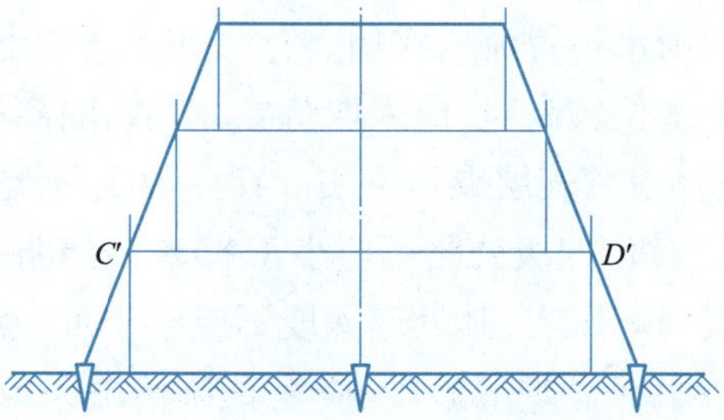

图2.11　分层挂线边坡放样

（2）用边坡样板放样。首先按照设计边坡坡度做好边坡样板，施工时按边坡样板放样。图2.12所示为活动边坡尺测设边坡，当边坡样板上的水准尺气泡居中时，边坡尺上斜边指示的方向即为设计边坡，借此可指示路堤的填筑或路堑施工，并可用边坡尺对填筑的路堤或开挖的路堑边坡进行检验。

图2.13所示为路堑边坡样板放样，先在坡顶边桩外侧按设计边坡度设立固定样板，施工时可用3 m直尺靠线随时指导开挖及修整边坡、检验坡度。

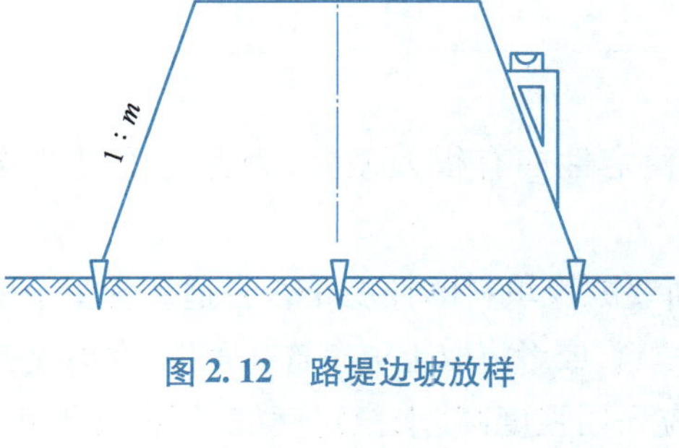

图2.12　路堤边坡放样

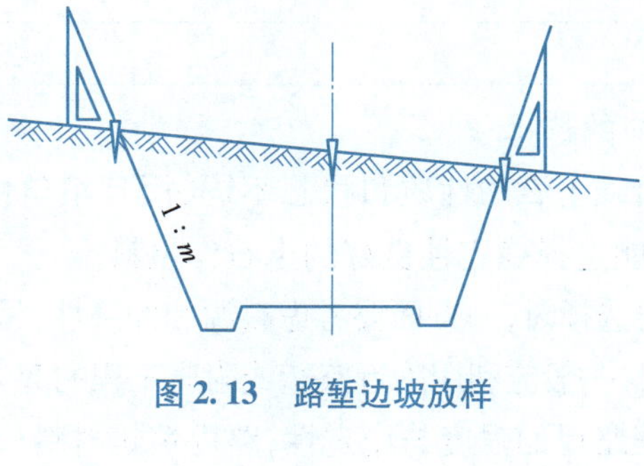

图2.13　路堑边坡放样

知识点2 路堤施工

路堤指设计标高高于原地面标高的填方路基。路堤在结构上分为上路堤和下路堤,上路堤指路面底面以下0.8~1.5 m范围的填方部分;下路堤指上路堤以下的填方部分。

路堤施工是在原地面上进行路基填筑,它的质量好坏直接影响着道路工程的整体质量。因此,在施工过程中,应掌握正确施工方案及工艺流程,才能保证路基的施工质量,为路面工程的施工打好基础。

2.2.1 基底处理和填料的选择

1. 路堤基底的处理

路堤基底指路堤填料(土石)与原地面的接触部分。为使两者结合紧密,避免路堤沿基底滑动,需视基底土质、水文、坡度和植被情况及填土高度采取相应的处理措施。

(1)稳定斜坡上地基基础表层的处理,应符合下列要求:

①地面横坡缓于1:5时,在清除地表草皮、腐殖土后,可直接在天然地面上填筑路堤。

②当地面横坡为1:5~1:2.5时,在清除草皮杂物后,还应将坡面挖成台阶,台阶宽度不应小于2 m,高度为0.2~0.3 m,台阶顶面做成内倾2%~4%的斜坡,如图2.14所示。当基岩面上的覆盖层较薄时,宜先清除覆盖层再挖台阶;当覆盖层较厚且稳定时,可予保留。

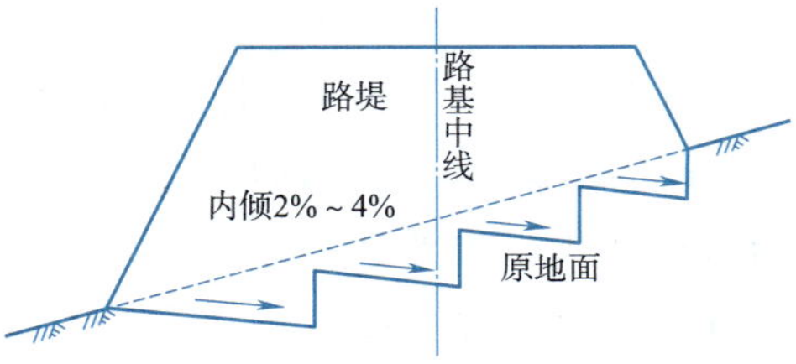

图2.14 斜坡基底的处理示意图

(2)地面横坡陡于1:2.5地段的陡坡路堤,必须验证路堤整体沿基底及基底下软弱层滑动的稳定性,抗滑稳定系数必须符合规定规范,否则应采取改善基底条件或设置支挡结构物等防滑措施。

(3)应做好原地面的临时排水设施,并与永久排水设施相结合。排走的雨水不得流入农田、耕地,亦不得引起水沟淤积和路基冲刷,市区施工应将雨水排入下水管道内。当地下水位较高时,应采取疏导、堵截、隔离等措施。

(4)应将地基表层碾压密实。在一般土质地段,高速、一级和二级公路路堤基底的压实度(重型)不应小于90%,三级、四级公路不应小于85%。当路基填土高度小于路面和路床厚度时,应将地基表层土进行超挖并分层回填压实,其处理深度不应小于重型汽车荷载作用的工作区深度。

(5)在稻田、湖塘等地段,应视具体情况采取排水、清淤、晾晒、换填、加筋、外掺无机结合料等处理措施。当为软土地基时,应按软土施工要求进行处理。

(6)路堤修筑范围内,原地面的树穴、坑洞等,应用原地的土回填,并按规定进行压实。

(7)路堤基底原状土的强度不符合要求时,应进行换填。换填深度应不小于30 cm,并分层压实到符合规定的压实度。

挑一挑

什么是路堤及其分类?

____

____

____

2. 填料的选择

由于沿线土石的性质和状态不同,用其填筑的路基稳定性亦有很大差异,为保证路堤的强度与稳定性,应尽可能选择稳定性良好的土石作填料。

在填料选择时,一方面要考虑料源和经济性,另一方面要顾及填料的性质是否合适。为了节约投资和少占耕地良田,一般应利用附近路堑或附属工程的弃方作为填料,或者将取土坑布置在荒地、空地或劣地上。

为保证路堤的强度与稳定性,路堤填筑材料(填料)应采用强度高、水稳定性好、压缩变形小、便于施工压实以及运距经济的土石材料。不得采用设计或规范规定的不适用土料作为路基填料，路基填料强度（CBR）应符合《公路路基设计规范》（JTG D30—2015）规定。

（1）碎石土、卵石土、砾石土、中砂和粗砂等，具有透水性好、摩阻系数大、强度受水的影响小等优点，是填筑路堤的良好材料。

（2）亚砂土、亚黏土、轻黏土等，经压实后能获得足够的强度和稳定性，是比较理想的路堤填料。但需注意，土中的有机质和易溶盐含量不应超出规定的数量。

（3）路堤填料不得使用淤泥，沼泽土，冻土，有机土，以及含草皮土、生活垃圾、树根和有腐殖质的土。冰冻地区的路床及浸水部分的路堤不应直接用粉质土填筑。当采用盐渍土、黄土、膨胀土填筑路堤时，应遵照有关规定执行。

（4）液限大于50%、塑性指数大于26%的土，以及含水率超过规定的土，不得直接作为路堤填料，若需要应用时，必须满足设计要求的技术处理，经检查合格后方可使用。

（5）钢渣、粉煤灰等材料，可用作路堤填料，其他工业废渣在使用前应进行有害物质的含量试验，避免有害物质超标，污染环境。

（6）捣碎后的种植土，可用于路堤边坡表层。

（7）浸水路堤、桥涵台背及挡土墙墙背应选用渗水性好的填料。

各级公路的路基填料最小强度和最大粒径应符合表2.2的要求。

表2.2 路基填料最小承载比和最大粒径表

填料应用部位（路面底面以下深度）/m				填料最小强度（CBR）/%			填料最大粒径/mm
				高速公路、一级公路	二级公路	三、四级公路	
填方路基	上路床		0～0.30	8.0	6.0	5.0	100
	下路床	轻、中及重交通	0.30～0.80	5.0	4.0	3.0	100
		特重、极重交通	0.30～1.20				
	上路堤	轻、中及重交通	0.80～1.50	4.0	3.0	3.0	150
		特重、极重交通	1.20～1.90				
	下路堤	轻、中及重交通	>1.50	3.0	2.0	2.0	150
		特重、极重交通	>1.90				
零填及挖方路床	上路床		0～0.30	8.0	6.0	5.0	100
	下路堤	轻、中及重交通	0.30～0.80	5.0	4.0	3.0	100
		特重、极重交通	0.30～1.20				

注：1. 表列强度按《公路土工试验规程》（JTG 3430—2020）规定的浸水96 h的CBR试验方法测定。
2. 三级、四级公路做高级路面时，应按二级公路的规定。
3. 表中上、下路堤填料的最大粒径15 cm的规定，不适用于填石路堤和土石路堤。

练一练

路堤填筑材料（填料）有哪些要求？

2.2.2 土质路堤施工

路堤填筑是把填料用一定方式运送至陆地上进行铺平、碾压密实的过程。路堤基本填筑方法有分层填筑法、竖向填筑法和混合填筑法三种。

1. 填筑方法

1）分层填筑法

路堤填筑应考虑不同的土质，从原地面逐层填起，并分层压实，每层厚度随压实方法而定。分层填筑法又可分为水平分层填筑和纵向分层填筑两种。

(1)水平分层填筑。填筑时按照横断面全宽分成水平层次,逐层向上填筑。如原地面不平,应由最低处分层填起,每填一层,经压实合格后再填上一层,依次循环进行直至达到设计高程。此法施工操作方便、安全、压实质量容易保证,如图 2.15 所示。

(2)纵向分层填筑。纵向分层填筑适用于推土机或铲运机从路堑取土填筑运输距较短的路堤。依纵坡方向分层、逐层推土填筑。原地面纵坡坡度大于 12% 的地段常采用此法施工,见图 2.16。

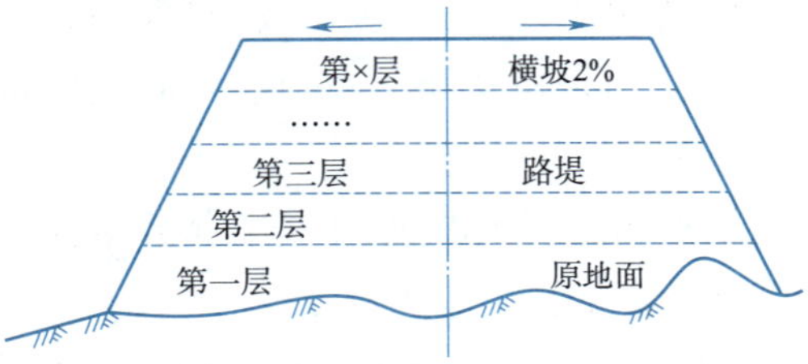

图 2.15　水平分层填筑法

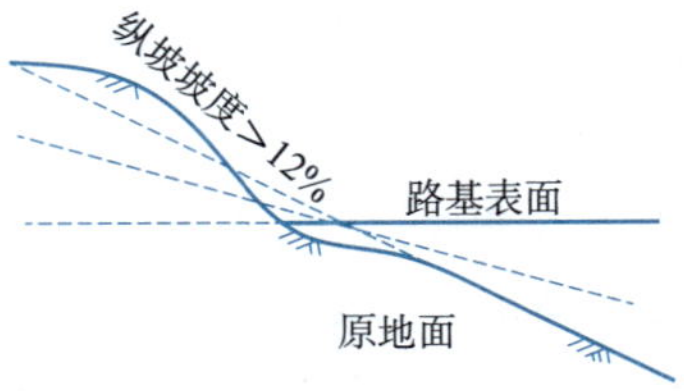

图 2.16　纵向分层填筑法

2)竖向填筑(横向填筑)法

从路基一端或两端同时按横断面的全部高度,逐步推进填筑,仅用于无法自下而上分层填土的陡坡、断岩或泥沼地区,如图 2.17 所示。此法因填土过后不易压实,且还有沉陷不均匀的特点。

为此,应采用必要的技术措施,如选用高效能的压实机械(振动或夯实式压路机)碾压;采用深陷量较小的砂性土或废石方作填料;暂不修建较高级路面,容许短期自然沉落等。

3)混合填筑法

当高等级公路路线穿过深谷陡坡,且要求上部的压实度较高时,路基下层采用竖向填筑,上层采用水平分层填筑,此种方法称为混合填筑法,如图 2.18 所示。

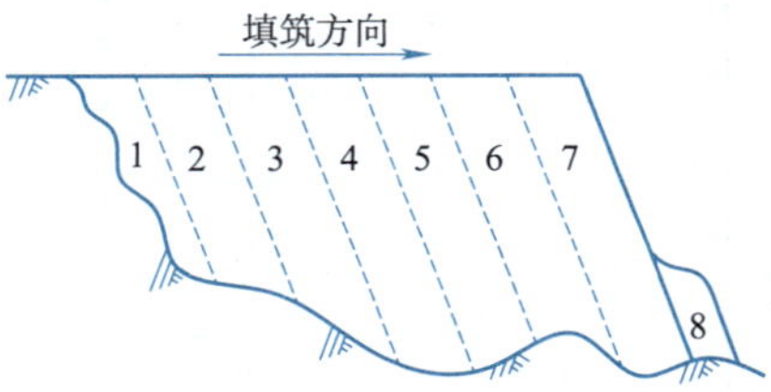

图 2.17　竖向填筑法

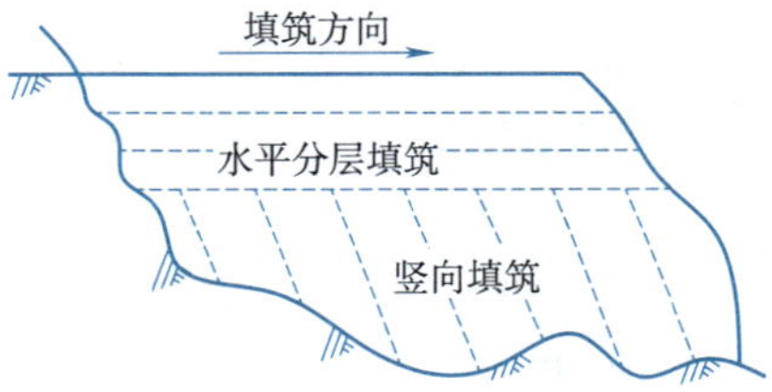

图 2.18　混合填筑法

微课

土质路堤填筑施工

析一析

路基填方的方法包括哪些?

2. 土质路堤填筑规定

(1)路堤填筑的规定:

①每种填料的松铺厚度应通过实验确定。

②每一填筑层压实后的宽度不应小于设计宽度。

③路堤填筑时,应从最低处分层填筑,逐层压实。

④填方分几个作业施工时,接头部位如不能交替填筑,则先填路段,应按 1:1 坡度分层留台阶;如能交替填筑,则应分层相互交替搭接,搭接长度不小于 2 m。

⑤土质路基压实度应符合表 2.3 的规定。

(2)不同土质混合填筑的规定:

在施工中,沿线的土质经常发生变化,为避免将不同性质的土任意混填,以致造成路基病害,应在施工前进行现场调查，做出正确的规划，拟定合理的调配方案。

①不同的土质填筑路堤时，应水平分层、分段填筑，分层压实，同一水平层路基的全宽应采取同一种填料。分层数量应尽量减少，每种填料的填筑层压实后的连续厚度不宜小于500 mm。不应混杂乱填，以免形成水囊或滑动面。

表2.3 土　质路基压实度标准表

填料部位(路面底面以下深度)/m				压实度/%		
				高速公路、一级公路	二级公路	三、四级公路
填方路基	上路床		0～0.30	≥96	≥95	≥94
	下路床	轻、中及重交通	0.30～0.80	≥96	≥95	≥94
		特重、极重交通	0.30～1.20			—
	上路堤	轻、中及重交通	0.80～1.50	≥94	≥94	≥93
		特重、极重交通	1.20～1.90			—
	下路堤	轻、中及重交通	>1.50	≥93	≥92	≥90
		特重、极重交通	>1.90			
零填及挖方路床	上路床		0～0.30	≥96	≥95	≥94
	下路堤	轻、中及重交通	0.30～0.80	≥96	≥95	—
		特重、极重交通	0.30～1.20			

注:1. 表列压实度以《公路土工试验规程》(JTG 3430—2020)重型击试验为准。
2. 三级、四级公路铺筑水泥路面或沥青路面时，其压实度应采用二级公路的规定值。
3. 路堤采用特殊填料或处于特殊气候地区时，压实度标准根据实验路在保证路基强度的前提下可适当降低。
4. 特别干旱地区的压实度标准可降低2%～3%。

②透水性较小的土填筑路堤下层时，其顶面应做成2%～4%的双向横坡，并采取相应的防水措施，以保证来自上层透水性填土的水分及时排出。

③透水性较小的土填筑在路基上层时，不应覆盖在透水性较大的土所填筑的下层边坡上，以保证水分的蒸发和排出。

④潮湿或敏感性较小的填料应填筑在路基上层，强度较小的土应填在下层。在地下水的路段或临水范围内，宜填筑透水性好的填料。

⑤为防止相邻两段用不同土质填筑的路堤在交接处发生不均匀变形，交接处应做成斜面，并将透水性差的土填在斜面下部，如图2.19所示。用不同土质路堤填筑的方法如图2.20所示。

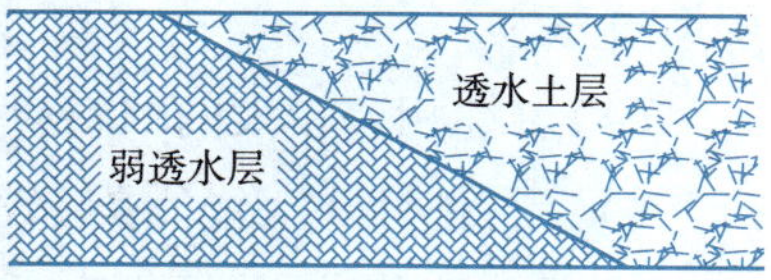

图2.19　不同土质接头处理示意图

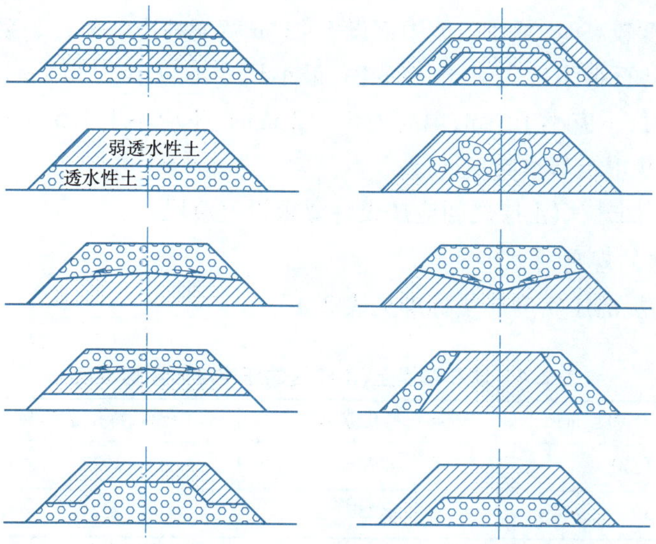

(a)正确方法　　(b)错误方法

图2.20　不同土质路堤填筑方法示意图

说一说

路堤填筑的规定包括什么？不同土质混合填筑的规定包括什么？

2.2.3 石质路堤施工

用粒径大于 37.5 mm 且含量超过总质量的 70% 的石料填筑的路堤称为石质路堤。

1. 填料的规定

(1)膨胀岩石、易溶性岩石不宜直接用于路堤填筑,崩解性岩石不得直接用于路堤和盐化岩石填筑。强分化石料或软质石岩,应按《公路路基施工技术规范》(JTG/T 3610—2019)先检验其 CBR 值,如 CBR 值不符合要求则不能使用;符合时则按土质路堤的技术要求施工。

(2)填石路堤填料粒径不应大于 500 mm,并不宜超过层厚的 2/3,不均匀系数宜为 15 ~ 20。路床底面以下 400 mm 范围内应设置碎石过渡层,过渡层碎石粒径应小于 150 cm,其中小于 0.05 mm 的细粒料含量不应小于 30% ,必要时,宜设置土工布隔离层。

(3)路床范围应使用符合要求的土填筑,填料粒径应小于 100 mm。

2. 填筑的规定

(1)填石路堤应采用大功率推土机和自重不小于 18 t 的振动压实机械施工。路堤施工应先修实验路段,确定满足规范规定孔隙率标准的松铺厚度、压实机械型号及组合、压实速度及压实遍数、沉降差等参数,以控制施工。

(2)路床施工前,应修筑试验路段,确定能达到最大干密度的松铺厚度、压实机械型号及组合、压实速度及压实变数、沉降差等参数。

(3)二级及二级以上公路的填石路堤应分层填筑压实。二级以下砂石路面公路在陡峻山坡地段施工特别困难时,可采用倾填的方式将石料填筑于陆路堤下部,但在路床底面以下不小于 1.0 m 范围内仍应分层填筑压实。

(4)岩性相差较大的填料应分层或分段填筑。严禁将软石料与硬质石料混合填筑。

(5)当石块粒径较大、填层较厚、石块间的孔隙较大时,可于每层表面的孔隙里填入石渣、石屑、中砂、粗砂,再以压力水将砂冲入下部,反复数次,使孔隙填满;人工铺填 25 cm 以下石料时,可直接分层铺填,分层碾压。

(6)填石路堤边坡坡度较高时,可在边坡中部设 1 ~ 3 m 宽度的边坡平台。采用中硬、硬质石料填筑的路堤应进行边坡码砌,码砌石料强度应大于 30 MPa,最小尺寸不应小于 300 mm,石料应规则。码砌的厚度:填高小于或等于 5 m 时,不应小于 1 m;填高为 5 ~ 12 m 时,不应小于 1.5 m;填高大于 12 m 时,不应小于 2 m。边坡码砌宜与路基填筑基本同步进行。

(7)在填石路堤顶面与细粒填土层之间应按设计要求设过渡段。

3. 填石路堤施工质量的规定

(1)填石路堤上、下路堤的压实度质量标准见表 2.4。

表 2.4　填石路堤上、下路堤的压实度质量标准表

分 区	路床顶面以上深度/m	硬质石料孔隙率/%	中硬石料孔隙率/%	软质石料孔隙率/%
上路堤	0.80 ~ 1.50	≤23	≤22	≤20
下路堤	>1.50	≤25	≤24	≤22

（2）填石路堤施工过程中的每一压实层，可用试验路段确定的工艺流程和工艺参数控制压实度过程；用试验路段确定的沉降差指标检测压实质量。

（3）填石路堤填筑设计标高并整修完成后，其施工质量标准应符合要求。

学一学

石质路堤施工填料的规定有哪些？

____

____

____

2.2.4 土石路堤施工

石料含量占混合材料总质量30% ~70%的路堤，称为土石路堤。

1. 填料的确定

（1）膨胀岩石、易溶性岩石不宜直接用于路堤填筑，崩解性岩石和盐化岩石不得直接用于路堤填筑。

（2）天然土石混合填料中，中硬硬质石料的最大粒径不得大于压实层厚的2/3；石料强风化或软石料时，其CBR应符合土质填料最小强度要求，见表2.2。石料最大粒径不得大于压实层厚。

2. 填筑的规定

（1）土石路堤宜选用自重不小于18 t的振动压实机械施工。路堤施工前，应根据土石混合料的类别分别进行试验路段施工，确定能达到最大压实干密度的松铺厚度、压实机械型号及组合、压实速度及压实遍数、沉降差等参数，以控制施工。

（2）土石路堤不得倾填，应分层填筑压实。

（3）土石混合材料来自不同料场，其岩性或土石比例相差较大时，宜分层或分段填筑。

（4）土石路堤碾压前应使大粒径石料均匀分散在材料中，石料间孔隙应填充小粒径石料、土和石渣。

（5）压实后透水性差异大的土石混合材料，应分层或分段填筑，不宜纵向分幅填筑；如用纵向分幅填筑，应将压实后渗水性良好的土石混合材料填筑于路堤两侧。

（6）土石路堤中石料为中硬、硬质石料时，应进行边坡码砌，边坡码砌要求同填石路堤。若为软质石料，边坡处理同土质边坡。

（7）填料由土石混合料变化为其他填料时，土石混合材料最后一层的压实厚度应小于300 mm，该层填料最大粒径宜小于150 mm，压实后，该层表面应无孔洞。其他公路在路床顶面以下填筑30 cm的砂类土，最大粒径不大于15 cm。

2.2.5 高填方路堤施工

水稻田或长年积水地带，用细料填筑路堤高度在6 m以上，其他地带填土或填石路堤高度在20 m以上时，称为高填方路堤。

1. 填料的规定

高填方路堤优先采用强度高、水稳定性好的材料或采用轻质材料。受水淹、浸的部分，应采用水稳定性好的材料。

2. 填筑的规定

（1）施工中应按设计预留路堤高度与宽度，并进行动态监控。

（2）施工过程中应进行沉降观测，按照设计要求控制填筑速率。

（3）高填方路堤宜优先安排施工。

2.2.6 半填半挖路基与路堑过渡段的施工

1. 基底处理规定

(1)应从填方坡脚起向上设置向内侧倾斜的台阶,台阶宽度不小于2 m,在挖方一侧,台阶应与每个行车道宽度一致、位置重合。

(2)石质山坡,应清除原地面松散风化层,按设计开凿台阶。

(3)孤石、石笋等应清除。

2. 填筑的规定

(1)路基应从最低标高处的台阶开始分层填筑,分层压实。

(2)填筑时,应严格处理横向、纵向、原地面等结合界面,确保路基的整体性。

(3)路基填筑过程中,应及时清理设计边坡外的松土、弃土。

(4)高度小于800 mm的路堤、零填及挖方路床的加固换填宜用水稳定性好的材料。

2.2.7 一般填料路堤施工

1. 技术要求

一般填料路堤填筑按“三阶段、四区段、八流程”施工。

正式施工时必须用路堤填料铺筑长度不小于100 m(全幅路基)的试验路段,以确定合适的工艺和参数,然后再开始正式填筑施工。

2. 工艺流程

工艺流程如图2.21所示。

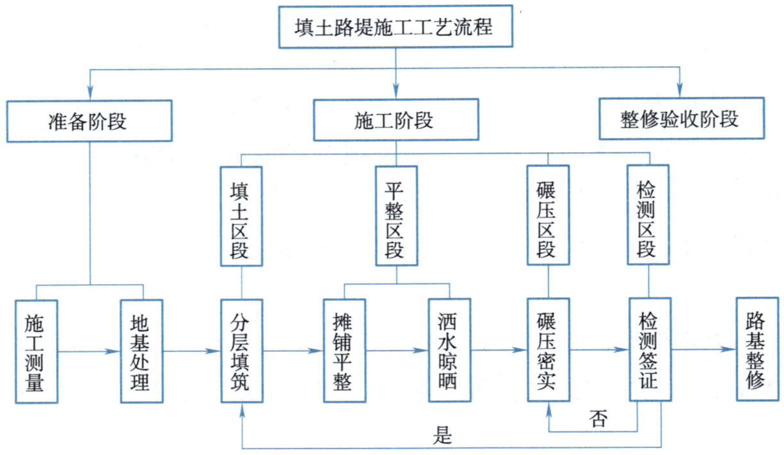

图2.21 一般填料路堤填筑施工工艺流程图

思一思

一般填料路堤填筑按“三阶段、四区段、八流程”施工包括哪些?

____

____

____

3. 施工方法

(1)施工顺序:

下层面处理→卸料填土→推土机摊铺整平→轻型压路机初压→重型压路机复压→平地机精平→中型压力机终压。

(2)填土、摊铺、平整。

不同土质的填料应分层填筑，且应减少层数，每种填料层总厚度不大于 300 mm。土方路堤填筑至路床顶面最后一层的压实层厚度不小于 100 mm。填土区段按照网格化布料，用推土机摊平、粗平，用平地机精平，使填层在纵向和横向平顺均匀，以保证压路机碾压轮表面能基本均匀地接触层面进行压实，达到最佳碾压效果。

推土机摊铺平整的同时，应对路肩进行初步压实，保证压路机进行压实时，到路肩而不致滑坡。初压工序之后用平地机精平，局部凹坑采用人工整修。

4. 碾压

采用不小于 18 t 重型振动压力机进行路基碾压，碾压速率不大于 4 km/h。进行碾压前对填筑层的分层厚度和大致平整程度应进行检查，确认层厚和平整程度符合要求方能进行碾压。碾压时由路基两侧开始向中心纵向碾压，按照初压、复压、终压三步骤进行。初压宜低速，复压宜中速、终压应快速。施工中应坚持层层检测、层层报检，确保压实度符合要求。

含水量适宜的填料应及时碾压，防止松散填料在空气中暴露时间过长，导致含水量损失难以压实。含水量不适宜的填料应进行调整处理后方可碾压，上下两侧填筑接头应错开不小于 3.0 m。压路机按 S 形走行，相邻两行碾压轮迹至少重叠 30 cm，保证不漏压。碾压过程中如发现有凹凸不平现象，应人工配合及时整平，以保证路面的平整度满足规范的要求。

5. 断面控制

填方断面边坡线按每侧超填宽度 30 ~ 50 cm 进行控制，为保证断面几何尺寸准确无误，直线段边桩设置 20 m，曲线段边桩设置间距 10 m。每隔 20 ~ 50 m 用标杆和红色施工线绳做成标准几何横断面，路基横断面控制如图 2.22 所示。

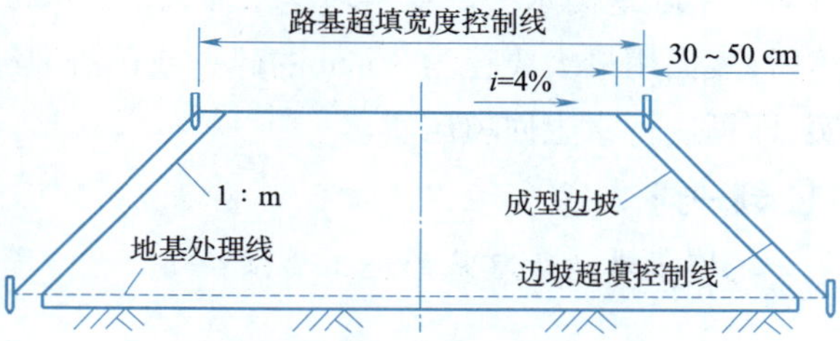

图 2.22　路基横断面控制示意图

想一想

一般填料路堤施工碾压要求有哪些？

动画

全站仪放样曲线道路

2.2.8　农田地段路基的施工

路基基底为农田时，应先清除有机土、种植土，平整后按规定要求探压、处理和压实。在深耕地段，必要时，应将松土翻挖、土块打碎，然后分层、整平压实。施工前，应在沿线两侧筑埂。在埂内挖纵横向排水沟，保证能及时排除地面水和疏干地表水。地表疏干后应清除表层不良土层，经碾压密实后再分层填筑路堤。若路基基底土壤含水量大，不能疏干，碾压容易回弹，达不到压实度要求时，可采取下列浅层处理方法：

(1)翻松晾晒法。当气候干燥、天气炎热时，可将土层大面积翻松，使水分蒸发，待接近最佳含水量时碾压密实。

(2)换土法。用机械挖深 60 cm，换填好土分层回填压实。若底层以下地下水位高，应采取降水措施，以降低下层土的含水量。

(3)掺石灰法。掺石灰法适用于气候潮湿、多雨、工期紧迫和无好土换的地段。在土中掺入 4% 的生石灰粉或 5% 的较干的消石灰，处理深度可达 60 cm，用推土机推出 40 cm 土层，分三层加灰拌和均匀、回填压实。

原地面为淤泥时，可抛填砂砾、碎石、片石等挤淤，经碾压稳定后再填路堤。跨越水田的路基应不影响农田排灌。

2.2.9 坑塘集水地段路基的施工

(1)河滩路堤填土,应连同护坡道在内一起填筑。受水浸淹部分的填料应选用水稳定性好的土料。河槽加宽、加深工程应在修筑路堤前完成。

(2)在路基范围内有大片低洼集水地段时,可先做土埂排除积水,并将杂草、淤泥以及不适宜的土料清除路堤之外,按要求的深度将此地面翻松,经处理后再进行压实。若坑塘较深,应围堰、抽水、清淤。围堰选定在路基坡脚线以外 2 ~3 m 处,用抽水机向堰外抽水,清淤至原状土后,进行回填压实。

(3)对于水塘、洼地排水清淤后,填土不能上碾或因下层含水量大,碾压达不到密实度要求时,可采用粒料加固。用块石加固下层,最好先铺一层不大于 2.5 cm 的小粒径碎石、砾石,厚度不小于 15 cm 作垫层,防止填土加荷后块石挤入淤泥中,使路面产生变形。块石应堆码整齐,不得架空,并用碎石填隙,每层厚度不得大于 30 cm,并应碾压密实。

(4)当路基填筑穿越积水的坑塘时,可用粒料挤淤,填筑成路基下层。粒料选用水稳定性好、无杂物、最大粒径为 30 cm 且粒径大于 20 cm 的颗粒不多于 10% 的材料,如块石、砾石、矿渣等。填筑方法为:当路线穿过坑塘时,从坑塘一侧岸边起沿道路中线超高卸料,随后用 20 t 以上推土机推向前方,边推挤、边排压,使填料呈箭头形状渐进至对岸,以利淤泥挤出路基之外。如路基一侧在陆地,另一侧位于水中,则填筑方向为由陆地向水中。粒料填至水面以上 50 cm 后,用重型振动压路机振压 6 遍,以无明显沉陷变形为准。然后,表面用最大粒径为 8 mm 的碎石或矿渣灌缝,其最小厚度为 10 cm,再经找平后,用重型三轮压路机压实,即可进行素土回填压实。

判一判

坑塘集水地段路基的施工要求?

____

____

____

2.2.10 压实机具的选择与操作

压实机具的选择与合理的操作,也是影响路基压实度效果的因素。

压实机具的类型较多,大致分为碾压式、夯击式和振动式三大类型。碾压式(又称静力式碾压式),包括光面碾(普通的两轮或三轮压路机)、羊足碾和气胎碾等。夯击式除人工使用的石、木夯外,还有机械设备中夯锤、夯板、风动夯及蛙式夯机等。振动式包括振动机器和振动压路机等。此外,运土机械中的汽车、拖拉机及土方机械等,亦可用于路基压实。不同的压实机具,适用于不同土质及不同土层厚度等条件,这也是选择压实机具的主要依据。几种常见压路机的技术性能见表 2.5。正常条件下,对于砂性的压实效果,振动式较好,夯击式次之,碾压式较差;对于黏性土,则宜选用碾压式或夯击式,振动式较差甚至无效。不用压实机具,在最佳含水量条件下,适用于一定的最佳压实厚度及通常的压实遍数。各种土质适宜的碾压机械见表 2.6。

表 2.5 常用压路机的技术性能表

机具名称	最大有效压实厚度(实厚)/m	碾压行程次数				适宜的土类
		黏性土	亚黏性土	粉砂性土	砂黏性土	
人工夯实	0.10	3 ~4	3 ~4	2 ~3	2 ~3	黏性土与砂性土
牵引式光面碾	0.15	—	—	7	5	黏性土与砂性土
羊足碾(2 个)	0.20	10	8	6	—	黏性土
自动式光面碾 5 t	0.15	12	10	7	—	黏性土与砂性土
自动式光面碾 10 t	0.25	10	8	6	—	黏性土与砂性土

续表

机具名称	最大有效压实厚度(实厚)/m	碾压行程次数				适宜的土类
		黏性土	亚黏性土	粉砂性土	砂黏性土	
气胎路碾 25 t	0.45	5~6	4~5	3~4	2~3	黏性土与砂性土
气胎路碾 50 t	0.70	5~6	4~5	3~4	2~3	黏性土与砂性土
夯击机 0.5 t	0.40	4	3	2	1	砂性土
夯击机 1.0 t	0.60	5	4	3	2	砂性土
夯板 1.5 t,落高 2 m	0.65	6	5	2	1	砂性土
履带式	0.25	6~8		6~8		黏性土与砂性土
振动式	0.40	—		2~3		砂性土

表 2.6　各种土质适宜的碾压机械表

机械名称	土的分类				备　注
	细粒土	砂类土	砾石土	巨粒土	
6~8 t 两光轮压路机	A	A	A	A	用于预压整平
12~18 t 两轮光轮压路机	A	A	A	B	最常使用
25~50 t 轮胎压路机	A	A	A	A	最常使用
羊足碾	B	C 或 B	C	C	粉黏土质砂可用
振动压路机	A	A	A	A	最常使用
凸出式振动压路机	B	A	A	A	最宜使用含水量较高的细粒土
手扶式振动压路机	B	A	A		用于狭窄地段
振动平夯实	A	A	A	B 或 C	用于狭窄地段,机械重量 800 kN 的可用巨粒土
夯锤(板)	A	A	A	B	用于狭窄地段
推土机、铲运机	A	A	A	A	仅用于摊平土层和预压

注:1. 表中符号:A 代表使用;B 代表无适当机械时可用;C 代表不适用。
2. 土的类别按《公路土工试验规程》(JTG 3430—2020)的规定划分。
3. 特殊土[如黄土(CLY)、膨胀土(CHE)、盐渍土等]选择压实机械时可按细粒土考虑。
4. 羊足碾(包括凸块碾和条式碾)应用光轮压路机配合使用。

比一比

如何进行压实机具的选择与操作?

压实机具对于施加的外力应有所控制,以防压实功能太大造成的压实过度、失效、浪费或损害。一般认为,压实时的单位压力不应超过的强度极限。不同土的强度极限与压实机具的重量、相互接触面积、施荷速度及作用时间等因素有关。表 2.7 所示为压实时土的极限强度(最佳含水量条件下),可供选择机具和控制压实功能时参考。

表 2.7　压实时土的极限强度

土　类	土的极限强度/MPa		
	光面碾	气胎碾	夯板(直径 70~100 cm)
低黏性土(砂性土、亚黏性土、粉性土)	0.3~0.6	0.3~0.4	0.3~0.7
中等黏性土(亚黏性土)	0.6~1.0	0.4~0.6	0.7~1.2
高黏性土(重亚黏性土)	1.0~1.5	0.6~0.8	1.2~2.0
极黏土(黏性土)	1.5~1.8	0.8~1.0	2.0~2.3

实践经验证明，路基压实时，在机具类型、土层厚度及形成遍数已经选定的条件下，压实操作时宜先轻后重、先慢后快、先边缘后中间（超高路段宜先低后高）。压实时，相邻两次的轮迹应重叠轮宽的1/3，保持压实均匀，不漏压，对于压不倒边的边角，应辅以人力或小型机具夯实。压实过程中，经常检查含水量或密实度，以达到规定的压实度。

2.2.11 路基压实

1. 确定填料的含水量

铺土前应做标准击实试验确定填料的最佳含水量和最大干密度。碾压应在接近最佳含水量时迅速进行，一般控制在最佳含水量误差2%以内压实。当含水量过大须翻松、晾干处理。对过干土可以均匀加水使其达到最佳含水量，需要的加水量可按式（2.7）计算。加水宜在前一天均匀喷洒于土堆或取土坑表面，使其渗入土中。喷洒后要适当拌和均匀，以防止干湿不均。

$$m = (w - w_0)Q/(1 + w_0) \tag{2.7}$$

式中 m——所需加水量，kg；

w_0——土原来的含水量（以小数计）；

w——土的压实最佳含水量（以小数计）；

Q——需要加水的土的总质量，kg。

2. 检查路基压实质量

压实度K是工地实测干容重γ与室内标准击实试验得到的最大干容重γ_0之比。

$$K = \frac{\gamma}{\gamma_0} \times 100\% \tag{2.8}$$

压实度K应满足规范要求。

知识点3 路堑施工

微课

路堑中桩放样测量

路堑指设计标高低于原地面的挖方路基。开挖是将路基边坡范围内、设计标高之上的天然土体挖除并运到指定地点的施工过程，是路基施工中工程量最大、最普遍的施工内容。

2.3.1 施工基本要求

路堑的开挖施工应根据放样桩和分界线、坡度及高程自上而下分层开挖，并将挖掘出来的土石按施工计划尽可能运至填土段或指定的地点堆放，做到边挖边填、边压实。确需弃土时，弃土堆应置于路堤坡脚或路堑两端，弃土堆边坡不应陡于1:1.5。

不得乱挖、超挖，严禁掏洞取土。当路堑挖至接近设计边坡时，宜采用人工修整；接近路床设计高程时，应根据土质情况预留一定厚度的土层作保护、调平、碾压路床之用，并保持一定的排水坡度，雨期预留厚度宜为20～50 cm，冬期视当地冻土深度确定。

1. 重视施工排水

不论采用何种方法施工，均能保证开挖过程中和竣工过程中、后能顺利排水。为此，施工时先挖截水沟，并设法引走一切可能影响边坡稳定的地面水和地下水。施工中，要在路堑的路线方向保持一致的纵坡，并设置相应的排水通道。

2. 废土方的处理

路堑挖出的土方，除应尽量利用填方外，余土应有计划地弃置，按弃土堆规定办理，以不妨碍路基排水和路堑边坡稳定为原则，并尽可能用于改地造田，美化环境。

3. 注意边坡稳定

及时设置必要的支挡工程，开挖时必须按横断面自上而下，依照设计边坡逐层进行，防止因开挖不当导致坍方;在地质不良拟设置支挡工程的地段,应考虑在分段开挖的同时,分段修建支挡工程,以保证安全。

4. 有效扩大工作面

工程量集中的路堑施工往往成为整个工程的控制工程,影响工期。施工中注意有效扩大工作面,容纳更多的施工人员和机械,以便能够加快施工进度,保证施工安全。

查一查

路堑施工基本要求包括哪些?

______

______

______

2.3.2 路堑开挖的基本方法

根据地形、土质、路堑深度和其他施工条件,路堑开挖主要可分为横挖法、纵挖法和混合开挖法三种。

1. 横挖法

横挖法按横断面全宽沿道路纵向开挖,此法适用于短而深的路堑。掘进时逐段成形向前推进,运土由相反方向送出,此方法可以获得较高的挖掘深度,但工作面较窄。当路堑过深时,可分成台阶同时掘进,以增加工作面,加快施工进度。每一台阶应有单独的运土出路和排水沟渠,以免相互干扰,影响功效,造成事故。人工开挖台阶高度宜为1.5~2 m,机械开挖台阶高度宜为3~4 m。各层台阶应有独立的运土通道,人工运土通道宽度不宜小于2 m,机械运土单车通道不应小于4 m,双车通道宽度不宜小于8 m。挖土纵坡可取2%~3%。图2.23和图2.24分别为全断面掘进和分台阶掘进示意图。

微课

路堑开挖的基本方法

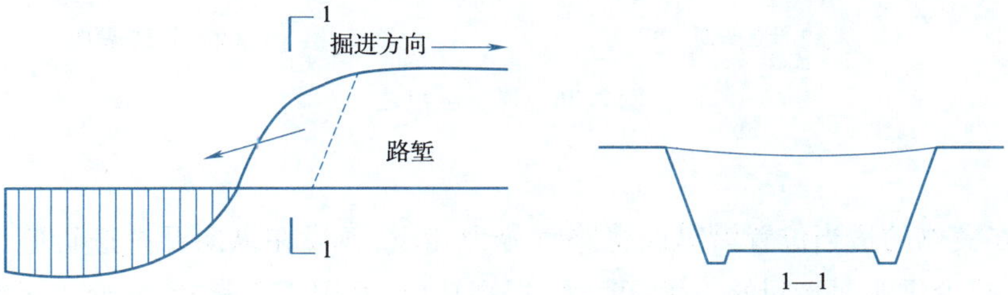

图2.23 全断面掘进

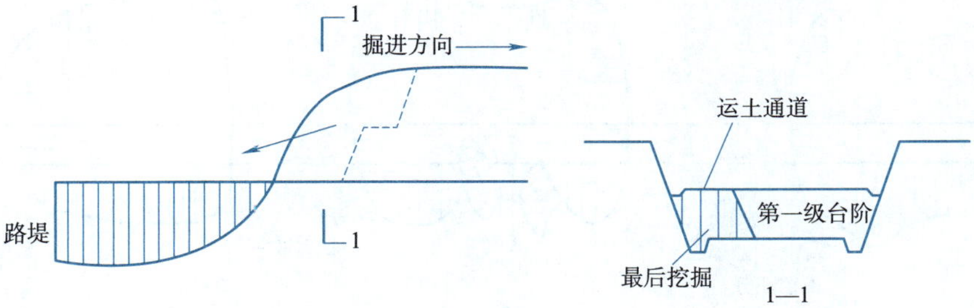

图2.24 分台阶掘进

2. 纵挖法

沿路堑纵向将高度分成不大的层次依次开挖,称为纵挖法。纵挖法适用于较长的路堑。纵挖法可分为分层纵挖法、通道纵挖法和分段纵挖法三种。

1)分层纵挖法

分层纵挖法是在路堑纵断面沿路堑全宽以深度不大的纵向分层挖掘前进,适宜于路堑宽度和深度均不大的情况,如图2.25所示。当开挖地段地面横坡较陡、开挖长度较短(不超过100 m)且开挖不大于3 m

时，宜采用推土机作业。当挖掘的路堑长度较长（超过 100 m）时，宜采用铲运机或铲运机加推土机助铲作业。

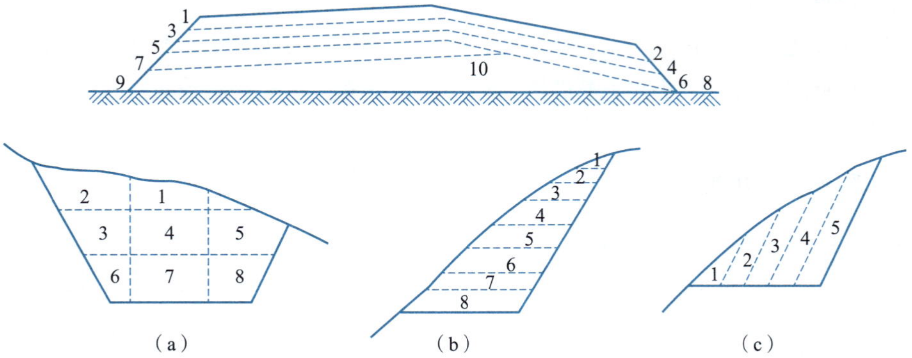

图 2.25　分层纵挖法

2）通道纵挖法

通道纵挖法是指沿路堑分层，每层纵向挖掘一条通道作为机械运行和出土的通道，然后将通道向两侧拓展，上层通道拓宽至路堑边坡，再开挖下层通道，如此开挖至设计标高，如图 2.26 所示。该法适用于路堑较长、较宽和较深，两端地面坡度较小的情况。

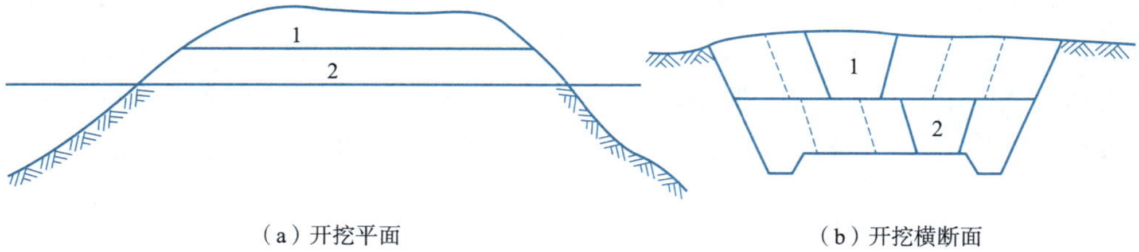

图 2.26　通道纵挖法

3）分段纵挖法

分段纵挖法是在翼侧的适当位置沿纵向将路堑分为几段，各段在纵向开挖进行施工。这种挖掘方法可增加施工作业面，减少作业面之间的干扰，可大大提高功效，适用于路堑较长、弃土运距较远的傍山路堑开挖。施工中需将一侧堑壁横向挖穿作为运土通道，故本法适用于一侧堑壁不厚的情况，如图 2.27 所示。

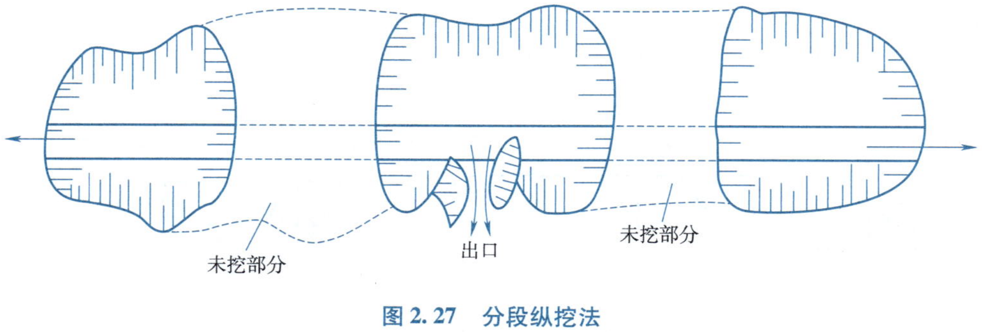

图 2.27　分段纵挖法

3. 混合开挖法

混合开挖法是横挖法与纵挖法的混合使用。开挖时，先沿路堑纵向开挖通道，然后从通道开始沿横坡向坡面挖掘，以增加开挖坡面，每一开挖坡面能容纳一个施工作业组或一台机械，在挖方量较大地段，还可沿横向再挖通道以安装运土传送设备或布置运土车辆。这种方法适用于路堑纵向长度和深度都很大的地段，如图 2.28 所示。混合开挖方案的干扰性更大，一般仅限于人工施工，对于深路堑，如果挖方工程数量大及工期受到限制时可考虑采用。

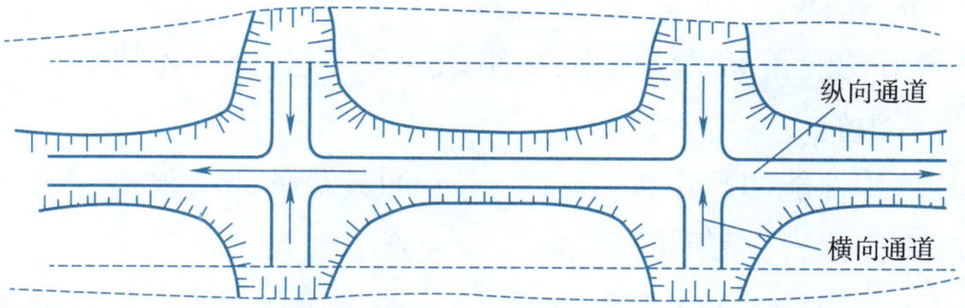

图 2.28　混合开挖法

举一举

试述混合开挖法及其适用条件。

2.3.3　土方路堑开挖机械化施工

1. 常用土方施工机械及选择

常用的路基土方机械，有松土机、平地机、推土机、铲运机(配以汽车运土)。各种土方机械可进行单机作业，也可进行综合作业。

各种土方机械，按其性能，可完成路基土方的部分或全部工作。选择机械种类和操作方案，是组织施工的第一步，为发挥机械的使用效率，应根据工程性质、施工条件、机械性能及需要，择优选用。

根据以往工程实践的总结，常用土方机械适用范围见表 1.4。按施工条件选择土方机械时，则可参考表 2.8。

表 2.8　选择土方机械的施工条件

路基形式及施工方法		填挖高度/m	土方移运水平直距/m	主要施工机械名称	机械施工运距/m	最小工作地段长度/m
(1)路堤	路侧取土	<0.75	<15	自动平土机	—	300~500
	路侧取土	<3.00	<40	80 马力推土机	10~40	—
	路侧取土	<3.00	<60	100140 马力推土机	10~60	—
	路侧取土	<6.00	20~100	6 m^3 拖式铲运机	80~250	50~80
	路侧取土	>6.00	50~200	6 m^3 拖式铲运机	250~500	80~100
	远运取土	不限	<500	6 m^3 拖式铲运机	<700	>50~80
	远运取土	不限	500~700	9~12 m^3 自动铲运机	<1 000	>50~80
	远运取土	不限	>500	9 m^3 自动铲运机	>500	>50~80
	远运取土	不限	>500	自卸汽车运土(5 000 m^3)	>500	—
(2)路堑	路侧弃土	<0.60	<15	自动平土机	—	300~500
	路侧弃土	<3.00	<40	80 马力推土机	10~40	—
	路侧下坡弃土	<4.00	<70	100~140 马力推土机	10~70	—
	路侧弃土	<6.00	30~100	6 m^3 拖式铲运机	100~300	50~80
	路侧弃土	<15.0	50~200	6 m^3 拖式铲运机	300~600	>100
	路侧弃土	>15.0	>100	9~12 m^3 拖式铲运机	<1 000	>200
	纵向利用	不限	20~70	80 马力推土机	20~70	—
	纵向利用	不限	<100	100~140 马力推土机	<100	—
	纵向利用	不限	40~600	6 m^3 拖式铲运机	80~700	>100
	纵向利用	不限	<800	9~12 拖式铲运机	<1 000	>100
	纵向利用	不限	<500	9 m^3 自动铲运机	>500	>100
	纵向利用	不限	<500	自卸汽车运土(5 000m^3)	>500	—
(3)半填半挖横向利用		不限	<60	80~140 马力斜角推土机	1 060	—

注：1. 表中均指Ⅰ类~Ⅱ类土，如土质坚硬时应先用松土机将土疏松。
2. 1 马力≈735 W。

2. 机械化施工应注意的事项

工程实践证明,再多再好的设备如果使用不当、组织管理不善、配合不协调,就显示不出机械化施工的优越性,甚至适得其反、造成浪费。

各种机具设备均有其独特性能和操作技巧,应配有专职人员使用与保养,严格执行操作规程。从整个施工组织管理及指挥调度方面而言,组织机械化施工应注意下列几点:

(1)建立健全施工组织管理体制与相应组织机构。一般应成立专业化的机械施工队伍,以便统一经营管理,独立经济核算。

(2)对每项路基工程,应有严密的施工组织计划,并合理选择施工方案,在服从总的调度计划安排下,各作业班组编制具体计划。在综合机械化施工中,尤其要加强作业计划工作。

(3)在机具设备有限制的条件下,要善于抓重点,并兼顾一般。所谓重点,是指工程重点,在网络计划管理中,重点就是关键线路;在综合机械化作业中,重点就是主机的生产效率。

(4)加强技术培训,坚持技术考核,开展劳动竞赛,鼓励技术革新,实行安全生产、文明施工,把提高劳动生产率、节省能源、减少开支等指标具体化、制度化。

搜一搜

常用土方施工机械及选择及机械化施工应注意的事项有哪些?

2.3.4 石质路堑施工

爆破法是石质路堑最有效的施工方法。山区公路路基石方工程量最大,而且集中,采用爆破法施工,不但能大大提高工效、缩短工期、节约劳动力,而且可以改善线形,提高公路施工质量。

1. 常用的爆破方法

开挖岩石路基所采用的爆破方法,要根据石方的集中程度、地质、地形条件及路基断面形式等具体情况而定,一般可分为中小型爆破和大型爆破两大类。

1)中小型爆破

中小型爆破主要包括裸露药包法、炮眼法、药壶炮法和猫洞炮法等。

(1)裸露药包法。裸露药包法是将包置于被炸物体表面或经清理的岩缝中,药包表面用草皮或稀泥覆盖,然后进行的爆破。此法主要用于破碎大孤石或进行大块石的二次爆破。

(2)炮眼法。炮眼法(钢钎炮)是指炮眼直径和深度分别小于 7 cm 和 5 cm 的爆破方法。一般情况下单独使用钢钎炮爆破石方是不经济的。但是,由于这种方法操作简便,对边坡岩体的震动损害小,平均耗药量也少,机动灵活。因此,他又是一种不可缺少的炮型。常用于土石方量分散而小的工作及整修边坡、开挖边沟、炸孤石等,也常用此方法改造地形,为其他炮型服务。

炮眼的位置应选择在临空面多的地方。炮眼方向不应与岩石的节理和裂缝相平行,而与之垂直,不可避免时则炮眼应与裂缝有一定距离,如图 2.29 所示,否则爆炸气体将会沿裂缝逸散,降低爆破效果。只有一面临空时,炮眼方向应与临空面斜交成 30°~60°夹角。

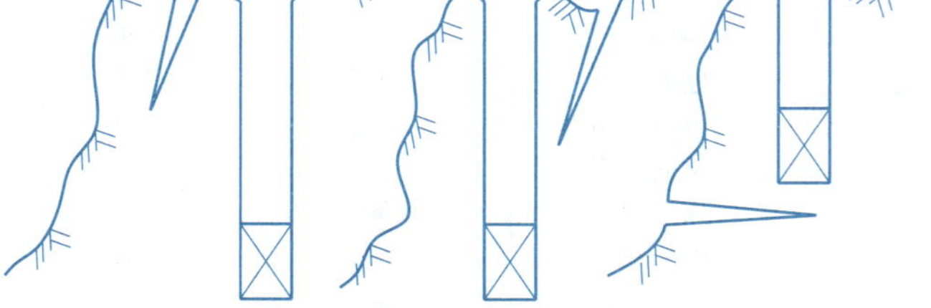

图 2.29 炮眼布置

(3)药壶炮法。药壶炮法(葫芦炮)是指在深 2.5 m 以上的炮眼部用少量炸药经一次或多次烘膛,使炮眼底部扩大成葫芦形,集中埋置炸药,以提高爆破效果。药壶炮如图 2.30 所示。它适用于结构均匀致密的硬土、次坚石、坚石。

选择炮位应与阶梯高度相适应，遇高阶梯时，宜用分层分排的群炮。炮眼深度一般以5～7 m为宜。为避免超爆，药壶距边坡应留有一定间隙。

(4)猫洞炮法。猫洞炮是将集中药包直接放入直径为0.2～0.5 m，眼深为2～6 m的水平或略有倾斜的炮洞中的一种炮型，如图2.31所示。它适用于硬土、胶结良好的古河床、冰渍层、软石和节理比较发育的次坚石。这种炮型对独岩包和特大孤石的爆破效果更佳。

2)大型爆破

大型爆破主要用于石方大量集中、地势险要或工期紧迫的路段。

大型爆破施工，是采用导洞和药室装药(图2.32)，用药量在1 000 kg以上的爆破。采用大型爆破施工要慎重，应在施工前做好技术设计，爆破后应做出技术总结。

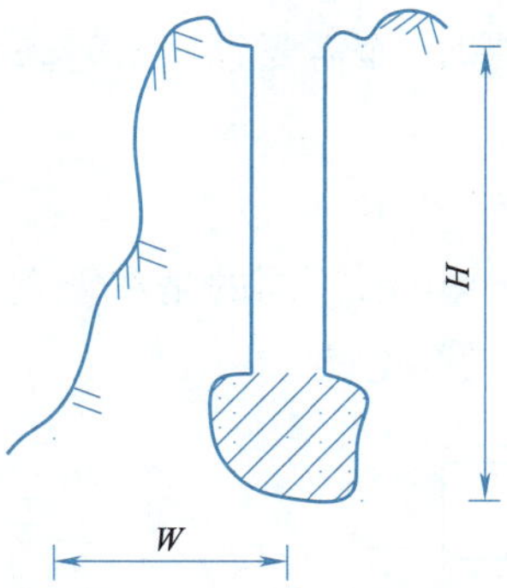

图2.30　药壶炮示意图

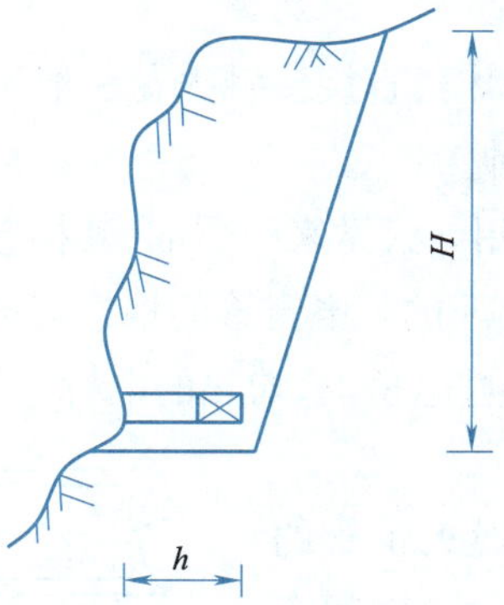

图2.31　猫洞炮示意图

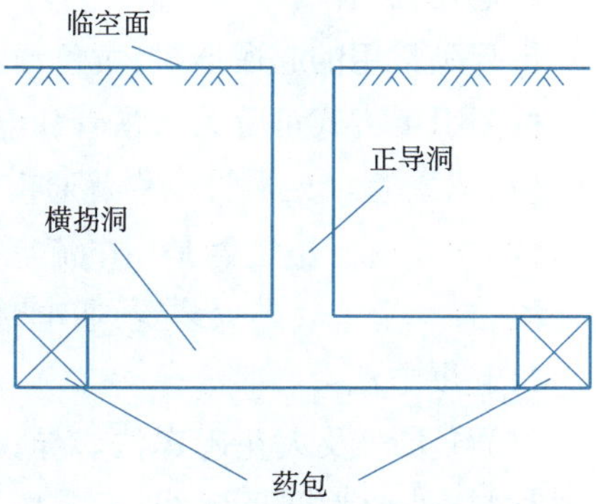

图2.32　导洞和药室装药示意图

导洞和药室的开挖约占大爆破全部工作时间的70%，因此应在施工中合理组织人力充分发挥机械效率，加快开挖进度。为使药包集中，药室应做成近似立方体，药室断面应按设计规范开挖。导洞与药室之间用横洞连接，两者保持垂直。药室中心与导洞中心一般不小于2.5 m。

导洞分竖井和平洞两种，竖井深度不宜大于16 m，如超过或有地下水时，最好采用平洞，平洞总长度以30 m左右为宜。选用竖井或平洞时，除考虑施工进度外，还应考虑爆破效果。

2. 爆破作业

1)一般规定

爆破作业的施工顺序。

(1)爆破人员应进行技术学习并接受安全教育。

(2)对爆破器材进行检查和试验。

(3)清除岩石表面的覆盖土及松散石层，确定炮型，选择炮位。

(4)钻眼或挖坑道、药室，装药及堵塞。

(5)敷设起爆网络。

(6)设置警戒。

(7)起爆。

(8)清理爆破现场(处理瞎炮，测定爆破效果等)。

2)选择炮眼位置的注意事项

(1)应注意石层、石质、石纹、石穴，以在无裂纹、无水湿处设置为宜。当用铁锤敲击石面发生空响时，应避免打眼。

(2)应避免选择在两种岩石硬度相差很大的交界处。

(3)应尽量选择在抵抗线最小、临空面较多的地方，并应与各临空面的距离接近相等。

(4)炮眼选择时，应尽量为下一炮创造更多的临空面。

(5)群炮炮眼的间距,宜根据地形、岩石类别、炮型及炸药的种类计算确定。

(6)炮眼的方位应与岩石侧面平行,并尽量与岩石走向垂直。一般按岩石外形、纹理裂隙等实际情况,分别选择正眼、斜眼、平眼、吊眼等方位。

此外,进行爆破作业时的安全事项,应按照有关规定遵照执行。

定一定

开挖岩石路基所采用的爆破方法及大型爆破法的适用条件?

3. 起爆器材与起爆方法

1)起爆器材

雷管是常用的起爆器材,黄色炸药和硝铵炸药直接接触火花一般不会引起爆炸,而需要采用雷管来引爆。按照引爆方式可分为火雷管和电雷管两种。

(1)火雷管。火雷管也称普通雷管,它是用导火索来引爆的,其构造如图 2.33 所示。

(2)电雷管。电雷管是用电流点火引爆炸药的。电雷管的构造与火雷管基本相同,不同的是在管壳口的一段,有一个电气点火装置,通电时,电流通过电桥丝,灼热的电桥丝就能将引燃剂点燃。

2)起爆方法

(1)导火索及火花起爆法。导火索是点燃火雷管的配置材料,外形为圆形索线,索芯内装有黑火药,中间有纱导线,芯外紧缠着数层纱包线与防潮纸(或防潮剂)。对导火索的要求是燃烧安全,燃速恒定。

(2)电力起爆法。电力起爆法是指电雷管用点火器,通过电爆导线起爆的。点火器即为产生电流的电源,如干电池组、蓄电池、小型发电机等。

(3)传爆线起爆法。传爆线又称导爆线,其索芯用高级烈性炸药制成,内有双层棉织物,一层为防潮层,另一层为缠绕着的纱线。为将传爆线与导火索区别,表面涂成红色或红黄相间等颜色。我国制造的传爆线使用黑索金或泰安为索芯,爆速为 6 800 ~ 7 200 m/s。传爆线着火较困难,使用时须在药室外的一段传爆线上捆扎一个 8 号雷管来起爆。传爆网路与药包的连接方式有并联、串联、并簇联等。

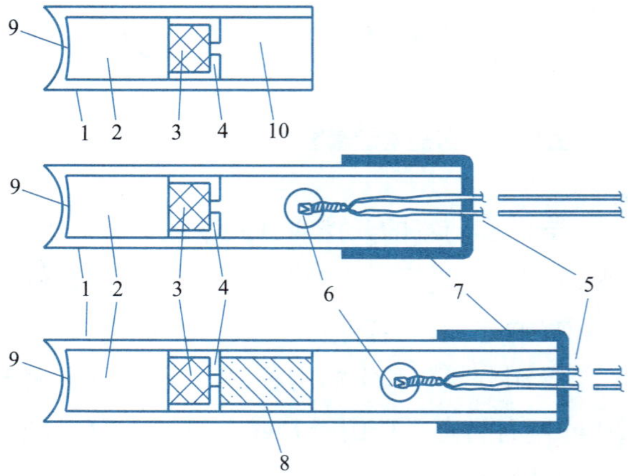

1—雷管壳;2—副装药;3—正装药;4—加强帽;
5—电气点火装置;6—滴状引燃剂;
7—密封胶和防潮涂料;8—延缓剂;
9—窝槽(集能槽);10—帽孔。

图 2.33 雷管的构造示意图

由于传爆线的爆速快,故在大量爆破的药室中,使用传爆线起爆可以提高爆破效果,但必须严格遵守安全规程。

4. 瞎炮处理机清渣撬石

点火后未爆炸的炮称为瞎炮。瞎炮不但浪费炸药材料,影响施工进度,而且严重地影响安全生产。因此,必须采取一切有效的措施防止产生瞎炮,一旦出现瞎炮,应停止瞎炮附近的所有其他工作,由原施工人员参加处理,采取措施安全排除,方法如下:

(1)对于大型爆破,应找出线头,接上电源重新起爆;或沿导洞小心掏取堵塞物取出起爆体;或用水罐浸药室使炸药失效后清除。

(2)对于中小型爆破,可在距瞎炮的最近距离不小于 0.6 m 处,另行打眼爆破;当炮眼或装药不深时,也可用裸露药包爆破。

(3)清渣撬石工作应严格按照操作规程进行。首先将松动、碎裂的岩石自上而下地撬落。不准出现“神仙渣”(即在下面往里掏成悬岩状,石渣在自重作用下坍落),以免坍塌伤人。

(4)清渣工作可用人工或机械进行。若炸落的岩石体积过大,可进行二次爆破改小,二次爆破可用钢纤炮或裸露炮进行。

5. 爆炸药品的管理

爆破施工中为确保安全,除遵守有关规定外,对于工地的爆炸物品,要妥善保管,管理要点如下:

(1)所有爆破器材、雷管、炸药要在指定地点分开存放,距离不能小于1 km,距施工现场不小于3 km,不应露天存放,绝不允许个人保存。

(2)存放地点应有牢靠的固定仓库,库内通风良好,仓址四角应有正式的避雷设备,库址周围应有围墙和牢靠的门扉,并有排水沟道保证仓库干燥。

(3)仓库要有警卫人员日夜负责看守,并有良好的防火设备。

(4)存放炸药、雷管的仓库四周500 m半径内,不得安置发电机、变压器、高压线和有电焊机、瓦斯机等各类发电、导电、照明设施。

(5)爆破器材应有专人负责入库、发出,炸药、雷管的领用手续要严格、健全、库房内只准使用绝缘手电。

(6)在雷雨、浓雾及黑夜天气不应办理爆炸物品的收领工作。

拢一拢

爆破作业一般规定包括什么？选择炮眼位置应注意的问题有哪些？

____

____

____

2.3.5 深挖路堑的施工

路堑边坡高度大于或等于20 m时称为深挖路堑。深挖路堑因为它的边坡较高,易于坍塌,且工程数量大,常是影响全线按期完工的重点工程。因此在施工前,必须收集了解土石界限、工程等级、岩层风化厚度及破碎程度等岩层工程特征,并进行工程地质补探工作,解决原设计文件中工程地质资料缺乏或严重不足的问题。

1. 土质高路堑施工

土质单边坡路堑可采用多层横向全宽挖掘,双边坡则通常采用分层纵挖法和通道纵挖法。若路堑纵向长度较大、一侧边坡的土壁厚度和高度不大时,可采用分段纵挖法。施工机械可采用推土机或铲运机。当弃土运距较远,超过挖运机的经济运距时,可采用挖掘机配合自卸汽车作业或采用推土机、装载机配合自卸汽车作业。

土质深挖路堑施工中应注意的是:不能采用不加控制的爆破法施工和掏洞取土法施工,不加控制的爆破法施工会造成路堑边坡失稳,容易塌方;掏洞取土易造成土坍塌伤人。特别注意在靠边坡3 m以内禁止采用爆破法,即使土质紧密也应避免。为加快施工进度,在距边坡3 m以外准备采用爆破法施工时,也应进行缜密设计,以免炸药量过多,爆破时将边坡上的土炸松,使边坡不稳,引起后患。

2. 石质高路堑施工

石质高路堑宜采用中小爆破法施工,只有当路线穿过独山丘,开挖后边坡不高于6 m,且根据岩石产状和风化程度,确认开挖后边坡稳定,方可考虑大爆破方案。

单边坡石质深路堑已有一面临空,为了使爆破后的石块较小,便于推土机清方,绝对不能采用松动爆破、减弱松动爆破或药室爆破。前两种爆破方法虽然能节约炸药,但爆破后石块太大。有些大石块还要重新钻眼爆破将石块炸小(二次爆破),或需用人工以撬棍将大石块慢慢移走,无法使用机械施工,施工进度太慢。药室爆破虽然爆破方量较大,但可能将边坡炸松,而且构建药室都是人工操作,花费时间较多。正确的做法是采用深粗炮眼、分层、多排、多药量、群炮、光面、微差爆破方法。其原则是打炮眼尽量使用机械,爆破后使石块小一些,便于机械清除。若最后一排炮眼靠近边坡时,应采用光面爆破设计施工。

双边坡石质深挖路堑的施工较单边坡的困难一些。首先需用纵向挖掘法在横断面中部每层开辟一条较宽的纵向通道,以便爆破后运走石料,同时成为量测炸石方的临空面,然后横断面量测按单边坡石质路堑的施工方法作业。

路基填筑工程是公路施工最普遍广泛的内容,涵盖特殊土施工、综合爆破施工技术等。其中路堤工程即为填方施工作业环节,用于公路填料必须挖取方便、压实容易、强度高、水稳定性好(包括测量施工放样任务);性质不同的填料应水平分层、分段填筑、分层压实,同一层路基全宽范围内应采用同一种填料,不得混合填筑。路堑工程即为挖方工程施工操作环节,开挖方法根据路堑深度、纵向长短及现场施工条件来决定,利用推土机械操作灵活、运转方便、所需工作场地小、短距离运土效率高的特点,配合其他机械来完成施工任务。无论填方还是挖方工程都需要在最佳含水率的条件下压实路基土方,必须保证路基压实度符合要求,以期达到为后续公路路面工程施工做好准备工作。

看一看

土质深挖路堑施工中应注意的事项有哪些?

自学自测

一、单选题(只有1个正确答案,每题10分,共4题)

1. (　　)为最优的路基建筑材料。

A. 粉性土　　B. 黏性土　　C. 砂性土　　D. 蒙脱土(重黏土)

2. 填方路堤上层的压实度应比下层的压实度(　　)。

A. 大　　B. 小　　C. 相等　　D. 可大可小

3. 路基的经济断面形式一般为(　　)式。

A. 填方　　B. 挖方　　C. 半填半挖　　D. 挖大于填

4. 公路弯道加宽一般在(　　)进行。

A. 外侧　　B. 内侧　　C. 两侧同时　　D. 没有要求

二、名词解释(简单扼要说明,每题10分,共4题)

1. 压实度:

2. 路床:

3. 最佳含水量:

4. 路基高度:

三、判断题(对的划"√",错的划"×",每题5分,共4题)

1. 土质路堤分层填筑时,为保证透水层不进水,不透水层应封闭透水层。(　　)

2. 土基压实时,应从中间向两侧进行。(　　)

3. 土的压缩系数值越大,表明土的压缩性越大。(　　)

4. 通常碎石土和砂土比饱和的厚黏性土地基沉降稳定的时间要短得多。(　　)

任 务 实 施

某高速公路2标K156+000~K157+000段路基，路线设计等级为山岭重丘高速公路，设计时速为80 km，双向四车道全封闭，路基宽度为24.5 m，设计荷载为公路Ⅰ级，施工范围包括路基土石方工程。本标段为山岭重丘区，地形起伏较大，路线高程在800 m以上，沿线路基基岩出露，局部低洼位置有薄层第四纪坡积岩，基岩为三叠纪嘉陵江组中厚层状灰岩，岩溶相当发育，为典型的石芽地貌。该地区属于亚热带大陆性夏热潮湿气候区，夏季降水充足，冬季降水较少。本施工段地表水缺乏，地下水存在于岩溶裂隙之中，施工用水困难。该段路基K156+000~K157+300段主要为填方路基，填方高度为3~19 m。K156+400~K157+600、K157+800~K157+000为半填半挖路基，挖方高度为5~7 m。请你根据情况编写高速公路路基填方施工方案，来指导项目部具体施工任务。

一、路基填筑施工准备

在项目经理部统一领导下，施工前应做好交接线路中桩，复合导线控制点，进行路线贯通测量。内容包括导线、中线及高程的复测，水平点的复查与增设，横断面的测量与测绘等，核对无误后进行现场放样测量工作，放出路基中桩、边桩，并标注路基填挖高度，以及取土坑、借土场、弃土场等的具体位置，并提交监理工程师检查批准。注重以下工作任务的完成情况，并进行一一核实。

(1)施工场地的准备：准备一段试验路段。

(2)施工材料准备：选择路基填料并借土。

(3)施工机械准备：压实机械、摊铺机、自卸车。

微课

交接测量桩点实训

二、分析决策工作任务

通过本次任务实施来了解影响路基压实质量的因素，掌握控制路基压实质量的方法，学会测定路基的压实度并掌握施工过程中如何保证土基的压实度。在此过程中以下列内容作为工作任务质量完成情况的评判标准。

(1)任务目的明确。

(2)能通过控制含水量来保证路基压实质量。

(3)了解准备工作的主要内容。

(4)掌握料场选择和基底处理的施工步骤并能指导施工。

(5)能根据工程实际选择填筑方案并知道有效压实厚度的控制方法。

(6)掌握影响路基压实的因素和压实工作的一般原则，掌握压实度的检测方法并会判断压实度是否合格。

(7)注意事项明确并能在工作中严格按要求执行。

(8)讨论时能有针对性地提出问题并阐述自己的看法。

(9)工作报告按要求完成。

三、路基施工步骤

(1)料场选择。填筑路堤的材料应采用强度高、水稳定性好、压缩变形小、便于施工压实以及运距短的土、石材料为宜。在选择填料时，一方面要考虑料源和经济性，另一方面还要考虑填料的性质是否合适。

(2)基底处理。路堤基底的处理是保证路堤稳定、坚固的重要措施。对于不同的基底情况采用相应的处理方式，如路基土密实时清除草皮即可，坡度较大时还需挖台阶；而当路基为耕地土或松土时，应清除表面的淤泥质后再回填。

(3)选择填筑方案。考虑土质情况，选择适应的填筑方式。本次实训中采用最常见的水平分层填筑法。从原地面逐层填起，并分层压实，每层厚度不得大于压实机具的有效厚度。

(4)路基压实。考虑影响路基压实的因素：含水量、土质、压实功能和压实厚度，选择合适的压实机具，严格遵循压实工作的一般原则进行碾压。

(5)测定压实度。压实度检测方法可采用环刀法、灌砂法等，将实测值与规范规定值进行比较，大于或等于规范规定值表明路基压实合格。

四、工作注意事项

(1)填筑路基前对基底进行处理，保证基底处无杂草、杂质、淤泥等。

(2)填料摊铺压实前，应严格控制其含水量为最佳含水量 ±2%，天气晴朗时，略高于最佳含水量；反之，略低于最佳含水量。

(3)压实前，应摊铺平整，碾压时要求均匀压实，不得漏压，控制好碾压速度和碾压遍数。

(4)取土场的填料取有代表性的土样进行试验，试验方法按照《公路土工试验规程》(JTG 3430—2020)执行。

(5)施工中采取横断面全宽、纵向分层填筑法施工，按照“四区段、八流程”作业均衡开展，合理安排施工顺序、工序进度和关键工序的作业循环。

(6)雨期施工时保证随挖、随运、随填、随压，每层填土表面修筑成 2% ~3% 的横坡，并在雨前和收工前将铺填的松土碾压密实。

五、任务报告形成工作

把路基填筑施工工作任务、碾压遍数、最佳含水率、最大干密度、土质 CBR 值、填筑高度、边坡状况、施工现场情况、施工人员、现场图片、施工方法、施工实施策略等整理齐全完备后，形成路基填筑实施方案，满足施工单位指导现场施工的需求，并编制石方、土石材料填筑处理解决特殊方案，最后形成报告上报给监理、建设单位备案并存档。

笔记栏

工 作 单

计 划 单

<table>
<tr><td>学习情境一</td><td colspan="2">填筑路基工程施工</td><td>任务 2</td><td>填筑路基土石方工程施工</td></tr>
<tr><td>工作方式</td><td colspan="2">组内讨论、团结协作共同制订计划：
小组成员进行工作讨论，确定工作步骤</td><td>计划学时</td><td>0.5 学时</td></tr>
<tr><td>完成人</td><td colspan="4">1.　　2.　　3.　　4.　　5.　　6.</td></tr>
<tr><td colspan="5">计划依据：1. 某公路工程施工图；2. 教师分配的施工段落（里程桩号区间）</td></tr>
<tr><td>序号</td><td>计划步骤</td><td colspan="3">具体工作内容描述</td></tr>
<tr><td>1</td><td>准备工作
（准备工具、材料，谁去做？）</td><td colspan="3"></td></tr>
<tr><td>2</td><td>组织分工
（成立组织，
人员具体都完成什么？）</td><td colspan="3"></td></tr>
<tr><td>3</td><td>现场记录
（记录什么内容？）</td><td colspan="3"></td></tr>
<tr><td>4</td><td>路基填方试验段
参数任务（怎么试验？
要素有哪些？）</td><td colspan="3"></td></tr>
<tr><td>5</td><td>核对工作
（谁去核对，核对什么？）</td><td colspan="3"></td></tr>
<tr><td>6</td><td>整理资料
（谁负责？整理什么？）</td><td colspan="3"></td></tr>
<tr><td>制订计划
说明</td><td colspan="4">（写出制订计划中人员为完成任务的主要建议或可以借鉴的建议、需要解释的某一方面）</td></tr>
</table>

决 策 单

<table>
<tr><td>学习情境一</td><td colspan="2">填筑路基工程施工</td><td>任务 2</td><td colspan="2">填筑路基土石方工程施工</td></tr>
<tr><td colspan="3">决策学时</td><td colspan="3">0.5 学时</td></tr>
<tr><td colspan="6">决策目的:确定本施工任务需要进行路基填方施工工作的主要内容,并确定其必要性。</td></tr>
<tr><td rowspan="6">选择编制路基填方施工工作内容</td><td rowspan="2">工作内容</td><td colspan="2">内容类别</td><td rowspan="2">必要</td><td rowspan="2">非必要
(可说明原因)</td></tr>
<tr><td>数据记录</td><td>性质描述</td></tr>
<tr><td>中桩
边桩</td><td>中线测量</td><td>误差指标、
施工标准</td><td></td><td></td></tr>
<tr><td>施工现场范围</td><td></td><td></td><td></td><td></td></tr>
<tr><td>碾压遍数</td><td></td><td></td><td></td><td></td></tr>
<tr><td>土样分析</td><td></td><td></td><td></td><td></td></tr>
<tr><td>决策方案描述</td><td colspan="5">(本施工任务要提出来编制路基填方工作最佳方案是什么?最差方案是什么?描述清楚未来指导现场施工的压实度、最佳含水率、施工测量等实际工作。)</td></tr>
</table>

作 业 单

<table>
<tr><td>学习情境一</td><td>填筑路基工程施工</td><td>任务2</td><td>填筑路基土石方工程施工</td></tr>
<tr><td rowspan="2">参加编制土方填筑施工方案人员</td><td colspan="2">第　　组</td><td>开始时间：</td></tr>
<tr><td colspan="2">签名：</td><td>结束时间：</td></tr>
<tr><td>序号</td><td colspan="2">工作内容记录
（试验段、填料、取土场等工作情况）</td><td>分工
（负责人）</td></tr>
<tr><td>1</td><td colspan="2"></td><td></td></tr>
<tr><td>2</td><td colspan="2"></td><td></td></tr>
<tr><td>3</td><td colspan="2"></td><td></td></tr>
<tr><td>4</td><td colspan="2"></td><td></td></tr>
<tr><td>5</td><td colspan="2"></td><td></td></tr>
<tr><td>6</td><td colspan="2"></td><td></td></tr>
<tr><td>7</td><td colspan="2"></td><td></td></tr>
<tr><td>8</td><td colspan="2"></td><td></td></tr>
<tr><td>9</td><td colspan="2"></td><td></td></tr>
<tr><td>10</td><td colspan="2"></td><td></td></tr>
<tr><td>11</td><td colspan="2"></td><td></td></tr>
<tr><td>12</td><td colspan="2"></td><td></td></tr>
<tr><td rowspan="2">小结</td><td colspan="2">主要描述完成的成果及是否达到目标</td><td>存在的问题</td></tr>
<tr><td colspan="2"></td><td></td></tr>
</table>

编制路基填筑施工信息记录单

<table>
<tr><td>学习情境一</td><td colspan="2">填筑路基工程施工</td><td>任务 2</td><td colspan="2">填筑路基土石方工程施工</td></tr>
<tr><td>完成人姓名</td><td></td><td>组别</td><td></td><td>完成日期</td><td></td></tr>
<tr><td colspan="6">施工现场实施地点及桩号（手写）：</td></tr>
<tr><td>中桩
边桩
（测量工作）</td><td colspan="5"></td></tr>
<tr><td>施工现场范围
（调查情况）</td><td colspan="5"></td></tr>
<tr><td>碾压遍数</td><td colspan="5"></td></tr>
<tr><td>土样分析
（颗粒组成、
CBR 值）</td><td colspan="5"></td></tr>
<tr><td>取土场、弃土堆、
借土场</td><td colspan="5"></td></tr>
<tr><td>检查人
（签字）</td><td></td><td>检查存在
的问题</td><td colspan="2"></td><td>检查时间</td></tr>
</table>

路基填筑施工中试验段记录单

（如多页可复印）

<table>
<tr><td>学习情境一</td><td colspan="2">填筑路基工程施工</td><td>任务2</td><td colspan="2">填筑路基土石方工程施工</td></tr>
<tr><td>完成人姓名</td><td></td><td>组别</td><td></td><td>完成日期</td><td></td></tr>
<tr><td colspan="6">具体实施地点的名称（手写）：</td></tr>
<tr><td>施工现场土方填筑情况说明或描述</td><td colspan="5"></td></tr>
<tr><td>草图</td><td colspan="5"></td></tr>
<tr><td>检查人（签字）</td><td></td><td>检查存在的问题</td><td></td><td>检查时间</td><td></td></tr>
</table>

检 查 单

<table>
<tr><td>学习情境一</td><td>填筑路基工程施工</td><td>任务 2</td><td colspan="5">填筑路基土石方工程施工</td></tr>
<tr><td>检查学时</td><td colspan="3">课内 0.5 学时</td><td colspan="4">第　　组</td></tr>
<tr><td>检查目的及方式</td><td colspan="7">教师过程监控小组的工作情况，如检查等级为不合格小组需要整改，并拿出整改说明</td></tr>
<tr><td rowspan="2">序号</td><td rowspan="2">检查项目</td><td rowspan="2">检查标准</td><td colspan="5">检查结果分级
（在检查相应的分级框内划“√”）</td></tr>
<tr><td>优秀</td><td>良好</td><td>中等</td><td>合格</td><td>不合格</td></tr>
<tr><td>1</td><td>准备工作</td><td>资源是否已查到、材料是否准备完整</td><td></td><td></td><td></td><td></td><td></td></tr>
<tr><td>2</td><td>分工情况</td><td>安排是否合理、全面，分工是否明确</td><td></td><td></td><td></td><td></td><td></td></tr>
<tr><td>3</td><td>工作态度</td><td>小组工作是否积极主动、全员参与</td><td></td><td></td><td></td><td></td><td></td></tr>
<tr><td>4</td><td>纪律出勤</td><td>是否按时完成负责的工作内容、遵守工作纪律</td><td></td><td></td><td></td><td></td><td></td></tr>
<tr><td>5</td><td>团队合作</td><td>是否相互协作、互相帮助、成员是否听从指挥</td><td></td><td></td><td></td><td></td><td></td></tr>
<tr><td>6</td><td>创新意识</td><td>任务完成不照搬照抄，看问题具有独到见解和创新思维</td><td></td><td></td><td></td><td></td><td></td></tr>
<tr><td>7</td><td>完成效率</td><td>工作单是否记录完整，是否按照计划完成任务</td><td></td><td></td><td></td><td></td><td></td></tr>
<tr><td>8</td><td>完成质量</td><td>工作单填写是否准确，记录单检查及修改是否达标</td><td></td><td></td><td></td><td></td><td></td></tr>
<tr><td>检查评语</td><td colspan="5"></td><td colspan="2">教师签字：</td></tr>
</table>

任务评价

1. 小组工作评价单

<table>
<tr><td>学习情境一</td><td colspan="2">填筑路基工程施工</td><td>任务2</td><td colspan="3">填筑路基土石方工程施工</td></tr>
<tr><td colspan="3">评价学时</td><td colspan="4">课内0.5学时</td></tr>
<tr><td colspan="3">班级：</td><td colspan="4">第　　组</td></tr>
<tr><td>考核情境</td><td>考核内容及要求</td><td>分值（100）</td><td>小组自评（10%）</td><td>小组间互评（20%）</td><td>教师评价（70%）</td><td>实得分（Σ）</td></tr>
<tr><td rowspan="4">汇报展示（20）</td><td>演讲资源利用</td><td>5</td><td></td><td></td><td></td><td></td></tr>
<tr><td>演讲表达和非语言技巧应用</td><td>5</td><td></td><td></td><td></td><td></td></tr>
<tr><td>团队成员补充配合程度</td><td>5</td><td></td><td></td><td></td><td></td></tr>
<tr><td>时间与完整性</td><td>5</td><td></td><td></td><td></td><td></td></tr>
<tr><td rowspan="3">质量评价（40）</td><td>工作完整性</td><td>10</td><td></td><td></td><td></td><td></td></tr>
<tr><td>工作质量</td><td>5</td><td></td><td></td><td></td><td></td></tr>
<tr><td>报告完整性</td><td>25</td><td></td><td></td><td></td><td></td></tr>
<tr><td rowspan="5">团队情感（25）</td><td>社会主义核心价值观</td><td>5</td><td></td><td></td><td></td><td></td></tr>
<tr><td>创新性</td><td>5</td><td></td><td></td><td></td><td></td></tr>
<tr><td>参与率</td><td>5</td><td></td><td></td><td></td><td></td></tr>
<tr><td>合作性</td><td>5</td><td></td><td></td><td></td><td></td></tr>
<tr><td>劳动态度</td><td>5</td><td></td><td></td><td></td><td></td></tr>
<tr><td rowspan="2">安全文明（10）</td><td>工作过程中的安全保障情况</td><td>5</td><td></td><td></td><td></td><td></td></tr>
<tr><td>工具正确使用和保养、放置规范</td><td>5</td><td></td><td></td><td></td><td></td></tr>
<tr><td>工作效率（5）</td><td>能够在要求的时间内完成，每超时5分钟扣1分</td><td>5</td><td></td><td></td><td></td><td></td></tr>
</table>

2. 小组成员素质评价单

学习情境一	填筑路基工程施工		任务2	填筑路基土石方工程施工			
班级		第　　组	成员姓名				
评分说明	每个小组成员评价分为自评和小组其他成员评价两部分，取平均值计算，作为该小组成员的任务评价个人分数。评价项目共设计5个，依据评分标准给予合理量化打分。小组成员自评分后，要找小组其他成员不记名方式打分						
评分项目	评分标准	自评分	成员1评分	成员2评分	成员3评分	成员4评分	成员5评分
社会主义核心价值观(20分)	是否有违背社会主义核心价值观的思想及行动						
工作态度(20分)	是否按时完成负责的工作内容、遵守纪律，是否积极主动参与小组工作，是否全过程参与，是否吃苦耐劳，是否具有工匠精神						
交流沟通(20分)	是否能良好地表达自己的观点，是否能倾听他人的观点						
团队合作(20分)	是否与小组成员合作完成任务，做到相互协作、互相帮助、听从指挥						
创新意识(20分)	看问题是否能独立思考，提出独到见解，是否能够创新思维解决遇到的问题						
最终小组成员得分							

课后反思

学习情境一	填筑路基工程施工		任务2	填筑路基土石方工程施工
班级		第　　组	成员姓名	
情感反思	通过对本任务的学习和实训，你认为自己在社会主义核心价值观、职业素养、学习和工作态度等方面有哪些需要提高的部分？			
知识反思	通过对本任务的学习，你掌握了哪些知识点？请画出思维导图。			
技能反思	在完成本任务的学习和实训过程中，你主要掌握了哪些技能？			
方法反思	在完成本任务的学习和实训过程中，你主要掌握了哪些分析和解决问题的方法？			

任务3　处理特殊路基工程施工

任 务 单

<table>
<tr><td>学习情境一</td><td colspan="3">填筑路基工程施工</td><td colspan="2">任务3</td><td colspan="2">处理特殊路基工程施工</td></tr>
<tr><td colspan="4">任务学时</td><td colspan="4">课内10学时+课外4学时</td></tr>
<tr><td colspan="8">布 置 任 务</td></tr>
<tr><td>工作目标</td><td colspan="7">1. 能掌握浅层软土路基施工的主要方法。
2. 能掌握各种深层地基处理方法及其使用范围、工艺特点。
3. 能够了解其他特殊路基施工的方式方法。
4. 能理解特殊地基处理施工工艺流程。
5. 能了解路基整修、检查及验收和资料整理。
6. 能够在学习和工作中锻炼专业能力、方法能力和社会能力等职业能力。
7. 培养学生具备施工技术规范、爱护施工设备的职业操守。
8. 培养学生具备严谨认真、保证质量等建设优质工程的爱国情怀。
9. 培养学生具备团队协作、沟通协调的社会能力。
10. 培养学生具备精益求精的工匠精神，培养学生的劳动精神。</td></tr>
<tr><td>任务描述</td><td colspan="7">根据给定的道路软弱地基部分的施工图纸及施工规范，完成公路路基特殊土施工方案，同时能根据现场实际情况及设计要求合理选择软土路基处理方式。工作中严格遵循《公路工程技术标准》（JTG B01—2014）和《公路路基施工技术规范》（JTG/T 3610—2019）。具体内容要求如下：
1. 工程概况描述。
2. 确定特殊土路基施工填筑方法。
3. 编制具有针对性的特殊土路基施工技术要求。
4. 进行施工的常用技术措施和要点。
5. 形成任务报告。</td></tr>
<tr><td rowspan="2">学时安排</td><td colspan="2">资讯</td><td>计划</td><td>决策</td><td>实施</td><td>检查</td><td>评价</td></tr>
<tr><td colspan="2">4学时+课外2学时</td><td>0.5学时</td><td>0.5学时</td><td>4学时+课外2学时</td><td>0.5学时</td><td>0.5学时</td></tr>
<tr><td>对学生学习及成果的要求</td><td colspan="7">1. 每名同学均能按照自学资讯思维导图自主学习，并完成课前自学的问题训练和自学自测。
2. 严格遵守课堂纪律，学习态度认真、端正，能够正确评价自己和同学在本任务中的素质表现。
3. 每位同学必须积极参与小组工作，承担工程外业的相应劳动工作，做到能够积极主动不推诿，能够与小组成员合作完成工作任务。
4. 每位同学均需独立或在小组同学的帮助下完成技能训练工作单，并提请检查、签认，对提出的建议，如有错误务必及时修改。
5. 每组必须完成全部“处理特殊路基工程施工”工作的报告工单，并提请教师进行小组评价，小组成员分享小组评价分数或等级。
6. 每名同学均完成任务反思，以小组为单位提交。</td></tr>
</table>

自学资讯思维导图

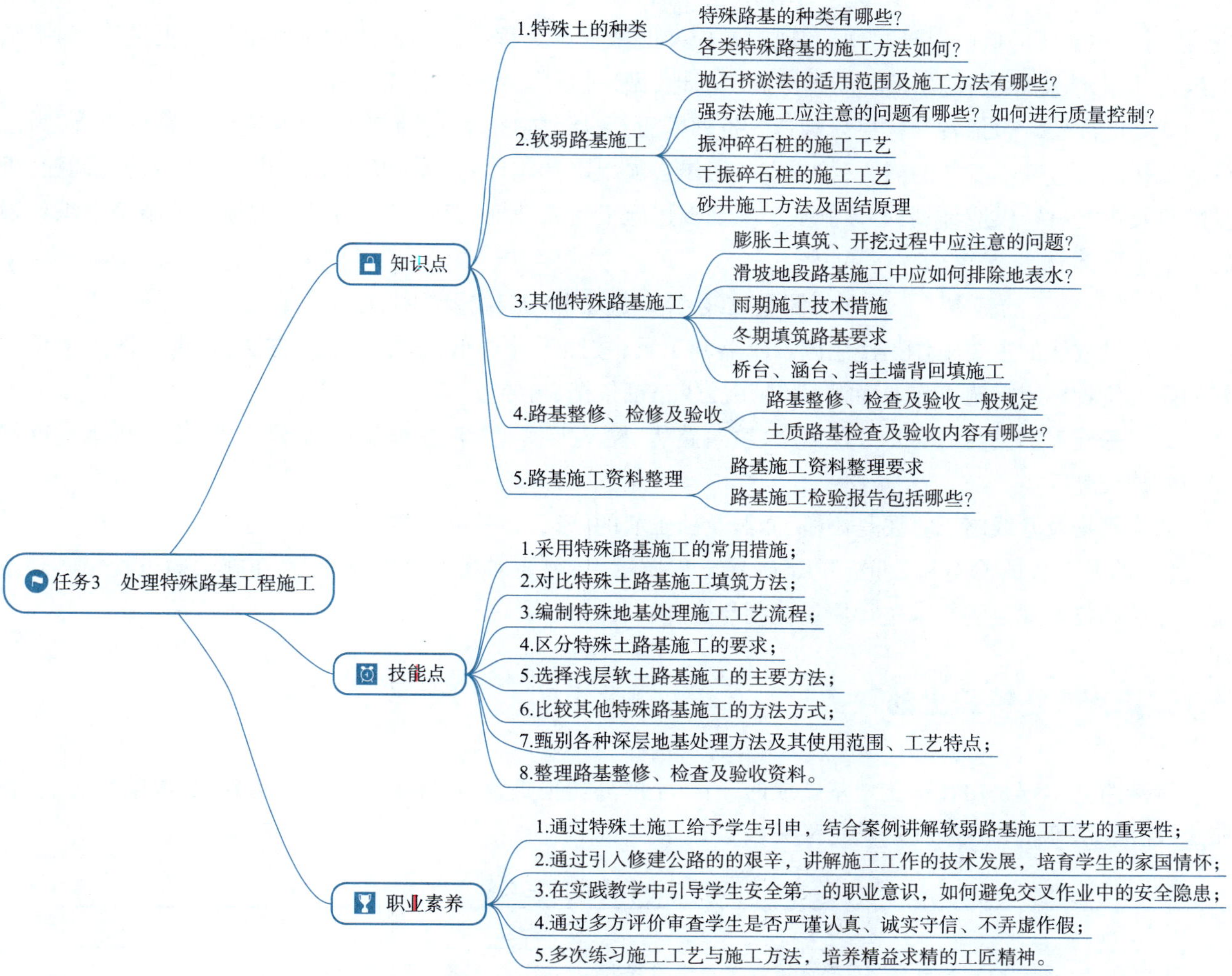

课 前 自 学

我们祖国土地幅员辽阔，存在各种地质环境条件，例如青藏铁路的冻土地带，内蒙古自治区赤峰市克什克腾旗的风积砂路基，如何才能保证施工质量符合规范规定的标准，需要对特殊土路基施工进行梳理，总结施工方法、施工工艺、施工方案等一系列工程问题。特殊土种类繁杂，例如软土路基由于强度较低，一般不能直接在其上面修筑路基，需要经过特殊处理加固后方可按照一般路基工程进行修筑，软土路基处理关键是排水和固结，处理方法包括换填土法施工、排水固结法施工（普通砂井法、袋装砂井法、塑料排水板法）、化学加固法施工、土工聚合物处理（土工布、土工格栅）、强夯法施工等内容，无论采取哪一种方法，都需要结合实际施工条件，满足土方路基施工质量要求，路基必须分层填筑压实，表面平整坚实，无软弹和翻浆现象，路拱合适，排水良好，土的压实度、强度和路床的整体强度符合国家《公路路基施工技术规范》（JTG/T 3610—2019）设计要求，因此必须严格按有关规范进行，并以高度的责任感和严格的科学态度认真对待。

特殊土路基施工的一般程序为：施工前的准备工作，修建小型人工构筑物，路基基础处理，路基土石方工程，路基工程的检查和验收等。

（1）施工前的准备工作。施工前的准备工作极为重要，它是组织施工的第一步，无准备的施工或准备不充分的施工，均使路基施工的基本工作难以顺利进行。施工前的准备工作内容较多，大致可归纳为组织准备、技术准备、物质准备三个方面。

①组织准备。主要是建立和健全施工队伍和管理机构,明确施工任务,制定必要的规章制度,确立施工所应达到的目标等,组织准备亦是做好一切准备工作的前提。

②技术准备。路基开工前,施工单位应在全面熟悉设计文件和设计交底的基础上进行施工现场的勘查,核对并在必要时修改设计文件,发现问题应及时根据有关程序提出修改意见并报请变更设计,编制施工组织计划,恢复路线,施工放样与清除施工场地,做好临时工程的各项工作等。

③物质准备。包括各种材料与机具设备的购置、采集、加工、调运与储存,以及生活后勤供应等,为使供应工作能适应基本工作的需要,物质准备工作必须制定具体计划,其中有的计划内容,如劳动力调配、机具配置及主要材料供应计划,必须服从于保证上述施工组织计划顺利实施,而且亦常被列为施工组织计划的一个组成部分。

(2)路基施工的基本工作。包括测量放线、路基施工和构筑物及管线施工三部分。

①测量放线的主要工作是使用测量仪器和工具,按照设计要求,采用一定的方法,将设计图纸上设计好的路线位置标定到施工作业面上,为施工提供正确依据,指导施工。

②路基施工的主要内容是开挖路堑、填筑路堤、路基压实、整平路基表面、整修边坡、修筑排水沟渠和加固防护设施等。

③构筑物及管线施工主要是小桥、涵洞及挡土墙的修筑,路基下各类管线的施工等。

(3)路基工程的检查和验收。为了确保工程质量,必须要加强工程质量管理,在施工的过程中必须按施工标准和技术规范的要求进行质量控制与检查验收。

知识点1　特殊土的种类

特殊路基工程是由特殊土地基造成的,所以土的分类很重要,特殊土的种类包括软土、湿陷性黄土、膨胀土、盐渍土、冻土、杂填土等,其定义见表3.1。

表3.1　特殊土的定义

种类	定　义
软土	滨海、湖沼、谷地、河滩沉积的天然含水量高、孔隙比大、压缩性高、抗剪强度低的细粒土
湿陷性黄土	土体内有密布的竖向管孔的黄土,西北黄土高原多见,国内其他地方偶见。在一定压力下若受水浸湿,土结构迅速破坏,并会产生显著附加下沉
膨胀土	含有较多的黏粒及亲水性较强的蒙脱石或伊利石等黏土矿物成分,具有显著的吸水膨胀和失水收缩两种变形特性的黏性土
盐渍土	地表下1 m深的土层容易溶盐,当土中平均盐含量大于0.5%时称为盐渍土
冻土	温度为0 ℃或负温,含有冰且与土颗粒呈胶结状态的土称为冻土。根据冻土冻结延续时间可分为季节性冻土和多年冻土。季节性冻土指冬季冻结,夏季全部融化的冻土;凡冻结状态持续时间在三年以上的土层称为多年冻土
杂填土	房渣土(建筑垃圾)、工业废渣、生活垃圾等杂物堆积而成的土体

找一找

什么是特殊土,其包括种类?

知识点2　软弱路基施工

地基处理的目的是选择合理的地基处理方法,对不能满足直接使用的天然地基进行有针对性的处理,以解决不良地基所存在的承载力、变形、液化及渗透等问题,从而满足工程建设的要求。软弱地基是指主要由淤泥、淤泥质土、冲填土、杂填土或其他高压缩性土层构成的地基。

3.2.1　浅层软土路基施工

选用地基处理方法的原则是力求技术先进、经济合理、因地制宜、安全适用、确保质量。具体选用时应根据场地的工程地质条件、地基加固的目的要求以及拟采用处理方案的适用性、技术经济指标、工期等多方面因素综合考虑，最后选择其中一种较合理的地基处理措施或两种以上地基处理方法组合的综合处理方案。

地基处理大多是隐藏工程，在施工前现场人员应了解所采用的地基处理方法原理、技术标准和质量要求、施工方法等。施工过程中应经常进行施工质量和处理效果的检验，同时也应做好监测工作；施工结束后应尽量采用可能的手段来检验处理的效果并继续做好监测工作，从而保证施工质量。

1. 换填土法

当软土地基的承载力和变形不能满足要求，而软土层的厚度又不是很大时，将路基底面下一定范围的软弱土层或部分或全部挖去，然后分层换填强度较大的砂（碎石、素土、灰土、二灰土等）或其他强度较高、性能稳定、无侵蚀性的材料，并用人工或机械方法压（夯、振）实至规定的密实度为止，这种地基处理的方法称为换填土法，多用于公路构筑物的处理。换填法如图 3.1 所示。

微课

浅层软土路基施工

机械碾压、重锤夯实、振动压实法作为压（夯、振）实垫层的不同施工方法，可处理分层回填垫层材料及加固地基表层土。换填土法按不同的材料，命名为该种的垫层，如砂垫层、碎石垫层、素土垫层、灰土垫层、二灰土垫层等。

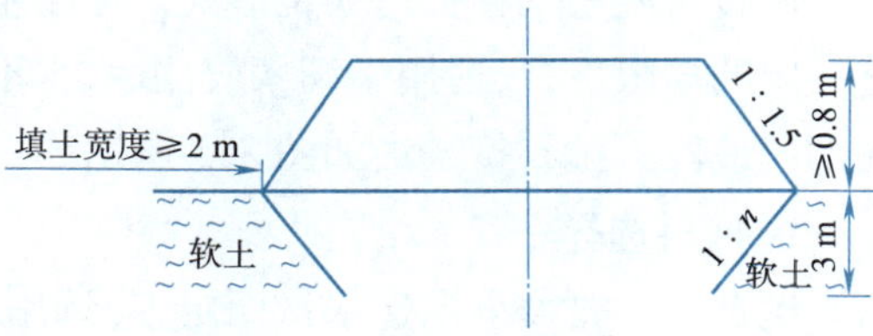

图 3.1　软土路基施工示意图（换填土法）

换填土法适用于淤泥、淤泥质土、素填土、杂填土地基及暗沟、暗塘等浅层和低洼区域处理，还适用于处理湿陷性黄土、膨胀土和季节性冻土等一些区域性特殊土。换填土法的处理深度通常宜控制在 3 m 以内，但不小于 0.5 m。

1）垫层材料的选择

换填料应选用水稳定性或透水性好的材料。宜选用无杂物的中、粗砂，含泥量应小于 5%；也可采用天然级配砂砾料，其最大粒径应小于 50 mm，砾石强度不低于四级（即洛杉矶法磨耗率小于 60%）。土工合成材料技术、质量指标应满足设计要求，在存放以及铺设过程中应避免长时间暴露或暴晒。与土工合成材料直接接触的填料中严禁含强酸性、强碱性物质。垫层施工如图 3.2 所示。

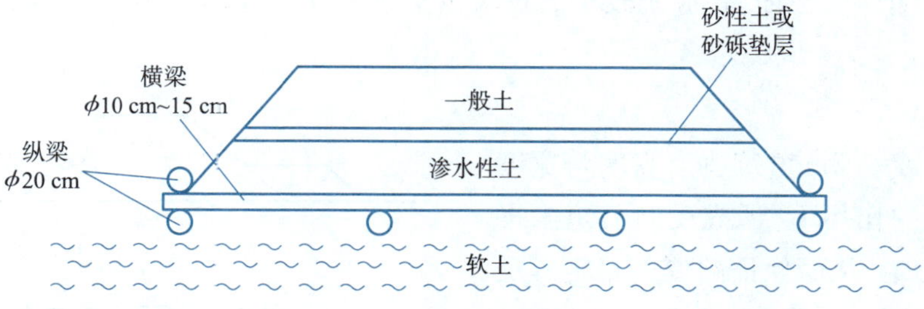

图 3.2　垫层施工示意图

2）砂垫层施工方法

（1）当地基表层具有一定厚度的硬壳层，其承载力较好，能上一般运输机械时，一般采用机械分队摊铺法，即先堆成若干砂堆，然后用机械或人工摊平。

（2）当硬壳层承载力不足时，一般采用顺序推进摊铺法。

（3）当软土地基表面很软时，首先要改善地基表面的持力条件，可在表面铺设土工合成材料。

（4）垫层材料回填应分层填筑、压实。

（5）当无试验资料时，每层摊铺厚度为 30 cm，压实遍数为 4 ~6 遍。

(6)砂石垫层碾压最佳含水量为8% ~12%。

(7)垫层宽度应超出路基边脚0.5~1.0 m,两侧端以片石护砌,以免砂料流失。

3)灰土垫层施工方法

(1)灰土垫层施工前必须对下卧地基进行检验,如发现局部软弱土坑,应予以挖除,并用素土或灰土填平夯实。

(2)施工时应将灰土拌和均匀,在接近最佳含水量时分层摊铺压实。

(3)根据压实机具,通过现场试验确定分层松铺厚度,一般情况下松铺厚度为30 cm,分层压实厚度为20 cm。

(4)压实后的灰土应设排水措施,3 d内不得受水浸泡。

(5)灰土垫层铺筑完毕后,要防止日晒雨淋,并及时铺筑上层。

做一做

换填土法的适用范围、材料选择及施工方法是什么?

2. 抛石挤淤法

抛石挤淤是一种强迫换土形式。在路基底部抛投一定数量的片石,将淤泥挤出基地范围。这种方法有一定的局限性,仅适用于湖塘或洼地,水不易抽干、泥炭呈流动状态、表层无硬壳、土层较薄、片石能沉到底部的地段。抛石挤淤法如图3.3所示。

1)材料选择

抛石片石的大小视含水量而定,应选用不易风化的片石,片石厚度或直径不宜小于300 mm,且小于300 mm颗粒含量不得超过20%。

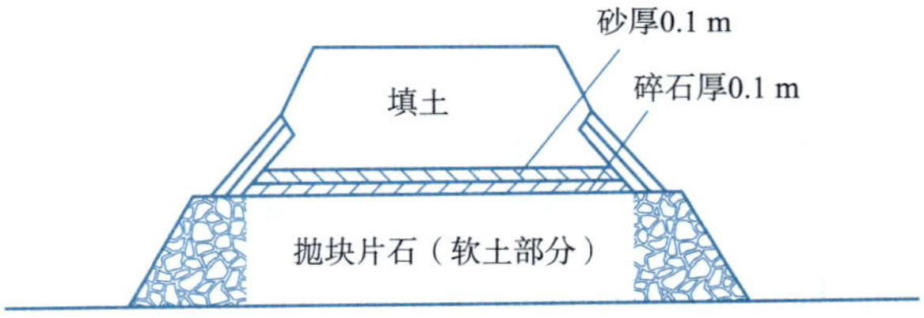

图3.3 软土路基施工示意图(抛石挤淤法)

2)施工方法

(1)当软土底层平坦、呈流动状时,填筑应沿路基中线向前成三角形式投放片石,再渐次向两侧全宽范围扩展。当软土地层横坡陡于1:10时,应自高侧向低侧填筑,并在低侧坡脚一定宽度内同时抛填形成约2 m宽片石平台。

(2)片石露出水面或软土面后,应用较小的石块填塞垫平,用重型机具碾压密实,然后铺设反滤层,再行填土压实。

3. 反压护道

在路堤的两侧(或一侧)填筑适当高度与宽度的护道,在护道荷重的作用下,形成反向力矩来平衡路堤填土的滑动力矩,从而保证路堤的稳定。反压护道施工示意图如图3.4所示。

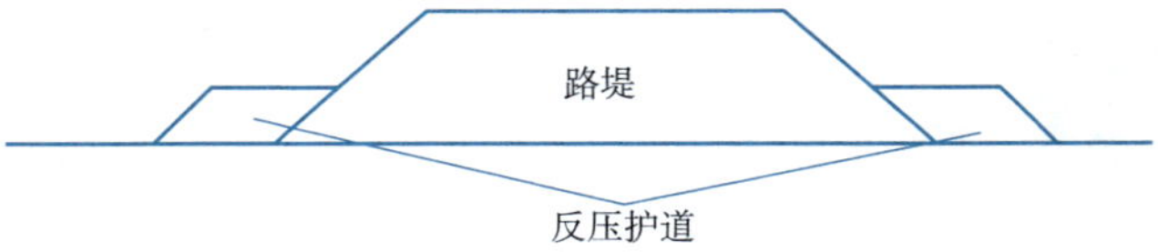

图3.4 反压护道施工示意图

反压护道施工方法如下:

(1)填筑材料、护道高度、宽度应符合设计要求。

(2)压实度不低于90%或满足设计要求。

(3)反压护道施工宜与路堤同时填筑;分开填筑时,必须在路堤达到临界高度前将反压护道筑好。

4. 土工合成材料(土工布)加筋路堤

施工示意图如图3.5所示。

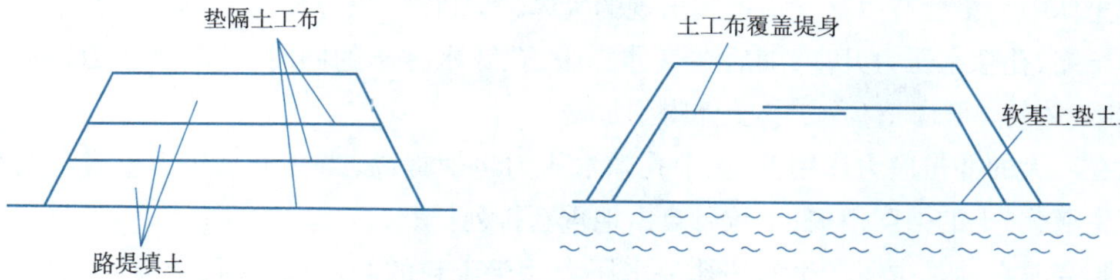

图 3.5　土工布加筋路堤施工示意图

1)材料要求

土工合成材料(土工布)具有重量轻、整体连续好、抗拉强度较高、耐腐蚀和抗微生物侵蚀性好、施工方便等优点。非织型的土工纤维应具备当量孔隙直径小、渗透性好、质地柔软、能与土很好结合的性质。

2)施工方法

(1)土工合成材料铺设时应将强度高的方向置于垂直于路堤轴线方向。

(2)在平整的下承层上按路堤底宽全断面铺设,摊铺时应拉直平顺,紧贴下承层,避免出现扭曲、褶皱、重叠,锚固端施工应符合设计要求。

(3)一般对土工格栅及土工网采用绑扎法,而对土工织物多采用缝合法;搭接长度至少为 15 cm,受力方向搭接处的强度不得低于材料设计抗拉强度,上、下层土工合成材料搭接缝应交替错开。

(4)土工合成材料摊铺好后应立即用土料填盖,避免使其受阳光紫外线照射老化。

(5)在距土工合成材料层 8 cm 以内的路堤填料,其最大粒径不得大于 6 cm。

(6)第一层填料宜采用推土机或其他轻型压实机具进行压实;当厚度大于 60 cm 后,才能采用重型压实机械压实。

答一答

抛石挤淤法的材料如何选择?反压护道施工方法?

____

____

____

3.2.2　深层软土路基施工

当软弱地基或不良地基不能满足沉降或稳定的要求,且土层较厚、采用桩基础等深基础在技术或经济上不可取时,往往采用地基处理。地基处理方法很多,且新的地基处理方法还在不断发展。虽然从地基处理加固原理目的、性质、时效、动机等不同的角度均可对地基处理方法进行分类,但要对各种地基处理方法进行精确分类是较为困难的。

3.2.2.1　深层密实法

深层密实法指采用爆破、夯击、挤压和振动等方法,对松软地基土进行振密和挤密,它可使地基土在深度范围内得以密实。

1. 强夯法施工

强夯法又称动力固结法,它是用大吨位的起重机,使很重的锤(一般为 100~600 kN)从高处自由落下(落距为 6~40 m),给地基以冲击和振动。巨大的冲击能量在地基中产生很大的冲击波和动应力,引起地基土的压缩和振动,从而提高地基土的强度并降低其压缩性,还可以改善地基土抵抗振动液化能力和消除湿陷性黄土的湿陷性等作用。

微课

绘制桩基础施工定位放样测设略图

1)强夯法的加固机理及适用范围

强夯法加固地基的机理,与重锤夯实法有着本质的不同。强夯法主要是将势能转化为冲击能,在地基中产生强大的应力和冲击波,对土体产生加密作用、液化作用、固结作用和时效作用。

加密作用:土体中大多含有以微气泡形式出现的气体,其气体体积分数约为1% ~4%。夯实时较大的冲击能,使气体压缩、孔隙水压力升高,随后在气体膨胀、孔隙水排出的同时,孔隙水压力减小。这样每夯击一遍孔隙水和气体的体积都有所减少,土体得到加密。

液化作用:在巨大的冲击应力作用下,土中孔隙水压力迅速提高,当孔隙水压力上升到与覆盖压力相等时,土体即产生液化,土的强度消失,土粒可自由地重新排列。

固结作用:强夯时在地基中所产生的超孔隙水压力大于土粒的侧向压力时,土粒间便会出现裂隙,形成排水通道。此时,增大土的渗透性,孔隙水得以顺利排出,加速了土的固结。

时效作用:随着时间的推移,孔隙水压力的消散,土颗粒又重新紧密接触,自由水也重新被土颗粒吸附而变成结合水,土的强度便逐渐恢复。这种触变强度的恢复,称为时间效应,其作用叫时效作用。

强夯法适用于杂填土、碎石土、砂土、黏性土、湿陷性黄土及人工填土等地基的施工,对淤泥和淤泥质土等饱和黏性土地基,需经试验证明有效时方可采用。它不仅能在陆地上施工,还可以在不深的水下对地基夯实。

2)强夯法设计要点

强夯法进行地基加固所取得的效果与施工参数有关,如夯点距离、击数、间歇时间等。强夯法加固地基的深度与夯击能有关,可按式(3.1)计算:

$$H = \alpha \sqrt{\frac{Wh}{10}} \tag{3.1}$$

式中 h——锤的落距,m;

α——修正系数,与地基土性质有关,一般为0.34 ~0.80;

W——锤重,kN;

H——有效加固深度,m。

根据加固土层的深度和选择的锤重,及可按式(3.1)确定锤的落距。夯击能量相同时,锤的落距越大,着地时的速度越大,相应对地基的加固效果越好。为使深层土得到加固,两夯击点的距离应大一些,使夯击能量传递到土的深层,第一遍夯距约为夯锤直径的3 ~4 倍,第二遍夯距可略小些,夯击次数,应按现场试夯的夯击次数和夯沉量关系曲线确定,且应满足:最后两击的平均沉降量不大于500 mm,夯坑周围不应发生过大隆起,不因夯坑过深而起锤困难。一般情况下,每一点可夯击5 ~10 击。夯击次数应根据地基土的性质确定,一般情况下可采用2 ~3 次,最后再以低能量满夯一次,对于渗透性弱的细颗粒土,必要时夯击次数可适当增加。夯击的间歇时间,视孔隙水压力消散的情况确定,对于黏性土,孔隙水压力消散时间较长,在一次夯击后,一般需间隔2 ~4 周才能进行下一次夯击作业。对于砂性土,孔隙水压力的峰值出现在夯完后的瞬间,消散的时间只有2 ~4 min,故对渗透性较大的砂性土,可连续夯击。夯击范围应大于建筑物基础范围,每边超出基础外缘的宽度宜为设计处理深度的1/2 ~1/3,且不小于3 m。

3)强夯法施工及质检要点

强夯法施工的夯锤起重机械,一般采用履带式起重机和自动脱钩装置,并没有辅助门架或其他安全装置。夯锤底面形式宜采用圆形,并对称设置若干排气孔与锤顶面相通。

当地下水位较高时,宜采用人工降低地下水或一定厚度的松散性材料,并及时排除夯坑或场地积水。强夯法施工一般按下列步骤进行:

(1)清理并平整场地。

(2)标出首遍夯点的位置,测量场地高程。

(3)起重机就位,使夯锤对准夯点标记。

(4)测量夯前锤顶高程。

(5)起吊夯锤至预定高度,释放夯锤,测量锤顶高程,及时整平坑底。

(6)重复步骤(5),按设计夯击次数及控制标准完成夯点的夯击。

(7)重复步骤(3) ~(6),完成第一遍夯击。

(8)用推土机填平夯坑,测量场地高程。

(9)重复步骤(2)~(8),完成全部夯击次数,最后用低能量满夯,将地表层松土夯实,并测量夯后场地高程。

施工过程中,应做好各项测试数据和施工记录,强夯结束后,视土质情况隔一定时间对地基质量进行检验,可采用室内土工试验、场地原位测试,也可做现场静载荷试验。

4)强夯施工的规定

(1)应采取隔震、防震措施清除强夯对邻近建筑物的有害影响。

(2)施工前应检查锤击和落距,单击夯击能量应符合设计要求。

(3)夯击前,应对夯点放样并复核,夯完后检查夯坑位置,发现偏差或漏夯应及时纠正。

(4)施工过程中应记录每个夯点的夯沉量,原始记录应完整、齐全。

(5)强夯施工完成后,应通过标准贯入、静力触探等原位测试,测量地基的夯后承载满足设计要求。

5)强夯置换施工的规定

(1)标出第一遍夯点位置,测量地面高程,测量夯前锤底高程。

(2)夯击前,应对夯点放样复核,夯完后检查夯坑位置,发现偏差或漏夯应及时纠正。

(3)夯击并逐击记录夯坑深度,当夯坑过深而发生起锤困难时,停夯后向坑内填料直至坑顶填平,记录夯坑深度,如此重复直至满足规定的夯击次数及控制标准,完成一个墩体的夯击。

(4)应按由内及外,隔行跳夯击打原则完成全部夯点的施工。

(5)推平地基,用低能量进行满夯,将表层松土夯实,并测量夯后地基高程。按实际铺筑垫层,并分层碾压密实。

串一串

简述强夯法的加固机理及适用范围。强夯法施工一般包括哪几个步骤?

______

______

______

2. 砂桩、碎石桩施工

碎石桩和砂桩又称粗颗粒土桩,是指用振动、冲击或水冲等方式在软弱地基中成孔后,再将碎石或砂挤压入桩孔中,形成大直径的碎(砂)石所构成的密实桩体。

1)砂桩

砂桩适用于松散砂土、人工填土、粉土或杂填土等地基,可提高地基的强度,减少地基的压缩性,或提高地基的抗震能力,防止饱和软弱土地基液化。

目前国内砂桩常用的成桩方法有振动沉管法和锤击成桩法。振动沉管法是使用振动打桩机将桩管沉入土层中,并振动挤密砂填料。锤击成桩法是使用蒸汽或柴油打桩机将桩管引入土层中,并用内管夯击密实砂填料。

(1)材料选择。砂桩的填料宜用级配较好的中、粗砂,大于0.6 mm颗粒含量宜占总重的50%以上,含泥量应小于3%,渗透系数大于5×10^{-2} mm/s,也可使用砂砾混合料,含泥量应小于5%。

(2)施工顺序。施工时应注意打桩先后位置次序:为使砂桩进展顺利,挤密砂桩宜从路之一侧向另一侧施打,或由中心向两边施打。从道路纵向而言,宜从道路一端向另一端施打,避免由两边向中间施打,以减少挤密砂桩施工的困难。

(3)施工机械。砂桩机械常包括桩基架、桩管及桩尖、提升装置(振动锤或冲击锤)、上料设备及检测装置等。高能量的振动砂石桩机配有高压空气或水的喷射装置,同时还配有自动记录桩管贯入深度、提升量、压入量、管内砂内砂石位置,以及电机电流变化等的检测装置。

(4)施工方法。挤密砂桩施工根据砂井成孔的机械和方式一般可分为振动沉管法和锤击成桩法两种。

①振动沉管法。振动沉管法其成桩工艺可分为以下三种:

a. 一次拔管法。首先,用振动沉入桩机将安有活瓣式或脱离式管靴的导管,在规定的桩孔位置垂直就位;然后,将桩管沉入软土中,并达到设计高程;之后,用装砂漏斗或采用空压机将砂灌入导管;灌满之后,封闭管口,通入压缩空气或加入水,缓慢提起导管直到地面,拔管的同时,边振动边输入压缩空气(或水)使活动瓣门开启(或脱离式桩靴离开导管),桩管中的砂通常压缩空气的力量或水的作用落入孔中,形成砂桩。

b. 逐渐拔管法。首先,将带有桩靴的导管在规定的位置垂直就位;然后,将桩管沉入软土到设计高程;之后,用料斗向导管内灌装砂子;灌满之后,在振动以及向导管输送压缩空气的条件下,边振边将导管拔起一定高度,停止拔管继续振动若干秒,使落入孔中的砂密实;之后再拔起一定高度又继续振动,如此反复进行,直到导管拔出地面。

c. 重复压拔管法。首先,将桩管在设计位置垂直就位;然后,将桩管沉入土中达到设计高程,如桩管下沉速度很慢,可利用桩管下端喷嘴射水口加快下沉速度;之后,用装砂料斗向导管内灌砂;灌满之后,在振动的条件下,将导管拔起到规定高度,同时向桩管内送入压缩空气,使砂排出落入桩孔,桩管拔起后核定砂的排出情况;之后,用振动机将管按规定深度往已灌沙的孔中压下,使桩径扩大并振实;如此反复进行,直到导管拔出地面。对于桩管每次拔起和压下的高度,应根据砂桩直径要求通过试验确定。

重复压拔管方法使桩体分段成型,其优点是可以压实桩体的砂和扩大直径,对软土施加了挤密作用。

②锤击成桩法。锤击成桩法按其施工工艺,分为单管法和双管法。

a. 单管法。单管法施工机械主要有蒸汽打桩机和柴油打桩机,下端带有活瓣钢制桩靴或预制混凝土锥形桩尖(留在土中)的桩管及装碎石料斗等。单管法施工工艺如图 3.6 所示,施工步骤:

(a)桩靴闭合,桩管垂直就位。

(b)将桩管沉入土层中,其深度以大于设计高程 10 ~ 20 cm。

(c)用料斗向管桩灌砂及水,当灌砂量较大时,分两次灌入。第一次灌入 2/3,待桩管从土层中提升一半长度后,再灌剩余的 1/3。如灌水不便,宜可改为压缩空气,将空气管接于导管上,密封管口,使砂在压缩空气作用下,落入孔中形成砂桩。

(d)待砂全部落入孔中后,按规定的提升速度从土层中提升出桩管。

b. 双管法。双管法施工机械主要有蒸汽打桩机或柴油打桩机、底端开口的外观和地段开口的内管、履带式起重机及装碎石料斗等。双管法施工工艺如图 3.7 所示,施工步骤分别为:

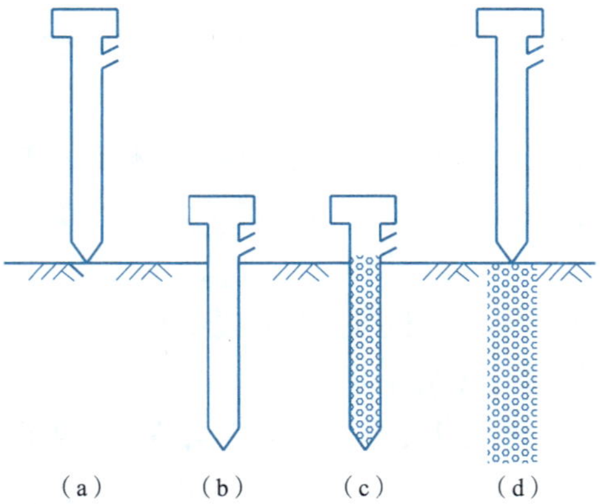

图 3.6 单管法施工步骤示意图

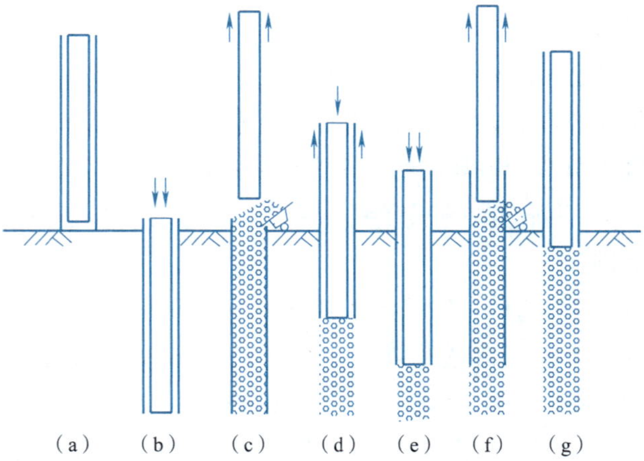

图 3.7 双管法施工步骤示意图

(a)桩管垂直就位。

(b)用冲击锤将锤击内管和外管下沉到土层中的设计深度。

(c)提升内管,向外管中灌入砂,提管的速度,一般应为 1.5 ~ 3.0 m/min。

(d)放下内管,提高外管其高度小于所灌砂的高度。

(e)用内管冲击管内的砂,使其挤密。

(f)检查其灌入度达到规定要求之后,再提起内管(即芯管),向外管内灌砂。

(g)重复进行以上(d)~(f)工序直到桩管拔出地面。

砂桩施工质量应符合表3.2的规定。

表3.2　砂桩施工质量标准表

项　次	检查项目	规定值或允许偏差	检查方法和频率
1	桩距/mm	±150	抽查3%
2	桩长	不小于设计值	检查施工记录
3	桩径	不小于设计值	挖验3%
4	垂直度/%	1.5	检查施工记录
5	灌砂量	不小于设计值	检查施工记录

练一练

砂桩的材料如何选择?砂桩的施工顺序是什么?砂桩机械常包括哪些装置?

2)碎石桩

碎石桩适用于挤密松散的土、粉土、素填土和杂填土地基,在复合地基的各类桩体中,碎石桩与砂桩同属散体材料桩,加固机理相似。随被加固土质不同机理所有的差别:对砂土、粉土和碎石土有置换和挤密作用。碎石桩在工程中主要应用于:软土地基加固;堤坝边坡加固;消除可液化沙土的液化性;消除湿陷性黄土的湿陷性。

(1)材料的选择。选用未风化碎石或砾石,粒径宜为19~63 mm,含泥量要小于10%。碎石之间咬合力比卵石大,形成碎石桩强度高;而卵石作下填料容易。

(2)施工顺序。碎石桩的施工顺序一般采用"先中间后两边"或"由一边推向一边"的顺序进行。在软黏土地基施工中,要考虑减少对地基土的扰动,宜用间隔跳打的方式。在既有建筑物邻近施工时,必须向远离建筑物方向施工或者用小频率振动器施工。

(3)施工方法。碎石桩根据其施工工艺一般分为振冲碎石桩、干振碎石桩和锤击碎石桩三种。

①振冲碎石桩施工。振冲法施工的主要机具有振冲器 起吊机械、水泵、泥浆泵、填料机械、电控系统等施工步骤如图3.8所示。施工步骤如下:

a. 就位。施工机具就位,振冲器对准桩位,开动水泵,待振冲器下端出水口出水后,启动振冲器,检查水压、电压和振冲器的空载电流是否正常。

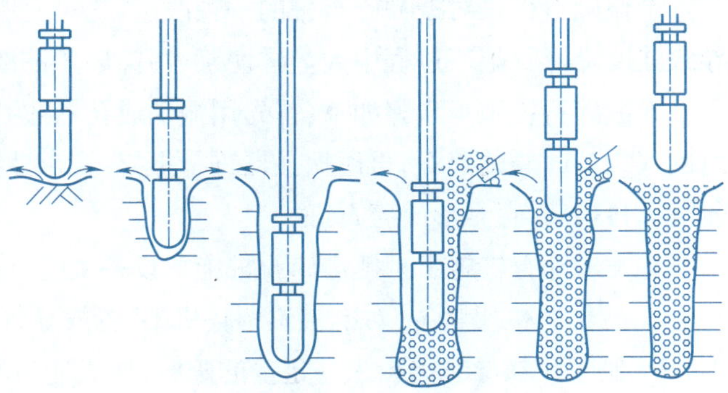

图3.8　振冲碎石桩施工步骤示意图

b. 成孔。启动起吊机械,使振冲器以1.2 m/min速度下沉。成孔过程中应使振冲器保持垂直状态,并观察振冲器电流变化,其最大电流值不应超过电机核定电流值;当下沉过程中电流值超过额定电流值时,必须减速或者停止下沉,或者向上提起振冲器,待电流下降后继续下沉。在程控过程中应记录电流值,成孔速度和反水情况,当空口不反水时,应加大水量。当振冲器达到设计处理深度一下0.3~0.5 m时,开始往上起,直到孔口。

c. 清孔。成孔后孔内泥浆比重较高,甚至有泥块,填料在孔内的下降速度将减慢,甚至造成淤塞,不利于制桩,因此成孔后应留一定时间(一般1~2 min)进行清孔。清空时将振冲器在孔底适当留振,将泥浆冲出孔口，再将振冲器提起，上下往返一两次，使孔道通畅。

d. 填料。清孔后，将振动冲器提出孔口，即可开始自下而上逐段填料，填料方式一般有三种：一种是把振冲器提出孔口往孔内加料，然后再投入振冲器振密，每次往孔内倒入约 0.15～0.5 mm 石料，分段填料分段振密，直到制桩结束；另一种是振冲器不提出孔口，只是往上提一些使振冲器离开原来振密过的地方，然后往下倒料，再放下振冲器进行振密；第三种方式是连续加料，即振冲器只负责振密，而填料是不断往孔内添加，只要在其深度上达到规定的振密标准后就往上提振冲器，再继续进行振密。

e. 振密加固。利用振冲器将填入桩孔的石料不断挤入侧壁土层，同时使桩身填料密实。操作时应记录时间，投料数量和振冲器潜水电机电流值。无论哪种填料方式都应保持振密自孔底开始，以每段 30～50 cm 长度逐渐自下而上至孔口。

f. 成桩。振密加固到孔口时桩体形成，先关闭振冲器再关闭水泵。

加固区的碎石桩全部施工完毕后，再进行表面清理。

②干振碎石桩施工。干振碎石桩施工适用于加固松散的非饱和黏性土（含水量小于 25%）素填土、杂填土和二级以上非自重湿陷性黄土，加固深度 6 m 左右；不宜加固砂土和孔隙比小于 0.85 的饱和黏性土。干振碎石桩的主要设备是干法振动成孔器，施工步骤如图 3.9 所示。

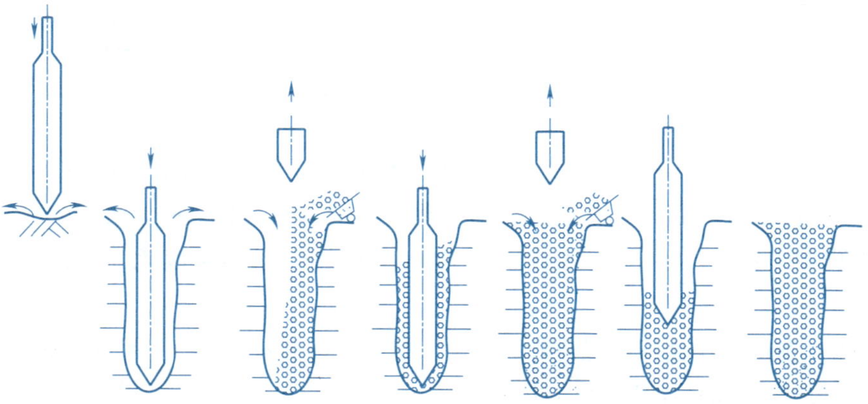

图 3.9　干振碎石桩施工步骤示意图

注：(a)振孔器就位；(b)振动挤土成孔；(c)上提振孔器填料；(d)振捣；(e)再提振孔器、填料；(f)再振捣；(g)完成碎石桩。

干振碎石桩是对振冲碎石桩的一种改进，它可克服施工过程中及其后一段时间内，桩间土含水量增加导致强度降低及施工过程中大量排泥浆、污染环境的缺点。

干振碎石桩施工步骤如下：首先用振动成孔器成孔，将桩孔中的土挤入周围的土体，提起振孔器，向孔内倒入约 1 m 厚的碎石，再用振孔器进行振捣，要求达到密实电流并留振 10～15 s，然后提起振孔器。如此分段填料振实，直至形成碎石桩。

③锤击碎石桩施工。锤击碎石桩施工设备主要有：机架、卷扬机、电动机、冲锤等。施工步骤：

a. 就位。机架就位，对准桩位调整机架，置放导管。

b. 制塞。在导管内投入一定量的碎石，形成适当的石塞。

c. 沉管。用冲锤反复冲击导管内碎石塞，由碎石与导管间的摩擦力带动导管与石塞一起下沉，直到审计深度为止。在冲击石塞料的沉管过程中，投料孔入土前必须封闭。

d. 穿塞。沉管到位后，提升导管一定高度用地冲程将石塞挤出管外，并使其冲入管下一定深度，为确定石塞是否被冲出导管，可轻冲导管一到两次直到导管不随之下沉，可判断已将穿塞制桩。

e. 制桩。制桩包括提管、投料和击实三个过程：在制桩过程中应严格控制每次提管高度，在淤泥质土层中应小于 150 mm，在一般黏土层中应在 300 mm 左右。每次投料量以顺利挤出管口并保证桩体连续为准，但要保证每米投石量。每次击实时一般先轻击后重击，锤底一般不超过管口。最终形成桩体。制桩完成时，桩顶高程一般应高于基础底面 0.5～1 m，这段高度称桩顶标高，以保证基底处的桩体和桩周土获得足够的密实度。超高部分在基础施工时挖出。

碎石桩完成时应对地基表面进行处理，方式如下：将路基设计标高下 30 cm 厚加固土挖去，回填 30 cm 厚碎石垫层，并夯实，回填料范围超出基础边缘 50 cm。

想一想

碎石桩适用哪几类桩体？其加固机理是什么？

---

3. CFG 桩施工

CFG 桩(cement flyash gravel pile，水泥粉煤灰碎石桩)由碎石、石屑、粉煤灰掺适量水泥加水拌和，用振动沉管打桩机或其他成桩机具制成的一定具有一定黏结强度的桩。集料应根据施工方法，选择合理的集料级配和最大粒径，水泥宜选用普通硅酸盐水泥，粉煤灰宜选用袋装Ⅱ、Ⅲ级粉煤灰。

CFG 桩由于桩身具有一定的黏接性，故可全长范围内受力，能充分发挥桩周擦阻力和端承力，复合地基承载力的提高幅度较大有沉降小稳定快的特点。

动画
桩基础放样

CFG 桩可用于加固填土、饱和及非饱和黏性土、松散的沙土、粉土等，对塑性指数高的饱和软黏土使用应慎重。

1)施工顺序

CFG 桩打桩顺序有连打法和间隔跳打法。具体采用何种打法最好由现场试验来确定。连打法易造成邻桩被挤碎或缩颈，在黏性土中易造成地面隆起，跳打法不易发生上述现象，但土层较硬时，在已打桩中间补打新桩可能造成已打桩被震裂或振断。

2)施工工艺

(1)沉管：桩机就位，桩管保持垂直，垂直大偏差不大于 1%；采用预制钢筋混凝土桩尖，需埋入地表以下 300 mm 左右；开始沉管，为避免对邻桩的影响，沉管时间应尽量短；记录激振电流变化情况，一般可 1 m 记录一次。

(2)投料：沉管至设计标高后应尽快投料，直到管内混合料与钢管投料口平齐。

(3)拔管：拔管前应原位留振约 10 s 后再震动拔管。控制速度，一般 1.2～1.5 m/mim 合适。拔管过快易造成局部缩颈或断桩；拔管太慢震动时间过长，会使桩顶浮浆增厚。易使混合料离析。对淤泥质土，拔管速度可适当放慢，拔管过程中也不宜反插留振。桩管拔出地面后，应用粒状材料或黏土封顶。

(4)开槽及桩头处理：CFG 桩施工完成后 7 天即可开槽，若基坑深度不大于 1.5 m 可采用人工开挖，当基坑深度不大于 1.5 m 时，可考虑人工和机械联合开挖，并通过试开挖确定预留人工开挖，一般预留厚度不小于 700 mm，以避免对桩间土及桩产生不良影响。

(5)褥垫铺设：褥垫厚度由设计设定，虚铺厚度按式(3.2)控制：

$$h = \frac{\Delta H}{\lambda} \tag{3.2}$$

式中　h——褥垫层虚铺厚度；

ΔH——褥垫层设计厚度；

λ——压实系数，一般取 0.87～0.9。

褥垫层虚铺厚度比基础宽度大，其宽出的部分不宜小于褥垫层的厚度。

CFG 桩施工应符合下列规定：

(1)施工前应进行成桩试验，试桩数量宜为 5～7 根。

(2)桩体施工应选择合理的施打顺序，避免对已成桩造成伤害。

动画
桩基础施工

(3)成桩过程中,应对已打桩桩顶进行移位检测。

(4)混合料应拌和均匀。

CFG 桩施工质量应符合表 3.3

表 3.3　CFG 桩施工质量

项　次	检查项目	规定值或允许偏差	检查方法和频率
1	桩距	±100 mm	抽查桩数 3%
2	桩长	不小于设计值	检查施工记录
3	桩径	不小于设计值	抽查桩数 3%
4	竖直度	1.0%	抽查桩数 3%
5	桩体强度	不小于设计值	取芯法,总桩数的 5%
6	单桩和复合地基承载力	不小于设计值	成桩数的 0.2%,但不少于 3 根

3.2.2.2　排水固结法

排水固结法就是利用地基中排水固结规律,采用各种排水技术措施处理饱和软黏土的一种方法。地基受压固结时,一方面孔隙比减少,土体被压缩,抗剪强度相应提高;另一方面,荷载压缩时,土体已变为超固结状态的压缩,抗剪强度也相应提高。排水固结法就是利用这一规律来处理软土地基,已达到提高土体强度和减少沉降量的目的。

排水固结系统由竖向排水体和水平排水体构成,主要作用是改变地基的排水边界条件,缩短排水距离和增加孔隙水排除途径。当软土层靠近地表且较薄或土的渗透性好且施工周期较长时,可在地面铺设一定厚度的砂垫层,不设竖向排水通道。土中的孔隙水在外荷载作用下排至砂垫层,从而产生固结。若软土层较厚时,为加快排水固结,应在地基中设置砂井等竖向排水体,与水平砂垫层一起构成排水系统。

加压系统是指对地基施加的荷载,可以加速土的固结。排水系统与加压系统总是联合使用的。如果只设置排水系统,不设置固结压力,土中的孔隙水没有压差,不会发生渗透固结,强度不会提高,如果只施加固结压力,不设置排水体,孔隙水就很难排出来,地基土的固结沉降就需要较长时间。

目前,实际工程中应用较多的排水固结法有砂井(塑料排水板)加载预压和砂井(塑料排水板)真空预压。

排水固结法一般适用于饱和软黏土、吹填土、松散粉土、新近沉积土、有机质土及泥炭土地基。应用范围包括路堤、仓库、罐体、飞机跑道和轻型建筑物等。

要保证排水固结法的加固效果,从施工角度考虑,主要做好以下三个环节:铺设水平排水垫层、设置竖向排水体和施加固结压力。

1. 铺设水平排水垫层

水平排水垫层的作用是使在预压过程中,从土体进入垫层的渗流水迅速排出,使土层的固结作用能正常进行,防止土颗粒堵塞排水系统。因而垫层的质量将直接关系到固结效果和预压时间长短。

1)垫层材料

垫层材料应采用透水性好的砂料,其渗透系数一般不低于 0.001 cm/s,同时能起到一定的反滤作用。通常采用级配良好的中粗砂,颗粒粒径以 0.074 ~ 0.84 mm 为宜,含泥量不大于 3%;一般不宜采用粉、细沙。也可采用连通砂井的砂沟来代替整片砂垫层,排水盲沟的材料一般采用粒径为 3 ~ 5 cm 的碎石或砾石。

2)垫层施工

水平排水砂垫层的施工与换填土法中的砂垫层施工方法相同,目前有四种施工方法:

(1)当地基表层有一定厚度的硬壳层,其承载力较好,能承载通常的运输机械时,一般采用机械分堆摊铺法,即先堆成若干砂堆,然后用机械或人工摊平。

(2)当硬壳承载力不足时,一般采用顺序推进摊铺法,且从一端向另一端摊铺。

(3)当软土地基表面很软,如新沉积或新吹填不久的超软地基,首先要改善地基表面的条件,使其能承载施工人员或轻型运输工具。处理措施一般采用:①地基表面铺荆笆;②表层铺设塑料编织网或尼龙编织网,编织网上再铺砂垫层;③表面铺设土工聚合物,土工聚合物上再铺排水垫层。

(4)尽管对超软地基表面采取了加强措施,但持力条件仍然很差,一般在不能承载轻型机械的情况下,通常应用人工或轻便机械顺序推进铺设。

不论采用何种施工方法,都应避免对软土层的过大扰动,以免造成砂和淤泥混合,影响垫层的排水效果。

析一析

排水固结法要保证加固效果,主要做好哪些环节?水平排水垫层的四种施工方法?

微课

软土路基排水固结法施工

2. 设置竖向排水体

竖向排水体在工程中的应用有普通砂井、袋装砂井、塑料排水板三种。

陆上砂井直径一般为20~30 cm,水下砂井直径为30~40 m,井径比为8~10。砂料为中粗砂,含泥量小于2%,颗粒级配良好。袋装砂井一般为7~10 cm,井径比为15~30。

1)普通砂井的施工

普通砂井的施工应满足以下要求:①保持砂井连续和密实,并且不出现颈缩现象;②尽量减小对周围土的扰动;③砂井的长度、直径和间距应满足设计要求。

(1)施工方法。普通砂井的施工一般先在地基中成孔,再在孔内灌砂形成砂井。施工时应尽量选用对周围土扰动小且施工效率高的方法。普通砂井施工成孔的典型方法有套管法、射水法、螺旋钻成孔法和爆破法四种。

①套管法。该法将带有活瓣管尖或套有混凝土管靴的套管沉到预定深度,然后在管内灌砂,拔出套管形成砂井。根据施工工艺的不同,又分为静压沉管法、锤击沉管法、锤击静压联合管法和振动沉管法。其中振动沉管法是目前最为常用的方法。

②射水法。射水法是指利用高压水通过射水管形成高速水流的冲击和环刀的机械切削,使土体破坏,并形成一定直径和深度的砂井孔,清孔后再向孔内灌砂而形成砂井。

射水成孔工艺,对土质较好且均匀的黏性土地基是较适用的,但对土质很软的淤泥,因成孔和灌砂过程中容易缩孔,很难保证砂井的直径和连续性;对夹有粉砂薄层的软土地基,若压力控制不严,易在冲水成孔时出现串孔,对地基扰动较大。

射水法成井的设备比较简单,对土的扰动较小,但在泥浆排放、塌孔、缩颈、串孔、灌砂等方面都还存在一定的问题。

③螺旋钻成孔法。该法以动力螺旋钻钻孔,属于干钻法施工,提钻后孔内灌砂成形。此法适用于陆地工程,砂井长度在10 cm以内,土质较好,且不会出现缩颈和塌孔现象的较软地基。该工艺所用设备简单而机动,成孔比较规整,但灌砂质量较难掌握,对很软的地基也不太适用。

螺旋钻成孔法在施工过程中应注意两个问题:其一,施工中要排出大量废土,应安排好弃土问题;其二,如何保持孔壁的直立,特别是高含水量的软黏土地基,更难以做到。因此在使用时也受到一定限制。

④爆破法。此法是先用直径73 mm的螺纹钻钻成一个砂井所要求设计深度的孔,在孔中放置由引爆线和炸药组成的条形药包,爆破后将孔扩大,然后往孔内灌砂形成砂井。这种方法施工简易,不需要复杂的机具,适用于深度为6~7 m的浅砂井。

2)袋装砂井的施工

袋装砂井是用具有一定伸缩性和抗拉强度很高的编织袋装满沙子,它基本上解决了大直径砂井中存在的所有问题,使砂井的设计和施工更加科学化,保证了砂井的连续性;打井设备实现了轻型化;比较适合在软土地基上施工;用砂量大为减少;施工速度加快、工程造价降低,是一种比较理想的竖向排水体。袋装砂井施工如图3.10所示。

(1)材料选择。

①砂袋。砂袋材料必须使用抗拉强度高、抗腐蚀和紫外线能力强、透水和透气性能好、韧性和柔性好,并且在水中能起滤网作用和不外露砂料的材料制作。国内常用的砂袋材料有麻布袋和聚丙烯编织袋,其抗拉强度应能保证承受砂袋自重,装砂后砂袋的渗透系数不应小于砂的渗透系数,其中聚丙烯编织袋便于制作,对人体无害,价格低廉,但其抗老化能力差。

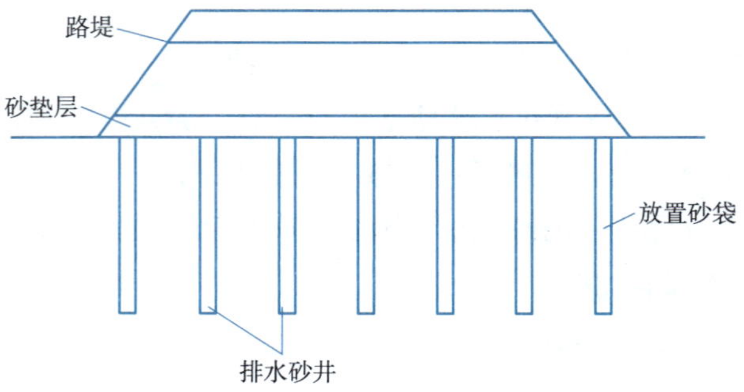

图3.10 袋装砂井施工示意图

②砂。采用渗透性较高的中、粗砂。大于0.6 mm砂的含量宜占总质量的50%以上,含泥量小于3%,渗透系数不应小于5×10 mm/s。除此以外,砂应保持干燥,不易潮湿,以免砂干燥后体积减小造成短井。

(2)施工工具:在国内,袋装砂井成孔的方法有锤击打入法、射水法、静力压入法、钻孔法和振动贯入法五种。

(3)施工步骤:

①施工准备。此工序包括平整场地,机具配备、砂料和砂袋、成孔用的套管、桩尖等备料工作的完成,并对桩孔定位放样复核,以确保无误。

②沉入套管。将带有可开闭底盖的套管或带有自制桩尖的套管(内径略大于砂袋直径)按井孔定位,沉入要求的深度。

③沉放砂袋。扎好砂袋(袋长比井深约大2 m)下口后,在其下端放入20 cm左右高的砂子作为压重,将袋子放入套管中沉入要求的深度。如不能沉入要求的深度,会有一部分拖留在地面上,此时需做排泥处理,直至砂袋沉到预定深度。

④就地填砂入袋成井。将袋口固定在装砂用的砂口上,通过振动将砂填满袋中,然后卸下砂袋,拧紧套管上盖,接着把压缩空气边送进套管,边提升套管至地面。

⑤用预制砂袋沉放。预先在袋内装满砂料,扎好上口,成为预制砂袋。将砂袋运往现场,弯成圆形,成圆堆放。成孔后将砂袋立即放入孔内。

(4)施工时应符合下列规定:

①砂袋砂井露天堆放时,应有遮盖,不得长时间暴晒。

②砂袋应垂直下井,不应扭结、颈缩、断裂、磨损。

③拔钢套管时,如将砂袋带出或损坏,应在原孔位边缘重打;连续两次将砂袋带出时,应停止施工。查明原因并处理后方可施工。

(5)袋装砂井施工质量应符合表3.4的规定。

表3.4 袋装砂井施工质量

项　次	检查项目	规定值或允许偏差	检查方法和频率
1	井距/mm	±150	抽查3%
2	井长	不小于设计值	检查施工记录
3	井径/mm	+10.0	挖验3%
4	竖直度/%	1.5	检查施工记录
5	灌砂率/%	-5	检查施工记录

3)塑料排水板施工

塑料排水板法是将塑料排水板盘带用插板机将盘带插入软土中作为竖向排水体,然后在地基面上加载预压(或采用真空预压),土中孔隙水沿塑料带的通道逸出,从而使地基土得到加固的方法。塑料排水板施工如图3.11所示。

(1)材料的选择。

选择塑料排水板盘带时,应使其具有良好的透水性和强度,其纵向通水量不小于5×10^3 mm^3/s。芯带应具有足够的抗拉强度和垂直排水能力,其抗拉强度不应小于130 N/cm;当周围土体压力在15 cm深度范围内不大于250 kN/m^2,或在大于15 m范围内不大于350 kN/m^{2}的条件下,其排水能力不应低于30 cm^3/m。

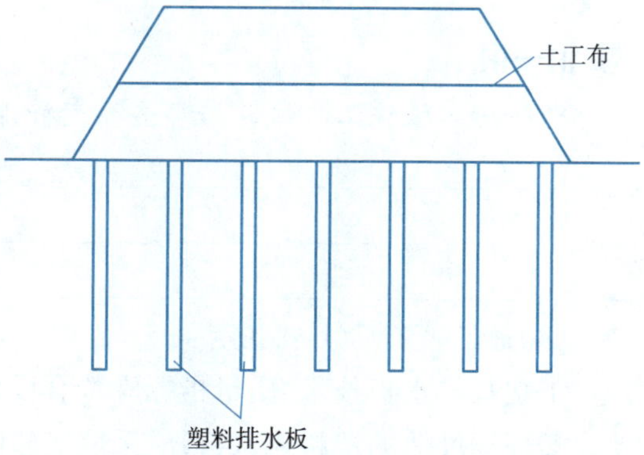

图3.11 塑料排水板施工图

盘带应具有耐腐蚀性和足够的柔性,保证塑料板在地下的耐久性,并在土体固结变形时不会被折断或断裂。滤膜一般由无纺织物制成,应具有一定的隔离土颗粒和渗透功能,其最小自由透水表面积宜为1 500 m^2/m,渗透系数不应小于5×10^{-2} mm/s。滤膜的抗拉强度,干态时不小于1.5~3.0 N/mm,液态时不小于1.0~2.5 N/mm(插入土中较短时用小值,较长时用大值)。整个排水板应反复对折5次不断裂才认为合格。

(2)施工机械。

塑料排水带的施工机具主要是插板机,也可与袋装砂井打设机具共用,但应将圆形套管换成矩形套管。对于振动打设工艺、锤击振力大小,可根据每次打设根数、导管断面大小、入土长度和地基均匀程度确定。

选择排水带施工机械,应根据工程实际情况,从机械的结构特点、功效、适用程度等方面来确定,其中包括对地基的压力、稳定性、打设能力、机动性及打设速度等。目前,用于塑料排水板的插板机种类很多,性能不一。从国内有关资料来看,有专门厂家生产的,也有自行设计制造的,或用挖掘机、起重机、打桩机改装而成的。现介绍几种供参考:

①挖掘机改装的插板机。由挖掘机改装的插板机,在使用过程中可以灵活地操作,而且可以将排水带打设到各个部位,尤其是在边角处。但是由于其具有自身重、轮胎接地面积小等缺点,因此一般软基难以承受,只能在地基承载力较好的地方使用。

②履带式插板机。履带式插板机行走方便,可在现场组装,比挖掘机改装的接地面积大,一般地基在稍作处理后即可承受。但是由于其是靠两条履带控制垂直度的,受基础平整度影响较大,且插板机容易发生倾斜,一般用于插入小于10 m的情况比较适合。

③门式轨道插板机。该机型可进行自行拼装,比较适合公路等带状的软基处理。由于其移动受轨道控制,通过事先调整轨道的水平度,可以很好地保证排水板的施工准备度和施工垂直度。其缺点是移动时显得相对笨重,对垫层的宽度要求较高等。

(3)施工工艺。

塑料排水板施工前,要对软基处进行预先处理。与袋装砂井处理方法一样,首先整平场地,铺设砂垫层,具体工艺如下:

平整场地和挖排水沟→铺下层砂垫层→稳压→放样→机具就位→塑料排水板穿靴→插入套管→拔出套管→割断排水板→检查并记录板位等情况→机具移位→铺设上层砂垫层。

其中关键工序控制如下:

①场地整平。塑料排水板施工前,要对场地进行清表、整平和初步碾压,做好土拱坡,铺设好砂垫层(砂垫层的质量要求同袋装砂井法),为了保持工作面的平整,要根据地形挖好排水沟,以利排水。

②放样。放样时要根据设计情况准确定位,并在每个孔位都插好标记,所用的标记通常有石灰,油布、细条塑料板芯等,做到明显且不易被损坏为宜。

③机具就位。施工机具就位要准确。

④穿靴。将塑料排水板端部穿过预制靴头固定架,对折袋子长约 10 cm,固定连结。一般预制靴头可采用铁质或混凝土靴头。将靴头套在空心套管端部,固定塑料排水板,并使其在下沉过程中能阻止泥沙进入套管。

说一说

塑料排水板施工机械包括哪些?塑料排水板施工工艺分为哪些步骤?

(4)施工应符合下列规定:

①塑料排水板技术、质量指标应符合设计要求。

②现场堆放的塑料排水板,应采取措施防止损坏滤膜。露天堆放应有遮盖,不得长时间暴晒。

③塑料排水板超过孔口的长度应能深入垫层不小于 500 mm,预留段应及时弯折埋设于垫层中,与砂垫层贯通,并采取保护措施。

④施工中防止泥土等杂物进入套管内,一旦进入应及时清除。

⑤塑料排水板不得搭接。

⑥打设形成的孔洞应用砂回填,不应用土块堵塞。

(5)塑料排水板施工质量应符合表 3.5 的规定。

表 3.5　塑料排水板施工质量

项　次	检查项目	规定值或允许偏差	检查方法和频率
1	板距/mm	±150	抽查 3%
2	板长	不小于设计值	抽查 3%
3	竖直度/%	1.5	检查施工记录

3. 预压荷载施工

预压荷载的施工一般分为三类:利用建筑物自重加压、施加外部荷载(堆载预压)和减少地基的孔隙水(真空预压)。

1)利用建筑物自重加压

利用路基填土本身的自重加压就是在未经预压的天然软土路基直接填土压实。此法适用于以地基的稳定性为控制条件,能适应较大变形的建筑物,如路堤等。

这一方法经济有效,但工程上应严格控制加载速率,逐层填筑以确保路基稳定。在每级荷载作用下,待地基土强度提高后,才进行下一步填土压实,分阶段依次进行。

2)堆载预压

(1)施工工艺。堆载预压的材料一般以砂石料和砂等不污染环境的散体为主。大面积施工时通常采用自卸汽车与推土机联合作业,对超软地基的堆载施工,第一级荷载宜用轻型机械或人工作业。其施工工艺流程如图 3.12 所示。

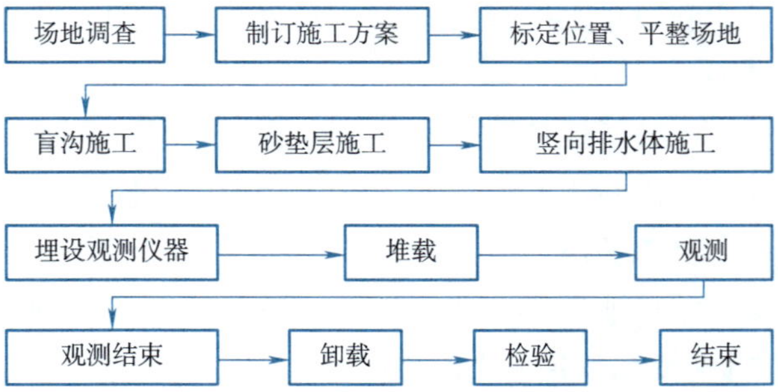

图 3.12　堆载预压施工工艺流程图

(2)施工过程应符合下列要求:

①堆积面积要足够,预压堆载顶面面积应大于路基地面的面积;

②严格控制加荷速率,保证在各级荷载作用下地基的稳定性,同时避免部分堆载过高而引起路基的局部破坏;

③堆载施工时，分级加速的堆载厚度偏差不应大于本级荷载高度。

3）真空预压

真空预压法是在需要加固的软土地基表面先铺设砂垫层，然后埋设垂直排水管道，再用不透气的封闭膜使其与大气隔绝，薄膜四周埋入土中，通过砂垫层内埋设的吸水管道，用真空装置进行抽气，使其形成真空，增加地基的有效应力。

当抽真空时，先后在地表砂垫层及竖向排水通道内逐步形成负压，使土体内部与排水通道、垫层之间形成压差。在此压差作用下，土体中的孔隙水不断由排水通道排出，从而使土体固结。

（1）材料。垫层材料宜采用中、粗砂，泥土杂质含量小于5%，严禁砂中混有尖石等尖利硬物。密封膜厚度宜为0.12～0.17 mm，密封膜每边长度应大于加固区相应边3～4 m。薄膜加工后不得存在热穿、热合不紧等现象，不宜有交叉热合缝。

（2）施工工艺。真空预压在抽气前，薄膜内外均承受一个大气压 P_a 的作用，抽气后薄膜内气压逐渐下降，薄膜内外形成一个气压差，首先是砂垫，其次是砂井中的气压降至 P_v，使薄膜紧贴砂垫层。由于土体与砂垫层和砂井间的气压差，从而发生渗流，使孔隙水沿着砂井或塑料排水板上升流入砂垫层内，被排出塑料薄膜外；地下水在上升的同时，形成塑料袋附近的真空负压，使土内的孔隙水压形成压差，促使土中的孔隙水压力不断下降，地基有效应力不断增加，从而使土体团结，土体和砂井间的压差，开始时为 P_a-P_v，随着抽气时间的增长，压差逐渐变小，最终趋向零，此时渗流停止，土体固结完成，所以真空预压过程，实质为利用大气压差作为预压荷载，使土体逐渐排水的固结过程。真空预压使地下水位降低，相当于增加一个附加应力，也加速了土体的固结过程。

3.2.2.3　化学加固法

化学加固法是指利用水泥浆液、黏土浆液或其他化学浆液，通过灌注压入、高压喷射和机械搅拌，使浆液与土粒胶结起来，以改善地基土的物理力学性质的地基处理方法。化学加固法能否获得预期的效果，主要取决于两个方面的因素；一是根据地基土体的特征，选择适当类型的化学浆液；二是选用合适的施工工艺。目前根据化学加固法中常用的浆液类型可划分为：①水泥浆液，即由高标号的硅酸盐水泥和速凝剂等组成的常用胶结的浆液；②以水玻璃（$Na_2O \cdot nSiO_2$）为主的浆液，此类型的浆液有较多的配方形式，较常用的是将水玻璃浆液与氯化钙浆液配合使用，该类浆液价格昂贵，较少用；③以丙烯酰胺为主的浆液，是一种类似有机化合物为主的浆液，其价格昂贵，难于广泛应用；④以纸浆液为主的浆液，如重铬酸盐类，其加固效果好，但有毒性，易污染地下水源，故使用上受到限制。因此，目前最广泛使用的是水泥浆液。

根据施工工艺，化学加固法可划分为以下三类；①灌浆法（注浆法）；②高压喷射注浆法；③水泥土搅拌法。灌浆法在我国水电、矿山、煤矿、铁路等部门有广泛应用，但在公路工程中应用较少。后两种通过特制的搅拌机械，在地基深部将黏土颗粒和水泥强制拌和，硬结后达到加固地基的目的，近年来在公路工程中有较多应用。

学一学

化学加固法包括哪些？根据施工工艺，化学加固法可划分哪些？

---

1. 灌浆法

灌浆法是指利用液压、气压或电化学原理。通过注浆管把浆液均匀地注入地层中，浆液以填充、渗透和挤密等方式，赶走土颗粒间或岩石裂缝中的水分和空气后占据其位置。经一定时间后，浆液将原来松散的土粒或裂隙胶结成一个整体，形成一个结构新、强度高、防水性能好和化学稳定良好的“结石体”。灌浆法按加固原理可分为渗透灌浆、挤密灌浆、劈裂灌浆和电动化学灌浆。

1）材料要求

灌浆工程所用的浆液是由主剂（原材料）、溶剂（水或其他溶剂）及各种外加剂混合而成。通常所提的灌浆材料是指浆液中所用的主剂;外加剂可根据在浆液中所起的作用分为固化剂、催化剂、速凝剂、缓凝剂和悬浮剂等。

浆液材料分类的方法很多:按浆液所处状态,可分为真溶液、悬浮液和乳化液;按工艺性质可分为单浆液和双浆液;按主剂性质,可分为无机系和有机系等。

2)施工工艺

根据治理段软弱土层工程地质、水文地质条件和工程要求,通过实验或类比等方法确定注浆参数,选择注浆施工设备,组织施工力量,编制施工组织计划,进行压力注浆,使地基沉降变形量控制在容许的范围内。灌浆施工工艺流程如图3.13所示。

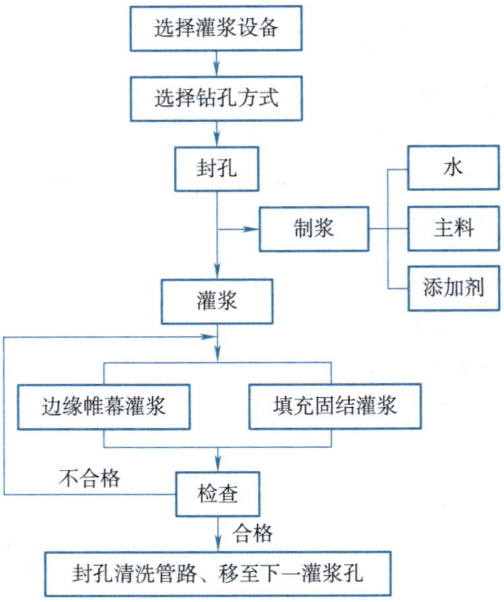

图3.13　灌浆施工工艺流程图

2. 高压喷射注浆法

高压喷射注浆法是用工程钻机钻至预定深度后,用高压泥浆等发生装置,通过安装在钻杆端部的特殊喷嘴,向周围土体喷射化学浆液(常用水泥浆液),同时钻杆以一定的速度徐徐提升,高压射流破坏了附近的土体结构,并强制与化学浆液混合,或变换喷嘴的直径,从而改变流量,使固结体达到所需要的设计形状。固结体的形态和喷射流移动方向有关,一般分为旋转喷射(旋喷)、定向喷射(定喷)和摆动喷射(摆喷)三种。

高压喷射注浆法适用于砂土、粉土、黏性土、淤泥、淤泥质土、黄土、湿陷性黄土和人工填土地基。它既可用于工程修建前加固地基,又可用于工程使用期中的基础托换。对于砾石直径过大,含量过大及纤维质的腐殖土,高压喷射注浆法的施工质量则难以保证,有时甚至达不到静压灌浆法的效果。当地下水流速过大时,喷射浆液无法在注浆管周围凝固。无充填物的岩溶地段,永冻土地基及对水泥有严重腐蚀的地基,均不适宜选用高压喷射注浆法。

1)浆材选择

高压喷射注浆法是靠高压液流的冲击力破坏土层并与土体混合成新的固结体,因此,喷射注浆法对浆液的材料种类、黏度与颗粒大小要求不像静压注浆那样严格。根据喷射工艺要求,浆液应具备下列特征:浆液具有良好的可喷性;有足够的稳定性;浆液中气体应少;能调整浆液的胶凝时间;有良好的力学性能;无毒、无臭;结晶率高。目前,我国基本采用以水泥浆为主剂,掺入少量外加剂的喷射方法。

水灰比一般采用1:1～1.5:1,就能保证浆液的喷射效果。冬季、春季施工,为了克服纯水泥初凝时间长、早期强度低、抗冻性差等缺陷,掺入外加剂的用量为:工业盐40%～50%,三乙醇胺2%～4%。

2)施工机械

高压喷射注浆法施工的主要机具包括钻孔机械和喷射注浆设备,通常归纳为两大类,即主要设备和辅助设备。单管施工主要有钻机、高压泥浆泵、泥浆搅拌机及旋喷单管等;二重管的施工主要机具有钻机、高压旋喷泵、旋喷二重管及空气压缩机等;三重管的主要机具有钻机、高压水泵、泥浆泵、旋喷三重管及空气压缩机等。辅助设备有纵控制系统、高压管路系统(包括高压软管、旋转活接头、钻机、喷嘴、压差活门、材料储存输送系统及其他)。

3)施工工艺

(1)工艺类型。

当前,高压喷射注浆法的基本工艺类别有:单管法、二重管法、三重管法和多重管法等四种方法。

①单管法。单管法是利用钻机把安装在注浆管(单管)底部侧面的特殊喷嘴,置入土层预定深度后,用高压泥浆泵等装置以20 MPa左右的压力,把浆液从喷嘴中喷射出去,冲击破坏土体,同时借助注浆管的旋转和提升运动,使浆液与土体上崩落下来的土搅拌混合,经过一定时间凝固,便在土中形成圆柱状的固结体。

②二重管法。使用双通道的二重管注浆管钻进到土层的预定深度后，通过在管底侧面的一个同轴双重喷嘴，同时喷射出高压浆液和空气两种介质的喷射流冲击破坏土体。即以高压泥浆泵等高压发生装置射出20 MPa左右压力浆液，从内喷嘴中高速喷出，并用0.7 MPa左右压力把压缩空气从外喷嘴中喷出，在高压浆液和外围环绕气流的共同作用下，破坏土体的能量显著增大，喷嘴一面喷射一面旋转和提升，最后在土中形成固柱状固结体，固结体的直径明显增大。

③三重管法。使用分别输送水、气、浆三种介质的三重注浆管，在以高压泵等高压发生装置产生20 MPa左右的高压水喷射流的周围，环绕一股0.7 MPa左右的圆筒状气流，进行高压水喷射流和气流同轴喷射冲切土体，形成较大的孔隙，再另由泥浆泵注入压力为2～5 MPa的浆液填充，喷嘴做旋转和提升运动，最后便在土中凝固为直径较大的圆柱状固结体。

④多重管法。这种方法首先需要在地面钻一个导孔，然后置入多重管，用逐渐向下运动的旋转超高压力水射流（压力约40 MPa），切削破坏四周的土体。经高压水冲击下来的土和石成为泥浆后，立即用真空泵从多重管中抽出。如此反复地冲和抽，便在地层中形成一个较大的空间，装在喷嘴附近的超声波传感器及时测出空间的直径和形状，最后根据工程要求选用浆液、砂浆、砾石等材料进行填充。于是在地层形成一个大直径的柱状固结体，在砂性土中最大直径可达4 m。

（2）施工工艺（以单管法为例）。

①钻机就位。钻机安放在设计的孔位上并应保持垂直，施工时旋喷管的允许倾斜度不得大于1.5%。

②钻孔。单管旋喷法常使用76型旋转振动钻机，钻进深度可达30 m以上，适用于标准贯入值小于40的砂土和黏性土层。当遇到比较坚硬的地层时宜用地质钻机钻孔，钻孔的位置与设计位置的偏差不得大于50 mm。

③插管。插管是将喷管插入地层预定的深度。使用76型振动钻机钻孔时，插管与钻孔两道工序合二为一，即钻孔完成时插管作业同时完成。如使用地质钻机钻孔完毕，必须拔出岩芯臂，并换上旋喷管插入预定深度。在此过程中，为防止泥砂堵塞喷嘴，可边射水边插管，水压力一般不超过1 MPa。若压力过高，易将孔壁射塌。

④喷射作业。当喷管插入预定深度后，由下而上进行喷射作业。值班人员必须时刻注意检查注浆流量、压力、旋转提升速度等参数是否符合设计要求，并随时做好记录，绘制作业过程曲线。

当浆液初凝时间超过20 h，应及时停止使用该水泥浆液（正常水灰比为1:1，初凝时间为15 h左右）。

⑤冲洗。喷射施工完毕后，应把注浆管等机具设备冲洗干净，管内、机内不得残存泥浆。通常把浆液换成水，在地面上喷射，以便把泥浆泵、注浆管和软管内的浆液全部排出。

⑥移动机具。将钻机等机具设备移到新孔位上。

3. 水泥土搅拌法

水泥土搅拌法是用于加固饱和黏性土地基的一种方法。它是利用水泥（或石灰）等材料作为固化剂，通常特制的搅拌机械，在地基深处就地将软土和固化剂（浆液或粉体）强制搅拌，由固化剂和软土间所产生的物理和化学反应，使软土硬结成具有整体性、水稳定性和一定强度的水泥加固土，从而提高地基强度和增大变形模量。

1）深层搅拌法（湿法）施工

（1）施工机械设备。

深层搅拌法的机械设备包括深层搅拌机和配套设备两部分。深层搅拌机是进行深层搅拌施工的关键机械。目前，国内外有中心管喷浆方式和叶片式喷浆方式。后者是使水泥浆从叶片上若干个小孔喷出，使水泥浆与土体混合较均匀。对于大直径叶片和连续搅拌是合适的。但因喷浆孔小，易被浆液堵塞，它只能使用纯水泥浆而不能采用其他固化剂，且加工制造较复杂。中心管输浆方式中的水泥浆是从两根搅拌轴之间的另一根管子输出，当叶片直径在1.0 m以下时，并不影响搅拌均匀度，而且它还适合多种固化剂、纯水泥浆、水泥砂浆，甚至可掺入工业废料等粗粒固化剂。

(2)施工工艺。

深层搅拌法的施工工艺流程：

①定位。起重机(或塔架)悬吊搅拌机达到指定桩位并对中。当地面起伏不平时，应使起吊设备保持水平。

②预搅下沉。待搅拌机的冷却水循环正常后，启动搅拌机电机，放松起重机钢绳，使搅拌机沿导向架搅拌切土下沉，下沉的速度可由电机的电流检测表控制。工作电流不应大于 70 A。如果下沉速度太慢，可从输浆系统补给清水以利钻进。

③制备水泥浆。待搅拌机下沉到一定深度时，即开始按设计确定的配合比拌制水泥浆，待压浆前将水泥浆倒入集料斗中。

④提升喷浆搅拌。搅拌机下沉到达设计深度后，开启灰浆泵将水泥浆压入地基中，边喷浆边旋转，同时应严格按照设计确定的提升速度提升搅拌机。

⑤重复上下搅拌。搅拌机提升至设计加固深度的顶面标高时，集料斗中的水泥浆应正好排空。为使软土和水泥浆搅拌均匀，可再次将搅拌机边旋转边深入土中，至设计加固深度后再将搅拌机提升出地面。

⑥清洗。向集料斗中注入适量清水，开启灰浆泵，清洗全部管路中残存的水泥浆，直至干净，并将黏附在搅拌头上的软土清洗干净。

⑦移位。重复上述步骤，再进行下一根桩的施工。

由于搅拌桩顶部与上部结构的基础或承台接触部分受力较大，因此通常还可对桩顶 1.0 ~ 1.5 m 范围内再增加一次输浆，以提高其强度。

思一思

高压喷射注浆法的基本工艺类别有哪些？

____

____

____

2)粉体喷射搅拌法(简称粉喷法，又称干法)

粉体喷射搅拌法是利用压缩空气向软土输送和喷射干粉(生石灰粉、水泥与粉等)，利用干粉与土拌和发生化学反应，改善土质，提高地基的强度，它属于化学加固方法。加固后，可增加路基的稳定，减少路基的沉降。这种技术使得施工能在解决了干粉连续输送、压缩空气与干粉在土中分离以及土中空气排除等技术问题后得以进行。压缩空气将粉体加固料以雾状喷入地基深部，凭借钻头叶片的旋转，使粉体加固料与原位软土搅拌并得到充分混合，形成桩体或墙体，与路基下软土形成复合路基，从而使软土硬结。

水泥干粉与软土被搅拌后形成水泥加固土，它与砼的硬化机理有所不同。水泥加固土，水泥掺量很小(仅是被加固土的 7% ~15%)，水泥的水解和水化反应完全是在有一定的活性介质(软土)内进行，硬化速度缓慢且作用复杂。水泥颗粒表面的矿物质能与软土中的水发生水解和水化反应，生成多种化合物，有的自身继续硬化，有的则与其周围具有一定活性的黏土颗粒发生反应。这些新生的化合物在水中和空气中越均匀，则水泥土的结构强度的离散性越小，总体强度越高。

粉体喷射搅拌法适于加固各种成因的饱和软黏土，目前国内常用于加固淤泥、淤泥质土、粉土、杂填土等含水量较高的黏性土。

粉体喷射搅拌法的施工工艺流程：

(1)场地清理。工作场地表层硬壳很薄时，需先铺砾石，干土垫层，厚 50 cm 左右，以便机械在场区内顺利移动和施钻。如果场地填有石质材料或植有树木，需将石质材料、树木及其根部挖除。

(2)放样定位。用经纬仪将桩位精确放样，标出每根桩的位置。

(3)钻机定位。根据确定的加固桩体的位置，移动钻机，准确对孔，水平对孔误差不得大于 50 mm，钻机主轴垂直度误差不应大于 1%。

(4)钻孔。启动搅拌钻孔，钻头边旋转边钻进。根据施工要求，以一、二、三档逐级加速的顺序，正转预搅拌下沉。钻至接近设计深度时,应用低速慢钻,钻机应原位钻动 1 ~ 2 min。为了不致堵塞喷射口,不喷射加固材料而是喷射压缩空气,钻进一定深度启动一次,将泥浆从喷射口吹出。钻进时喷射压缩空气,可使钻进顺利,负载扭矩小。钻孔深度由钻机上面的刻度盘指示(刻度盘上有指针表明钻孔深度),桩长误差不得超过 + (-)100 mm,垂直偏差不超过 1.5% 。

(5)提升喷粉搅拌。当钻机达到设计标高后,即开启空压机连接水泥罐的阀门,边提升钻杆边喷水泥(水泥是通过空压机与钻杆顶部用橡皮胶管连接,靠空气压力,使水泥从钻杆内孔穿过,由麻花钻头中部小孔喷射),直至孔口。在确认加固料已喷至孔底时,按 0.5 m/min 的速度反转提升。当提升到设计停灰标高后,应慢速原地搅拌 1 ~2 min。

(6)提升结束,桩体形成。当钻头提升至距离地面 30 ~50 cm 时,发送器停止向孔内喷射粉料,成桩结束。由于装置的回路是封闭的,在回路内输送过程中,粉体不会向空中喷发与飞散。在搅拌钻头距离地表 30 ~50 cm 处停止喷粉,则粉粒不会溢出地面。

(7)重复搅拌。为使水泥搅拌均匀,对其复钻是必要的,一般复钻深度为设计桩长的 2/3。此时,停止喷粉,钻头边旋转边钻进至设计要求的复拌深度,再提升,反向边旋转边充分粉碎,水泥粉均匀分布在地基中。

(8)钻具提升至地面后,钻机移位对孔,按上述步骤进行下一根桩的施工。

知识点3　其他特殊路基施工

3.3.1　湿陷性黄土地区施工

1. 技术要求

(1)黄土路基应及时做好排水设施,防止地表水下渗,减少地基湿陷性下沉。对地表水应采取拦截、分散、防冲、防渗、远接远送的原则。排水沟渠的纵坡大于 3% 时,沟渠与出水口均应加固,以防冲刷。沟渠宜用浆砌片石或混凝土板加固。如用预制混凝土板拼砌时,其接缝处应牢固,无渗漏。

(2)黄土用作路基填料时,其压实要求与一般黏性土相同。为保证填土质量,填筑用土要求使用充分扰动的土,大于 10 cm 的土块必须打碎,并应在接近土的最佳含水量时碾压密实。

(3)黄土路堤的边坡应整平拍实,并应予以防护,防止路面水冲刷。车行道、人行道路床的碾压宽度两侧应各超出设计宽度 30 cm。路缘石背后填土应夯实,以防地面水浸入。

2. 处理方法

1)黄土陷穴的处理方法

应根据陷穴埋藏深度及大小确定,可采用开挖回填夯实及灌砂、灌浆等处理方法。处理好的陷穴,其土层表面应采用石灰与土的比例为 3:7 的石灰土填筑夯实或铺填老黄土等不透水材料加以改善。石灰土厚度应按设计严格执行。如设计没有要求,其厚度不宜小于 30 cm。要将流向陷穴附近地面水引离,防止形成地表积水或水流集中产生冲刷。

2)湿陷性黄土路基的基底处理方法

湿陷性黄土的路基基底,若无不良地质或地下水影响,设计无特殊要求时,只按一般土的施工技术要求施工,不做特殊处理。需要进行处理时,一般可采用换填法、夯实法、挤密桩法等。

(1)换填法。

①换填材料可选用黄土、其他黏性土或石灰土,其填筑压实要求同土方路基。若采用石灰土换填,消石灰与土的体积配合比宜为 2:8 或 3:7。

②换填宽度应超出路基坡脚 0.5 ~1.0 m,换填厚度应符合设计要求。

(2)夯实法。

①夯实施工前,应查明场地范围内的地下构筑物和各种地下管线的位置及标高等,并采取必要的防护措施,以免因强夯施工而造成损坏。

②当施工所产生的振动,对邻近建筑物或设备产生有害的影响时,应采取防振或隔振措施。

③夯实法地基处理范围不宜小于路基坡脚外 3 m。

④施工前应按设计要求在现场选点进行试夯,通过试夯确定施工参数,如夯锤质量、落距、夯点布置、夯击遍数和夯击次数等。

⑤施工过程中,施工参数应与试夯所确定的相同,并应有专人监测和记录。

3.3.2 膨胀土地区路基施工

1. 技术要求

(1)膨胀土地区的路基应避免在雨季施工,并应加强现场排水,保证地基和已填筑的路基不被水浸泡。

(2)路堑施工前应先做好路堑顶部的排水工程,施工期内不得沿坡面排水。路堑开挖后各道工序要紧密衔接,连续施工,分段完成,避免施工边坡长期暴露。

(3)对于快速路及主干路膨胀土地区路堑,路床应超挖 30 cm,并立即用非膨胀土或改性土回填,按规定压实。对于填土高度小于 1.0 m 的路堤,应挖去地表 30 cm 膨胀土,换填非膨胀土,并按规定压实。填土高度大于 1.0 m 时,地基不做处理。

(4)膨胀土压实宜采用重型压路机在轻型击实标准最佳含水量条件下碾压,要求压实度达到轻型击实标准的 100% 。

(5)良好排水条件下的路基,可用膨胀土填筑,施工中应符合下列规定:

①洒水均匀,大于 2.5 cm 的土块应小于 40% 。

②宜采用平衡含水量(在一定的土基部位,土的含水量呈稳定不变状态)的土作为填筑用土。

③人行道(路肩)应加固,以防地面水侵入和浸蚀,路肩横坡不得小于 4% 。人行道或路肩加固应采用良好级配的碎石土铺筑,经压实后形成密实结构层,其厚度为 15 ~ 30 cm。采用砂砾料铺筑时,应掺入少量水泥予以加固。

(6)对于快速路及主干路,当采用膨胀土填筑路堤时,在填至路床顶面以下 1.5 m 时,应停止填筑,改用粒料、非膨胀土或改性土填至路床顶面标高,并按规定压实。

2. 处理方法

(1)膨胀土路基可采用水泥、石灰处治方法增加其稳定性。

①石灰处治适用于塑性指数大于 7 的土,石灰用量不宜低于 8% 。

②水泥处治的水泥用量宜为 4% ~ 8% 。

③石灰和水泥综合处治适用于塑性指数大于 30 的土。拌和分两步,石灰与土拌和均匀后,再加水泥拌匀。

(2)膨胀土地区的路堤可采用换填、设置隔离层以及改良土质等措施。

(3)填方路堤边坡的加固,可按以下方法施工:

①采用碎石土加固边坡,厚度应大于 15 cm。

②用非膨胀土包边,厚度可为 30 cm。

③路肩宽度不应小于 2 m。

(4)土工膜封闭。适用于膨胀性大而又缺乏用来换填的非膨胀土的路堤。封闭形式有以下三种:

①路基底部封闭,以防止毛细水上升而影响路基稳定。

②路基全封闭,以保持路基土含水量不变。

③路基顶面封闭,以防降水渗入路基。

3.3.3 盐渍土地区路基施工

1. 技术要求

(1)在地下水位高的地区,黏性盐渍土宜在夏季施工,砂性盐渍土宜在春季和夏初施工;强盐渍土地区,应在表层含盐量较低的春季施工。路基填料的含盐量不得超过规定容许值,不得夹有盐块和其他杂物,并应注意含盐量的均匀性。盐渍土地区路基填料容许含盐量见表3.6。

表3.6　盐渍土地区路基填料容许含盐量

路面类型	填料容许含盐量(以质量百分数计)		
	氯盐渍土及亚氯盐渍土	硫磺盐渍土及亚硫磺盐渍土	碳酸盐渍土
沥青贯入、沥青碎石、沥青表面处治	≤8	≤2	≤0.5
沥青混凝土、水泥混凝土	≤5	≤1	≤0.5

(2)用石膏土作填料时,石膏含量不予限制,但应破坏其蜂窝状结构,严格控制压实度。

(3)盐渍土路基宜采用路堤形式,路床顶面距地下水位最小高度见表3.7。若达不到表中规定时,应设置隔离层,以防止含盐的毛细水上升。

表3.7　盐渍土路基路床顶面距地下水位最小高度

路基土名称	最小高度		路基土名称	最小高度	
	弱盐渍土和中盐渍土	强盐渍土		弱盐渍土和中盐渍土	强盐渍土
中砂、细砂	1.0~1.2	1.1~1.3	黏性土	1.8~2.3	2.0~2.5
砂性土	1.3~1.7	1.4~1.8	粉土	2.1~2.6	2.3~2.8

(4)为截断路基下部的含盐毛细水而设置的隔离层,宜设置在路床顶以下80 cm深度处。若有盐胀问题存在,隔离层应设在产生盐胀的深度以下。透水性隔离层及其上下的反滤层的含泥量不得超过5%,其总厚度可采用0.3~0.5 m。缺乏透水性材料的地区,可在路基下部设置不透水性隔离层,以阻止毛细水上升。

(5)路基应分层铺筑,每层填土厚度,黏性土不得大于20 cm,砂性土不得大于30 cm。盐渍土路基应从基底处理开始连续施工,一次做到设计标高。在采用隔离层的地段,至少要连续做到隔离层的顶部,避免路基再度盐渍化。路基的压实度宜采用重型压实标准,碾压时应严格控制含水量,使土的含水量接近最佳含水量。路基全宽内应采用同样的压实标准,人行道应铺设面层,并应注意车行道、人行道与绿化带的结合部分,防止地面水浸入路基,必要时,可用不透水性材料封闭。

(6)盐渍土路基的地下排水管与地面排水沟渠,必须采取防渗措施。

2. 处理方法

盐渍土地区路堤施工前应测定其基底(包括护坡道)表土的含盐量、含水量和地下水位,根据测得的结果,分别按设计规定进行处理。

(1)如表土含盐量超过表3.6中对应的值时,应在填筑路堤前予以铲除;如路堤高度小于1.0 m,除挖除含盐量较大的表土外,快速路和主干道应换填不小于1.0 m的渗水性土,其他道路换填深度不应小于0.8 m。

(2)盐渍土基底含水量超过液限,且厚度在1 m以内时必须全部清除,换填砂、砂砾、炉渣等透水性材料。如清除至地下水位以下时,换填透水性材料应高出地下水位30 cm以上。

3.3.4　季节性冻土地区路基施工

1. 一般要求

施工前应对冻融翻浆地区进行详细的现场调查,按各段水文地质情况,做好场地排水、填料选择、料场规划等工作,并根据地区特点、翻浆类型、严重程度,按照因地制宜、就地取材和路基路面综合处理的原则提出处治方案。

2. 处理措施

可根据道路等级、冻融程度、地带类型、当地料源采用以下措施:

(1)换填:路基上部采用水稳定性、冻融稳定性好、强度高的粗粒土换填,换填厚度应控制在最大冻深的70% ~100%。

(2)设置隔离层:隔离层应设置在聚冰层以下和地下水位以上适当位置。隔离层宜高出地表水25 cm,有效厚度一般为20 cm。

(3)设置隔温层:在路基上部或路面底基层处设置20 ~50 cm炉渣、矿渣、碎砖等材料,以延缓和减小负气温的强度。

(4)降低水位:在低于现有地下水位的两侧边沟底部设置管沟或渗沟。

(5)土工布排水法:将过滤型土工布(也可用塑料编织布)直接铺在土基上,上面铺筑30 ~40 cm砂砾层。

(6)改善路面结构:如设置石灰土底基层、二灰砂砾基层、水泥稳定基层、砂砾垫层等,厚度可根据计算确定。

3. 施工技术要求

不论路堤或路堑,在修筑路面结构前,用不小于20 t的压路机或等效碾压机械对路基进行检验(2 ~3遍),发现软弹现象时应进行处理。

涎流冰地区在涎流冰融解期,能渗浸路基,降低路基强度,导致翻浆,融雪洪流通过受阻时还易引起路基水毁,所以应采取排、挡、截等措施防治。

季节性冻融翻浆地区路基施工应符合以下规定:

1)完善排水设施

施工前应认真了解地形及水文地质情况,凡是可能危害路基强度和稳定性的地面水和地下水,均应采取有效的临时性或永久性措施,使水能迅速排出路基之外;路床面应保持良好的排水状态;从路堑到路堤必须修建过渡边沟并无阻塞现象;各填土层应有路拱,使路面无积水;施工后,各式沟、管、井、涵等应能形成完整有效的排水系统。

2)路堤处理

(1)原地面处理:水文地质不良和湿软地段,可视情况在地表铺填厚度不小于30 cm的砂砾,或作局部挖除换填处理。

(2)当路堤高度低于20 cm时(包括挖方土质路基),应翻松30 ~50 cm并分层整形压实,其压实度符合规范要求。

(3)填料:宜选用水稳性良好的土填筑路基;路基上部受冰冻影响部位,应选用水稳定性和冻融稳定性均较好的粗粒土;冻土、非渗水性过湿土、腐殖土禁止用于填筑路堤;压实的含水量应控制在最佳含水量±2%范围内。

(4)碾压:碾压前用平地机进行整平和修整路拱,严格控制松铺厚度。成形后路床顶面强度符合规范及设计要求或用不小于20 t的压路机碾压检验无软弹现象。

(5)路堤高度:路基应满足全年处于干燥或中湿状态;修低路堤时,应根据具体情况采取相应技术措施。

(6)为使路基强度和稳定性满足设计要求,施工中可综合选用冻融翻浆防治措施。

(7)取土场:宜选择集中取土场。

3)路堑处理

(1)石方段超挖回填应选用符合要求的石渣,压实度符合规范要求;禁止使用劣质开山石料或覆盖土回填或找平;超挖部分不规则或不超过8 cm时,可用混凝土修补找平;整平层宜采用级配碎石或水泥稳定碎石、二灰稳定碎石等半刚性材料。

(2)土质路堑或遇水崩解软化的风化泥质页岩等类路堑的路床压实度不符合规范要求时,应翻松压实,或根据土质情况,换填符合路床材料要求的足够厚度的好土压实,并加强排水,如封闭路肩、浆砌边沟等。

(3)有裂隙水、层间水、潜水层、泉眼等的路段,应采取切断、拦截、降低水位等措施,如加深边沟,设置渗沟、渗管、渗井等。

想一想

季节性冻土地区路基施工处理措施?

3.3.5　杂填土路基施工

杂填土是指房渣土(建筑垃圾)、工业废渣、生活垃圾等杂物堆积而成的土。

1. 一般要求

施工前先要查明堆积年代、物质成分、均匀性、密实程度、压缩性和分化程度,并通过试验分析其对地下水质污染影响的程度,证实其确已达到要求,方可使用。

2. 处理措施

道路穿越杂填土地段时,可选用以下措施进行处理,使其达到设计强度要求:

(1)片石表面挤实法。适用于非冰冻地区,地下水位较低(地面 1.0 m 以下),含软土较少和厚度不大的房渣土。可用 20 ~ 30 cm 长的片石尖端向下,密排夯入土中(从疏到密),以提高表层土的密实程度,减少土基变形。

(2)重锤夯实法。适用于处理地下水位在 0.8 m 以上的稍湿的各种黏性土、砂土、湿陷性黄土和房渣土,以及工作面受限制及结构物接头处的填土。含水多的软弱土层和难以击碎的大块钢渣均不宜采用此法。

(3)振动压实法。适用于处理地下水位离振实面不小于 0.6 m,含少量黏性土的房渣土、工业废渣。

(4)新填房渣土、炉渣及有级配的稳定冶炼渣应由机械碾压数遍后,再用重型压路机碾压至要求的压实度。

3. 施工技术要求及注意事项

参见片石表面挤实法、重锤夯实法、振动压实法等相应的施工方法。

3.3.6　雨期路基施工

在我国南方地区,雨期时间较长,雨期施工无法避免,必须合理组织,采取措施,以保证工程质量和进度。

1. 雨期施工前的准备工作

雨期施工的路基工程,应根据工程的特点,进行详细的现场调查研究,编制雨期施工组织计划,合理安排机具,集中人力,组织快速施工,分段突击。本着完成一段再开一段的原则,当日进度当日完成,做到随挖、随填、随压。施工便道要保持晴雨畅通,注意在居住地、库房、车辆机具停放地修建临时排水设施,保证雨期作业的场地能及时排除地面水,不被洪水淹没。

2. 雨期填筑路堤

在雨期填筑路堤,应选用透水性好的碎(卵)石土、砂砾、石方碎渣和砂类土作填料,含水量过大无法晾干的土不得用作雨期施工填料。

路堤应分层填筑,每一层应做成 2% ~4% 的排水横坡,整平压实,以防积水。对当日能填筑的土,应大堆存放,并设法防止雨淋,保证不被雨水浸泡。

3. 雨期开挖路堑

雨期开挖路堑应分层开挖,每层均应设置排水纵横坡、排水沟,使雨水及时排出。

4. 雨期施工技术措施

(1)修建晴雨天畅通无阻的施工便道。

(2)修建临时截水、排水设施,做到雨后能迅速排除施工范围内的积水。

(3)备用土料应堆置在高地,料堆周边应挖排水沟,备有防雨苫布,雨前应及时覆盖,储备一定数量透水性好的填料(砂砾土、石屑土、砂土)。

(4)缩短作业面,当天填土应当天压实成形,压实层顶面应平整,横坡宜为4%(双向);挖方路堑应从上至下分段、分层开挖,土质路基每开挖层的纵坡不得小于2%,横坡不得小于4%,每层均应开挖临时排水沟,并做到排水通畅。挖至路床设计高程上30~50 cm时应停止开挖,将横坡修整成4%,并加深两侧临时排水沟,做到雨后顶面无积水、排水通畅。

3.3.7 冬期路基施工

在反复冻融区,昼夜平均温度在-3 ℃以下并连续10天以上时,需要进行路基施工的情况称为路基冬期施工。昼夜平均气温虽然上升到-3 ℃以上,但冻土未完全融化时,也可看作冬期施工的情况。路基冬期施工应采取适当的冬期施工技术措施。

1. 冬期施工前的准备工作

根据冬期施工项目的先后次序,编制冬期施工组织计划。编制冬期施工组织计划时应考虑如下要点:

(1)冬期施工项目在冰冻前进行现场放样,保护好控制桩并作出明显标记,防止其被冰雪掩埋和冻胀移位。

(2)冰冻前应全部清除路基范围内的树根、草皮和杂物,挖好坡地上填方台阶,并修通现场施工便道。

2. 冬期填筑路堤

(1)路堤填料应选用未冻结的砂类土、碎(卵)石土、石块石渣等透水性良好的土。

(2)填土前应先清除地面的积雪、冰块,并根据设计需要决定是否刨出冻层,再分层夯实。

(3)用砂、砂砾、石块填筑路基,若室外平均气温高于-5 ℃时,连续填土高度不受限制;低于-5 ℃时,则连续填土高度不得超过表3.8中规定的值。

表3.8 温度低于-5 ℃时的连续填土高度限值

温度范围/℃	填土高度/m	温度范围/℃	填土高度/m
-10~-5	4.5	-20~-16	2.5
-15~-11	3.5		

(4)填筑路堤,应按横断面全宽作业,每层松厚应按正常减少20%~30%,且最大松铺厚度不得超过30 cm。压实度不得低于正常时的施工要求。当天填当天压实。

(5)填土后立即铺筑高级路面或次高级路面的路基严禁用冻土填筑。路床顶以下1 m范围内,不得用冻土填筑。容许使用冻土的也必须与好土掺匀,严禁集中使用冻土。

3.3.8 滑坡地段路基施工

滑坡是指斜坡岩土体在重力作用下,沿一定的软弱面或滑动带整体下滑的现象。

滑坡是山区公路的主要病害之一。大规模的滑坡可堵塞河道、摧毁公路、破坏厂矿、掩埋村庄,对山区建设和交通设施危害极大。滑坡地段路基施工,首先是要把滑坡整治工程做好,其中要注意滑坡整治工程不宜安排在雨季施工,注意施工方法,避免引起滑坡的发展。

1. 迅速排除降水及地下水

地下水活动是诱发滑坡产生的主要外因,不论采用何种方法处理滑坡,都必须做好地表水及地下水的处理。

(1)环形截水沟。施工技术规范规定:对于滑坡顶面的地表水,应采取截水沟等措施的处理,不让地表水流入滑动面内。必须在滑动面以外修筑1~2条环形截水沟。环形截水沟设置处,应在滑坡可能发生的边界以外不少于5 m的地方。若山坡汇水面积大，地表径流流量和流速均相应较大时，则应根据情况设计不止一条截水沟，截水沟间距以50～60 m为宜，截水沟的断面尺寸，应根据沟间汇水面积确定。

截水沟应采用浆砌片石防护。在石料缺乏的地方，可用预制混凝土块铺砌防护。

(2)树枝状排水沟。树枝状排水沟的主要作用是排除滑体坡面上的径流。在设置树枝状排水沟时，应结合地形条件，充分利用坡面上的自然沟系，汇集并旁引坡面径流排出滑体外，若以自然沟渠作为排除地表水的渠道时，必须对其进行必要的整修、加固和铺砌，使水流通畅，不渗漏。

(3)平整夯实滑坡体表面的土层，防止地表水渗入滑体坡面造成高低不平，不利于地表面水的排除，易于积水，应将坡面作适当平整。当坡面土质疏松，地表水易下渗，故须将其夯实。坡面上有裂缝时，应将裂缝两侧的土挖开，宽度不小于0.5 m，深度宜为1～2 m然后用黏质土分层填筑夯实；当坡面上有封闭的洼地或泉水露头时，应设水沟将其排出坡面，疏干积水。

(4)排除地下水。

排除地下水的方法较多，有支撑渗沟、边坡渗沟、平孔等。

①支撑渗沟。支撑渗沟用以支撑不稳定的滑坡体，并兼起排除和疏干滑坡体内地下水的作用，适用深度(高度)为2～10 m。有主干和分支两种。主干平行于滑动方向，布置在地下水露头处或因土中水形成坍塌的地方。支沟应根据坡面汇水情况合理布置，可与滑坡移动方向呈30°～45°交角，并可伸展到滑坡范围以外，以起拦截地下水的作用。施工中应注意：支撑的深度一般不超过10 m，宽度为2～4 m。其基底应埋入滑动面以下稳定地层内0.5 m，并设置2%～4%的排水纵坡。当滑动面较陡时，可修筑成台阶，其宽度一般不应小于2 m。为加强支撑作用，可在台阶底设置浆砌片石的石牙，形状约呈30°的直角三角形。为防止淤积，渗水沟进水侧壁及顶端应设置反滤层。在寒冷地区，渗水沟出口应考虑防冻措施。

②边坡渗沟。边沟渗沟的作用在于疏干潮湿的边坡和引排边坡上部出露的泉水或上层滞水，支撑边坡，减轻坡面冲刷。边坡渗沟垂直镶入坡体，基体埋入较干燥而稳定的土层内，做成有2%～4%泄水坡的阶梯式。基体一般都要铺砌防渗层。当边坡上只是局部潮湿且面积不大时，宜布置成条带形：当局部潮湿的面积较大时，宜布置成分岔形：当土坡普遍潮湿时，应布置成拱形或人字形。

边坡渗沟的间距取决于地下水的分布、流量和边坡土质等因素，一般采用10 m。边坡渗沟的宽度约1.2～1.5 m，其深度视边坡潮湿土层的厚度而定。由于引排地下水流量较少，故沟底填以大粒径石头料作为排水通道，沟壁做反滤层，其余空间用筛洗干净的渗水材料填充。分岔形布置的分岔部分和拱形、人字形布置的拱部、人字形部分的断面下侧可用黏土铺筑隔水防渗层。渗沟顶部一般用单层干砌片石覆盖其表面大致与边坡面齐平。边坡渗沟的下部出水口一般用干砌石垛支挡渗沟的填料和排出所汇集的地下水。

③平孔。用平孔排除滑坡地下水，具有施工方便、工期较短、节省材料和劳动力等特点，是一种经济有效的措施。平孔设置位置和数量应视地下水分布的情况及地质条件而定。孔径大小一般不受流量控制，主要决定于施工机具和孔壁加固材料，可由数十米至100 mm以上。平孔的坡度应不小于10%。如用平孔作长期排水通道，则孔壁需用竹管、塑料管或镀锌钢管加固。如需排除平孔周围的地下水，则可在平孔内充砂，用风将砂灌入孔内。

平孔可单独使用，也可与砂井联合使用，用砂井聚集滑坡体内的地下水，用平孔串联砂井把水排出。

平孔的施工机具是钻机，一般立式钻机只需另做一套支撑钻架，把钢丝绳的牵引方向改为水平方向即可施钻。在钻进过程中要注意校正平孔轴线上翘和向左偏差。

2. 改善土的工程性质，将上部土体减重，加重底脚

当挖方路基上边坡发生的滑坡不大时，可采用刷方减重，反压坡角的方法来防治滑坡。经过地质调查、勘察和综合分析，确定滑坡性质为推动式，或为由错落转化成的滑坡后，可采用此方法。

反压到坡脚的土体必须填在抗滑地段，不能填在主滑地段。填方时，必须做好地下排水工程，不能因填土堵死原有的地下水出口，造成后患。

减重的上积土位置须在主滑地段的上部，而不能在抗滑段减重，否则将削弱抗滑地段的作用。

滑坡减重后，坡面的土体一般渗水性都很强，经降雨软化则易造成崩塌。因此，应根据刷方后的地形

来设置地表排水沟，在斜坡上设多级小台阶，并设置集水设备以利排水，坡面可采用植树造林或种草等生物防护方式进行保护。同时，对于开挖台阶部分，应按需要采取砌石、圬工框架支撑等。即使是基岩露头部分，当裂隙发育易风化时，也应采取喷浆防护等措施。

3. 牵引式滑坡、具有膨胀性质的滑坡不宜用滑坡减重法

牵引式滑坡是指坡角的土体先失稳，向下滑动，坡体后部土体由于失去支撑而相继滑下。上部土体减重后并不能防止该类滑坡的产生和发展，因而对于牵引式滑坡，不采用减重法。牵引式滑坡多发生于黏土和堆积层滑坡中。具有膨胀性质的滑坡的滑带土（或滑体）具有卸荷膨胀的特性，减重后能使滑带土松散，地下水浸湿后其阻滑力减小，因而引起滑坡下滑，故不采用减重法。

4. 选择干旱的施工季节，集中力量突击滑坡施工段

水是引起坡体失稳的重要因素。因此，选择干旱的季节，集中力量突击滑坡段的工程，施工前，应对当地的气候资料（无气象资料时，可自行调查）进行分析，选择干旱季节，精心做好施工组织设计，调配好劳动力和施工机具，做好作业面上的平行、交叉作业，在干旱季节内尽可能快地完成滑坡地带的施工。

3.3.9 桥台、涵台、挡土墙背回填施工

桥台、涵台、挡土墙背的回填质量，将直接影响到公路竣工后行车的安全性和舒适度，为防止三背回填不到位、造成桥头、涵位跳车，挡土墙台背路面下陷，确保工程质量，根据相关技术规范及设计文件要求，需制定三背回填方案。

1. 回填基本技术要求

（1）三背回填材料均应是透水性材料或设计规定材料，严禁采用有机土、腐殖土、垃圾、盐渍土等不合格填料，填料中不得含树根、草皮等杂物。

（2）三背回填必须和挖、填方路基有效搭接，纵向接缝应设台阶。

（3）结构物强度达到设计值的75%方可填筑，应同时在结构物的两侧及基本相同的标高上进行，特别要防止对结构物形成单侧施压。

（4）回填材料应分层摊铺，松铺厚度小于20 cm，压实度指标为96%，每50 m^2检测1点，不足50 m^2按50 m^2检测。压实度指标合格率要求为100%。

（5）回填的部分应及时排水，若无法排除积水时。则应采用砂砾材料回填，并在水中分薄层铺筑，直到回填进展到该处的水全部被回填的砂砾材料所掩盖并达到能充分压实时，再进行充分夯实。

（6）基坑回填完成前加强安全围护措施，防止人员坠入坑内造成人员伤亡。

2. 施工准备

（1）技术准备：

①回填前确认结构物的强度满足回填要求，隐蔽工程验收合格，

②确认回填原材料检验合格。

③确认实验室标准试验成果。

④用红油漆在回填部位，台背水平位置标出每层松铺厚度的控制线。

（2）现场准备：

①组织相应技术人员、技术工、机械工、普工、作业机械、检测设备等进场。

②根据回填量，组织材料进场，如回填材料为石灰土时，则应根据试验数据或设计要求参量，采用机械配合人工拌和均匀，使含水量略大于最佳含水量。

3. 施工工艺

工作准备→回填部位排水→测量放线以控制换填长度、宽度、高度→回填部位清理→开挖纵向搭接台阶→确认回填尺寸→基底夯实→检测合格→机械配合人工铺料→小型夯实机配合压路机碾压→检验合格→下层铺料。

回填作业中注意反滤层的设置，应同时在结构物的两侧及基本相同的标高上进行，特别要防止对结构物形成单侧施压。靠近结构物的位置尽量采用小型夯实机夯实。涵洞顶部盖土 50 cm 范围内采用细粒土或黏性土一次填筑，压路机静压，以保证重型机械不对涵洞造成破坏。

品一品

排除地下水的方法有哪些，都是如何处理的？

____

____

____

4. 质量保证措施

(1)严格遵守招标文件技术规范，执行工程师审查批准的方案，严格施工工艺，按图施工。

(2)开工前要做好各部位、工序的技术交底工作，按照技术交底的要求，使各级施工人员清楚地掌握对将要进行施工的部位、工序以及施工工艺、技术规范要求，对特殊和重点部位要真正做到心中有数，确保施工操作的准确性和规范性。

(3)落实"三检制"，设立专职质检员，按既定施工工艺和要求，监督检查，实行质量重奖重罚和质量一票否决权。

(4)加强对原材料的检验、验证、登记、标识等工作，完善管理，积极配合工程师对原材料的质量抽查工作。

(5)上道工序未经检验合格，不得转入下道工序。

(6)对施工中需监理工程师(业主)检查验收的过程(如隐蔽工程等)，应在每道工序完成后，按规范要求进行检查，合格后请监理工程师(业主)办理书面签证，方可进行下道工序施工。

知识点 4　路基整修、检查及验收

路基工程施工完成后，在正式交验之前，必须先经外观检查合格，方能检验。如发现不符合标准规定时，应及时处理至合格，方可进行下道工序。交验工程必须具备施工单位的自检、互检、专检手续，完整的施工交接记录，测量及其他各种检测记录等。如发现受检资料不符合要求，必须补全改正，否则不予验收。

3.4.1　路基整修

路基工程基本完工后，应由施工单位会同施工监理人员，按设计文件要求检测路基中线、高程、宽度、边坡坡度和排水系统。根据检查结果编制整修计划，进行路基及排水系统整修。

1. 路床整修

(1)路基填挖方接近路床标高时，应按设计要求检测路床宽度、标高和平整度，并进行整修，路床压实不合格处应处理至合格。

(2)根据设计要求，整修时应注意机动车车行道的路拱横坡度，非机动车和人行道应平整直顺。

2. 边坡、边沟整修

(1)整修边坡时应挂线，削平凸出部分，凹洼部分应挖成台阶培土击实，严禁贴皮。

(2)路基边缘线直线段应平直，曲线段应圆顺。

(3)整修后的边沟要求边直坡顺，沟底平整无杂物，排水通畅。

3.4.2　路基检查及验收

1. 土质路基检查及验收

(1)填土经压实后，不得有松散、软弹、翻浆及表面不平整现象。

(2)凡有影响路基质量及设计要求换土的路段,必须选点抽查,挖坑检验。挖坑深至 0.8 m,如发现不合格,必须重新处理。

(3)各类沟槽的回填土不得含污泥、腐殖土及其他有害物质。

(4)土质路基的检验频率:摊铺一层每 1 000 m^2 为一组,每组至少检验三点,必要时可根据需要加密。检验可用环刀法或灌砂法。

(5)路基土方压实度标准应符合规范的规定。

2. 石质路基检查及验收

(1)边坡必需稳定,严禁有松石、危石。

(2)经压实后,表面不得有波浪、松动等现象。

(3)石质路基允许偏差应符合表 3.9 的规定,每 1 000 m^2 至少测 3 点。

表 3.9　石质路基允许偏差

序号	项目		允许偏差/mm	检验频率		检验方法
				范围/m	点数	
1	路中线标高		+50 -200	20	3	用水准仪沿横断面测量左、中、右各一点
2	路基宽	路堑挖深≤3 m	+100 0	20	2	用尺量(沿横断面由路中心向两边各量 1 点)
		路堑挖深 >3 m	+200 -50			
		填方	不小于设计规定	20	2	
3	边坡		不陡于设计规定	20	2	用坡度尺量,每测量 1 点

3. 路床检查及验收

(1)土、石路床必须用 12 ~ 15 t 压路机碾压检验,其轮迹不得大于 5 mm。

(2)石质路床必须嵌缝紧密,不得有坑槽和松石;土质路床不得有翻浆、软弹、起皮、波浪、积水等现象。

(3)路床允许偏差应符合表 3.10 的规定。

表 3.10　路床允许偏差

序号	项目	允许偏差		检验频率				检验方法
		石路床/mm	土路床/mm	范围/m	点数			
1	路中线标高	±20	±20	20	1			用水准仪测量
2	平整度	30	20	20	路宽/m	<9	1	3 m 直尺法,量取最大间隙值
						9 ~ 15	2	
						>15	3	
3	宽度	+100 0	+200 0	40	1			用尺量
4	横坡	+0. 5%	±0. 3%	20	路宽/m	<9	2	用水准仪测量
						9 ~ 15	4	
						>15	6	

判一判

边坡、边沟整修包括哪些具体内容?

4. 路肩检查及验收

(1)肩线必须直顺,表面必须平整,不得有阻水现象。

(2)路肩允许偏差应符合表3.11的规定。

表3.11　路肩允许偏差

序号	项目	允许偏差	检验频率		检 验 方 法
			范围/m	点数	
1	压实度	≥90(轻型击实)	100	2	用环刀法检验,每侧计1点
2	宽度	不小于设计规定	40	2	用尺量,每侧计1点
3	横坡	±1%	40	2	用水准仪具测量,每侧计1点

5. 边坡和边沟检查及验收

(1)土质边坡必须平整、坚实、稳定,严禁贴坡。

(2)边沟上口线应整齐直顺,沟底平整,排水畅通。

(3)边沟、边坡允许偏差应符合表3.12的规定。

表3.12　边沟、边坡允许偏差

序号	项目	允许偏差	检验频率		检 验 方 法
			范围/m	点数	
1	边坡坡度	不陡于设计规定	20	2	用坡度尺量每侧边坡各1点
2	沟底标高	0 -30	20	2	用水准仪测量每侧边沟各1点
3	沟底宽	±10	20	2	用尺量每侧边沟各1点

知识点5　路基施工资料整理

3.5.1　一般要求

(1)路基资料必须与工程的施工进度同步收集和整理,其内容必须真实、准确、齐全,与工程实际相符合。

(2)工程资料应采用耐久性强的书写材料,如碳素墨水、蓝黑墨水,不得使用易褪色的书写材料,如红色墨水、圆珠笔、复写纸、铅笔等。

(3)路基资料所需表格应按规定的要求认真填写,字迹清楚,图表清晰、整洁,需签字的应由各岗位责任人签认(不得盖图章或由他人代签)。

3.5.2　路基施工资料整理的内容

路基施工资料整理的内容一般包括以下几个方面:

(1)施工组织设计(当作为独立项目时)。

(2)施工图设计文件会审、技术交底记录。

(3)设计变更通知单、洽商记录(已发生时)。

(4)原材料、成品出厂质量合格证书,出厂检验报告和复试报告。例如土质检验报告、水泥检验报告、砂子检验报告、砖检验报告、料石检验报告、特殊土处理时所需材料的检验报告。

(5)施工检验报告。

①有见证取样及送检要求的,应有见证记录、见证试验汇总表。

②不同土质做的土壤最大干密度与最佳含水量检验报告。

③土壤压实度检验报告。
④砂浆配合比设计通知单。
⑤砂浆试块强度检验报告。
⑥砂浆试块强度统计评定记录。
⑦特殊土处理时施工现场所需的检验记录。
(6)施工记录。
①施工日志。
②路基需处理时所形成的记录。
(7)测量复核记录。
①现场交桩记录。
②施工单位根据交桩记录进行的测量复核记录。
③施工设置的临时水准点、轴线桩及构筑物施工的定位桩、高程桩的测量复核记录。
④路基工程中的工序测量复核记录。
(8)隐蔽工程检查验收记录。
(9)路基工程质量检验评定资料。
(10)质量事故报告及处理记录(已发生时)。
(11)竣工总结与竣工图(当作为独立项目验收时)。
(12)竣工验收文件(当作为独立项目验收时)。

自学自测

一、单选题(只有1个正确答案,每题10分,共4题)

1. 下列地基加固方法中属换填法的是(　　)。

A. 爆破排淤法　　B. 高压喷射注浆法　　C. 塑料排水板　　D. 碎石桩施工

2. 下列地基加固方法中属竖向排水法的是(　　)。

A. 强夯法施工　　B. 化学加固法　　C. 砂井法　　D. 反压护道法

3. 土体压缩变形的实质是(　　)。

A. 土中水的压缩　　B. 土中气的压缩　　C. 粒的压缩　　D. 孔隙体积的压缩

4. 下列地基中,不适合用水泥土搅拌法处理的是(　　)。

A. 淤泥　　B. 膨胀土　　C. 粉土　　D. 黏性土

二、名词解释(简单扼要说明,每题10分,共4题)

1. 软弱地基:

2. 换填土法:

3. 强夯法:

4. CFG桩:

三、判断题(对的划"√",错的划"×",每题5分,共4题)

1. 实地放线就是将纸上定出的路线放到实地,经过实地修正后,再进行详细测量。(　　)

2. 有一饱和黏土层,单面排水,加荷2年后固结度达到90%;若该土层是双面排水,则达到同样的固结度90%需1年时间。(　　)

3. 土的自重应力在任何情况下都不会引起建筑物的沉降。(　　)

4. CFG桩由于桩身具有一定的黏接性,故可全长范围内受力,能充分发挥桩周擦阻力和承载力,复合地基承载力的提高幅度较大,有沉降小、稳定快的特点。(　　)

任务实施

某公路路基工程，起止桩号是 K0 +997.987 ~ K17 +850，全线长度为 16.863 km，设计车速 100 km/h，合同段内有 5.5 km 的软土地质。本项目所经区域属于中亚热带向北亚热带过渡的季风湿润气候，光热充足、雨量充沛、无霜期长、严寒期短。春季潮湿阴雨，夏季暴雨高温，伏秋易旱，冬少严寒。年平均气温 16 ~ 17 ℃，极端高温 41 ℃，极端低温 −15 ℃，年降雨量 1 400 ~ 2 000 mm。雨季集中于 4 ~ 9 月，四季有风，春、秋、冬季偏北大风，夏季多地方性大风。项目位于两个城市境内，沿线交通比较发达；沿线电力资源丰富，电网密布，工程用电可与地方电力部门协商解决；沿线市、县均有程控电话，可直接与世界各地通信联系。本项目合同期控制在 12 个月之内，考虑到冬季低温、春季多雨的影响，施工期相对比较紧张，必须突出重点、加强控制，争取主动保证合同期内完成施工任务。针对本合同段内有软土路基需要处理，请你根据施工环境情况编制公路路基特殊土施工方案，来指导项目部具体施工任务。

一、特殊土路基施工准备

项目经理部配备适用的办公室和住房，与工程相应的办公设备、生活及消费设施，施工现场进行“四通一平”的工作，建立满足工程生产需要的临时基础设施，对临时道路进行修建、改善和维护，以保证施工期间交通的顺畅。沿线砂石测量非常丰富，且运距较短，选择路基填料的施工材料准备充足；压实机械、摊铺机、自卸车等施工机械准备完善；施工单位积累丰富的特殊土施工经验，对于各种问题都能提前预见并采用相应的措施，避免不必要的损失。

二、分析决策工作任务

本次任务要求学习人员有较好的现场分析能力，要根据实际情况、设计要求，从经济的角度合理选择软土路基处理方式。在实施的同时善于观察，及时发现、解决或协调可能出现的各种情况。本次任务可以用案例法分析实施；同时按照布置的任务进行相应的工地现场调研，施工人员进入软土路基施工的施工现场，了解现场软土路基方案制定及实施过程，以报告的形式提交学习成果。

三、软土主要工程特点

所谓软土，从广义上讲，就是指强度低、压缩性高的软弱土层。在软土地基上修筑路基，若不加处理，将会发生路基失稳或者过量沉陷，导致道路破坏或者不能正常使用。习惯上常把淤泥、淤泥质土、软黏性土统称为软土。软土的特性主要表现为天然含水率高、孔隙比大。含水量为 34% ~72%，孔隙比为 1.0 ~ 1.9，饱和度一般大于 95%，液限一般为 35% ~60%，塑性指数为 13 ~ 30。软土路基的强度和稳定性与地质、土质、水文、路基断面形式、道路建筑材料和路基干湿类型有着非常密切的关系，路基的强度与稳定性又直接关系着道路工程的正常使用，这是路基工程的重点和难点所在，不可忽视。

四、软土的处理方法

了解软土的定义和危害，掌握软土路基的处理方法，能根据现场实际情况及设计要求合理选择软土路基处理方式。

（1）换填土法。采用人工、机械或爆破等方法，将基底一定深度及范围内的软土层挖除，换以强度大、稳定性好的砂砾、卵石、碎石、石灰土等回填，并分层压实至规定的密实度。换填砂垫层可起到加速软弱土层排水固结，提高承载力，减少沉降量的作用。

（2）排水固结法。在软土路基中设置垂直排水通道，缩短排水距离，运用堆载预压，挤出土中过多含水量，加速土体固结，挤紧土粒，提高土体的抗剪强度，适用于含水量很大、土层较厚的软土地基，它又分为砂井法、排水板法等。

(3)土工布法。作为一种补强材料用于加固地基,被广泛推广使用。软土路基处理时一般土工布是铺设在路堤底部,在路基自重压力作用下,土工布受拉,并产生抗滑力矩,从而提高了路基的稳定性。它能起到排水通道、应力分散、加筋补强及隔离的作用,土工布一般分一层或者多层铺设,注意搭接长度要求。

(4)土木格栅。加固机理在于格栅与土的相互作用。一般可归纳为格栅表面与土的摩擦作用、格栅孔眼对土的锁定作用和格栅肋的被动抗阻作用。三种作用均能充分约束土的颗粒侧向位移,从而大大地增加了土体的自身稳定性,对土的加固效果明显高于其他土工织物,可迅速提高地基承载力,加快施工进度,控制软土地基沉降量发展,缩短工期。

(5)强夯法施工。通过重锤自由落下,在极短时间内对土体施加一个巨大的冲击能量,这种冲击能量又转化成各种波形(包括压缩波、剪切波和瑞利波),使土体强制压缩、振密、排水固结和预压变形,从而使土颗粒趋于更加稳固的状态,以达到地基加固目的。

五、任务报告形成工作

把路基特殊土填筑施工处理过程、换填土法砂垫层厚度计算、砂井法施工要点、排水办法施工原理与作用、化学加固法采用优缺点、土工布连接方式与端头锚固要求、特殊土填筑高度、处理方法、中线偏位、纵断高程、平整度、宽度、横坡和边坡坡度等整理齐全完备后,形成特殊土路基填筑实施方案,满足施工单位指导现场施工的需求,并按照强度、水稳定性、透水性等方面情况,说出施工单位对软土地基处理采用的措施合理性的分析,最后形成报告上报给监理、建设单位备案并存档。

笔记栏

工 作 单

计 划 单

学习情境一	填筑路基工程施工	任务 3	处理特殊路基工程施工
工作方式	组内讨论、团结协作共同制订计划：小组成员进行工作讨论，确定工作步骤	计划学时	0.5 学时
完成人	1.　2.　3.　4.　5.　6.		
计划依据：1. 某公路工程施工图；2. 教师分配的施工段落（里程桩号区间）			
序号	计划步骤	具体工作内容描述	
1	准备工作 （准备工具、材料，谁去做？）		
2	组织分工 （成立组织， 人员具体都完成什么？）		
3	现场记录 （记录什么内容？）		
4	特殊土路基处理方式方法 （怎么处理？要素有哪些？）		
5	核对工作 （谁去核对？核对什么？）		
6	整理资料 （谁负责？整理什么？）		
制订计划说明	（写出制订计划中人员为完成任务的主要建议或可以借鉴的建议、需要解释的某一方面）		

决 策 单

<table>
<tr><td>学习情境一</td><td colspan="2">填筑路基工程施工</td><td>任务3</td><td colspan="2">处理特殊路基工程施工</td></tr>
<tr><td colspan="3">决策学时</td><td colspan="3">0.5 学时</td></tr>
<tr><td colspan="6">决策目的:确定本施工任务需要进行特殊土路基施工工作有哪些内容,并确定其必要性</td></tr>
<tr><td rowspan="6">选择编制特殊路基处理工作内容</td><td rowspan="2">工作内容</td><td colspan="2">内容类别</td><td rowspan="2">必要</td><td rowspan="2">非必要
(可说明原因)</td></tr>
<tr><td>数据记录</td><td>性质描述</td></tr>
<tr><td>软土路基处理方法</td><td>砂垫层厚度</td><td>误差指标、施工标准</td><td></td><td></td></tr>
<tr><td>软土路基含水率</td><td>40%</td><td>孔隙比、饱和度</td><td></td><td></td></tr>
<tr><td>处理方式</td><td></td><td></td><td></td><td></td></tr>
<tr><td>软土危害</td><td></td><td></td><td></td><td></td></tr>
<tr><td>决策方案描述</td><td colspan="5">(本施工任务要提出来编制特殊土路基施工处理工作的最佳方案是什么,最差方案是什么,描述清楚,未来指导现场软土地基处理的施工方法、强度、水稳定性、孔隙比、含水率等实际工作。)</td></tr>
</table>

作 业 单

<table>
<tr><td>学习情境一</td><td>填筑路基工程施工</td><td>任务3</td><td>处理特殊路基工程施工</td></tr>
<tr><td rowspan="2">参加编制特殊土路基处理方案人员</td><td colspan="2">第　　组</td><td>开始时间：</td></tr>
<tr><td colspan="2">签名：</td><td>结束时间：</td></tr>
<tr><td>序号</td><td colspan="2">工作内容记录
（处理方式、方法、加固机理等工作情况）</td><td>分工
（负责人）</td></tr>
<tr><td>1</td><td colspan="2"></td><td></td></tr>
<tr><td>2</td><td colspan="2"></td><td></td></tr>
<tr><td>3</td><td colspan="2"></td><td></td></tr>
<tr><td>4</td><td colspan="2"></td><td></td></tr>
<tr><td>5</td><td colspan="2"></td><td></td></tr>
<tr><td>6</td><td colspan="2"></td><td></td></tr>
<tr><td>7</td><td colspan="2"></td><td></td></tr>
<tr><td>8</td><td colspan="2"></td><td></td></tr>
<tr><td>9</td><td colspan="2"></td><td></td></tr>
<tr><td>10</td><td colspan="2"></td><td></td></tr>
<tr><td>11</td><td colspan="2"></td><td></td></tr>
<tr><td>12</td><td colspan="2"></td><td></td></tr>
<tr><td rowspan="2">小结</td><td colspan="2">主要描述完成的成果及是否达到目标</td><td>存在的问题</td></tr>
<tr><td colspan="2"></td><td></td></tr>
</table>

编制特殊土路基处理信息记录单

<table>
<tr><td>学习情境一</td><td colspan="2">填筑路基工程施工</td><td>任务3</td><td colspan="2">处理特殊路基工程施工</td></tr>
<tr><td>完成人姓名</td><td></td><td>组别</td><td></td><td>完成日期</td><td></td></tr>
<tr><td colspan="6">施工现场实施地点及桩号(手写):</td></tr>
<tr><td>软土路基处理方法(换填法、排水固结法、土工布等)</td><td colspan="5"></td></tr>
<tr><td>软土路基含水率、孔隙比、饱和度</td><td colspan="5"></td></tr>
<tr><td>处理方式</td><td colspan="5"></td></tr>
<tr><td>软土危害(强度、水稳定性)</td><td colspan="5"></td></tr>
<tr><td>软土承载力、加固效果</td><td colspan="5"></td></tr>
<tr><td>检查人(签字)</td><td></td><td>检查存在的问题</td><td></td><td>检查时间</td><td></td></tr>
</table>

特殊土路基处理中施工方法记录单

（如多页可复印）

<table>
<tr><td>学习情境一</td><td colspan="2">填筑路基工程施工</td><td>任务 3</td><td colspan="2">处理特殊路基工程施工</td></tr>
<tr><td>完成人姓名</td><td></td><td>组别</td><td></td><td>完成日期</td><td></td></tr>
<tr><td colspan="6">具体实施地点的名称（手写）：</td></tr>
<tr><td>施工现场特殊土处理情况说明或描述</td><td colspan="5"></td></tr>
<tr><td>草图</td><td colspan="5"></td></tr>
<tr><td>检查人（签字）</td><td></td><td>检查存在的问题</td><td></td><td>检查时间</td><td></td></tr>
</table>

检查单

学习情境一	填筑路基工程施工		任务3		处理特殊路基工程施工		
检查学时	课内0.5学时				第　　组		
检查目的及方式	教师过程监控小组的工作情况，如检查等级为不合格小组需要整改，并拿出整改说明						
序号	检查项目	检查标准	检查结果分级 （在检查相应的分级框内划“√”）				
			优秀	良好	中等	合格	不合格
1	准备工作	资源是否已查到、材料是否准备完整					
2	分工情况	安排是否合理、全面，分工是否明确					
3	工作态度	小组工作是否积极主动、全员参与					
4	纪律出勤	是否按时完成负责的工作内容、遵守工作纪律					
5	团队合作	是否相互协作、互相帮助、成员是否听从指挥					
6	创新意识	任务完成不照搬照抄，看问题具有独到见解、创新思维					
7	完成效率	工作单是否记录完整，是否按照计划完成任务					
8	完成质量	工作单填写是否准确，记录单检查及修改是否达标					
检查评语						教师签字：	

任务评价

1. 小组工作评价单

学习情境一	填筑路基工程施工		任务3	处理特殊路基工程施工		
评价学时			课内0.5学时			
班级：			第　　组			
考核情境	考核内容及要求	分值（100）	小组自评（10%）	小组间互评（20%）	教师评价（70%）	实得分（Σ）
汇报展示（20）	演讲资源利用	5				
	演讲表达和非语言技巧应用	5				
	团队成员补充配合程度	5				
	时间与完整性	5				
质量评价（40）	工作完整性	10				
	工作质量	5				
	报告完整性	25				
团队情感（25）	社会主义核心价值观	5				
	创新性	5				
	参与率	5				
	合作性	5				
	劳动态度	5				
安全文明（10）	工作过程中的安全保障情况	5				
	工具正确使用和保养、放置规范	5				
工作效率（5）	能够在要求的时间内完成，每超时5分钟扣1分	5				

2. 小组成员素质评价单

学习情境一	填筑路基工程施工		任务3	处理特殊路基工程施工				
班级		第　　组	成员姓名					
评分说明	每个小组成员评价分为自评和小组其他成员评价2部分，取平均值计算，作为该小组成员的任务评价个人分数。评价项目共设计5个，依据评分标准给予合理量化打分。小组成员自评分后，要找小组其他成员不记名方式打分							
评分项目	评分标准		自评分	成员1评分	成员2评分	成员3评分	成员4评分	成员5评分
社会主义核心价值观(20分)	是否有违背社会主义核心价值观的思想及行动							
工作态度(20分)	是否按时完成负责的工作内容、遵守纪律，是否积极主动参与小组工作，是否全过程参与，是否吃苦耐劳，是否具有工匠精神							
交流沟通(20分)	是否能良好地表达自己的观点，是否能倾听他人的观点							
团队合作(20分)	是否与小组成员合作完成任务，做到相互协作、互相帮助、听从指挥							
创新意识(20分)	看问题是否能独立思考，提出独到见解，是否能够创新思维解决遇到的问题							
最终小组成员得分								

课 后 反 思

<table>
<tr><td>学习情境一</td><td colspan="2">填筑路基工程施工</td><td>任务3</td><td>处理特殊路基工程施工</td></tr>
<tr><td>班级</td><td></td><td>第　　组</td><td>成员姓名</td><td></td></tr>
<tr><td>情感反思</td><td colspan="4">通过对本任务的学习和实训，你认为自己在社会主义核心价值观、职业素养、学习和工作态度等方面有哪些需要提高的部分？</td></tr>
<tr><td>知识反思</td><td colspan="4">通过对本任务的学习，你掌握了哪些知识点？请画出思维导图。</td></tr>
<tr><td>技能反思</td><td colspan="4">在完成本任务的学习和实训过程中，你主要掌握了哪些技能？</td></tr>
<tr><td>方法反思</td><td colspan="4">在完成本任务的学习和实训过程中，你主要掌握了哪些分析和解决问题的方法？</td></tr>
</table>

学习情境二 修砌路基附属工程施工

学习指南

情境导入

路基填筑施工完成后，需要对路基附属工程进行修砌，即为路基防护和排水工程。路基修建，改变了岩土的自然状态，在不利的水温条件下及车辆荷载的长期作用下，路基可能会产生各种变形和破坏。为保证路基稳定和防治路基病害，路基的防护与排水工程就是不可缺少的重要工程技术措施。对各种路基防护、排水设施分门别类进行系统学习，明确路基防护与路基排水工程是路基附属工程地位，也是道路安全、环保、舒适和谐统一的重要保障，实践中应根据公路的功能，结合当地气候、水文、地质、环境、路基标高、断面形式等条件进行综合治理。路基防护工程主要是防治路基病害、保证路基稳定、改善环境景观，保护生态平衡的重要设施，包括坡面防护、冲刷防护、挡土墙防护工程施工；水是造成路基路面及其沿线构筑物病害的主要原因，根据水源不同，影响和危害路基的水分为地表水和地下水两大类，根据资料进行路基排水方案设计和组织施工。

学习目标

知识目标：

1. 路基附属工程施工知识；识读路基附属工程设计图纸；了解路基防护类型和使用条件。
2. 学习路基排水附属工程施工安全与技术交底，进行附属工程施工操作与质量控制。
3. 了解路基排水与防护工程的主要构造、组成；掌握附属工程施工的程序与技术要点。
4. 学习坡面防护、冲刷防护、挡土墙防护及其类别。
5. 学习路基坡面、冲刷防护的施工方法及技术要求。

能力目标：

1. 选择道路附属工程施工的基本方法与技术、安全要求。
2. 甄别直接防护和间接防护的适用范围；砌筑路基防护工程施工组织和技术要求。

3. 编制地表、地下排水工程施工方案，进行施工技术资料的编制与管理、评定工程质量。

4. 选择重力式挡土墙、坡面、冲刷、工程防护的施工方法及技术要求。

5. 使学生熟练掌握网络信息交流、检索、加工能力，具有知识迁移、可持续发展能力。

素质目标：

1. 培养学生艰苦创业精神、创新创业意识。

2. 培养学生精益求精、勇于创新、百折不挠的工匠精神；培养学生具备肯于钻研、乐观向上、永攀高峰的开拓进取精神。

3. 培养学生现代化信息技术应用素养，使其适应互联网 + 生态的新环境。

4. 培养学生认真、严谨、规范、科学、高效的工作作风，质量意识，遵守职业规范。

5. 培养学生团结协作、爱岗敬业职业精神，遵纪守法、诚实守信，有较强的责任意识。

工作任务

任务 4 砌筑路基防护工程施工　　参考学时：课内 8 学时（课外 4 学时）

任务 5 修建路基排水工程施工　　参考学时：课内 6 学时（课外 2 学时）

任务4　砌筑路基防护工程施工

任务单

<table>
<tr><td>学习情境二</td><td colspan="3">修砌路基附属工程施工</td><td>任务4</td><td colspan="2">砌筑路基防护工程施工</td></tr>
<tr><td colspan="3">任务学时</td><td colspan="4">课内8学时+课外4学时</td></tr>
<tr><td colspan="7">布置任务</td></tr>
<tr><td>工作目标</td><td colspan="6">1. 识别道路工程施工中路基附属工程设计图纸。
2. 了解坡面防护、冲刷防护、挡土墙防护及其类别。
3. 掌握路基坡面、冲刷防护的施工方法及技术要求。
4. 理解间接防护的适用范围。
5. 能够在学习的工作中锻炼专业能力、方法能力和社会能力等各职业能力。
6. 培养学生具备施工技术规范、爱护施工设备的职业操守。
7. 培养学生具备严谨认真、保证质量等建设优质工程的爱国情怀。
8. 培养学生具备团队协作、沟通协调的社会能力。
9. 培养学生具备精益求精的工匠精神,培养学生劳动精神。</td></tr>
<tr><td>任务描述</td><td colspan="6">根据工程施工图纸路基防护工程部分设计文件,编制路基防护工程施工方案,工作中严格遵循《公路工程技术标准》(JTG B01—2014)和《公路路基施工技术规范》(JTG/T 3610—2019)。具体任务要求如下。
1. 工程概况描述。
2. 读取路基防护工程图纸,绘制简图。
3. 编制路基防护工程施工组织方案。
4. 确定路基防护的施工方法及技术要求。
5. 任务报告形成工作。</td></tr>
<tr><td rowspan="2">学时安排</td><td>资讯</td><td>计划</td><td>决策</td><td>实施</td><td>检查</td><td>评价</td></tr>
<tr><td>2学时+课外2学时</td><td>0.5学时</td><td>0.5学时</td><td>4学时+课外2学时</td><td>0.5学时</td><td>0.5学时</td></tr>
<tr><td>对学生学习及成果的要求</td><td colspan="6">1. 每名同学均能按照自学资讯思维导图自主学习,并完成课前自学的问题训练和自学自测。
2. 严格遵守课堂纪律,学习态度认真、端正,能够正确评价自己和同学在本任务中的素质表现。
3. 每位同学必须积极参与小组工作,承担外业施工调查的相应劳动工作,做到能够积极主动不推诿,能够与小组成员合作完成工作任务。
4. 每位同学均需独立或在小组同学的帮助下完成技能训练工作单,并提请检查、签认,对提出的建议,如有错误务必及时修改。
5. 每组必须完成全部“砌筑路基防护工程施工”工作的报告工单,并提请教师进行小组评价,小组成员分享小组评价分数或等级。
6. 每名同学均完成任务反思,以小组为单位提交。</td></tr>
</table>

自学资讯思维导图

- 任务4　砌筑路基防护工程施工
  - 知识点
    - 1. 坡面防护工程施工
      - 植物防护和工程防护的形式有哪几种？
      - 铺草皮施工工艺流程是什么？
      - 浆砌片石的施工工艺有哪些？
      - 抛石防护的施工要点有哪些？
      - 护面墙施工要点有哪些？
    - 2. 冲刷防护工程施工
      - 冲刷防护中直接防护的形式有哪几种？
      - 冲刷防护中间接防护的形式有哪几种？
      - 丁坝有哪些构成部分？
      - 拦河坝有哪些作用？
    - 3. 挡土墙防护工程施工
      - 挡土墙的形式有哪几种？
      - 重力式挡土墙的施工要点是什么？
      - 混凝土挡土墙的基础施工要点有哪些？
      - 加筋挡土墙的施工方法有何特点？
      - 砌石挡土墙施工流程是什么？
  - 技能点
    - 1. 识读路基施工图设计文件，了解路基防护类型和使用条件；
    - 2. 区分城面防护、冲刷防护、挡土墙防护及其类别；
    - 3. 比较路基坡面、冲刷防护的施工方法及技术要求；
    - 4. 选择重力式挡土墙的施工方法；
    - 5. 撰写坡面、冲刷、挡土墙防护的施工技术方案；
    - 6. 制定间接防护的适用范围文件；
    - 7. 编制砌筑路基防护工程施工组织计划。
  - 职业素养
    - 1. 通过附属施工给予学生引申，结合案例讲解防护施工质量制约工程建设质量；
    - 2. 通过引入路桥人施工的艰辛，讲解施工工作的技术发展，培育学生的家国情怀；
    - 3. 在实践教学中引导学生安全第一的职业意识，如何避免交叉作业中的安全隐患；
    - 4. 通过多方评价审查学生是否严谨认真、诚实守信、不弄虚作假；
    - 5. 多次练习施工工艺与施工方法，培养精益求精的工匠精神。

课 前 自 学

公路路基防护工程不仅可以稳定路基，而且可以美化路容，提高公路的使用质量，了解路基防护的目的和要求，坡面防护、冲刷防护和挡土墙防护的各项措施的综合应用，以及各种防护方法的具体实施等。路基防护可以防止风化和冲刷，能起到隔离、封闭和承受外力荷载作用，还可以加固并支撑路基或山体因重力影响而滑塌。

路基坡面防护主要是针对受自然因素作用易产生不利于稳定及环境保护等问题的边坡坡面采取的适当防护措施，达到保持边坡的长期稳定和安全，防止水土流失，保护环境的目的。坡面变形的严重程度与边坡的岩土性质、地质构造、水文条件，当地的气候环境，边坡方位，边坡坡度和高度等密切相关，必须综合考虑这些因素，选择适宜的防护类型。冲刷防护工程一般应用在水流流速不大及水流破坏作用较弱地段，可在沿河路基边坡设砌石护坡、石笼和混凝土预制板等，以抵抗水流的冲刷与淘刷侵蚀。需要改变水流或提高坡脚处粗糙率，以降低流速、减缓冲刷作用时，可修筑坝类构造物。挡土墙是一种能够抵抗侧向土压力，防止墙后土体坍塌和增加其稳定性的构筑物。在道路工程中，可用于支撑路堤或路堑边坡、隧道洞口，防止水流冲刷路基，同时也常被用于处理路基边坡滑坡崩塌等路基病害，尤其在山区公路中挡土墙的应用更为广泛，常用的挡土墙主要为重力式挡土墙、加筋土挡土墙等。

知识点1　坡面防护工程施工

坡面防护，主要保护路基边坡表面免受雨水冲刷，减少温度及湿度影响，防止和延缓软弱岩土表面的风化、碎裂和剥蚀。从而保护路基边坡的整体稳定性，还可以兼顾路容美化和协调环境的作用。常用的坡面防护措施有植物防护和工程防护两大类。

比一比

微课

坡面防护工程施工

植物防护与工程防护的形式与种类？

____

____

____

4.1.1　植物防护措施

适用坡度不大，边坡比较稳定的土质坡面。可以美化路容，达到协调环境，调节边坡土湿度，固结和稳定边坡的作用。

1. 种草

适用于坡度不陡于1:1和坡高不大而坡面径流速度缓慢的边坡防护。土质适于种草，不浸水或短期浸水但地面流速低于0.6 m/s的边坡。草的品种要适应当地自然条件，根系发达、中茎低矮，多年生长的草种。工程上常见的有：种子散播施工法和液态薄膜养生种子撒布施工法。

1）铺草皮

（1）适用条件。适用于需要快速绿化，边坡坡度缓于1:1的土质和严重风化的软质岩石边坡。草皮可分为天然草皮和人工培植的土工网草皮，应选择根系发达、茎矮叶茂的耐旱草类。常用的草皮有小冠花、果园、苇状羊茅、鼠尾草等。当边坡较高陡和坡面冲刷较重，地面流速一般大于0.6 m/s，容许最大流速为1.8 m/s时，应根据具体条件，分别采用平铺、平铺重叠、方格式草皮、卵石方格草皮等方式，铺草皮的具体要求和各种方法及适用范围程度（见表4.1和表4.2）。

表4.1　铺草皮的具体要求

草皮种类	尺寸/cm	厚度/cm	小桩尺寸/cm	钉桩方法	桩长/cm
方块状	宽20×长25 宽25×长40 宽30×长50	6～10	宽2×长2× （桩长20～30）	四角钉桩	20
带状	宽25× 长200～300	6～10	宽2×长2× （桩长20～30）	梅花桩 间距40 cm	30

表4.2　铺草皮的各种方法及适用范围程度

铺设方法		边坡坡度	冲刷流速/（$m \cdot s^{-1}$）
平铺		<1:1.5	<1.2
竖铺	平铺重叠	>1:1.5	1.2～1.8
	垂直于坡面	1:1～1:1.5	1.2～1.8
	斜交叠铺	<1:1	1.2～1.8
网格式		<1:1.5	

(2)铺草皮施工。铺草皮防护施工工艺为:备料→坡面整理→自下而上铺草皮→固定式铺草皮(用竹钉或木钉)→养护管理。草皮铺植方法如图 4.1 所示。

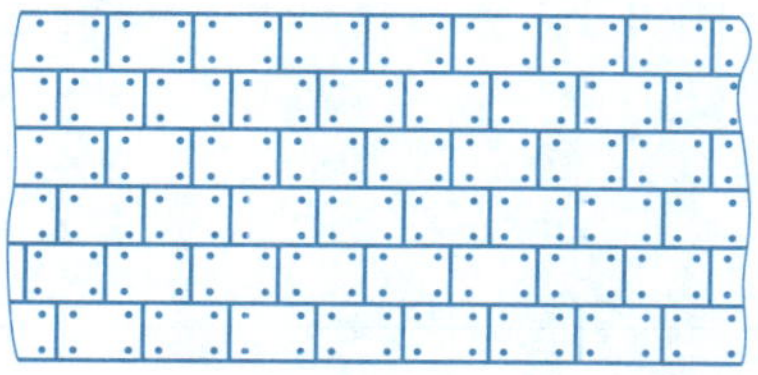

(a)平铺平面

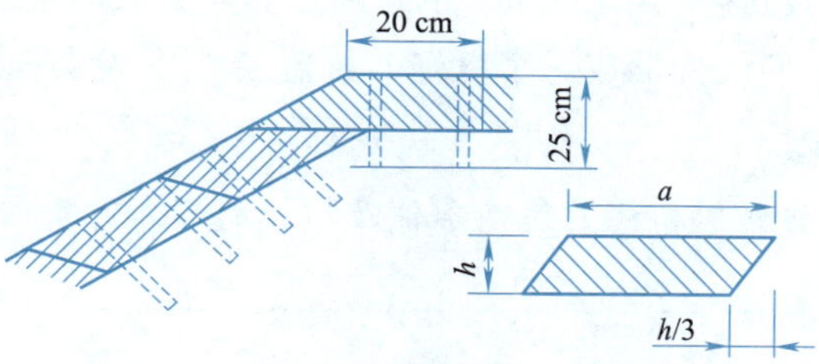

(b)平铺剖面

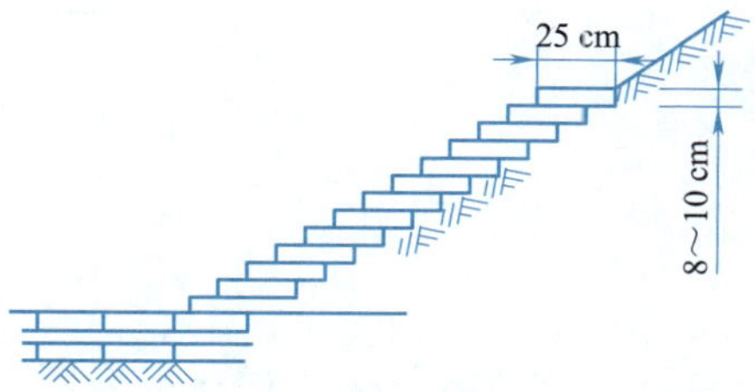

(c)平铺叠置

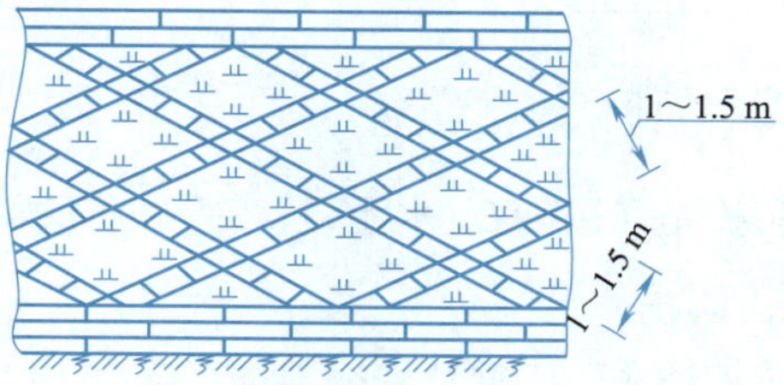

(d)方格式草皮

图 4.1　草皮铺植方法示意图

查一查

植物防护中铺草皮的适用条件和具体要求？铺草皮防护施工工艺流程？

2. 植树

适用于坡度不陡于 1:1.5 的各种土质边坡和极严重风化的岩石边坡。在堤岸边的河滩上,用来降低流速,促进泥沙淤积,防止水流直接冲刷路堤;沙漠与雪灾地区,防护林带还起到阻沙、防雪作用。植树的形式可以是带状或条状,也可以栽成连续式,如图 4.2 所示。此外,也可采用种植防护林带来加固路基。防护林带的种植方法和种植间距要综合考虑,也可参考表 4.3 实施。

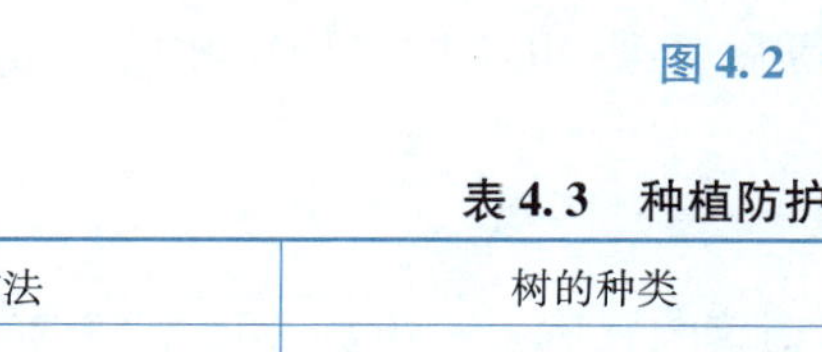

(a)带状植树

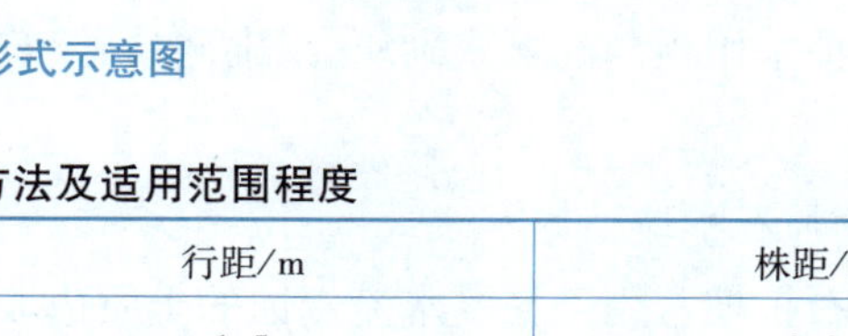

(b)连续式植树

图 4.2　植树形式示意图

表 4.3　种植防护林的方法及适用范围程度

种植方法	树的种类	行距/m	株距/m
单株种植	杨树类 灌木类	1.5 0.8	0.8 0.5
一窝一窝植物	乔木类 灌木类	1.0 0.8	1.0 0.5

植物防护宜选用在当地土壤与气候条件下能迅速生长、根系发达、枝叶茂密的树种,用于冲刷防护时宜选用生长很快的杨柳类,或不怕水淹的灌木类,高等级公路边坡上严禁种植乔木。种植后在树木未成长前,应预防流速度大于 3 m/s 的水流侵害。必要时应在树前方设置障碍物,加以保护;植树防护最好与种草结合使用,使坡面形成一个良好的覆盖层,才能更好地起到防护作用。

搜一搜

植物防护中植树的适用条件及植树的形式有哪些?

4.1.2 工程防护

工程防护是采用砂石、水泥、石灰等矿质材料进行坡面防护。

1. 抹面防护

抹面防护适用于表面比较完整而尚未剥落的易风化软质岩石挖方边坡。抹面材料可采用石灰浆、石灰与炉渣混合灰浆、石灰炉渣三合土、四合土或水泥石灰砂浆等,可加纸筋或竹筋,提高强度,或加适量制盐副产品卤水,可加速硬化和预防开裂。抹面厚度视材料和坡面状况而定,石灰炉渣灰浆 3 ~4 cm,三合土为 6 ~7 cm,四合土为 8 ~10 cm,水泥石灰砂浆为 3 cm。

抹面防护的施工工艺为:施工准备→测量放样→清理坡面→准备抹面混合料→预留泄水口→设置伸缩缝→抹底面→提浆→养生。

抹面防护周边与未防护坡面衔接处应严格封闭,其措施为:凿槽嵌入岩石内,嵌入深度不小于 10 cm,并与相衔接的坡面保持平顺;坡脚宜设 1 ~2 cm 高的浆砌片石护坡。在软弱岩层相间的边坡上的分界处,抹面也应嵌入硬岩层内至少 10 cm。当需增强抹面的抗冲蚀能力和防止开裂时,可在表面涂沥青保护层。

抹面前须将边坡岩石表面的风化岩石凿毛并冲干净;边坡上大的凹陷应用浆砌片石嵌补,宽的裂缝应灌浆。采用石灰炉渣浆抹面时,在灰浆抹上后,稍干后进行夯实,直至表面出浆为止,然后抹平涂上速凝剂。抹面不宜在严寒季节、雨天及日照强烈时施工,其适宜的温度为 4 ~30 ℃,并注意洒水养生。

2. 喷浆及喷射混凝土防护

该防护适用于易风化、裂隙和节理发育、坡面不平整的岩石挖方边坡。对于高而陡的边坡,上部岩层较破碎而下部岩层完整的和需要大面积防护的边坡,采用此类型更为经济。

喷浆厚度不宜小于 5 cm,喷射混凝土厚度为 8 cm 左右,分 2 ~3 次喷射。喷浆及喷射混凝土护坡的周边与未防护坡面的衔接与抹面护坡相同,坡脚应作 1 ~2 cm 高的浆砌片石护坡。

该防护的施工工艺为:施工准备→测量放样→清理坡面→制备砂浆或混凝土→预留泄水口→设置伸缩缝→喷浆或喷射混凝土→养生。

3. 框格防护

框格防护采用预制混凝土砌块、浆砌砌块、浆砌卵石等做骨架,框格内采用植物防护或其他辅助防护措施。

4. 干砌片石护坡

干砌片石护坡常用于易受水流侵蚀的土质边坡、严重剥落的软质岩石边坡,边坡坡度不宜陡于1:1.25。

干砌片石厚度一般为 0.3 m,其底部设置不小于 0.1 m 厚的碎石或砂砾垫层;基础应选用较大的石块砌筑,其埋深至侧沟底,基础与沟相连时,采用 M5 浆砌片石砌筑(图 4.3);施工应自下而上进行栽砌,彼此镶紧,接缝要错开,缝隙间用小石块填满塞紧。

5. 护面墙防护

护面墙是一种浆砌片石覆盖物,多用在易风化的泥岩、页岩等岩石及其他风化严重的软弱岩层和较破碎的岩石地段，以防止继续风化。护面墙仅能承受自重，不能承受侧压力，且大致平整。边坡坡度不大于1:0.5时，其截面分等截面和变截面两种形式。等截面护面墙高度，当边坡为1:0.5时，不宜超过6 m；当边坡缓于1:0.5时，不宜超过10 m。

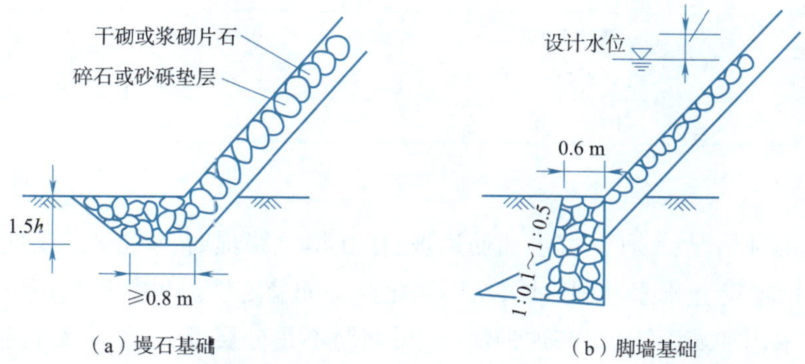

图4.3　干砌片石护坡示意图

注：h为干砌或浆砌片石护坡坡面厚度。

变截面护墙高度，单级不宜超过10 m，否则应采取双级或三级护墙，但高度一般不宜超过30 m。双级或三级护墙的上墙高不应大于下墙高，下端的截面应比上墙大，上下墙之间应设错台，其宽度应使上墙修筑在坚实的基础上，一般不宜小于1 m。

护面墙分为墙面式、拱式、混合式等类型，如图4.4所示。

动画　扩大基础施工

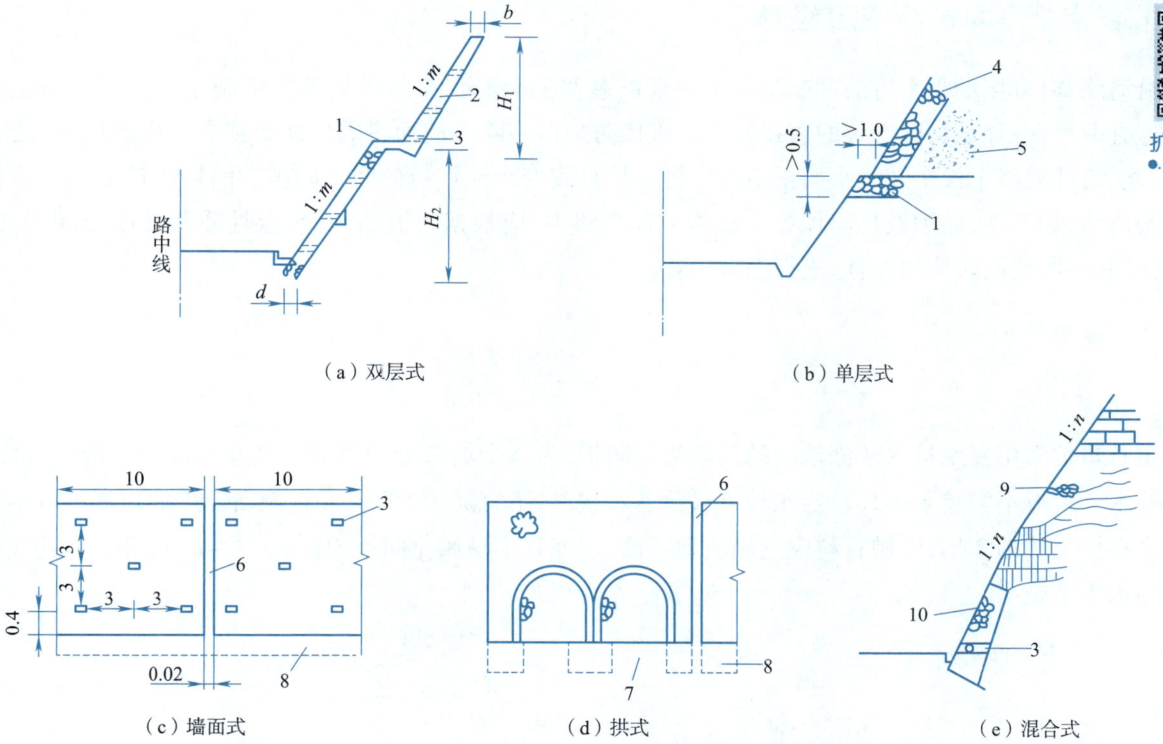

1—平台；2—耳墙；3—泄水孔；4—封顶；5—松散夹层；6—伸缩缝；
7—软地基；8—基础；9—支补墙；10—护面墙。

图4.4　护面墙类型示意图（单位：m）

护面墙的厚度与墙高的关系，详见表4.4。墙身应预留6 cm×6 cm或10 cm×10 cm的泄水孔，并在其后作反滤层。

护面墙防护施工工艺为：施工前准备→刷坡→测量放样→基坑开挖→基坑验槽→基坑砌筑→基础检查→基身砌筑（预留泄水孔）→墙背回填→交工验收。

表 4.4 护面墙厚度与墙高的关系表

护面墙高度 H/m	路堑边坡	护面墙厚度/m	
		顶宽 b	底宽 d
$H\leqslant 2$	1:0.5	0.40	0.40
$H\leqslant 6$	陡于 1:0.5	0.40	$0.40+0.10H$
$6<H\leqslant 10$	1:0.5 ~ 1:0.75	0.40	$0.40+0.05H$
$10<H<15$	1:0.75 ~ 1:1	0.60	$0.60+0.05H$

6. 加筋边坡防护

加筋边坡一般有两种情况：一种是填土加筋边坡，指在填筑路堤时，加筋材料随填土升高而分层埋入土中，其目的是节省用地，防止雨水冲刷边坡，从而强化路基的稳定性。另一种是原位加筋边坡，即对现有自然边坡或路堑边坡采用加筋法防护，在这种情况下，加筋不是分层埋入，而是钻孔锚入边坡。从目前的工程实践来说，后一种应用较广。

举一举

抹面防护的施工工艺流程是什么？护面墙防护施工要求包括哪些？

知识点 2 冲刷防护工程施工

沿河路基，直接承受水流的冲刷。为了保证路基坚固、稳定，必须采用相关措施予以防护。防止冲刷的措施有两种：一种是加固岸坡的直接防护。直接防护措施除了前面讲的坡面防护和石砌护坡外，还有抛石、石笼、柔性混凝土板块及浸水挡土墙等。另一种是改变水流性质的间接防护。间接防护措施包括各种导流构造物，如丁坝、顺坝及拦河坝等。具体工程实践中，应根据河流情况、水流性质及坡岸受冲刷现状，单独使用一种，或同时使用两种，进行综合治理。

4.2.1 直接防护

1. 抛石防护

抛石防护常用浸水且水较深地段的路基边坡防护，为减少坡脚处的局部冲刷及增加抛石的稳定性，抛石堆的水下边坡不宜陡于 1:1.5，当水较深且流速较快时，不宜陡于 1:2 ~ 1:3。抛石防护的顶宽不应小于所用最小石块尺寸的 2 倍，所抛石料应选用质地坚硬、耐冻且不易风化崩解的石块（图 4.5）。抛石防护，一般应于枯水季节施工。

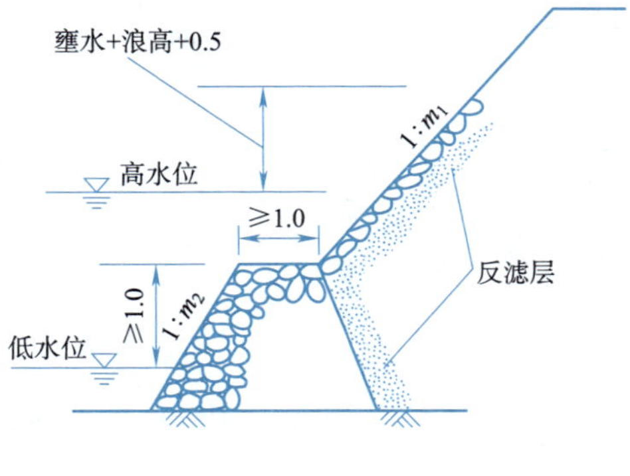

（a）新填路堤抛石垛

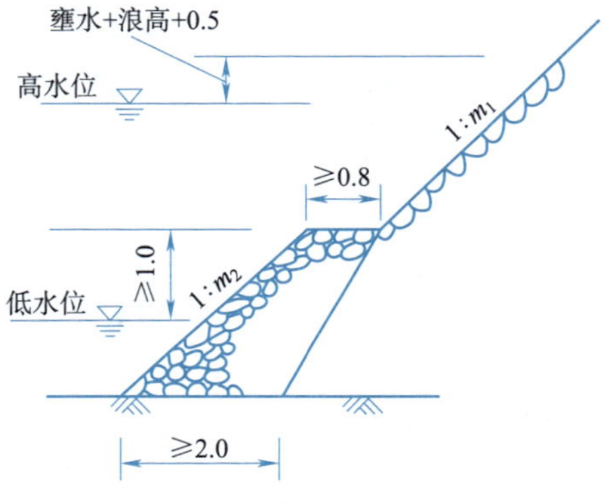

（b）旧路堤抛石垛

图 4.5 抛石防护示意图（单位：m）

2. 干砌片石防护

此种护坡用于周期性浸水的河岸或路基边坡防护,一般适用于洪水时水流较平顺,不受主流冲刷且流速小于 3 m/s 的地段。

为了防止边坡内细粒土被水流冲出,并为增加护坡的弹性,以抵抗外力的冲击作用,应在护坡面层与边坡土之间设置 1~2 层的砂(砾)垫层,厚度为 10~15 cm。

砌筑前应先夯实整平边坡,砌筑石块要相互嵌紧。护坡基础,当冲刷深度小于 1 m 时,可采用墁石铺砌基础,当冲刷深度大于 1 m,宜采用浆砌片石脚墙基础。

3. 浆砌片石护坡

浆砌片石护坡用于经常浸水的受主流冲刷或受较强烈波浪作用的路基边坡防护和河岸及水库边岸防护,也用于有流水及封冻的河岸边坡防护。

护坡砌筑的石料宜选用坚硬、抗压强度大于 30 MPa、遇水不崩解的石料。水泥砂浆一般采用 M7.5,严寒地区应在 M10 浆砌片石护坡下设置 10~15 cm 的卵石、砾石垫层。

4. 石笼护坡

沿河路堤坡脚及河岸因防护工程基础不易处理或沿河挡土墙、护坡基础局部冲刷深度过大时,可采用石笼防护。石笼是用铁丝编织成的框架,内填石料,设在坡脚处以防急流和风浪破坏堤岸,也可用来加固河床,防止淘刷。铁丝框架可以是箱形或圆形。图 4.6 为石笼防护示意图。

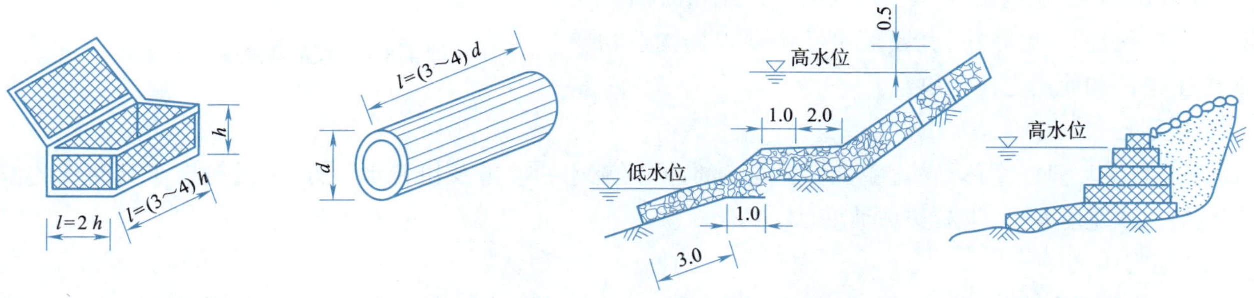

(a) 箱形石笼　(b) 圆柱形石笼　(c) 防止冲刷海底　(d) 防止岸坡受冲刷

图 4.6　石笼防护示意图(单位:m)

一般河段,常用镀锌铁丝、高强度聚合物土工格栅或竹木石笼;急流滚石河段,可在铁丝笼内灌注小石块,或采用钢筋混凝土框架石笼。用于防止冲刷淘底时,一般在河床上将石笼铺平并与坡脚线垂直,而且堤岸一端固定,另一端不必固定,淘刷后可向下沉落贴于底面;若防护岸或坡脚,则用垒码形式,但岸坡较缓时,也可平铺升坡面。石笼防护的容许流速可达 5~6 m/s。笼内填石的最小粒径不应小于 4.0 cm,一般为 5~20 cm,外层应用较大且有棱角的石料,内层可用较小石块填充。

5. 土工模袋

土工模袋是一种双层织物袋,袋内充满流动性混凝土、水泥砂浆或稀释混凝土,凝固后形成高强度与高刚度的硬块板块。其主要应用场合及铺设形式如图 4.7 所示。充填混凝土时,坍落度不宜小于 20 mm,其强度等级不低于 C10;充填砂浆时,其强度等级不低于 M2.5。采用土工模袋护坡的坡度不得陡于 1:1。如在水下施工时,水流速度不宜大于 1.5 m/s。模袋选型应根据工程要求和当地土质、地形、水文、经济与

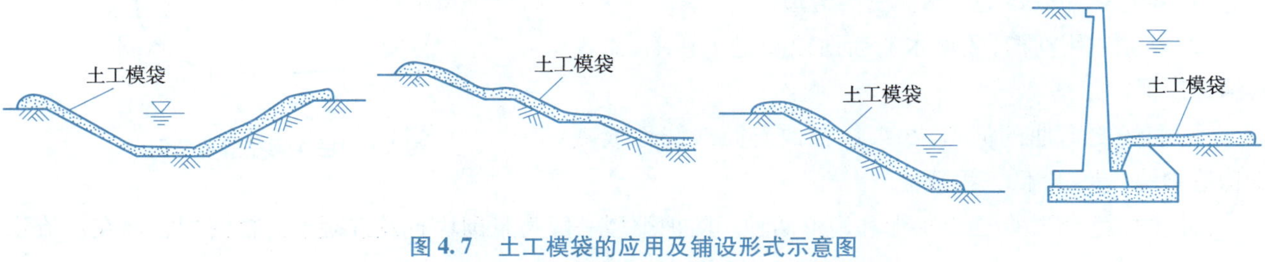

图 4.7　土工模袋的应用及铺设形式示意图

施工条件等确定。应根据水流量选定模袋滤水点分布数量，当选用无滤水点模袋时，应增设渗水滤管。模袋应用尼龙绳缝制。

定一定

直接防护措施包括哪些，其适用条件有哪些？

4.2.2 间接防护

间接防护就是采用导流与调治构造物，改变水流方向，以达到路基防护的目的。调治构造物是指以改变水流方向为主的水工建筑物。在路基工程防护中采用调治构造物，使水流轴线方向偏离路基岸边，或降低防护位置水的流速，促进泥沙淤积，从而起到保护路基安全的作用。

1. 丁坝

丁坝的导流情况如图 4.8 所示。丁坝的类型主要有重力式和轻型两种，其重力式主要用于小河弯道上，大中河流顺直河段；轻型适用于大、中、小河流弯道和顺直河段。

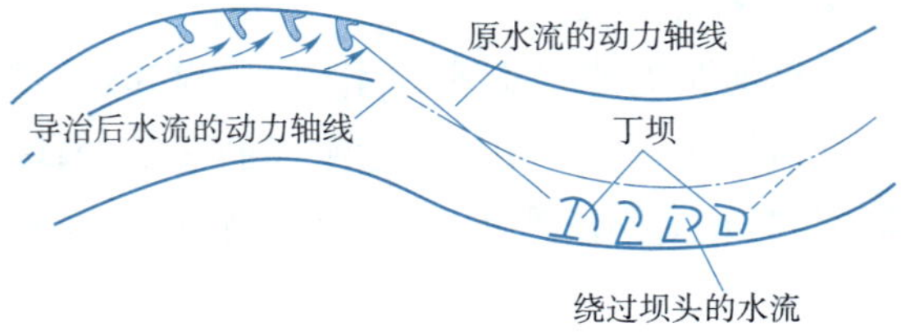

图 4.8　丁坝的导流情况示意图

丁坝由坝头、坝身和坝根三部分组成，其和断面为梯形。丁坝所受的外力较小，其断面尺寸主要根据构造物要求、施工条件和使用方便等决定。

1）坝身

坝身作为坝身的主体结构，主要承受波浪的冲击、流冰的撞击及扭转水流方向，关键在于其断面的拟定，包括坝顶宽度及上、下游边坡坡度。

2）坝头

坝头不但受水流的强烈冲刷，还易受排筏及漂木的撞击，因此坝头应进行基础加深及平面防护。一般在坝头的背水面加大坝顶宽度并做成圆滑的曲线形，以及将坝头边坡坡度放缓至 1:3，不但可使坝头稳定，还可使绕行坝头的水流比较平顺。其防护类型一般宜选用浆砌片石、石笼等坚固耐用的防护类型。

3）坝根

坝根与河岸岸坡相连接的地方结构薄弱，往往易被流水冲开，使丁坝逐渐失去作用。坝根的处理及其防护范围，与所处河岸的土质、流速、水位变幅和丁坝所处的位置有关。当岸坡土容易冲刷或渗透系数较大时，坝根处应开挖基槽，将坝根嵌入岸内，其深度为坝的实际长度的 0.15 ~ 0.2 倍，但不大于 2.0 m，并在上、下游铺设护坡；当岸坡土不易冲刷或渗透系数较小时，仅在上、下游适当铺设护坡，坝根则不必嵌入岸内。

2. 拦河坝

拦河坝，即改河工程，在公路上应用不多，通常是在较短的小河段上，如图 4.9 所示。

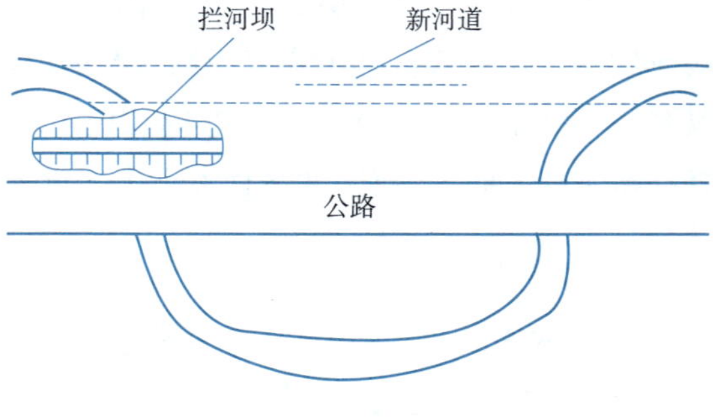

图 4.9　拦河坝布置示意图

拦河坝具有以下作用：

（1）将直接冲刷路基的水流引向旁边。

（2）路基占用河槽，致使水流断面面积过于压缩，需改移河道以保护路基。

（3）将蜿蜒弯曲的河道取直，以便改善路线线性或减少构造物的数量，降低工程造价。

常用的拦河坝横断面有梯形和扇形两种。防护类型一般为浆砌块石及混凝土。拦河坝宜设在水流稳定、不易冲刷的地段，附近不宜有急弯。

拢一拢

间接防护措施包括哪些及其适用条件？

____

____

____

知识点3　挡土墙防护工程施工

挡土墙是用于支挡路基填土和山坡土体的结构。因施工方便，可就地取材，适应性强，在公路上得到广泛的使用。

微课

挡土墙防护工程施工

按照设置挡土墙的位置，可分为路肩挡土墙、路堤挡土墙、路堑挡土墙、山坡挡土墙和浸水挡土墙等类型，如图4.10所示。

挡土墙各部分名称如图4.10(c)所示。靠填土(或山体)的一侧为墙背，外露一侧为墙面(也称墙胸)，路面与墙底的交线为墙趾，墙背与墙底的交线为墙踵，墙背与铅垂线的夹角为墙背倾角α。

墙背的倾角方向，比照面向外侧站立的人的俯仰情况，分俯斜、仰斜和垂直三种。墙背向外侧倾斜时，为仰斜墙背图，如图4.10(c)所示，此时α为正；墙背向填土一侧倾斜时，为仰斜墙背，如图4.10(a)所示，此时α为负；墙背铅垂时，为垂直墙背，如图4.10(b)所示，此时α为零。如果墙背具有单一坡度，也称直线形墙背；若多于一个坡度，则称为折线形墙背。

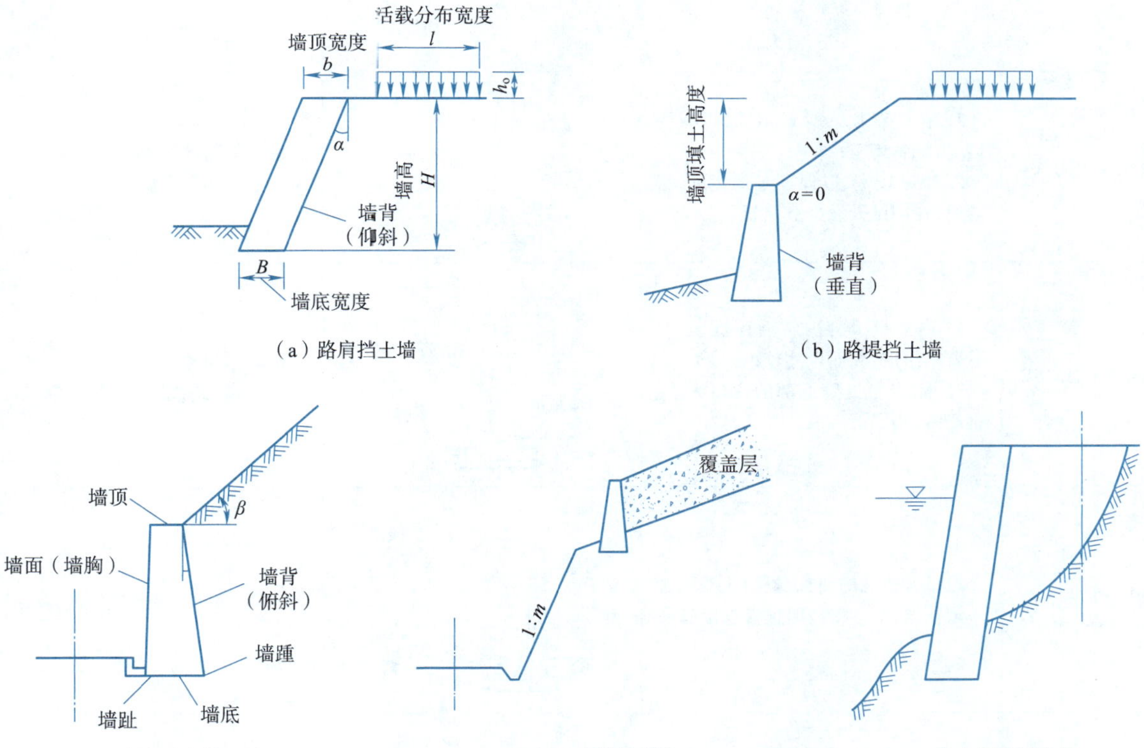

(a) 路肩挡土墙　(b) 路堤挡土墙

(c) 路堑挡土墙　(d) 山坡挡土墙　(e) 浸水挡土墙

图4.10　挡土墙的类型示意图(按位置划分)

4.3.1　挡土墙的类型及适用范围

挡土墙按照结构特点，可分为石砌重力式、石砌衡重式、加筋土轻型式、混凝土半重力式、钢筋混凝土悬臂式和扶壁式、柱板式、锚杆式、锚定板式及剁式等类型。各类挡土墙的特点及适用范围见表4.5。

表 4.5　各类挡土墙的特点及适用范围

类型	特点	结构示意图	适用范围
石砌重力式	1. 依靠墙身自重抵御土压力； 2. 形式简单，取材容易，施工简便	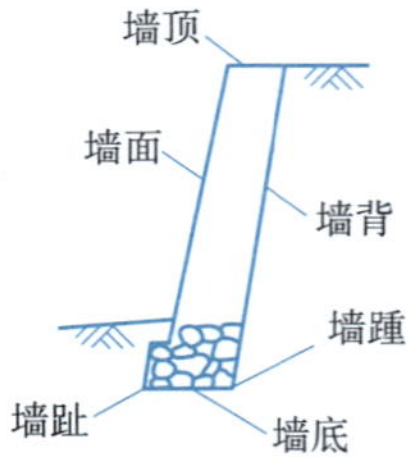	产石料地区； 地基良好，非地震和沿河受水冲刷地区，墙高 6 m 以下可采用干砌； 其他情况宜采用浆砌
石砌衡重式	1. 利用衡重台上部填土的下压力作用和全墙重心的后移，增加墙身稳定，节约断面尺寸； 2. 墙面陡直，下墙墙背仰斜，可降低墙高，减少基础开挖	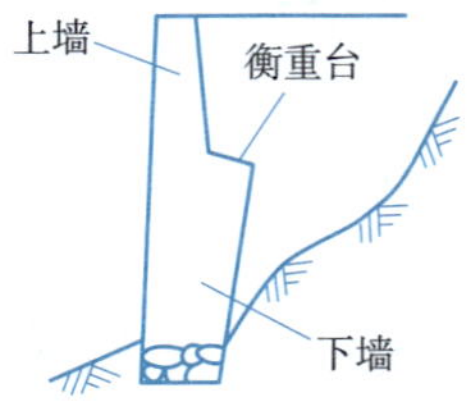	山区，地面横坡陡峻的路肩墙、路堑墙（兼有拦挡坠石作用）或路肩墙
加筋土轻型式	1. 由面板、拉筋及填料三部分组成，借拉筋与填料之间的摩擦力保持墙身稳定； 2. 施工简单，造价较低，外形美观； 3. 对地基的适应性强，占地少	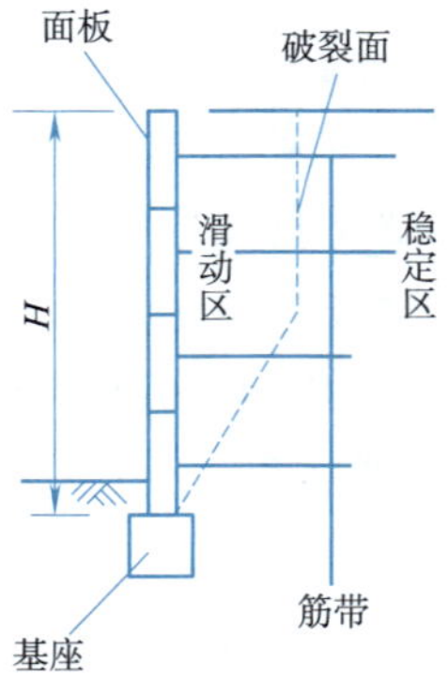	缺乏石料地区； 适用于石质土、砂性土、黄土地区修建较高的路肩墙； 不宜用于受水流冲淹地段
混凝土半重力式	1. 在墙背加入少量钢筋，以减薄墙身，节省圬工； 2. 墙趾较宽，以保证基地宽度，必要时，在墙趾处设少量钢筋	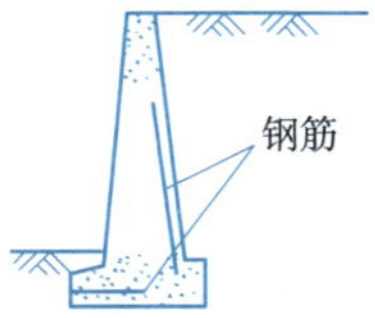	缺乏石料地区； 一般适用于低墙
钢筋混凝土悬臂式	1. 由立壁、墙趾板、墙踵板、三个悬臂梁组成，断面尺寸较小； 2. 墙高时，立壁下部的弯矩大，耗钢筋多，不经济	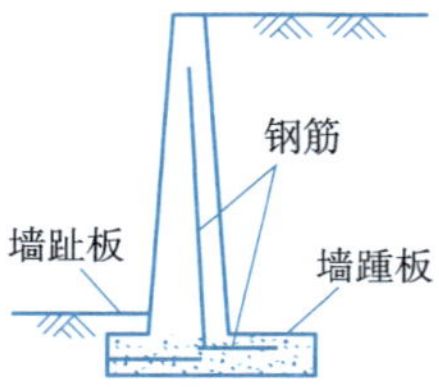	缺乏石料地区； 一般高度的路肩墙，地基情况可较差
钢筋混凝土扶壁式	沿悬臂式墙的墙长，隔一定距离加一道扶壁，把立壁与墙锺板连接起来	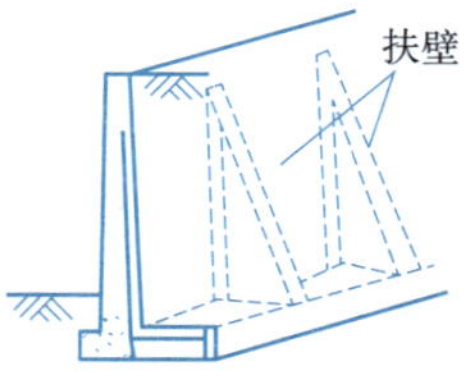	在高墙时，较悬臂式经济，其余同上
柱板式	1. 由钢筋混凝土立柱、挡板底梁、底板、基座和钢拉杆组成，借底板上部土体的自重作用平衡全墙； 2. 因底板位置升高，基础开挖量较悬臂式和扶壁式少； 3. 构件轻盈，可预制拼装，快速施工	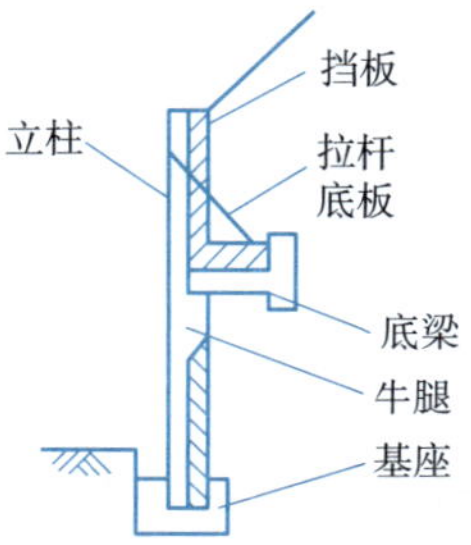	高墙； 适用于支挡土质路堑高边坡或处治边坡塌滑； 也可用于路堤墙

续表

类型	特点	结构示意图	适用范围
锚杆式	1. 由钢筋混凝土墙面(整体板壁或肋柱及挡板)和锚杆组成,依靠锚固在岩层(或土层)内的锚杆的水平拉力承受土压力,维持全墙平衡; 2. 属轻型结构,材料节省; 基底受力甚小,基础要求不高	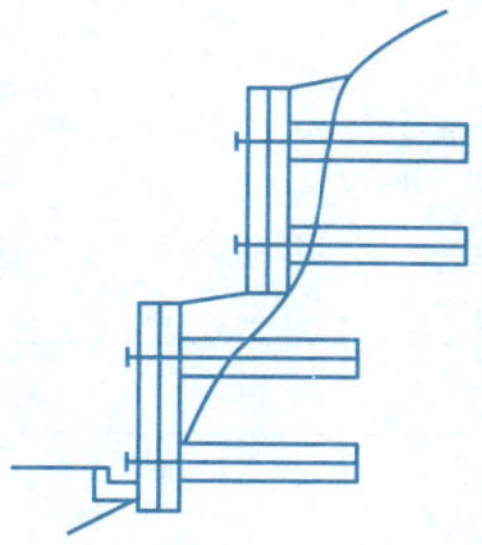	高路堑墙、高路肩墙、抗滑挡土墙;备有砖机、压浆泵等设备
锚定板式	1. 由钢筋混凝土墙面(立柱及挡板)、钢拉杆和锚定板组成,借埋置在破裂面后稳定土层内的锚定板和拉杆拉住墙面,保持墙身稳定; 2. 拼装简易、施工快; 3. 结构轻便、柔性大	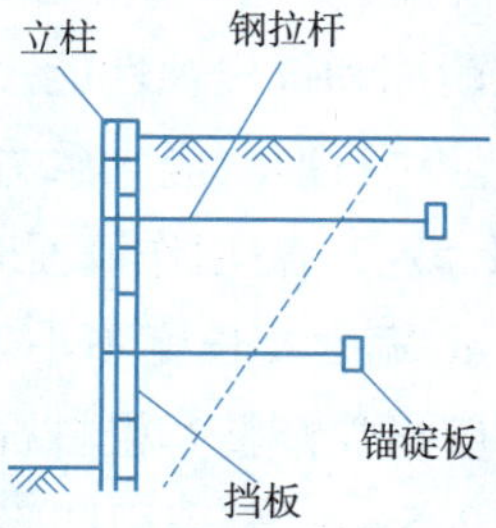	高路肩墙或路堤墙,特别是地基不良路段
剁式	1. 用钢筋混凝土预制杆件纵横交错拼装层框架,内填土或石,借其自重抵御土体的推力; 2. 施工简单,迅速; 3. 允许地基产生一定的变形; 4. 损坏后,修复较易	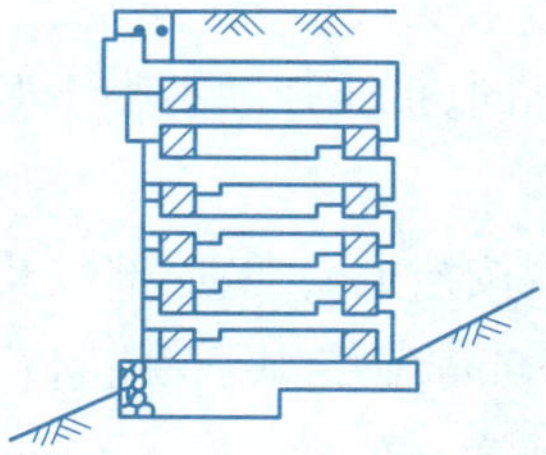	高路肩墙、路堤墙、抗滑挡土墙;缺乏石料地区

演一演

简述挡土墙的特点、类型及适用范围。

4.3.2 挡土墙施工

1. 砌石挡土墙施工

1)施工工艺流程

砌石挡土墙施工工艺流程如图 4.11 所示。

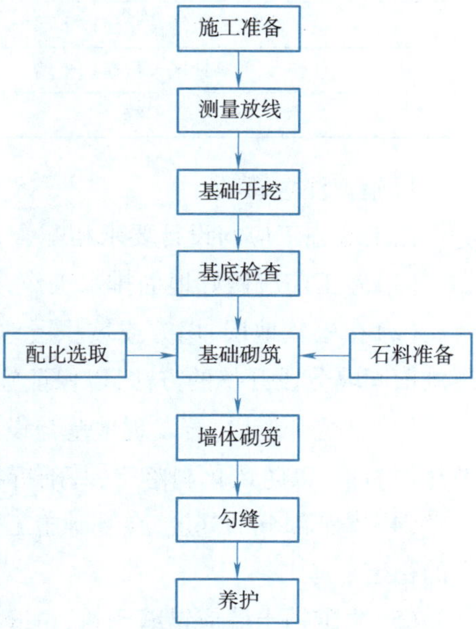

图 4.11　砌石挡土墙施工工艺流程图

2)回填材料选择

墙后填料的选择是保证挡土墙的正常使用和经济合理的一项重要工作。由土压力理论可知,填料的内摩擦角越大,主动土压力就越小;而填料的容量越大,主动土压力就越大。因此选择内摩擦角大、容量小的填料,应优先采用砂类土、碎(砾)石填筑。这些填料透水性好、抗剪强度大且稳定、易排水,能显著减少主动土压力。

因黏性土的压实性和透水性较差,又具有吸水膨胀性和冻胀性而产生侧向膨胀压力,从而影响挡土墙的稳定,所以一般不宜采用黏性土。当不得已采用时,应适当掺入碎石、砾石和粗砂等。

严禁使用腐殖土、盐渍土、淤泥、白垩土及硅藻土等作为填料,填料中也不应含有机物、冰块、草皮、树根等杂物及生活垃圾。在季节性冰冻地区，不能使用冻胀材料。浸水挡土墙墙背应全部用于水稳性和透水性较好的材料填筑。

找一找

砌石挡土墙施工工艺流程包括哪些？

____

____

____

3）墙身材料要求

墙身应采用经过挑选的、结构密实、质地均匀、不易风化且无裂缝的硬质石料，其抗压强度不小于30 MPa。在冰冻及浸水地区，应具有耐冻和抗侵蚀性能。

尽量选用较大的石料砌筑墙身。块石形状应大致方正、上下面大致平整。块石厚度不小于0.2 m，宽度和长度约为厚度的1～1.5倍和1.5～3倍，用作镶面时，由外露面四周向内稍加修凿。片石应具有两个大致平行的面，其厚度不小于0.15 m，宽度及长度不小于厚度的1.5倍，质量约30 kg。用作镶面的片石，可选择表面较平整，尺寸较大者，并应稍加修整。粗料石外形应方正并具有大面，厚度为0.2～0.3 m，宽度为厚度的1～1.5倍，长度为厚度的2.5～4倍，表面凹陷深度不大于20 mm。用作镶面时，应适当修凿，外露面应有细凿边缘。

混凝土预制块的规格与石料不同，抗压强度不小于C15，并根据砌体形式的需要和起吊能力决定预制块的形状大小。

砌筑挡土墙常用的砂浆标号应按挡土墙类别、部位及用途选用，见表4.6。砂宜采用中砂或粗砂，当用于砌筑片石时最大粒径不宜超过5 mm，砌筑块石、粗料石、混凝土块时不宜超过2.5 mm。

砌挡土墙的墙高时宜用块石砌筑。在墙高超过5 mm或石料强度较低时，可在挡土墙的中部设置厚度不小于0.5 m的浆砌水平层，以增加墙身的稳定性。

混凝土挡土墙所用混凝土标号不低于C15，其基础部分可采用相同标号的片石混凝土（其中掺入片石量不超过总体积的25%）。

表4.6　砌筑挡土墙常用的砂浆标号表

挡土墙类别、部位及用途	砂浆标号
一般挡土墙	M5（四级公路可用M2.5）
浸水挡土墙常水位以下部分	M7.5
严寒地区及抗震挡土墙	较非地震地区提高一级
勾缝	比砌筑用标号提高一级

4）施工注意事项

挡土墙施工应与设计要求相配合，施工中应注意以下几点：

（1）施工前应做好地面排水工作，浸水挡土墙宜在枯水季节施工。

（2）在松软地层、塌方或坡积层地段，基坑不宜全段开挖，以免在挡土墙砌筑过程中发生坍塌；而应采用跳槽间隔分段开挖的方法，以保证施工安全。

（3）基坑开挖后，若发现地基与设计情况有出入，应按实际情况调整设计；若发现岩墙之前要核对该层做封面防护，以防风化剥落后，基础折裂而致使墙身外倾。

（4）墙趾部分的基坑，在基础施工完成后应及时回填夯实，并做成5%外倾斜坡，以免积水下渗，影响墙身的稳定。

（5）浆砌挡土墙应错缝砌筑，填缝必须紧密，灰浆应填塞饱满。

（6）墙体强度应达到设计强度的75%以上，方可回填墙后填料。

（7）回填前，应确定填料的最佳含水量和最大干密度。根据碾压机具和填料性质，分层填筑压实，压实度应满足设计要求。

(8)墙后回填土必须均匀摊铺平整,并设不小于3%的横坡,以利排水。墙背1.0 m范围内,不得有大型机械行驶或作业,防止破坏墙体,并用小型压实机械碾压,分层厚度不得超过0.2 m。

(9)墙后地面横坡陡于1:5时,应先处理填方基底(如铲除草皮、开挖台阶等)再填土,以免填方沿原地面滑动。

(10)地震地区的挡土墙,为减少地震力的作用,施工前必须疏干墙后填料。浆砌挡土墙高度大于8 m时,宜沿墙高每隔4 m设置一层混凝土垫层,并应与上、下层片石充分交错咬紧。

2. 加筋土挡土墙施工

1)施工工艺流程

加筋土挡土墙施工工艺流程如图4.12所示。

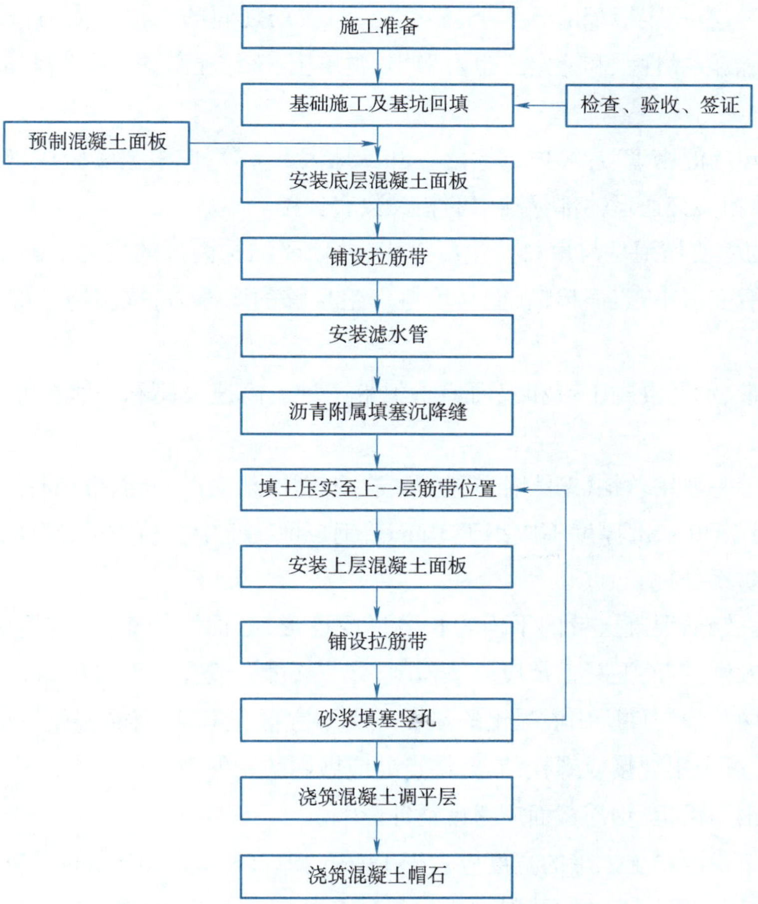

图4.12　加筋土挡土墙施工工艺流程图

2)加筋土技术

加筋土是在土中加入加筋材料(或称筋带)的一种复合土。在土中加入加筋材料可以提高土体的抗剪强度,增加土体工程的稳定性。

加筋技术广泛应用于土木工程,其特点大致可归纳为以下几点。

(1)施工简便。加筋土的组成构件(面板、拉筋、路缘石、栏杆、条形基础等)均可以预先制作,除需压实机械外,施工时一般不需配备其他机械,且易于掌握,同时可缩短工期和节省劳力。

(2)加筋土最大的特点是,可以做成很高的垂直填土墙。这样可以减少占地面积,对填土放坡困难的地区、城市的郊区道路,以及土地珍稀的地方,有着巨大的经济意义。

(3)投资省。加筋土挡土墙面板薄,基础尺寸小,与重力式挡土墙相比,可节省圬工数量95%～97%,造价可比石砌重力式挡土墙和钢筋混凝土挡土墙减少20%～60%。挡土墙高度越大,节省资金越多。

(4)抗地震。加筋土结构所独有的柔性能吸收地震能量的优势,使之具有刚性结构物无法与之比拟的耐震性能。

(5)造型美观。墙面板形式可以根据需要、受力特点选用各种设计造型,并使之拼装成造型美观的建筑物,改善道路景观。

3)加筋土结构组成

(1)加筋土填料。填料是加筋土工程的主体材料,对填料的一般要求如下:

①易压实;

②能与拉筋产生足够的摩擦力;

③满足化学核和电化学标准;

④水稳定性好(浸泡工程)。

选用加筋土填料时,有一定级配的砾类土、砂类土,与拉筋之间的摩擦力大,且透水性能好,应优先选用;碎石土、黄土、中低液限黏性土和稳定土也可采用;腐殖土、冻结土等影响拉筋和面板的使用寿命,应禁止应用。

填料的设计参数包括湿密度、计算内摩擦角 φ 和摩擦因数 f 等,应根据实验或当地经验数据确定。当无上述条件时,可参照相关交通运输部标准中的相关数表选用。

(2)筋带。筋带的主要作用是与填料产生摩擦力,并承受结构内部的拉力。因此,筋带应具有以下特性:较高的强度,受力后变形小;表面粗糙,能与填料产生足够的摩擦力;抗腐蚀性好;加工、接长和与面板的连接简单。

筋带可分为扁钢带、钢筋混凝土带和聚丙烯土工带三种。高速公路和一级公路的加紧工程应采用扁钢带或钢筋混凝土带。

①扁钢带。扁钢带一般用软钢(3 号钢)轧制而成,按其外形又分为光面带和有筋带两种。扁钢带断面为扁矩形,宽度不应小于 30 mm,厚度不应小于 3 mm。钢带埋在土中容易锈蚀,因此,钢带表面一般应镀锌或采取其他措施进行防锈处理。

②钢筋混凝土带。钢筋混凝土带的平面为长方形或楔形,断面为扁矩形,宽度为 10 ~ 25 cm,厚度为 6 ~ 10 cm。为了施工方便,钢筋混凝土带应分节预制,分节长度一般宜小于 300 cm。为防止混凝土断裂可在混凝土内布设钢丝网。预制件所用混凝土的强度等级不宜低于 C20,钢筋直径不得小于 8 mm。预制件接长或与面板连接时,可采用焊接或螺栓结合,结点处应做好防锈处理。

筋带设计拉力由钢筋承担,钢筋截面应考虑锈蚀影响。

③聚丙烯土工带。聚丙烯土工带的宽度应大于 18 mm,厚度应大于 0. 8 mm。为提高土工带与填土之间的摩擦力,其表面应压有粗糙花纹。填料中有尖锐棱角的粗粒料会刺穿或割断土工带,因此,在含有尖锐棱角的粗粒料中不得使用聚丙烯土工带作为拉筋。

(3)面板。面板的主要作用是防止端部土体从拉筋间挤出。

①一般规定。面板设计的一般规定如下:

a. 面板设计应满足坚固、美观、运输方便和易于安装等要求。

b. 面板一般采用混凝土预制件,其强度等级不应低于 C20,厚度不应小于 8 cm。

c. 面板上的筋带结点,可采用预埋钢拉环、钢板锚头或预留穿孔等形式。钢拉环应采用直径不小于 10 mm 的 Ⅰ 级钢筋,钢板锚头应做防锈处理,聚丙烯土工带与钢拉环的接触面应做隔离处理。

d. 面板四周应设企口和相互连接的装置。当采用插销连接装置时,插销直径不应小于 10 mm。

②混凝土面板的外形。混凝土面板的外形可选用十字形、槽形、六角形、L 形和矩形等,一般尺寸见表 4. 7。墙顶和角隅处可采用异形面板和角隅面板。

表 4.7　混凝土面板尺寸表

（单位：cm）

类型	简　图	高度	长度	厚度
十字形	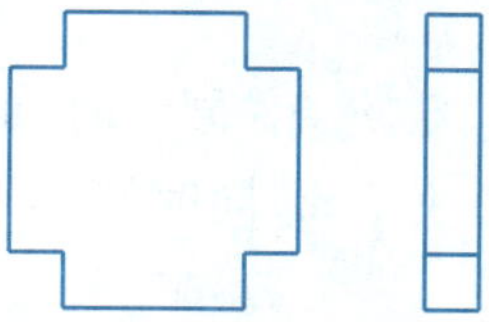	50 ~ 150	50 ~ 150	8 ~ 12
槽形		30 ~ 75	100 ~ 200	14 ~ 20
六角形	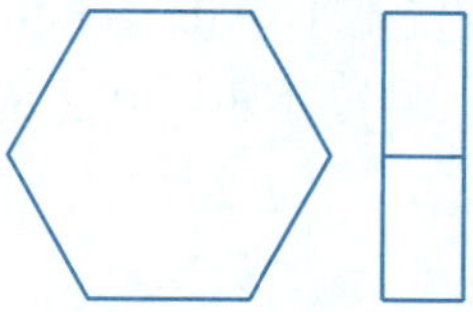	60 ~ 120	70 ~ 80	8 ~ 20
L 形	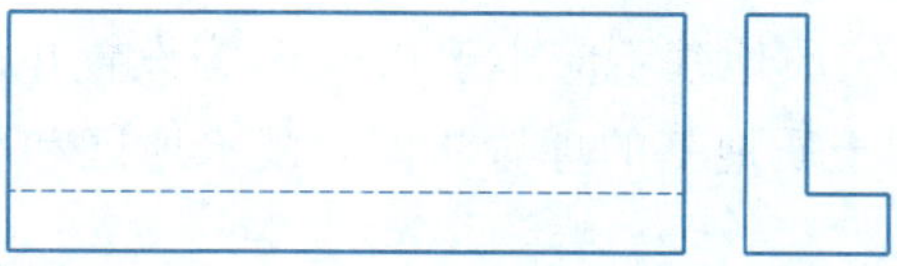	30 ~ 50	100 ~ 200	8 ~ 12
矩形	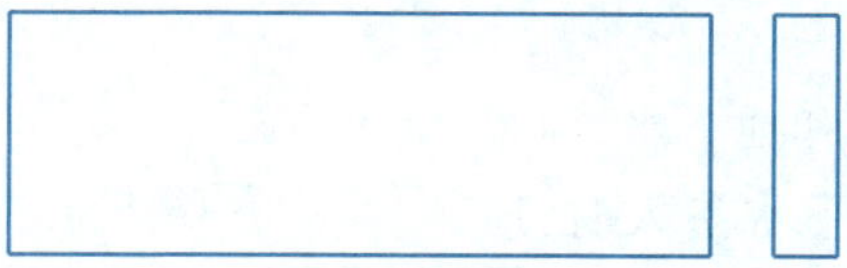	50 ~ 100	100 ~ 200	8 ~ 12

看一看

加筋技术广泛应用于哪些方面？加筋土挡土墙的特点有哪些？

4）加筋土挡土墙施工

加筋土挡土墙一般由加筋体、基础、排水设施和沉降伸缩缝等几部分构成，如图 4.13 所示。

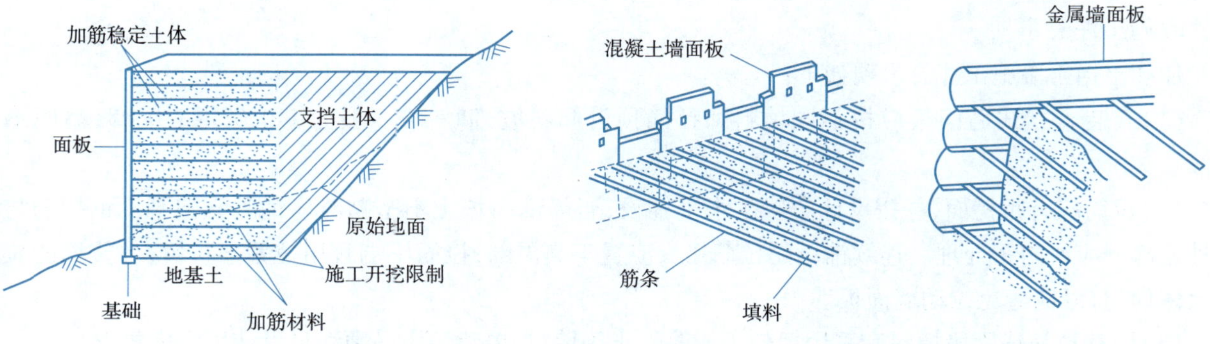

（a）　（b）　（c）

图 4.13　加筋土挡土墙结构示意图

(1)加筋体。加筋体墙面的平行线可采用直线、折线和曲线。相邻墙面的内夹角不宜小于70°。当相邻墙面的内夹角小于90°时,宜将不能垂直布设的筋带逐渐斜放,必要时在角隅处增设加强筋带。当双面加筋土挡土墙的筋带互相插入时,应错开铺设避免重叠。

加筋体的横断面形式一般应采用矩形。当受到地形、地质条件限制时,也可采用上宽下窄或下窄上宽的阶梯形。断面尺寸由计算确定,底部筋带长度不应小于3 m,同时不小于0.4 H(H指加筋挡土墙的高度)。

加筋挡土墙顶部一般应按路线要求设置纵坡;对路堤式挡土墙,也可调整两端与路线的水平距离,变更墙高,将墙顶设计成平坡。设置纵坡的加筋挡土墙顶部可按纵坡要求设置异形板,也可将需设异形面板的缺口用浆砌片石或现浇混凝土补齐。

加筋体填料的压实度是保证加筋体稳定的重要因素之一,应按相关规范的要求采用。浸水地区的加筋体应采用渗水性良好的土作为填料。在面板内侧应设置滤层或铺设透水性土工织物。季节性冰冻地区的加筋体宜采用非冻胀性土填料,否则应在墙面板内侧设置不小于0.5 m的砂砾防冻层。

(2)基础。加筋体墙面下部应设置宽度不小于0.3 m,厚度不小于0.2 m的混凝土基础,但属下列情况之一者可不设:

①面板筑于石砌圬工或混凝土之上。

②地基为基岩。

加筋体面板基础地面的埋置深度,对于一般土质地基不应小于0.6 m,当设置在岩石上时应清除表面风化层。当风化层很厚难以全部清除时,可采用土质地基的埋置深度。浸水地区和冰冻地区的基础埋置深度要求与重力式挡土墙相同。

软弱地基上加筋土挡土墙,当地基承载力不能满足要求时,应进行地基处理。加筋土挡土墙的地基可做成水平的或结合地形做成台阶形。

(3)排水设施。对可能危害加筋体的地面水和地下水,应采取适当的排水或防护措施。当加筋体背后有地下水渗入时,应设置通向加筋体的排水层,如图4.14所示。排水层采用砂砾,其厚度不小于0.5 m。

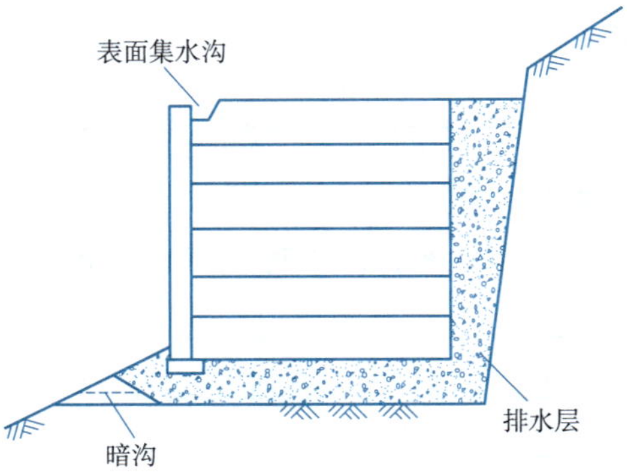

图4.14 排水层设置示意图

当加筋体顶面有渗水可能时,应采用防渗封闭措施。

(4)沉降伸缩缝。加筋土挡土墙应根据地形、地质、墙高等条件设置沉降缝。土质地基的沉降缝间距为10~30 m,岩石地基可适当增大。当设置整体式路沿板时,应酌情设置伸缩缝,其间距一般与沉降缝一致。

沉降缝、伸缩缝宽度一般为1~2 cm,可采用沥青板、软木质或沥青麻絮等填塞。

5)施工注意事项

加筋土挡土墙施工注意事项如下:

(1)安装直立式墙面板应按不同填料和拉筋预设仰斜坡,仰斜坡一般为1:0.02~1:0.05,墙面不得前倾。

(2)拉筋应有粗糙面,并按设计布置呈水平铺设,当局部与填土不密贴时应铺砂砾垫平。钢拉筋与钢材外露部分应作防锈处理。连续铺设的拉筋接头应置于其尾部;拉筋尾端宜用拉紧器拉紧,各拉筋的拉力应大体均匀,但应避免拉动墙面板。

(3)墙背拉筋锚固段填料宜采用粗粒土或改性土等填料,墙背填土必须满足设计压实度要求。

(4)填料摊铺、碾压应从拉筋中部开始平行于墙面碾压,先向拉筋尾部逐步进行,然后再向墙面方向进行,严禁平行于拉筋方向碾压。

(5)填土分层厚度及碾压变数,应根据拉筋间距、碾压机具和密实度要求,通过实验确定,严禁使用羊足碾碾压。靠近墙面板1 m范围内，应使用小型机具夯实，不得使用重型压实机械压实。

（6）当采用聚丙烯土工带时，拉筋应平顺，不得出现打折、扭曲等现象，不得与硬质、棱角填料直接接触。

（7）施工过程中随时观测加筋土挡土墙有无异常变化。

做一做

加筋土挡土墙施工注意事项及其沉降伸缩缝设置要求有哪些？

____

____

____

自学自测

一、单选题(只有1个正确答案,每题10分,共4题)

1. 工程防护是采用矿质材料进行坡面防护的一种形式,材料不包括(　　)。

A. 砂石　B. 外加剂　C. 石灰　D. 水泥

2. 浆砌片石挡土墙泄水孔的间距一般为(　　)。

A. 1 m　B. 2 m　C. 2~3 m　D. 4 m

3. 下列植物防护措施的铺草皮方法中不包括的是(　　)。

A. 斜铺法　B. 竖铺法　C. 网格法　D. 平铺法

4. 干砌片石挡土墙,墙顶最小宽度为(　　)。

A. 40 cm　B. 50 cm　C. 60 cm　D. 80 cm

二、名词解释(简单扼要说明,每题10分,共4题)

1. 坡面防护:

2. 挡土墙:

3. 护面墙:

4. 土工模袋:

三、判断题(对的划"√",错的划"×",每题5分,共4题)

1. 道路横断面包括:路面、路肩、中央分隔带、边沟、边坡、截水沟、护坡道、变速车道、爬坡车道、紧急停车带及用地范围内设置的标志、照明、防护设施等。(　　)

2. 路基防护与加固设施,主要有边坡坡面防护、沿河路堤防护与加固以及湿软地基的加固处置。(　　)

3. 浆砌片石挡土墙可不设墙身泄水孔。(　　)

4. 抹面防护适用于表面比较完整而尚未剥落的易风化软质岩石挖方边坡。抹面材料可采用石灰浆、石灰与炉渣混合灰浆、石灰炉渣三合土、四合土或水泥石灰砂浆等。(　　)

任务实施

大庆至广州国家高速公路是国家规划的7918网中的“纵5线”，路线起于黑龙江省大庆市，经吉林、内蒙古、河北、北京、河南、湖北，进入江西武宁县，经吉安、赣州，于龙南进入广东省连平县，经新丰，终于广州市，全长约3 500 km，纵贯江西南北，江西境内长约612 km。大庆至广州国家高速公路龙南里仁至杨村段是大庆至广州国家高速公路在江西境内的末段，也是江西三纵四横主骨架的第三纵。本施工段是涵盖路基路面工程的第5合同段，起点桩号是K+0+000，终点桩号是K19+000，全长19.0 km，包括路面基层、路面面层、路面排水、路基防护工程等工程项目施工内容，工期26个月(含备料期)。

本工程合同段的路基防护工程包括坡面、冲刷、挡土墙防护等方式，例如拟采用浆砌片石重力式路肩挡土墙设计，墙高10 m，墙背仰斜，坡度为1:0.25(14°02′)，挡土墙总长度3 km，墙身分段施工，每段长度10 m，技术难度相对较大，且考虑本工程项目工期，施工涉及项目等因素，请你制定切实可行的路基防护工程施工组织方案，保证在合同工期26个月内完成施工任务。

一、编制方案准备工作

根据背景资料，仔细分析，查阅相关资料，对于水流、风力、降水及其他可能引起路基破坏的因素，均应设置防护工程原则，在挡土墙防护设计中要考虑，使防护工程收到更好的效果；对于高而陡的防护构造物，设计师要考虑设置便于维修检查的安全设施；结合路基防护工程实施性施工组织设计的原则、依据、要求、主要内容、编制方法与步骤等，参考本课程路基防护施工方法案例，完成本标段关于路基防护施工技术方案的编制。

二、分析决策工作任务

路基防护应按照设计、施工与养护相结合的原则，深入调查研究，根据当地气候环境、工程地质、材料及施工方法等情况，因地制宜，就地取材，选用适当的工程类型或采取综合措施，以保证路基稳固，不要轻易取消或减少必要的防护工程措施，而给路基工程竣工后的养护管理遗留繁重的工作量。在不良的气候和水文条件下，对粉砂、细砂与易于风化的岩石边坡，均应在土石方施工完成后及时防护，路基边坡应根据边坡岩层组成及坡面弱点分布情况考虑全部防护或者局部防护。

三、路基防护的目的

由岩石、土质填挖而成的路基，改变了原底层的天然平衡状态，裸露于空间并直接承受填土及行车荷载的作用。在各种错综复杂的自然因素、行车的长期作用下，路基会产生各种变形和破坏；易于冲蚀的土质边坡和易于风化的岩石边坡施工完成后，在长期的雨水冲刷及干湿、温差反复作用下，将发生滑塌、碎落和冲沟等坡面变形和破坏；修建在河滩上和水库边的沿河路堤，在水流冲击、淘刷和浸蚀作用下，路堤的稳定性会受到影响；地基湿度较大，承载力不足时，路基易发生沉陷。因此，为保证路基的稳定性并防止路基病害，必须根据道路等级、当地的气候环境及地层、地质构造，因地制宜地采取有效措施，对各类土、石边坡及软弱地基予以必要的防护，路基防护的重点是边坡，特别是沿河路堤、不良水文地质地段的路基和容易受水流冲刷的路基边坡。

四、路基防护的施工方法

路基防护主要有坡面防护、冲刷防护、挡土墙防护等，本标段涵盖有路基防护的普遍类型，施工方法如下：

(1)坡面防护：坡面防护主要是保护路基边坡表面免受雨水冲刷，减缓温差及湿度变化的影响，防止和延缓岩土表面的风化、剥落等演变过程，从而保护路基边坡的整体稳定性，并且还兼顾到公路与环境的美化。坡面本身不承受外力作用,必须要求坡面岩土整体牢固,此外,坡面防护还应与排水设施相配合,以便雨水能尽快排出路基范围。常用的坡面防护有植物防护、工程防护和骨架植物防护。植物防护又称为“有生命”防护,以土质边坡为主。工程防护又称为“无机”防护,以石质路堑边坡为主。在一定程度上,植物防护在边坡稳定和改善路容方面,优于工程防护,防护工程应优先考虑植物防护。

(2)冲刷防护:沿河道路的路基直接受到水流侵害,冲刷防护是为了防止水流对路基的冲刷与淘刷危害岸坡,保证路基稳固而设置的防护。水流对路基的冲刷和淘刷造成的破坏比坡面被雨水和地表径流冲刷所造成的损害更为严重。冲刷防护按其作用可分为直接防护和间接防护两大类。直接防护是直接在路堤坡面或坡脚处设置防护结构物,以减轻或避免水流的直接冲刷;间接防护则是设置工程构造物以改变河道的水流方向或减缓水流流速,以达到减轻冲刷的目的。

(3)挡土墙防护:挡土墙是用来支撑天然边坡或人工填土边坡以保持土体稳定的建筑物。在公路工程中,它广泛应用于支撑路堤或路堑边坡、隧道洞口、桥梁两端及河流岸边等。按照设置挡土墙的位置,挡土墙可分为路肩挡土墙、路堑挡土墙、山坡挡土墙和浸水挡土墙等类型。①路肩墙或路堤墙设置在高坡路堤或陡坡路堤的下方,可以防止路基边坡或基底滑动,确保路基稳定;同时,可收缩填土坡脚,减少填方数量,减少拆迁和占地面积,以及保护临近线路的既有重要建筑物。②路堑挡土墙设置在挖方边坡底部,主要用于支撑开挖后不能自行稳定的边坡,同时可减少挖方数量,降低边坡高度。③山坡挡土墙设在挖方边坡上部,用于支挡山坡上可能滑坍的覆盖层,有的也兼有拦石的作用。④浸水挡土墙主要设置在滨河及水库路堤或傍水一侧,可防止水流对路基的冲刷和浸蚀。

五、任务报告形成工作

将路基防护的目的与要求进行整合,包括坡面防护、冲刷防护与挡土墙所采取的各项措施,能根据资料确定路基防护的选择,例如挡土墙的类型和使用条件;挡土墙布置的要求和方法;挡土墙检验的各项内容;砌石挡土墙及加筋土挡土墙的施工要点;整理齐全完备后形成路基防护工程施工实施方案,满足施工单位指导现场施工的需求,最后形成报告上报给监理、建设单位备案并存档。

笔记栏

工 作 单

计 划 单

学习情境二	修砌路基附属工程施工	任务 4	砌筑路基防护工程施工
工作方式	组内讨论、团结协作共同制订计划：小组成员进行工作讨论，确定工作步骤	计划学时	0.5 学时
完成人	1.　2.　3.　4.　5.　6.		
计划依据：1. 某公路工程施工图；2. 教师分配的施工段落（里程桩号区间）			
序号	计划步骤	具体工作内容描述	
1	准备工作 （准备工具、材料，谁去做？）		
2	组织分工 （成立组织， 人员具体完成什么？）		
3	现场记录 （记录什么内容？）		
4	路基防护工程处理方式方法 （怎么处理？要素有哪些？）		
5	核对工作 （谁去核对，核对什么？）		
6	整理资料 （谁负责？整理什么？）		
制订计划说明	（写出制订计划中人员为完成任务的主要建议或可以借鉴的建议、需要解释的某一方面）		

决策单

<table>
<tr><td>学习情境二</td><td>修砌路基附属工程施工</td><td>任务4</td><td colspan="3">砌筑路基防护工程施工</td></tr>
<tr><td colspan="3">决策学时</td><td colspan="3">0.5学时</td></tr>
<tr><td colspan="6">决策目的：本施工任务需要进行路基防护工程施工工作有哪些内容，并确定其必要性</td></tr>
<tr><td rowspan="7">选择编制路基防护工程施工工作内容</td><td rowspan="2">工作内容</td><td colspan="2">内容类别</td><td rowspan="2">必要</td><td rowspan="2">非必要
（可说明原因）</td></tr>
<tr><td>数据记录</td><td>性质描述</td></tr>
<tr><td>坡面防护施工</td><td>草皮尺寸、植树数量</td><td>铺草皮方式、植树要求</td><td></td><td></td></tr>
<tr><td>挡土墙施工</td><td>高度、宽度、长度</td><td>错缝砌筑、砂浆饱满程度</td><td></td><td></td></tr>
<tr><td>冲刷防护施工</td><td></td><td></td><td></td><td></td></tr>
<tr><td>挡土墙布置的要求和方法</td><td></td><td></td><td></td><td></td></tr>
<tr><td>挡土墙检验的各项内容</td><td></td><td></td><td></td><td></td></tr>
<tr><td>决策方案描述</td><td colspan="5">（本施工任务要提出来编制路基防护工程施工工作最佳方案是什么，最差方案是什么，描述清楚，未来指导现场路基防护工程的施工方法、布置的要求、检验的各项内容等实际工作。）</td></tr>
</table>

作 业 单

学习情境二	修砌路基附属工程施工	任务 4	砌筑路基防护工程施工
参加编制路基防护工程施工方案人员	第　　组		开始时间：
	签名：		结束时间：
序号	工作内容记录 （防护选择、冲刷作用、挡土墙施工要求等工作情况）		分工 （负责人）
1			
2			
3			
4			
5			
6			
7			
8			
9			
10			
11			
12			
小结	主要描述完成的成果及是否达到目标		存在的问题

编制路基防护工程施工信息记录单

<table>
<tr><td>学习情境二</td><td colspan="2">修砌路基附属工程施工</td><td>任务4</td><td colspan="2">砌筑路基防护工程施工</td></tr>
<tr><td>完成人姓名</td><td></td><td>组别</td><td></td><td>完成日期</td><td></td></tr>
<tr><td colspan="6">施工现场实施地点及桩号(手写)：</td></tr>
<tr><td>坡面防护施工</td><td colspan="5"></td></tr>
<tr><td>挡土墙施工</td><td colspan="5"></td></tr>
<tr><td>冲刷防护施工</td><td colspan="5"></td></tr>
<tr><td>挡土墙布置的要求和方法</td><td colspan="5"></td></tr>
<tr><td>挡土墙检验的各项内容</td><td colspan="5"></td></tr>
<tr><td>检查人
(签字)</td><td></td><td>检查存在的问题</td><td></td><td>检查时间</td><td></td></tr>
</table>

路基防护工程中施工方法记录单

（如多页可复印）

<table>
<tr><td>学习情境二</td><td colspan="2">修砌路基附属工程施工</td><td>任务 4</td><td colspan="2">砌筑路基防护工程施工</td></tr>
<tr><td>完成人姓名</td><td></td><td>组别</td><td></td><td>完成日期</td><td></td></tr>
<tr><td colspan="6">具体实施地点的名称（手写）：</td></tr>
<tr><td>施工现场路基防护情况说明或描述</td><td colspan="5"></td></tr>
<tr><td>草图</td><td colspan="5"></td></tr>
<tr><td>检查人（签字）</td><td></td><td>检查存在的问题</td><td></td><td>检查时间</td><td></td></tr>
</table>

检 查 单

学习情境二		修砌路基附属工程施工	任务 4		砌筑路基防护工程施工		
检查学时		课内 0.5 学时			第　　组		
检查目的及方式		教师过程监控小组的工作情况，如检查等级为不合格小组需要整改，并拿出整改说明					
序号	检查项目	检查标准	检查结果分级 （在检查相应的分级框内划“√”）				
			优秀	良好	中等	合格	不合格
1	准备工作	资源是否已查到、材料是否准备完整					
2	分工情况	安排是否合理、全面，分工是否明确					
3	工作态度	小组工作是否积极主动、全员参与					
4	纪律出勤	是否按时完成负责的工作内容、遵守工作纪律					
5	团队合作	是否相互协作、互相帮助、成员是否听从指挥					
6	创新意识	任务完成不照搬照抄，看问题具有独到见解创新思维					
7	完成效率	工作单是否记录完整，是否按照计划完成任务					
8	完成质量	工作单填写是否准确，记录单检查及修改是否达标					
检查评语					教师签字：		

任务评价

1. 小组工作评价单

学习情境二	修砌路基附属工程施工		任务 4	砌筑路基防护工程施工		
评价学时			课内 0.5 学时			
班级：			第　组			
考核情境	考核内容及要求	分值（100）	小组自评（10%）	小组间互评（20%）	教师评价（70%）	实得分（Σ）
汇报展示（20）	演讲资源利用	5				
	演讲表达和非语言技巧应用	5				
	团队成员补充配合程度	5				
	时间与完整性	5				
质量评价（40）	工作完整性	10				
	工作质量	5				
	报告完整性	25				
团队情感（25）	社会主义核心价值观	5				
	创新性	5				
	参与率	5				
	合作性	5				
	劳动态度	5				
安全文明（10）	工作过程中的安全保障情况	5				
	工具正确使用和保养、放置规范	5				
工作效率（5）	能够在要求的时间内完成，每超时 5 min 扣 1 分	5				

2. 小组成员素质评价单

<table>
<tr><td>学习情境二</td><td colspan="3">修砌路基附属工程施工</td><td colspan="2">任务 4</td><td colspan="4">砌筑路基防护工程施工</td></tr>
<tr><td>班级</td><td></td><td colspan="2">第　　组</td><td colspan="2">成员姓名</td><td colspan="4"></td></tr>
<tr><td>评分说明</td><td colspan="9">每个小组成员评价分为自评和小组其他成员评价 2 部分，取平均值计算，作为该小组成员的任务评价个人分数。评价项目共设计 5 个，依据评分标准给予合理量化打分。小组成员自评分后，要找小组其他成员不记名方式打分</td></tr>
<tr><td>评分项目</td><td colspan="3">评分标准</td><td>自评分</td><td>成员 1 评分</td><td>成员 2 评分</td><td>成员 3 评分</td><td>成员 4 评分</td><td>成员 5 评分</td></tr>
<tr><td>社会主义核心价值观（20 分）</td><td colspan="3">是否有违背社会主义核心价值观的思想及行动</td><td></td><td></td><td></td><td></td><td></td><td></td></tr>
<tr><td>工作态度（20 分）</td><td colspan="3">是否按时完成负责的工作内容、遵守纪律，是否积极主动参与小组工作，是否全过程参与，是否吃苦耐劳，是否具有工匠精神</td><td></td><td></td><td></td><td></td><td></td><td></td></tr>
<tr><td>交流沟通（20 分）</td><td colspan="3">是否能良好地表达自己的观点，是否能倾听他人的观点</td><td></td><td></td><td></td><td></td><td></td><td></td></tr>
<tr><td>团队合作（20 分）</td><td colspan="3">是否与小组成员合作完成任务，做到相互协作、互相帮助、听从指挥</td><td></td><td></td><td></td><td></td><td></td><td></td></tr>
<tr><td>创新意识（20 分）</td><td colspan="3">看问题是否能独立思考，提出独到见解，是否能够创新思维解决遇到的问题</td><td></td><td></td><td></td><td></td><td></td><td></td></tr>
<tr><td>最终小组成员得分</td><td colspan="9"></td></tr>
</table>

课后反思

学习情境二	修砌路基附属工程施工		任务 4	砌筑路基防护工程施工
班级		第　　组	成员姓名	
情感反思	通过对本任务的学习和实训,你认为自己在社会主义核心价值观、职业素养、学习和工作态度等方面有哪些需要提高的部分?			
知识反思	通过对本任务的学习,你掌握了哪些知识点?请画出思维导图。			
技能反思	在完成本任务的学习和实训过程中,你主要掌握了哪些技能?			
方法反思	在完成本任务的学习和实训过程中,你主要掌握了哪些分析和解决问题的方法?			

任务5　修建路基排水工程施工

任务单

<table>
<tr><td>学习情境二</td><td colspan="2">修砌路基附属工程施工</td><td colspan="2">任务5</td><td colspan="2">修建路基排水工程施工</td></tr>
<tr><td colspan="3">任务学时</td><td colspan="4">课内6学时+课外2学时</td></tr>
<tr><td colspan="7">布置任务</td></tr>
<tr><td>工作目标</td><td colspan="6">1. 识别道路工程施工中路基附属工程设计图纸。
2. 了解路基排水的特点及其类别。
3. 掌握地表排水、地下排水的施工方法及技术要求。
4. 掌握地表排水、地下排水的适用的范围。
5. 能够在学习的工作中锻炼专业能力、方法能力和社会能力等职业能力。
6. 培养学生遵守施工技术规范、爱护施工设备的职业操守。
7. 培养学生具备严谨认真、保证质量等建设优质工程的爱国情怀。
8. 培养学生具备团队协作、沟通协调的社会能力。
9. 培养学生具备精益求精的工匠精神，培养学生劳动精神。</td></tr>
<tr><td>任务描述</td><td colspan="6">根据给定的道路工程图纸中排水工程部分资料，结合工程概况编制路基排水工程施工方案，工作中严格遵循《公路工程技术标准》(JTG B01—2014)和《公路路基施工技术规范》(JTG/T 3610—2019)。具体任务要求如下：
1. 工程概况描述。
2. 读取路基施工图设计文件，在图纸上标识出相关内容。
3. 排水工程的施工要求与原则。
4. 制定排水工程施工方案。
5. 路基排水的处理方法。</td></tr>
<tr><td rowspan="2">学时安排</td><td>资讯</td><td>计划</td><td>决策</td><td>实施</td><td>检查</td><td>评价</td></tr>
<tr><td>2学时+课外1学时</td><td>0.5学时</td><td>0.5学时</td><td>2学时+课外1学时</td><td>0.5学时</td><td>0.5学时</td></tr>
<tr><td>对学生学习及成果的要求</td><td colspan="6">1. 每名同学均能按照自学资讯思维导图自主学习，并完成课前自学的问题训练和自学自测。
2. 严格遵守课堂纪律，学习态度认真、端正，能够正确评价自己和同学在本任务中的素质表现。
3. 每位同学必须积极参与小组工作，承担外业测量的相应劳动工作，做到能够积极主动不推诿，能够与小组成员合作完成工作任务。
4. 每位同学均需独立或在小组同学的帮助下完成技能训练工作单，并提请检查、签认，对提出的建议，如有错误务必及时修改。
5. 每组必须完成全部“测设圆曲线”工作的报告工单，并提请教师进行小组评价，小组成员分享小组评价分数或等级。
6. 每名同学均完成任务反思，以小组为单位提交。</td></tr>
</table>

自学资讯思维导图

- 任务5　修建路基排水工程施工
  - 知识点
    - 1. 地表排水工程施工
      - 地表排水的设施有哪些？各起什么作用？
      - 说明截水沟与排水沟有哪些区别？
      - 跌水由哪几部分组成？适用哪些地方？
      - 边沟和排水沟施工要求是什么？
      - 截水沟技术特点是什么？
      - 渡槽和倒虹吸的施工要求有什么？
    - 2. 地下排水工程施工
      - 地下排水的设施有哪些？各起到什么作用？
      - 渗井由哪几部分组成？
      - 渗沟按流量不同可分为哪几种？适用范围是什么？
      - 渗沟施工注意事项是什么？渗沟的宽度有何要求？
      - 暗沟的施工要点包括哪些？
    - 3. 路基附属工程检查与验收
      - 附属结构物检查及验收内容有哪些？
      - 护坡、护面墙、挡土墙允许偏差具体数值是什么？
  - 技能点
    - 1. 区分路基排水类型和使用条件；
    - 2. 比较地表排水、地下排水的施工方法；
    - 3. 编写地表排水、地下排水的施工技术交底；
    - 4. 选择地表排水工程施工方法；
    - 5. 甄别选择路基排水的方式优劣；
    - 6. 撰写地下排水工程施工方案。
  - 职业素养
    - 1. 通过附属施工给予学生引申，结合案例讲解排水施工水平制约工程建设质量；
    - 2. 通过引入修建公路的艰辛，讲解施工工作的技术发展，培育学生的家国情怀；
    - 3. 在实践教学中引导学生安全第一的职业意识，如何避免交叉作业中的安全隐患；
    - 4. 通过多方评价审查学生是否严谨认真、诚实守信、不弄虚作假；
    - 5. 多次练习施工工艺与施工方法，培养精益求精的工匠精神。

课 前 自 学

水是路基产生各种病害和变形的主要原因之一，在路基设计中应充分予以重视，因地制宜采取各种排水措施，并将这些设施组合成完善的排水系统。本任务主要阐述路基排水设计的一般规定和要求，路基排水设施的构造与布置及施工方法，地表排水沟渠的加固，路基排水的综合设计等。了解路基排水的要求与原则，掌握路基排水设施的构造与布置及施工方法，能根据资料进行一般地形的路基排水设计和组织施工。

根据水源的不同，影响和危害路基的水分为地表水和地下水两大类。地表水包括大气降水（雨和雪）及海、河、湖、水渠和水库水。地表水对路基产生冲刷和渗透，冲刷可能导致路基整体稳定性受到损害或破坏，形成水毁现象。渗入路基土体的水分，使土体过湿而降低路基强度。地下水是指地表以下岩石或土层的孔隙、裂隙中的水，包括上层滞水、潜水、层间水等。它们对路基的危害程度因埋藏情况、流量大小而异，轻者能使路基湿软、强度降低；重者会引起路基冻胀、翻浆及边坡塌方，甚至整个路基沿倾斜基底滑动。水还可能造成掺有膨胀土的路基工程遭到毁灭性的破坏。

路基地面排水设施可采用边沟、截水沟、排水沟、跌水与急流槽、拦水带等设施，地下排水设施可采用暗沟、渗沟、渗井等设施。各类排水结构物均是针对某一水源，为满足某一方面要求而设置的，不可能完成全路基的排水任务。因此，路基排水设计应重视排水系统的综合设计。

路基排水的目的，就是将路基范围内路基湿度降低到一定的限度以内，保持路基常年处于干燥或中湿状态，确保路基及路面具有足够的强度与稳定性。

路基设计时，首先要查清水源，结合农田水利进行全面规划，必须将影响路基稳定性的地表水排除或拦截于路基用地范围以外，并防止地表水漫流、滞积或下渗。对于影响路基稳定性的地下水，则应予以截断、疏干或降低，并引至路基范围以外适当地点。

路基施工时，首先应校核全线路基排水系统的设计是否完备和妥善，必要时应予以补充或修改，应重视排水工程的质量和使用效果。此外，应根据实际情况与需要，在施工现场设置一些必要的临时性排水设施，以保证路基土石方及附属结构物在正常条件下进行施工作业，消除路基基底和土体内与水有关的隐患，保证路基工程质量，提高施工效率。

路基养护中，对排水设施应定期检查与维修，以保证排水设施正常使用，使水流畅通，并根据实际情况不断改善路基排水条件。

知识点1　地表排水工程施工

地表排水设施可分别按排水的需要，单独或综合设置于路基的不同部位。施工应按设计规定要求进行，确保排水设施、排水系统的可靠与有效性。

5.1.1　边沟

设置在挖方路基的路肩外侧或低路堤的坡脚外侧，多与路中线平行，用以汇集和排除路基范围内的流向路基的小量地面排水的沟槽称为边沟。边沟的断面形式一般有梯形、流线形、三角形和矩形，如图5.1所示。

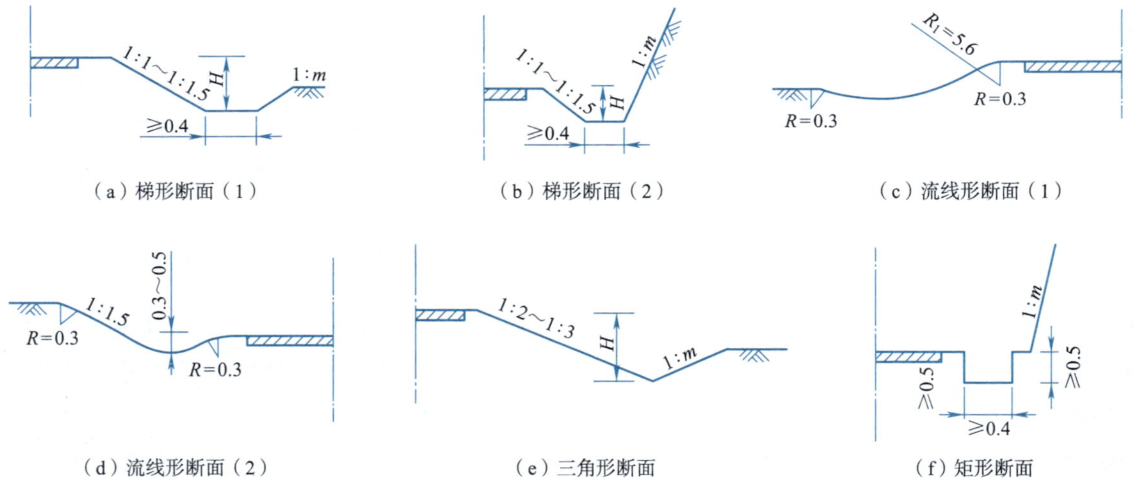

图5.1　边沟断面形式示意图(单位:m)

通常土质地段边沟多采用梯形，梯形边坡靠路基一侧为1∶1～1∶1.5，另一侧与路堑边坡相同；有碎落台时，外侧也可采用1∶1；机械化施工时，土质边沟多采用三角形，三角形边沟的边坡内侧一般为1∶2～1∶4，外侧为1∶1～1∶2；石方地段或铺砌式边沟多采用矩形，矩形边沟的内侧边坡视其强度可采用直立，亦可稍有倾斜(1∶0.5)；流线形边沟，是指将路堤的边角整修圆滑，可以防止路堤旁积沙或积雪，适用于沙漠或积雪地区。

边沟的深度一般取0.4～0.6 m，只有当路线通过分水岭时，路堑中的石质边沟在凸形变坡点，边沟最小深度可减至0.2 m，底宽不应小于0.3 m，在水流较多的情况下，需适当加宽加深。

一般情况下，边沟不宜与其他沟渠合并使用，为控制边沟中的水不致过多，可充分利用地形，在较短距离(在平原区和重丘上岭区梯形边沟长度一般不宜超过300 m，三角形边沟一般不宜超过200 m)内即将边沟水排至路旁洼地、沟谷或河道、水库内。一般每隔 300 ~ 500 m(特殊情况 200 m)设排水涵一道，用以及时将边沟水排至路基范围之外。

一般边沟的沟底纵坡与路线纵坡大致相同，并不宜小于 0.2%，以免水流阻滞淤塞边沟。若路线纵坡不能满足边沟纵坡要求时，应采用加大边沟，增设涵洞或将填方路基提高等措施处理；当沟底纵坡大于 3% 时，应对边坡进行加固；当纵坡超过 6% 时，水流速度大而且冲刷严重，可采用跌水或急流槽的形式缓冲水流。另外，在设置超高的平曲线段内，挖方地段路基内侧标高的改变，可能形成边沟积水，危害路基，因此应注意使平曲线段内，挖方路段路基内侧标高的改变，可能形成边沟积水，危害路基，因此应注意使平曲线段边沟沟底与曲线前后沟底平顺衔接。在暴雨量较大的地区，如挖方路基的纵坡陡而长，下端纵坡平缓时，为避免水流溢满，冲刷或软化路基，危及路面，可将外侧边沟适当加深，其增加值等于各断面的超高值。如平面线内调整边沟确有困难，可在边坡点附近或进入弯道前，设置横向排水沟，必要时增设涵洞将边沟水排至路基范围之外，减少小曲线段边沟的流量。

边沟的出水口应进行处理。在路堑与路堤接合处，边沟沟底纵坡一般较陡。

当边沟底与填土坡脚高差较大时，应结合地形与地质等具体条件采用以下两方面措施：

(1)设置排水沟，将路堑边沟水沿出口的山坡引向路基范围以外，使之不致冲刷填方边坡。

(2)自边沟与填方连接处设置跌水或急流槽，将水流直接引到填方坡脚之外，如图 5.2 所示。

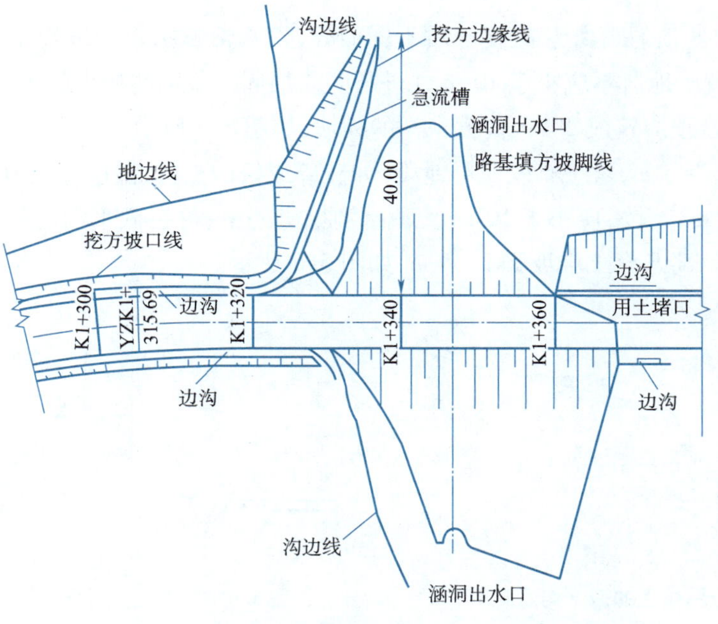

图 5.2　路堑与高路堤衔接处边沟排水示意图

当边沟的出口与桥涵的高差较大时，为避免边沟流水冲刷，应作如下处理：

(1)在涵洞进口设置雨水井，或根据地形需要，在进水口前设置急流槽与跌水等构造物，将水流引入涵洞，如图 5.3 所示。

(2)在桥头翼或挡土墙的后端，设置急流槽或跌水，将水引入河道。

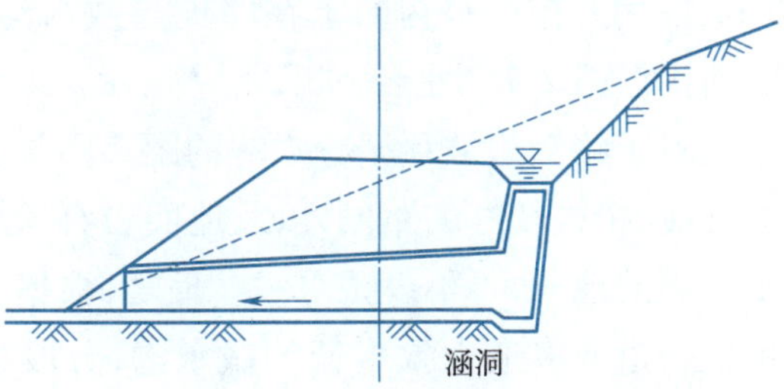

图 5.3　边沟水流流入涵洞前的窨井(单级跌水)排水示意图

5.1.2　截水沟

截水沟为设置在挖方路基边坡坡顶以外或山坡路堤的上方，垂直于水流方向，用以拦截路基上方流向路基的地面径流的排水设施。截水沟可以防止地表径流量冲刷和侵蚀挖方边坡和路基坡脚，并减轻边沟的流水负担。

截水沟应设有合适的纵坡度，沟底纵坡不应小于 0.3%，亦不可大于 3%，以免水流冲刷严重，一般取用

1% ~2% 。对土质地段截水沟,还应适当加固,以保证不渗水并防止造成冲刷。截水沟布设应综合利用地形,合理布置。若因地形限制,附近又无出水口时,可分段考虑,中部以急流槽衔接;若由于地形限制,汇水量大,将截水沟引至自然沟,若路基地段有困难,可在挖方较低处增设急流槽或涵洞,直接将水引至路基的另一侧,排至路基范围以外。

截水沟的横断面形式一般为梯形。底宽 b 不小于 0.5 m,深度 h 应根据拦截水流量而确定,亦不小于 0.5 m,边坡坡度视土质而定,一般可取 1:1 ~1:1.5。当山坡覆盖物较薄,厚度小于 1.5 m 且不稳定时,截水沟沟底应设置在基岩上,如图 5.4 所示,以保证沟身稳定和拦截覆盖层与基岩面之间的地下水。

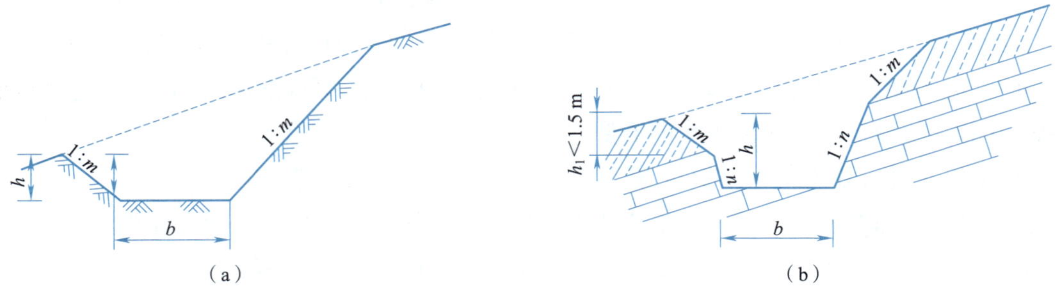

图 5.4　截水沟的断面形式示意图

截水沟离路堑边坡坡顶的距离为 d,视土质不同而异,以不影响路堑边坡稳定为原则设置。如是一般土质至少离开 5 m,对黄土地区不应小于 10 m 并进行防渗加固。截水沟挖出的土,可在路堑与截水沟之间修成土台并进行夯实,台顶应筑成 2% 倾向截水沟的横坡,如图 5.5 所示。

对于一般土层,取 $d \geqslant 5$ m,对于有软弱层地段(如破碎或松散土层、淤层等),其距离因挖方边坡高度 H 而异,一般取 $d \geqslant H+5$(m),并不应小于 10 cm。截水沟挖出的土,可在截水沟的下侧做成土台。若路基上方有弃土堆时,截水沟就离开弃土堆坡脚 1 ~5 m,如图 5.6 所示。

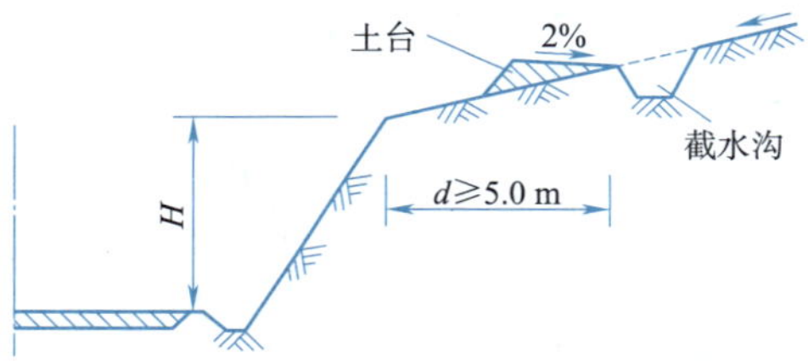

图 5.5　挖方路段上的截水沟示意图

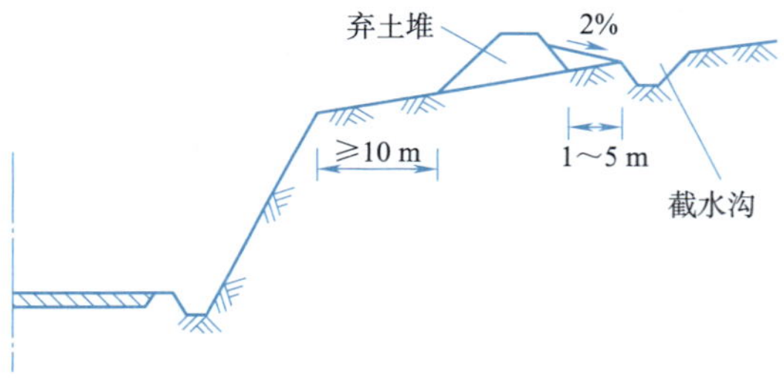

图 5.6　挖方路段截水沟与弃土堆示意图

若挖方路段土质边坡较高,将量较大,可考虑在平台上架设截水沟,拦截由坡顶流下的截水沟,但应特别注意截水沟的加固,防止水流渗漏而影响边坡稳定。对于山坡路堤上方的截水沟,离开路堤坡脚至少 2 m,并用开挖截水沟的土在路堤与截水沟之间,修成向沟倾斜 2% 的土台,如图 5.7 所示。

对于路堑边坡顶至分水岭的距离不长、土质好、坡度缓、植被较好的路段,以及地面岩石裸露和坡面不冲刷的地段,可不设截水沟。反之,根据具体情况可设一道或多道大致平行的截水沟,分段拦截地面径流。

截水沟也设有可靠的出水口,与其他排水设施平顺衔接,必要时宜设跌水或急流槽,将水流排入截水沟所在山坡一侧的自然沟中,或直接引到桥涵进

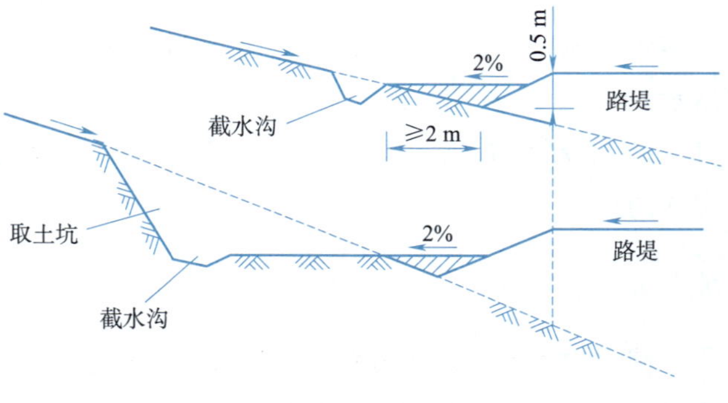

图 5.7　山坡路堤上方的截水沟示意图

口处，应避免排入边坡，或者在山坡上任其自然，造成冲刷。

品一品

截水沟与边沟的区别以及各自特点？边沟的断面形式有哪些？

微课

地表排水工程施工

5.1.3　排水沟

排水沟的主要用途在于引水，将路基范围的各种水流（边沟、截水沟、取土坑、边坡和路基附件积水），引至桥涵或路基范围以外的指定地点。

排水沟一般为梯形断面，底宽不小于 0.5 m，边坡坡度一般为 1:(1～1.5)，排水沟应尽量做成直线，如必须转换时，其半径不宜小于 10 cm。应使原水道不产生冲刷或淤泥。一般应使排水沟与原水道两者水流方向的流向成锐角相交，并力求小于 45°，保证汇流出水流顺畅，如限于地形，锐角连接有困难时，可用半径 $R=10$ m 的圆弧线形（弧长等于 1/4 圆周，b 为排水沟的顶宽）。

5.1.4　跌水与急流槽

设置于需要排水的高差较大而距离较短或坡陡峻的地段的阶梯形构筑物，称为跌水。其作用主要是降低流速和消减水的能量。急流槽是具有很大坡度的水槽，但水流不离开槽底。其作用是在很短的距离内，在水面落差很大的情况下进行排水。一般在重丘和山岭地带，地形险峻，排水沟渠纵坡较陡，水流湍急，冲刷力强，为减少其流速，降低其能量，防止对路基形成危害，多采用跌水或急流槽。沟底纵坡较陡的桥涵，为使水流稳定而顺利地通过，也可将其涵底及涵洞进出水口做成跌水或急流槽。此外，为避免边坡受到冲刷，以及有需要减速消能的排水设施时，均可采用跌水或急流槽。

跌水或急流槽设置的位置、类型和尺寸，应因地制宜，结合地形、地质、当地材料和施工条件综合考虑。在满足排水需要和保证工程质量的前提下，力求构造简单，经济实用。若傍山路线遇到岩石山沟，应予以利用，必要时应采用适当的加工修整及增加槽底粗糙度等措施，使水流消能和减缓流速，将水流引入指定地点。跌水或急流槽同时下游水面的连接形式，宜采用淹没式，以减少加固工程。

1. 跌水

跌水的一般构造有单级和多级两种。涵洞进出水口处多属单级跌水，如高差及地形变化较大时，根据需要也可以做成多级跌水。

从力学计算的特点出发，跌水包括进水口、消力池和出水口三部分。其中消力池部分由跌水墙、平台和消力槛所组成，如图 5.8 所示。

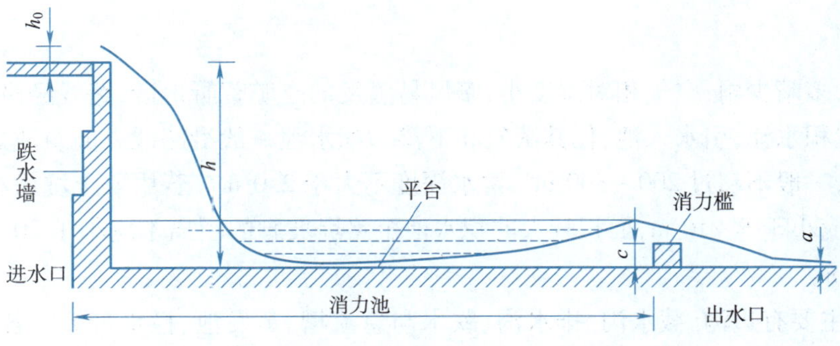

图 5.8　跌水井构造示意图

消能措施包括：

(1)加大渠底的粗糙度，以缩短水跃长度。

(2)设有消力槛,以减少水流冲击和流速。消力槛的顶宽不小于0.4 m,并设有尺寸5 cm×5 cm~10 cm×10 cm的泄水孔,以便水中断时,排除消力池内的积水,避免池内水冬季结冰被破坏。

跌水可用砖或片石浆砌,必要时用混凝土浇筑。沟槽槽身及消力池的边墙厚度为:浆砌片石0.25~0.40 m;混凝土0.20 m,高度应高出计算水位最少的0.2 m。槽身一般砌成矩形,如跌水高度不大,槽底纵坡较缓,亦可采用梯形。但应注意在台阶前0.5~1.0 m和台阶后1.0~1.5 m的范围内进行加固。槽底厚度为0.25~0.40 m,出水口部分可设置等宽或变宽形式。跌水台阶的高度,可根据地形、地质等条件而定,一般不大于0.5~0.6 m,通常是0.3~0.4 m。其高度与长度之比,应与原地面坡度相适应。

2. 急流槽

急流槽可分进出水口、槽身和出水口三部分,如图5.9所示。其断面多为矩形,底宽在全长范围内一般不变。当进水渠道或出水渠道的宽度较急流槽大或形状不同时,需设过渡段。急流槽的纵坡一般不宜超过1:2,可用片石浆砌或混凝土浇筑。急流槽壁的厚度,砌石时为0.4 m,混凝土时为0.3 m,槽壁的高度至少应高出计算水深0.2 m。急流槽的基础要稳固,每隔1.5~2.5 m设置耳墙,以防止滑动,耳墙深入基础0.3~0.5 m。进水槽和出水槽底部应用片石铺砌,长度一般应大于10 cm,特殊情况是,还应在下游设厚0.2~0.5 m、长2.5 m的防冲刷铺砌。当急流槽很长时,应分段筑砌,每段长度为5~10 m,接头处用防水材料填充。

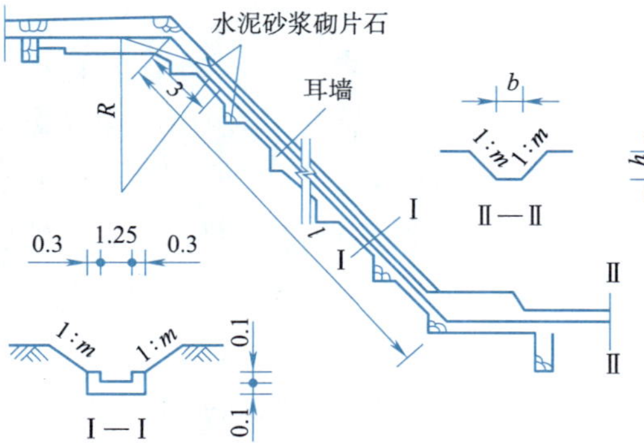

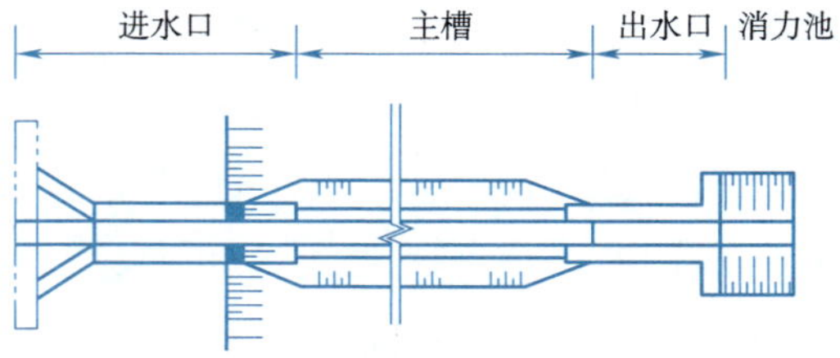

图5.9 急流槽构造示意图

碰一碰

跌水的消能措施包括哪些内容?急流槽的施工要求有哪些?两者有哪些区别?

5.1.5 蒸发池

在降雨量不大,多晴少雨,空气相对湿度小,多风易蒸发的空旷荒野地区,路线经过平坦地段无法把地面水排走时,可设置积水池,引水入池,任其蒸发和下渗。积水池一般沿路线方向筑成矩形,其容量大小根据当地降雨量而定,一般不超过200~300 m^3,蓄水深度不大于2.0 m。若用取土坑做积水池时,与路基坡脚间的距离一般不应小于5~10 m,面积较大的积水池至路堤坡脚的距离不应小于20 m,坑内水面应低于路基边缘至少0.6 m。

地面排水设施主要有边沟、截水沟、排水沟、跌水与急流槽、蒸发池、拦水带等。各种地面排水设施结构与作用不同,在排水时要综合考虑布设,才能达到较为理想的目的。

5.1.6 渡槽与倒虹吸

路堑路段,当农田水利灌溉沟渠水流需要上跨路基或横穿通过时,可采用渡槽与倒虹吸。两者属于路基地面排水的特殊结构物。

1. 渡槽

当沟渠高程与路基设计高程相差较大，能够同时满足行车净高和结构物高度的要求时，可采用渡槽排水。渡槽相当于渡水桥，如图5.10所示。可设简易桥梁，架设水槽或管道，从路基上部跨越，以沟通路基两侧的水流。渡槽除了应满足沟渠排水通过流量的要求，还应满足自身结构强度和稳定性的要求。

渡槽由进水口、槽身和下部支撑三部分组成。为降低工程造价，槽身过水横断面一般比两端的沟渠横断面小，槽中水流速度相应有所提高，因此进出口段应该注意防止冲刷和渗透。进出水口处设置过滤段，根据土质情况，分别将槽身两端伸入路基两侧地面2～5 m，而且进出水口过滤段宜长一些，以防淤积。过滤段的平面收缩角为100～150。如果槽身与沟渠的横断面相同，沟槽可直接衔接而不设过渡段。与槽身连接的土质沟渠，与应予以防护加固，其加固长度至少是沟渠深的四倍。

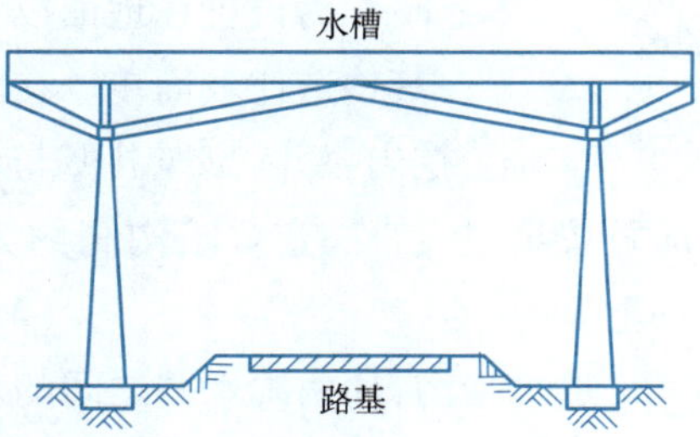

图5.10　渡槽示意图

2. 倒虹吸

当沟渠底高程高于路基设计高程，但不能满足行车净高和结构高度的要求时，可采用倒虹吸排水，如图5.11所示。倒虹吸是借助上下沟渠水位差，利用势能迫使水流降落，经路基下部洞身管道流向路基另一侧，然后再复生流入下游沟渠。由于所设管道为有压管道，竖井式倒虹吸的水流多次垂直改变方向，造成涡流局部冲刷，沿程不同位置容易漏水或淤积，因此对结构的要求较高，且难以清理和修复，应尽量不用或少用。需使用时应进行水力计算，合理设计并保证施工质量，使用中要经常检查维修。

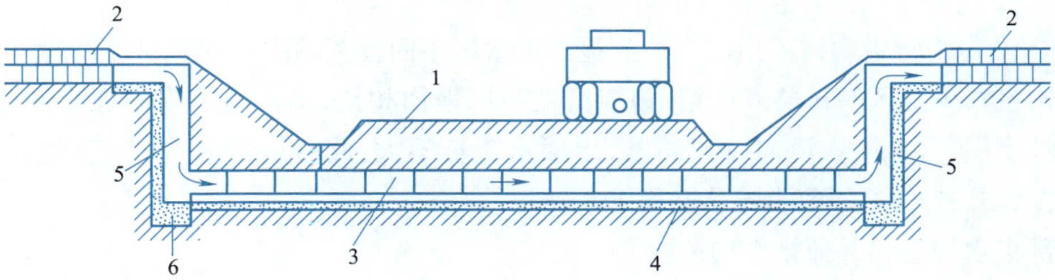

1—路基；2—原沟渠；3—洞身；4—垫层；5—竖井；6—沉砂池。

图5.11　竖井式倒虹吸布置图

洞身管道有箱形和圆形两种，以水泥混凝土和钢筋混凝土为主。管道的孔径为0.5～1.5 m，管道附近的路基填土厚度，一般不小于1.0 m，以免行车荷载压力过于集中，使管道受损或变形。为了施工和养护方便，管道亦不宜埋置过深，以填土高度不超过3.0 m为宜。

倒虹吸管道两端设竖井，井底高程低于管道，起沉淀泥沙与杂物的作用。亦可改用斜管式或缓坡式，以代替竖井式升降水流，此时水流条件有所改善，但路基用地宽度增大，管道长度增加。为减少堵塞现象，设计时要求管道内水流的速度不大于1.5 m/s，并在井口处设置沉沙池和拦泥栅。

想一想

截水沟与边沟的区别以及各自特点？边沟的断面形式有哪些？

知识点2　地下排水工程施工

拦截、汇集和排除地下水，或降低地下水位，以免使路基遭破坏的结构物，称为地下排水结构物。其构造比一般地面排水结构物复杂，且维修改建困难，投资也较大，故在施工中应予高度重视，以免建成后因结构物失效而酿成后患。

公路上常用地下排水结构物有暗沟、渗井和渗沟等。

微课

地下排水工程施工

5.2.1 暗沟

暗沟为设置在地面以下用以引导水流的沟渠，无渗水和汇水作用。

其构造比较简单。在路基填土之前，或挖出泉眼之后，按照泉眼范围的大小，剥除泉眼上层浮土，挖出泉井，砌筑井壁与沟壁，上盖混凝土盖板。井深应保证盖板顶面的填土厚度不小于 50 cm，净宽按泉眼大小决定。暗沟高约为 20 cm，宽 20 ~ 30 cm。如沟身两侧为石质，盖板可直接放在两侧石壁上。

过水暗沟，如两雨水井之间的水道连接，可采用混凝土水管。其施工要点：

(1)当地下水位较高，潜水层埋藏不深时，可采用暗沟(或排水沟)截留地下水及降低地下水位，沟底宜埋入不透水层内。沟壁最下一排渗水口(或裂缝)的底部宜高出沟底不大于 20 cm。暗沟(或排水沟)设在路基旁侧时，宜沿路线方向布置，设在低洼地带或天然沟谷处时，宜顺山坡的沟谷走向布置。

排水沟可兼排地表水。但在寒冷地区不宜用于排除地下水。

(2)暗沟(或排水沟)采用混凝土浇筑或浆砌片石砌筑时，应在沟壁与含水地层接触面的高度处设置一排或多排向沟中倾斜的渗水孔，沟壁外侧应填以粗粒透水材料或土木合成材料作反滤层。沿沟槽每隔 10 ~ 15 m 或当沟槽通过软硬岩层分界处时，应设置伸缩缝或沉降缝。

5.2.2 渗井

渗井(渗水井)指为将边沟排不出的水渗到地下透水层中而设置的用透水材料填筑的竖井。

路线穿过雨量稀少地区的村落或市集，路线高度与原地面相仿，因建筑障碍不能贯通边沟，而距地面不深处有渗透性土层，且地下水流向背离路基，地面水流量不大，此时可修渗井，将边沟水流分散到地面 1.5 m 以下的透水层中，使之不致影响路基稳定。

渗井由上部集水构造和下部排水构造两部分组成。

1. 上部构造

渗井面积的大小决定于路基表面的流量，一般可采用直径为 0.7 ~ 1.0 m 的圆井，或 0.6 m × 0.6 m ~ 1.0 m × 1.0 m 的方井。渗井内部填充材料应冲洗干净，在填筑填充材料前，应预先在井位上安置内外两套铁皮套筒。填筑过程中，根据填充程度逐渐将套筒撤出；渗井的顶部四周(进口部分除外)用黏土筑堤围护，顶上也可加筑混凝土盖板，严防水井淤塞。

2. 下部构造

渗井的下部，必须穿过不透水层而达到渗透层，内填充材料用碎石或卵石，上部不透水土层内填充砂或砾石，透水土层离地面较深时，可用钻井机钻孔，但钻井的直径不应小于 15 cm，有时可达 50 ~ 60 cm。

高速公路、城市立交桥下的通道，曲线为凹形竖曲线时，如通道路基下层有良好的渗水性土层，则可在凹形竖曲线的最低部位设置渗井，井口宽可取 41.5 cm，与一般雨水井同，上盖铁篦盖板，总宽与通道宽相等，使低洼处积水由渗井排走。比之采用涵管或水泵排水更为经济、简单。其构造及渗水扩散曲线如图 5.12 所示。

渗井施工要点如下：

(1)渗井尺寸 50 ~ 60 cm，井内按层次在下层透水范围内填碎石或卵石，上层不透水层范围内填砂或砾石。填充料采用筛选过的不同粒径的材料，应层次分明，不得粗细料混杂填塞。井壁和填充料之间应设反滤层。

(2)渗井离路堤坡脚不应小于 10 cm，渗水井顶部四周(进口部分除外)用黏土筑堤维护，井顶应加混凝土盖，严防渗井淤塞。

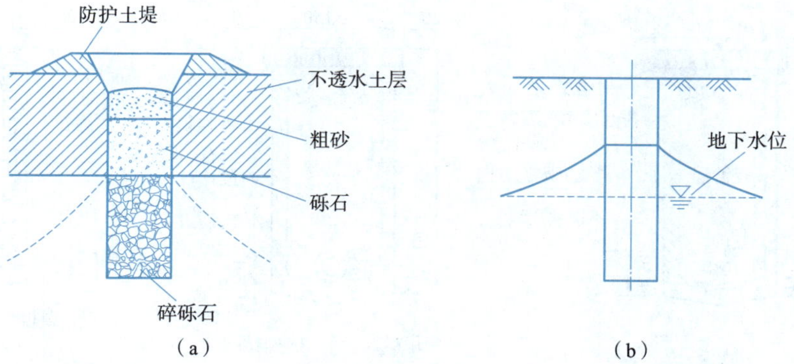

图 5.12 渗井构造及渗水扩散曲线图

渗井容易淤塞，从单位面积来说，造价也较高，所以一般不容易采用。当土基含水量过大、路面翻浆，彻底解决地下排水系统又不可能时，可采用渗井群来疏干路基。

比一比

暗沟设置的要求如何？渗井施工要点包括哪些内容？

____

____

____

5.2.3 渗沟

渗沟是一种常见的地下排水沟渠。其作用是为了切断、拦截有害的含水层和降低地下水位，保证路基经常处于干燥状态。

路线所经地段遇有潜水、层间水，路堑顶部出现地下水，或地下水位较高，影响路堤或路堑边坡稳定，则需修建渗沟将水排除。图 5.13 和图 5.14 为应用示范，可供大家学习应用参考。

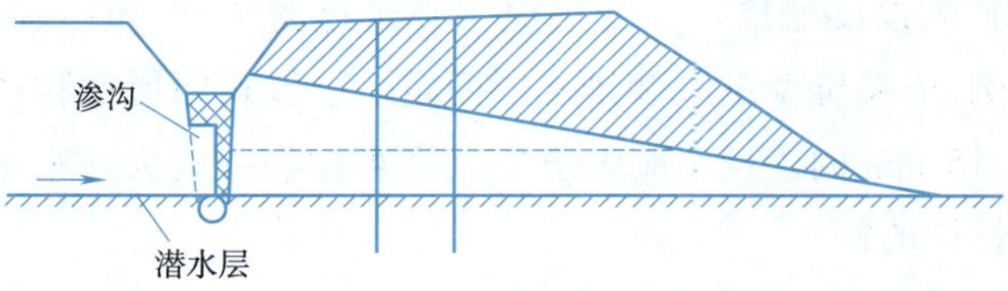

图 5.13 拦截潜水流向路堤的渗沟示意图

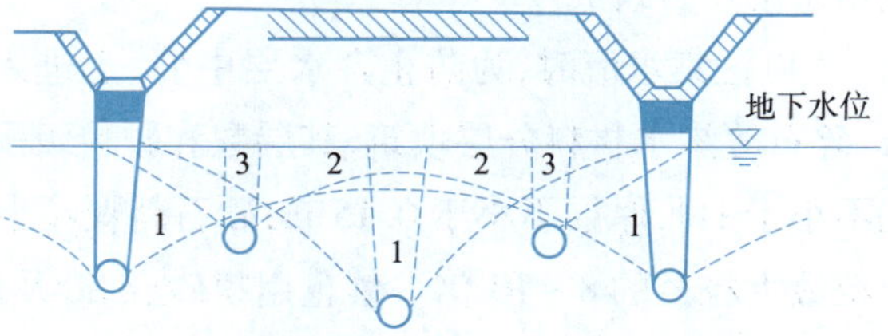

图 5.14 降低地下水位的渗沟图

渗沟按构造分为三种形式，如图 5.15 所示。

Ⅰ式填石渗沟，也称盲沟，一般用于流量不大，渗沟不长的路段，是目前公路上常用的一种渗沟。施工时应注意淤塞失效，由于排水层阻力较大，纵坡不应小于 1%，一般可采用 5%，盲沟深度不超过 3 cm，宽度一般为 0.7～1.0 cm。

Ⅱ式管式渗沟，设于地下饮水较长的地段，但渗沟过长时，应加设横向泄水管，将纵向渗沟内的水流，分段迅速排出，沟底纵坡取决于流速，最大流速应考虑到水管的构造及其寿命，且不致冲毁管下垫枕材料，一般以不大于 1.0 m/s 为宜，最小纵坡为 0.5%，以免淤塞。

Ⅲ式洞式渗沟，当地下水流量较大，或缺乏水管时，可采用石砌沟洞，洞孔大小依设计流量而定。沟底纵坡最小为 0.5%，有条件可适当采用较大纵坡，以利排水。

渗沟的施工质量是保证其能否发挥作用的关键。如质量控制不严，造成渗沟淤塞，不但起不到汇流、排水作用，反而会给工程留下隐患。因此，在施工中应注意下列问题：

（1）渗沟的布置应尽可能与地下水流相互垂直，使之拦截更多地下水。

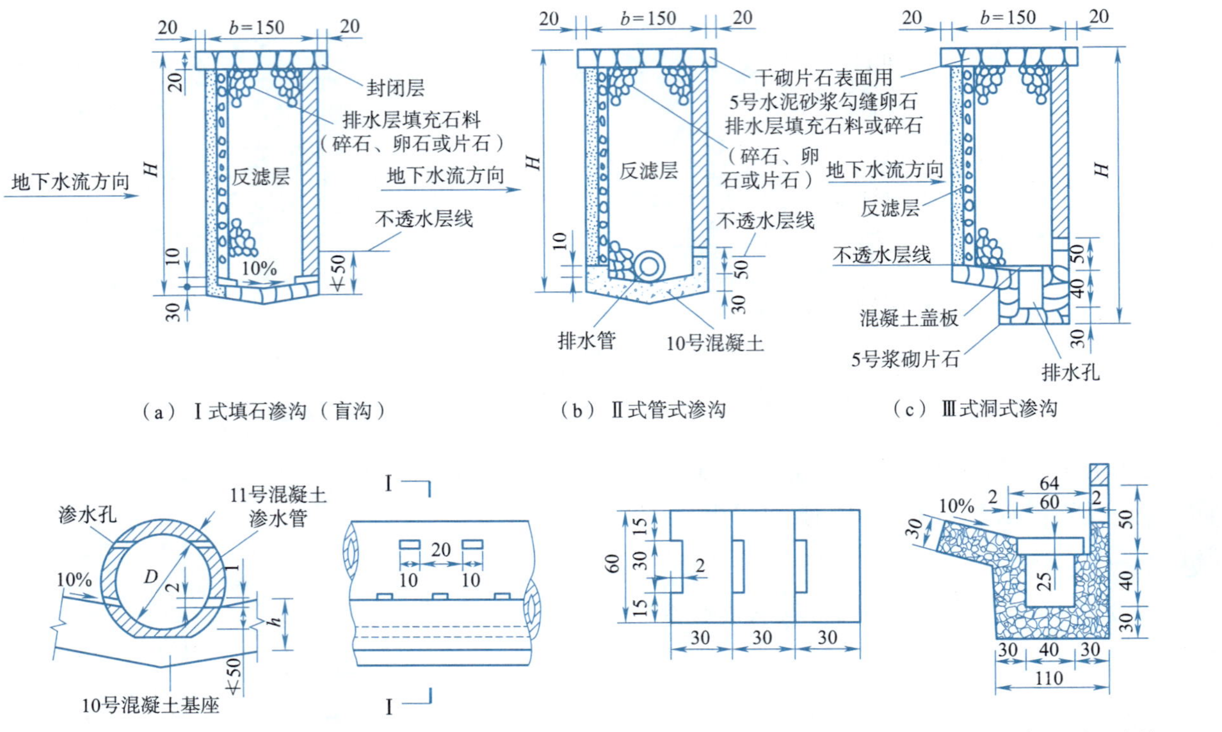

图 5.15　渗沟构造形式示意图（单位：cm）

(2)渗沟的宽度一般视埋藏深度、排水要求施工和维修便利而定，深度为 2 m 时宽度为 0.8 ~ 1.0 m：深度为 3 ~ 4 m 时，宽度不小于 1.0 m，沟内使用的填石材料，应经过筛选和清洗。

(3)为防止土粒落进填充石料的孔隙，造成渗沟堵塞，以防止地面水渗入沟内，渗沟顶部应设置封闭层，封闭层可采用双层反铺草皮或其他材料铺成各层，并在隔层上部填筑厚度不小于 0.5 m 的黏土防水层或用浆砌片石筑成。

(4)汇集水流时，为防止含水层中砂、土进入渗沟，应设反滤层。反滤层应用筛选过的中砂、粗砂、砾石、碎石等渗水材料分层填筑，其层数和颗粒级配、比例，应视坑壁图纸和排水层而定。一般相邻层的粒径比不小于 1:4，厚层不小于 0.15 m，砂石料颗粒小于 0.15 mm 的含量不应大于 5%，颗粒粒径一般为含水层土粒最大粒径的 8 ~ 10 倍。禁止用粉砂、细砂及风化石料填筑。

(5)Ⅰ式渗沟的排水层，应采用石质坚硬的较大颗粒填筑，并保证排水孔隙度，其透水材料的填充高度不应低于未设渗沟前的地下水位，并不低于 0.3 m。

(6)Ⅱ式渗沟的泄水管，可用陶土、混凝土或石棉等材料制成，管径视设计流量而定，一般为 0.1 ~ 0.3 m，管壁应设渗水孔眼，在冬季管内流水冻结的地段，为防止堵塞，可采用直径大一些的水管。Ⅱ式渗沟的高度，应使填料顶面高出原地下水位，且不低于沟底至管顶之间高度的 2 ~ 4 倍。渗水管基座宜用片石干砌，当基座底部砌入隔水层时，应用浆砌片石。

(7)Ⅲ式渗沟的底部孔洞，排水能力较强，应用浆砌片石筑成，上加混凝土盖板。Ⅲ式渗沟所要求的高度，与Ⅱ式渗沟相仿。

(8)渗沟的施工与暗沟一样，宜由下游向上游施工，并应随挖随填，支撑渗沟应间隔开挖。渗沟反滤层施工时，可用木板将各层反滤材料组成垂直层，其高度视渗沟的填充高度而定，填筑完后再将木板抽出。

(9)为了检查，维修渗沟，每隔 30 ~ 50 m，或在平面转折或坡度由陡变缓处，宜设置检查井，检查井一般采用圆形，内径不小于 1.0 m，在井壁处的排水管管底应高出井底 0.3 ~ 0.4 m，井底铺层 0.1 ~ 0.2 m 的混凝土，以免漏水，井基如遇不良土质，应采取换填、夯实等措施。兼起渗井作用的检查井壁，应在含水层范围设置渗水孔和过滤层。深度大于 20 m 的检查井。除设置检查梯外，还应设置安全设备。

答一答

地下排水工程的设施类型与各自作用？公路上常用的地下排水结构物有哪些？

____

____

____

知识点3　路基附属工程检查与验收

5.3.1　附属结构物检查及验收

(1)砌体的砂浆必须配比准确，填筑饱满密实。

(2)灰缝整齐均匀，缝宽符合要求，勾缝不得空鼓、脱落。

(3)应分层砌筑，层间咬合紧密，必须错缝。

(4)沉降缝必须直顺，上下贯通。

(5)预埋构件、泄水孔、反滤层、防水设施等必须符合设计要求。

(6)干砌石块不得松动、叠砌和浮塞。

(7)护坡、护脚、护面墙、挡土墙允许偏差应符合表5.1的规定。

表5.1　护坡、护脚、护面墙、挡土墙允许偏差表

<table>
<tr><th rowspan="3">序号</th><th rowspan="3" colspan="2">项目</th><th colspan="5">允许偏差/mm</th><th colspan="2">检验频率</th><th rowspan="3">检验方法</th></tr>
<tr><th rowspan="2" colspan="2">浆砌料石、砖、砌块挡土墙</th><th colspan="2">浆砌片(块)石</th><th rowspan="2">干砌片(块)石护底护坡</th><th rowspan="2">范围/m</th><th rowspan="2">点数</th></tr>
<tr><th>挡土墙</th><th>护底护坡</th></tr>
<tr><td>1</td><td colspan="2">砂浆强度等级</td><td colspan="6">平均值不低于设计强度等级</td><td>—</td><td>见注3</td></tr>
<tr><td>2</td><td colspan="2">断面尺寸</td><td colspan="2">+10
0</td><td colspan="3">不小于设计规定</td><td>20</td><td>2</td><td>用尺量宽度上下各1点</td></tr>
<tr><td>3</td><td colspan="2">顶面高程</td><td colspan="2">±10</td><td>±15</td><td>—</td><td>—</td><td>20</td><td>2</td><td>用水准仪测量</td></tr>
<tr><td>4</td><td colspan="2">轴线位移</td><td colspan="2">10</td><td>15</td><td>—</td><td>—</td><td>20</td><td>2</td><td>用经纬仪测量，纵横向各一点</td></tr>
<tr><td>5</td><td colspan="2">墙面垂直度</td><td colspan="2">0.5% H 且≤20</td><td>0.5% H 且≤30</td><td>—</td><td>—</td><td>20</td><td>2</td><td>用垂线检验</td></tr>
<tr><td rowspan="2">6</td><td rowspan="2" colspan="2">平整度</td><td>料石</td><td>20</td><td>30</td><td>—</td><td>—</td><td rowspan="2">20</td><td rowspan="2">2</td><td rowspan="2">用2 m直线量测</td></tr>
<tr><td>砖砌块</td><td>10</td><td>30</td><td>—</td><td>—</td></tr>
<tr><td>7</td><td colspan="2">水平缝平直度</td><td colspan="2">10</td><td>—</td><td>—</td><td>—</td><td>20</td><td>2</td><td>拉20 m小线检测</td></tr>
<tr><td>8</td><td colspan="2">墙面坡度</td><td colspan="5">不陡于设计规定</td><td>20</td><td>1</td><td>用坡度尺检验</td></tr>
<tr><td rowspan="2">9</td><td rowspan="2">基底高程</td><td>土方</td><td colspan="2">±30</td><td>±30</td><td>—</td><td>—</td><td rowspan="2">20</td><td rowspan="2">2</td><td rowspan="2">用水准仪测量</td></tr>
<tr><td>石方</td><td colspan="2">±100</td><td>±100</td><td>—</td><td>—</td></tr>
</table>

注：1. 表中 H 为构筑物高度，单位为mm。

2. 浆砌卵石的规格可参照浆砌块石的规定。

3. 砂浆试块的平均强度不低于设计规定，任意一组试块的强度值不低于设计规定的85%。

5.3.2　边沟和其他附属工程检查与验收

有关内容详见学习情境一　填筑路基工程施工　任务3 处理特殊路基工程施工中的3.4节。

串一串

附属结构物检查及验收要点包括哪些内容？

____

____

____

微课

自动安平水准仪操作

自 学 自 测

一、单选题(只有1个正确答案,每题10分,共4题)

1. 设置在挖方路基的路肩外侧或低路堤的坡脚外侧的排水设备称为(　　)。

A. 排水沟　　B. 截水沟　　C. 边沟　　D. 渗沟

2. 以下设施中可以用于排除地下水的是(　　)。

A. 渡水槽　　B. 渗沟　　C. 蒸发池　　D. 急流槽

3. 急流槽可分三部分,不包括(　　)。

A. 出水口　　B. 槽身　　C. 出水口　　D. 消力池

4. 以下设施中可以用于排除地表水的是(　　)。

A. 截水沟　　B. 渗井　　C. 渗沟　　D. 暗沟

二、名词解释(简单扼要说明,每题10分,共4题)

1. 路基排水设施:

2. 截水沟:

3. 跌水:

4. 渗井:

三、判断题(对的划"√",错的划"×",每题5分,共4题)

1. 挖方边坡上方必须设截水沟。(　　)

2. 排水沟主要用途在于引水,将路基范围内各种水源的水流,引至桥涵或路基范围以外的指定地点。(　　)

3. 消力槛,以减少水流冲击和流速。消力槛的顶宽不小于0.4 m,并设有泄水孔,以便水中断时,排除消力池内的积水,避免池内水冬季结冰被破坏。(　　)

4. 为了方便检查,维修渗沟时,每隔30~50 m或在平面转折或坡度由缓变陡处,宜设置检查井,检查井一般采用圆形。(　　)

任务实施

某公路路基排水工程,起止桩号是 K10 + 100 ~ K21 + 150,全线长度为 11.15 km,其中排水工程长度 5.5 km,路基排水综合设计如图 5.16 所示。在路堑边坡上方修筑截水沟拦截地表水流,利用渗沟将路基上方出现的泉水汇集,再用排水沟将水流引到就近的山沟中,最后经涵洞排至路基下方。另外,在丘陵及山岭地区,除设置边沟排水外,还应注意坡面上方水流的冲刷会造成边沟淤塞并影响路基的稳定。这时应考虑是否在上方坡面上设置截水沟拦截、引导水流离开路基,排水设施的布置合理并通畅。请在平面布置图上,标出以下内容:①桥涵位置、中心里程、水流方向、进出口沟底标高及其附属工程等。②地形等高线、主要沟渠、必要的路堤坡脚和路堑坡顶线。③沿线取土坑、弃土堆的位置。④路线交叉设施、防护与加固工程、不良地质边界、农田排灌渠道等。⑤各种路基排水设施的类型、位置、排水方向及纵坡坡度、长度、出水口与分界点的位置等。路基综合排水系统设计图中,除一般的路线平面图外,根据工程需要,还应有路线及主要排水设施的纵、横断面图,特殊、复杂的排水地段应绘制细部设计图。针对本合同段内路基排水工程概况,编制路基排水工程施工方案,来指导项目部具体施工任务。

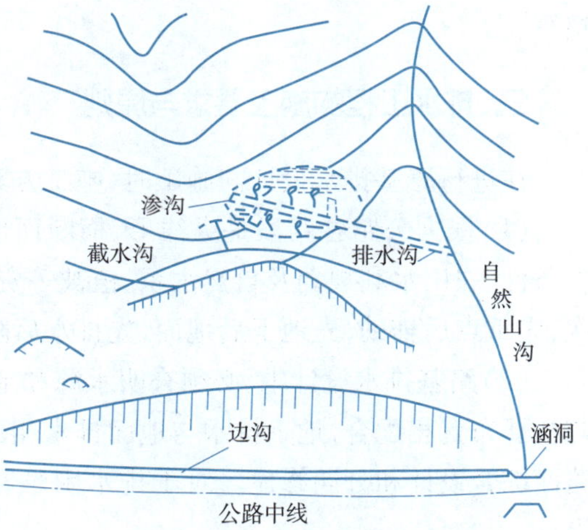

图 5.16　路基排水综合设计

一、路基排水工程的意义

路基路面的病害有许多种,形成病害的因素也很多,其中水的影响是主要因素之一,例如,水分的积聚,会导致土质路基边坡坍塌,基身沉陷或产生滑动;在寒冷地区还易冻胀翻浆。这些都会影响行车安全,甚至造成交通中断。根据水来源的不同,可将路基水分为地面水和地下水。各类排水结构物,均是针对某一水源对道路的影响而设置的。在实际道路工程中,由于自然条件、路线布置及其他人为因素的差异,道路往往受到各种水源的综合影响。仅有单一的、互不配合的排水设施是不能很好地完成全路基排水任务的。因此,路基排水设计必须包括两部分内容,即排水系统的总体规划(或称排水系统设计),以及在此基础上进行的各单项结构物的设计。综合排水的主要目的在于确保路基的强度与稳定性,提高道路的使用效果。

二、分析决策工作任务

针对本标段排水工程情况,分析排水综合施工时应考虑以下几方面的问题:

(1)流向路基的地面水和地下水,须在路基范围以外的地点,设置截水沟与排水沟或渗沟进行拦截,并引至指定地点;路基范围内的水源,分别采用边沟、渗沟、渗井与排水沟予以汇集并排除。路基排水一般向低洼一侧排除,必须横跨路基时,尽量利用拟设的桥涵,必要时设置涵洞、倒虹吸或渡水槽。水位落差较大时,应设置跌水或急流槽。总之,因地制宜和综合治理,是路基排水综合设计的基本要求之一。

(2)对于明显的天然沟槽,一般宜依沟设涵,不必勉强改沟或合并;对于沟槽不明显的漫流,应在上游设置束流设施加以调节,汇集成沟,导流排除;对于较大水流,注意因势利导,不可轻易改变流向,必要时配以防护加固工程,进行分流或束流。

(3)为了提高截流效果,减少工程量,地面沟渠宜大体沿等高线布置,尽可能使沟渠垂直于流水方向,且应力求短捷,水流畅通。沟渠转弯处要求以圆曲线相接,以减少水流的阻力。

(4)各种排水结构物必须地基稳固,不得渗漏或滞留,并具有适当纵坡,以控制与保持适当的流速。沟槽的基底与沟壁及沟底，必要时应予以加固，不得溢水渗水，防止损害路基，引起水土流失。

（5）水流应以最短通路迅速排出路基范围以外。

（6）路基排水综合设计，必须做好事先调查研究工作，查明水源和有关现状，测绘现场图纸，进行必要的水力水文计算，作出总体规划，提出总体布置方案，逐段逐项进行细部设计计算，并进行效益分析与经济核算。

三、排水工程的施工要求与原则

在进行路基排水设计与施工时，施工方案制定时应注意以下要求：

（1）根据公路各路段平纵线形、横断面形式及构造物，详细调查、收集公路沿线各路气候环境、水文地质条件、农田水利规划及自然水系、植被等资料，进行系统分析，分清排水系统的主次和重点，遵循先主后次，先重点后辅助，先地下后地面，先排水后防护等原则，拟定排水的总体思路。

（2）路基排水设计中，必须查明水源和地质条件，重点路段要进行排水系统的全面规划考虑路基排水与桥涵布置相配合，地下排水与地面排水相配合，各种排水沟渠的平面布置与竖向布置相配合，做到路基路面综合设计和分期修建。对于排水困难和地质不良的路段，还应与路基防护加固相配合，并进行特殊设计。

（3）排水设施要因地制宜、全面规划、合理布局、综合治理、讲究实效、注意经济，并充分利用有利地形和自然水系。做到地下地表结合、地形地势协调、形式和位置合理、互相之间匹配、沟渠长短合理、排送范围恰当，拦、截、汇、蓄、排、送、防为一体，并做到及时疏散、就近分流，形成自成体系的、综合的、系统的排水系统。

（4）各种路基排水沟渠的设置，应注意与农田水利相配合，必要时可适当增设涵洞或加大涵洞孔径，以防农业用水影响路基稳定。路基边沟一般不应用作农田灌溉渠道，两者必须合并使用时，边沟的断面应加大，并予以加固，以防水流危害路基。

（5）路基排水要注意防止附近山坡的水土流失，尽量不破坏天然水系，不轻易合并自然沟渠和改变水流性质，尽量选择有利地质条件布设人工沟渠，减少排水沟渠的防护与加固工程。对于重点路段的主要排水设施，以及土质松软和纵坡较陡地段的排水沟渠，应注意必要的防护与加固。

（6）路基排水要结合当地水文条件和道路等级等具体情况，注意就地取材，以防为主，既安稳固适用，又必须讲究经济效益。

四、路基排水的处理方法

排水工程一般结合路线的平面、纵断面设计和沿线地形、地质、水文条件进行。对高等级公路中排水不良、易受水流冲刷的特殊地段（如滑坡路段、隧道洞口、十字交叉道口、连续回头曲线等排水复杂路段），还应作特殊公路路基排水设计与施工。

（1）路基地面排水设施：常用的路基地面排水设施有边沟、截水沟、排水沟、跌水和急流槽等，必要时也可设置渡槽、倒虹吸管及蒸发池、排水泵站等。各种排水设施分别针对不同的水源，设在路基的不同部位，有不同的排水功能、布置要求和构造形式。地表排水沟渠断面尺寸应按设计流量计算，且沟顶应高出沟内设计水位0.2 m以上。渠底一般采用等宽，如必须改变尺寸则应设置渐变段，使水流顺畅，以免产生冲刷破坏。沟渠中水流速度应既不产生淤积，又不产生冲刷破坏。如渠中水的流速小于淤积流速，则应增大沟渠纵坡；反之，则应采取加固措施或减小纵坡。

（2）路基地下排水设施：地下排水设施是指处治地下水的设施。当地下水位较高且路基标高受限时，会影响路基路面的强度与稳定性。设置暗沟（管）、渗沟和渗井等地下排水设施，可以拦截、汇集、排除地下水或降低地下水位以及兼排地面水，保证路基路面的安全。由于地下排水设施埋置于地面以下，不易维修，在路基建成后又难以查明失效情况，因此要求地下排水设施牢固有效，按规范严格、认真施工，并应注意日常的保养和维修。

五、任务报告形成工作

各类排水结构物均是针对某一水源，为满足某一方面要求而设置的。由于自然条件、路线布置及其他人为因素的不同，水源可能同时来自几个不同的方向，它们对路基危害程度不尽相同。因此，单一互不联系的排水结构物，是不能完成全路基排水任务的。为了使各结构物都得以合理使用，需要进行路基排水系统综合设计，使地面排水与地下排水设备相互协调；路基排水设备与桥涵等泄水结构物合理布置。实践证明，排水系统综合设计的好坏，对路基的稳定性影响很大，尤其在多雨山区、黄土高原地区、寒冷潮湿地带、水网密布、地基湿软平原区，以及水文地质不良等情况下，修建高等级公路时，更应重视路基排水的综合设计。把路基排水工程采用的方式、综合排水设计原则形成路基排水工程实施方案，满足施工单位指导现场施工的需求，并按照地表排水、地下排水设施等方面情况，作出施工单位对排水处理采用的措施合理性的分析，最后形成报告上报给监理、建设单位备案并存档。

笔记栏

工　作　单

计 划 单

<table>
<tr><td>学习情境二</td><td>修砌路基附属工程施工</td><td>任务 5</td><td>修建路基排水工程施工</td></tr>
<tr><td>工作方式</td><td>组内讨论、团结协作共同制订计划：
小组成员进行工作讨论，确定工作步骤</td><td>计划学时</td><td>0.5 学时</td></tr>
<tr><td>完成人</td><td colspan="3">1.　2.　3.　4.　5.　6.</td></tr>
<tr><td colspan="4">计划依据：1. 某公路工程施工图；2. 教师分配的施工段落（里程桩号区间）</td></tr>
<tr><td>序号</td><td>计划步骤</td><td colspan="2">具体工作内容描述</td></tr>
<tr><td>1</td><td>准备工作
（准备工具、材料，谁去做？）</td><td colspan="2"></td></tr>
<tr><td>2</td><td>组织分工
（成立组织，
人员具体完成什么？）</td><td colspan="2"></td></tr>
<tr><td>3</td><td>现场记录
（记录什么内容？）</td><td colspan="2"></td></tr>
<tr><td>4</td><td>路基排水工程
施工方式方法
（怎么处理？要素有哪些？）</td><td colspan="2"></td></tr>
<tr><td>5</td><td>核对工作
（谁去核对，核对什么？）</td><td colspan="2"></td></tr>
<tr><td>6</td><td>整理资料
（谁负责？整理什么？）</td><td colspan="2"></td></tr>
<tr><td>制订计划
说明</td><td colspan="3">（写出制订计划中人员为完成任务的主要建议或可以借鉴的建议、需要解释的某一方面）</td></tr>
</table>

决 策 单

<table>
<tr><td>学习情境二</td><td colspan="2">修砌路基附属工程施工</td><td>任务5</td><td colspan="2">修建路基排水工程施工</td></tr>
<tr><td colspan="3">决策学时</td><td colspan="3">0.5学时</td></tr>
<tr><td colspan="6">决策目的：确定本施工任务需要进行路基防护工程施工工作有哪些内容，并确定其必要性</td></tr>
<tr><td rowspan="7">选择路基排水工程施工工作内容</td><td rowspan="2">工作内容</td><td colspan="2">内容类别</td><td rowspan="2">必要</td><td rowspan="2">非必要
（可说明原因）</td></tr>
<tr><td>数据记录</td><td>性质描述</td></tr>
<tr><td>路基排水工程处理方式</td><td>长度、流水量</td><td>先地下排水、后地上排水</td><td></td><td></td></tr>
<tr><td>边沟排水的形式</td><td>高度、宽度、坡度</td><td>梯形、流线形、三角形</td><td></td><td></td></tr>
<tr><td>地表排水方法</td><td></td><td></td><td></td><td></td></tr>
<tr><td>地下排水方法</td><td></td><td></td><td></td><td></td></tr>
<tr><td>排水适用条件</td><td></td><td></td><td></td><td></td></tr>
<tr><td>决策方案描述</td><td colspan="5">（本施工任务要提出来编制路基排水施工工作最佳方案是什么，最差方案是什么，描述清楚，未来指导现场路基排水工程的排水方式、排水方法、排水的适用条件等实际工作。）</td></tr>
</table>

作 业 单

<table>
<tr><td>学习情境二</td><td>修砌路基附属工程施工</td><td>任务5</td><td>修建路基排水工程施工</td></tr>
<tr><td rowspan="2">参加编制路基排水工程施工方案人员</td><td colspan="2">第　　组</td><td>开始时间：</td></tr>
<tr><td colspan="2">签名：</td><td>结束时间：</td></tr>
<tr><td>序号</td><td colspan="2">工作内容记录
（排水方式、方法、综合治理等工作情况）</td><td>分工
（负责人）</td></tr>
<tr><td>1</td><td colspan="2"></td><td></td></tr>
<tr><td>2</td><td colspan="2"></td><td></td></tr>
<tr><td>3</td><td colspan="2"></td><td></td></tr>
<tr><td>4</td><td colspan="2"></td><td></td></tr>
<tr><td>5</td><td colspan="2"></td><td></td></tr>
<tr><td>6</td><td colspan="2"></td><td></td></tr>
<tr><td>7</td><td colspan="2"></td><td></td></tr>
<tr><td>8</td><td colspan="2"></td><td></td></tr>
<tr><td>9</td><td colspan="2"></td><td></td></tr>
<tr><td>10</td><td colspan="2"></td><td></td></tr>
<tr><td>11</td><td colspan="2"></td><td></td></tr>
<tr><td>12</td><td colspan="2"></td><td></td></tr>
<tr><td rowspan="2">小结</td><td colspan="2">主要描述完成的成果及是否达到目标</td><td>存在的问题</td></tr>
<tr><td colspan="2"></td><td></td></tr>
</table>

编制路基排水工程施工信息记录单

<table>
<tr><td>学习情境二</td><td colspan="2">修砌路基附属工程施工</td><td>任务5</td><td colspan="2">修建路基排水工程施工</td></tr>
<tr><td>完成人姓名</td><td></td><td>组别</td><td></td><td>完成日期</td><td></td></tr>
<tr><td colspan="6">施工现场实施地点及桩号(手写):</td></tr>
<tr><td>路基排水工程处理方式</td><td colspan="5"></td></tr>
<tr><td>边沟排水的形式</td><td colspan="5"></td></tr>
<tr><td>地表排水方法</td><td colspan="5"></td></tr>
<tr><td>地下排水方法</td><td colspan="5"></td></tr>
<tr><td>排水适用条件</td><td colspan="5"></td></tr>
<tr><td>检查人(签字)</td><td></td><td>检查存在的问题</td><td></td><td>检查时间</td><td></td></tr>
</table>

路基排水工程中施工方法记录单

（如多页可复印）

学习情境二	修砌路基附属工程施工		任务5	修建路基排水工程施工	
完成人姓名		组别		完成日期	
具体实施地点的名称（手写）：					
施工现场排水情况说明或描述					
草图					
检查人（签字）		检查存在的问题		检查时间	

检 查 单

<table>
<tr><td>学习情境二</td><td colspan="2">修砌路基附属工程施工</td><td colspan="2">任务 5</td><td colspan="3">修建路基排水工程施工</td></tr>
<tr><td>检查学时</td><td colspan="4">课内 0.5 学时</td><td colspan="3">第　　组</td></tr>
<tr><td>检查目的及方式</td><td colspan="7">教师过程监控小组的工作情况,如检查等级为不合格小组需要整改,并拿出整改说明</td></tr>
<tr><td rowspan="2">序号</td><td rowspan="2">检查项目</td><td rowspan="2">检查标准</td><td colspan="5">检查结果分级
(在检查相应的分级框内划“√”)</td></tr>
<tr><td>优秀</td><td>良好</td><td>中等</td><td>合格</td><td>不合格</td></tr>
<tr><td>1</td><td>准备工作</td><td>资源是否已查到、材料是否准备完整</td><td></td><td></td><td></td><td></td><td></td></tr>
<tr><td>2</td><td>分工情况</td><td>安排是否合理、全面,分工是否明确</td><td></td><td></td><td></td><td></td><td></td></tr>
<tr><td>3</td><td>工作态度</td><td>小组工作是否积极主动、全员参与</td><td></td><td></td><td></td><td></td><td></td></tr>
<tr><td>4</td><td>纪律出勤</td><td>是否按时完成负责的工作内容、遵守工作纪律</td><td></td><td></td><td></td><td></td><td></td></tr>
<tr><td>5</td><td>团队合作</td><td>是否相互协作、互相帮助、成员是否听从指挥</td><td></td><td></td><td></td><td></td><td></td></tr>
<tr><td>6</td><td>创新意识</td><td>任务完成不照搬照抄,看问题具有独到见解、创新思维</td><td></td><td></td><td></td><td></td><td></td></tr>
<tr><td>7</td><td>完成效率</td><td>工作单是否记录完整,是否按照计划完成任务</td><td></td><td></td><td></td><td></td><td></td></tr>
<tr><td>8</td><td>完成质量</td><td>工作单填写是否准确,记录单检查及修改是否达标</td><td></td><td></td><td></td><td></td><td></td></tr>
<tr><td>检查评语</td><td colspan="5"></td><td colspan="2">教师签字:</td></tr>
</table>

任 务 评 价

1. 小组工作评价单

学习情境二	修砌路基附属工程施工		任务5	修建路基排水工程施工		
评价学时			课内0.5学时			
班级：			第　　组			
考核情境	考核内容及要求	分值（100）	小组自评（10%）	小组间互评（20%）	教师评价（70%）	实得分（Σ）
汇报展示（20）	演讲资源利用	5				
	演讲表达和非语言技巧应用	5				
	团队成员补充配合程度	5				
	时间与完整性	5				
质量评价（40）	工作完整性	10				
	工作质量	5				
	报告完整性	25				
团队情感（25）	社会主义核心价值观	5				
	创新性	5				
	参与率	5				
	合作性	5				
	劳动态度	5				
安全文明（10）	工作过程中的安全保障情况	5				
	工具正确使用和保养、放置规范	5				
工作效率（5）	能够在要求的时间内完成，每超时5分钟扣1分	5				

2. 小组成员素质评价单

学习情境二	修砌路基附属工程施工		任务 5	修建路基排水工程施工				
班级		第　　组	成员姓名					
评分说明	每个小组成员评价分为自评和小组其他成员评价 2 部分，取平均值计算，作为该小组成员的任务评价个人分数。评价项目共设计 5 个，依据评分标准给予合理量化打分。小组成员自评分后，要找小组其他成员不记名方式打分							
评分项目	评分标准		自评分	成员 1 评分	成员 2 评分	成员 3 评分	成员 4 评分	成员 5 评分
社会主义核心价值观(20 分)	是否有违背社会主义核心价值观的思想及行动							
工作态度(20 分)	是否按时完成负责的工作内容、遵守纪律，是否积极主动参与小组工作，是否全过程参与，是否吃苦耐劳，是否具有工匠精神							
交流沟通(20 分)	是否能良好地表达自己的观点，是否能倾听他人的观点							
团队合作(20 分)	是否与小组成员合作完成任务，做到相互协作、互相帮助、听从指挥							
创新意识(20 分)	看问题是否能独立思考，提出独到见解，是否能够创新思维解决遇到的问题							
最终小组成员得分								

课后反思

<table>
<tr><td>学习情境二</td><td colspan="2">修砌路基附属工程施工</td><td>任务5</td><td>修建路基排水工程施工</td></tr>
<tr><td>班级</td><td></td><td>第　　组</td><td>成员姓名</td><td></td></tr>
<tr><td>情感反思</td><td colspan="4">通过对本任务的学习和实训,你认为自己在社会主义核心价值观、职业素养、学习和工作态度等方面有哪些需要提高的部分?</td></tr>
<tr><td>知识反思</td><td colspan="4">通过对本任务的学习,你掌握了哪些知识点?请画出思维导图。</td></tr>
<tr><td>技能反思</td><td colspan="4">在完成本任务的学习和实训过程中,你主要掌握了哪些技能?</td></tr>
<tr><td>方法反思</td><td colspan="4">在完成本任务的学习和实训过程中,你主要掌握了哪些分析和解决问题的方法?</td></tr>
</table>

学习情境三

铺筑路面工程施工

学习指南

情境导入

道路路面分为基(垫)层和面层两个部分,各自承担相关作用。道路基(垫)层是行车荷载的主要承重层,其施工质量的好坏直接影响路面面层质量和行驶安全,因此其质量是确保整个路面工程质量的关键。道路面层又分为水泥混凝土路面和沥青路面,其中水泥混凝土路面具有承载能力大、稳定性好、使用寿命长、日常养护费用少等优点,是高等、重要交通公路路面的主要类型之一;沥青路面是一种柔性路面,是以沥青混合料作面层,以无机结合料或粒类结合层为基层,考虑必要垫层组成的路面结构的统称。路面在使用过程中受到行车荷载和自然因素的影响,会产生各种各样的病害与变形,导致路况逐步恶化。为了保证路基路面具有足够的强度和稳定性,应查明当地的自然条件和交通情况,运用工程地质、筑路材料等学科的知识进行分析,采取相应的各种工程技术措施。通过本情境学习让学生掌握路面特点及路面的施工技术,并对路面类型的选择和路面施工各个工序有所理解。

学习目标

知识目标:

1. 学习路面施工图设计文件;了解路面基层施工类型;路面基层施工方法的适用条件。
2. 了解道路路面的主要构造特点;路面的类型与构造;掌握路面施工的程序与技术要点。
3. 学习沥青路面碾压的施工原理与特点,了解主要机具设备,掌握施工程序与技术要点。
4. 学习水泥混凝土路面的特点;掌握水泥混凝土面层铺筑施工技术和施工工艺及流程。
5. 了解沥青混凝土路面的特点及材料要求;掌握沥青类路面的施工方法和工艺及流程。

能力目标:

1. 制定级配碎石基层的施工工艺及流程;编制稳定土施工方案;制定施工工艺及流程。
2. 进行路面施工的方案编制与技术交底;能够解决现场施工技术中的具体问题。

3. 使用仪器进行路面施工放样；路面工程量计算；编制路面施工方案，路面技术交底。

4. 区分稳定土的概念以及材料要求；比较水泥路面、沥青路面施工的方法与注意事项。

5. 具备团队协作、沟通协调的社会能力。

素质目标：

1. 培养学生严谨认真、科学求实、积极主动、吃苦耐劳、勇于创新的工作作风。

2. 培养学生爱护公物、文明作业，科学合理操作与使用各种工具、仪器、设备的职业素养。

3. 培养学生安全第一、预防为主，百年大计、质量为本，保护环境、和谐发展的职业意识。

4. 培养学生互相尊重、善于交流与协作的团队精神；具备施工技术规范的职业操守。

5. 培养学生的安全意识、劳动精神、劳动纪律，培养保证质量等建设优质工程的爱国情怀。

工作任务

任务6 铺筑路面基(垫)层工程施工　　参考学时：课内10学时(课外4学时)

任务7 铺筑水泥混凝土路面面层工程施工　　参考学时：课内8学时(课外4学时)

任务8 铺筑沥青路面面层工程施工　　参考学时：课内7学时(课外4学时)

任务6 铺筑路面基(垫)层工程施工

任务单

学习情境三	铺筑路面工程施工			任务6	铺筑路面基(垫)层工程施工
任务学时				课内10学时(课外4学时)	
布置任务					
工作目标	1. 了解级配碎石基层的特点及对材料的要求。 2. 掌握级配碎石基层的施工工艺及流程。 3. 了解水泥、石灰、石灰工业废渣稳定土的概念及对材料的要求。 4. 掌握水泥、石灰、石灰工业废渣稳定土施工工艺及流程。 5. 能够在学习的工作中锻炼专业能力、方法能力和社会能力等职业能力。 6. 培养学生具备施工技术规范、爱护施工设备的职业操守。 7. 培养学生具备严谨认真、保证质量等建设优质工程的爱国情怀。 8. 培养学生具备团队协作、沟通协调的社会能力。 9. 培养学生具备精益求精的工匠精神,培养学生劳动精神。					
任务描述	根据道路工程路面结构层施工图纸和规范要求,编制水泥稳定土类基层的施工工艺流程图,制定基层工程施工技术方案,工作中严格遵循《公路工程技术标准》(JTG B01—2014)和《公路路面基层施工技术细则》(JTG/TF 20—2015)。具体任务要求如下: 1. 工程概况描述。 2. 分析并编制材料试验准备和计划。 3. 确定水泥稳定土施工方法及技术要求。 4. 编制路面基层施工工艺流程图及施工技术方案。					
学时安排	资讯	计划	决策	实施	检查	评价
	4学时+课外2学时	0.5学时	0.5学时	4学时+课外2学时	0.5学时	0.5学时
对学生学习及成果的要求	1. 每名同学均能按照自学资讯思维导图自主学习,并完成课前自学的问题训练和自学自测。 2. 严格遵守课堂纪律,学习态度认真、端正,能够正确评价自己和同学在本任务中的素质表现。 3. 每位同学必须积极参与小组工作,承担路面基层外业的相应劳动工作,做到能够积极主动不推诿,能够与小组成员合作完成工作任务。 4. 每位同学均需独立或在小组同学的帮助下完成技能训练工作单,并提请检查、签认,对提出的建议,如有错误务必及时修改。 5. 每组必须完成全部“铺筑路面基(垫)层工程施工”工作的报告工单,并提请教师进行小组评价,小组成员分享小组评价分数或等级。 6. 每名同学均完成任务反思,以小组为单位提交。					

自学资讯思维导图

- 任务6　铺筑路面基（垫）层工程施工
  - 知识点
    - 1. 路面基层施工概述
      - 关于级配碎石基层和水泥稳定土基层的作用有哪些?
      - 什么是石灰工业废渣路面？有哪些分类?
      - 石灰稳定土的施工方法有哪些?
    - 2. 路面基层施工测量
      - 路面基层施工测量工作的内容有哪些?
      - 路面基层中桩和边桩如何测设?
      - 路拱放样的方式有哪些?
    - 3. 碎（砾）石类基（垫）层施工
      - 中心厂拌法和路拌法施工工艺有什么区别?
      - 级配碎石基层的施工工艺?
      - 对级配碎石基层的材料有哪些要求?
      - 级配碎石基层的施工机械有哪些？它们分别有何作用?
    - 4. 无机结合料稳定类基（垫）层施工
      - 水泥稳定土基层的材料有哪些要求？对搅拌和料有何要求?
      - 水泥稳定土基层地施工工艺？对洒水有何要求?
      - 石灰工业废渣稳定土基层施工工艺要点如何？材料有哪些要求?
      - 石灰稳定土的材料和施工要求是什么?
    - 5. 其他路基基层施工
      - 水泥混凝土基层分哪几类?
      - 碾压混凝土基层施工技术规定有哪些?
      - 沥青贯入式碎石基层施工要求有哪些?
    - 6. 路面基层施工检查验收标准
      - 基层施工检查验收标准的一般规定有哪些?
      - 砂石基层允许偏差有哪些内容?
    - 7. 路面基层施工资料整理
      - 基层施工资料整理一般要求有哪些?
      - 路面基层施工资料整理的内容包括哪些?
  - 技能点
    - 1. 比较路面基层施工类型及施工方法的适用条件；
    - 2. 区别水泥、石灰、石灰工业废渣稳定土的概念及材料要求；
    - 3. 选择水泥、石灰、石灰工业废渣稳定土施工方法；
    - 4. 编制级配碎石基层的施工技术交底、施工工艺及流程；
    - 5. 制定水泥、石灰、石灰工业废渣稳定土施工方案和计划。
  - 职业素养
    - 1. 通过附属施工给予学生引申，结合案例讲解基层施工水准制约工程建设质量；
    - 2. 通过引入路桥人施工的艰辛，讲解施工工作的技术发展，培育学生的家国情怀；
    - 3. 在实践教学中引导学生安全第一的职业意识，避免交叉作业中的安全隐患；
    - 4. 通过多方评价审查学生是否严谨认真、诚实守信、不弄虚作假；
    - 5. 多次练习施工工艺与施工方法，培养精益求精的工匠精神。

课 前 自 学

道路路面工程是构成公路线形主体结构密不可分的主要组成部分，路面结构一般由面层和基层（垫层）组成，为了保证路面上的雨水及时排出，以及行车安全等，路表面一般做成中间高、两边低的形状，称为路拱。其中面层是直接供车辆行驶的部分，它的好坏影响行车速度、安全和运输成本；基层是路面结构中的承重部分，主要承受车辆荷载的竖向力，并把面层传下来的力扩散到土基，故基层也应具有足够的强度和刚度。因此应根据公路等级和任务，合理选择路面结构，精心设计和施工。本任务主要介绍路面基层的功能及对路面基层的要求、路面基层的结构及组成、路面基层类型及适用范围。

直接位于沥青面层用高质量材料铺筑的主要承重层,或直接位于水泥混凝土面板下用高质量材料铺筑的结构层称为基层。基层可以一层或两层,也可以是一种或两种材料。在沥青路面基层下用质量较差材料铺筑的次要承重层或在水泥混凝土路面基层下用质量较差材料铺筑的辅助层称为底基层。底基层可以是一层或两层,也可以是一种或两种材料。基层(底基层)按组成材料分为无机结合料稳定基层和粒料基层。

水泥稳定土是用水泥做结合料所得混合料的一个广义的名称,它既包括用水泥稳定的各种细粒土(如塑性指数不同的各种黏性土、粉性土、砂性土、砂和石屑等),也包括用水泥稳定各种中粒土(如砂砾土、碎石土、级配砂砾、级配碎石等)和粗粒土(如砂砾石、碎石土、级配砂砾、级配碎石等)。在经过粉碎的或原来松散的土中,掺入足量的水泥和水,经拌和得到的混合料在碾压和养生后,当其抗压强度符合规定的要求时,称为水泥稳定土。用水泥稳定细粒土得到的强度符合要求的混合料,视所用的土类,可简称为水泥土、水泥砂或水泥石屑。用水泥稳定中、粗粒土得到的强度符合要求的混合料,视所用的土类,可简称为水泥碎石、水泥砂砾。

石灰稳定土是在粉碎的或原来松散的土(包括各种粗、中、细粒土)中,掺入足量的石灰和水,经拌和、压实及养生后得到的混合料,当其抗压强度符合规定的要求时,称为石灰稳定土。压实及养生后得到混合料,当其抗压强度符合规定要求时,称为石灰工业废渣稳定土(简称石灰工业废渣)。一定数量的石灰和粉煤灰,一定数量的石灰、粉煤灰和土以及一定数量的石灰、粉煤灰和砂相混合,加入适量的水(通常为最佳含水量),经拌和、压实及养生后得到的混合料,当其抗压强度符合规定的要求时,分别简称为二灰、二灰土、二灰砂。

用石灰和粉煤灰稳定级配碎石或级配砂砾得到的混合料,当其强度符合要求时,分别称为石灰、粉煤灰级配碎石和石灰、粉煤灰级配砂砾。这两种混合料又统称石灰、粉煤灰级配集料,或分别简称二灰级配碎石、二灰级配砂砾、二灰级配集料。

粒料基层主要分嵌锁型和级配型。嵌锁型包括泥结碎石、泥灰结碎石、填隙碎石等;级配型包括级配碎石、级配砾石、符合级配的天然砂砾、部分砾石经轧制掺配而成的级配砾石、碎石等。有些规范也将热拌沥青碎石、沥青贯入碎石、乳化沥青碎石混合料等用作路面上基层或调平层归为道路基层,称作沥青稳定基层。本项目主要介绍道路基层的技术要求、施工方法和质量管理。

知识点1　路面基层施工概述

路面基(垫)层是面层的下卧层,它主要承受由面层传递而来的行车荷载垂直力,并将它扩散和分布到路基上。基层受自然因素的影响虽不如面层强烈,但也应具有足够的水稳定性,以防基层湿软后产生过大的变形,导致面层损坏。基层表面虽不直接供车辆行驶,但仍然要求有较好的平整度,这是保证面层平整的基本条件。路面基(垫)层施工时,把好材料质量关,严格按照规范及设计要求选择材料,严格按照施工工艺流程及施工规范要求施工,并确保各道工序满足验收标准要求。从而保证路面基(垫)层的施工质量。本任务对碎(砾)石基(垫)层和无机结合料稳定类基(垫)层等基层作了详细介绍,着重分析了其强度形成原理,影响强度形成的因素和配合比组成设计。在明确其分类和特点的基础上,充分了解所选择材料的性质及适应范围,特别介绍了无机结合料稳定类基(垫)层的施工方法、施工步骤及施工质量控制要点等。要充分认识到路面基(垫)层施工质量的好坏直接影响路面层质量和行驶质量,路面基层施工是确保整个路面工程质量的关键。

碎石类基层属柔性基层,按强度构成可分为嵌锁型与级配型。嵌锁型基层的强度主要取决于碎石颗粒间的嵌锁和摩擦阻力作用所形成的内摩擦阻力,而颗粒之间的黏结力是次要的。嵌锁型基层所用材料包括泥结碎石、泥灰结碎石、填隙碎石等。级配型基层的强度和稳定性取决于内摩擦阻力和黏结力的大小。它的强度与稳定性在很大程度上取决于集料的类型(碎石、砾石或碎砾石)和级配,以及混合料中

0.5 mm以下细料的含量和塑性指数，同时还与密实度有很大关系。

无机结合料稳定类基层是指以石灰、水泥或工业废渣等为结合料，将其适量分别或共同掺入土(集料)中，按照一定技术要求，加水拌和均匀、摊铺、碾压成型的基层结构。此类基层称为半刚性基层。常用的材料有石灰土、水泥土、石灰粉煤灰土、石灰水淬渣土，以及把此类材料分别或共同掺入砾(碎)石、工业废渣中，成为各种无机结合料类。尽管半刚性基层种类繁多，但其作用机理是石灰及水泥中的活性物质与细粒土发生化学反应，或此类活性物质对工业废渣材料起激化作用而使材料胶结、凝固，成为高强度的整体材料，以抵抗外力的作用。结合料的剂量、性质，集料的级配等都会影响此类基层材料的强度。当环境适宜时，其强度与刚度会随着时间的增长而不断增大，其最终抗弯拉强度和弹性模量，比一般的基层要大，但还是远较刚性路面为低。

路面结构一般由面层、基层(垫层)组成。基层(垫层)可分为：粒料类、无机结合料稳定类基层。

析一析

水泥稳定土基层施工时的工艺流程以及工序要点如何？

____

____

____

6.1.1 粒料类基层

粒料类基层按强度构成原理可分为嵌锁型和级配型两类。

嵌锁型包括泥结碎石、泥灰结碎石、填隙碎石等，级配型包括级配碎石、级配砾石(砂石)、符合级配的天然砂砾、部分砾石经轧制掺配而成的级配砾、碎石等。

1. 嵌锁型

嵌锁型碎石是用筛分成几种不同规格的大、中、小粒径尺寸碎石分层摊铺、分层碾压而成的。通常首先铺大碎石，大碎石经碾压稳定后，摊铺嵌缝碎石，继续碾压稳定，然后再撒铺小碎石，并碾压稳定。国外常采用另一种嵌锁型碎石基层，它使用单一粒径的粗碎石作主骨料，经初步碾压稳定后，撒铺0~10 mm的石屑，并用振动压路机碾压，借振动压路机的振动力使石屑填塞到主骨料的空隙中，直到最后把孔隙填满为止。嵌锁型碎石工程所形成的结构常称为填隙碎石。

填隙碎石的强度主要依靠碎石骨料间的嵌锁作用，用石屑或相当的天然砂砾和粗砂填塞粗碎石间的孔隙，使其变成一种密实结构，进一步增加其强度和稳定性。作为中等交通道路，甚至重交通道路沥青路面的基层，它与级配碎石具有一样的效果。

填隙碎石层上能直接通车，但必须封层。填隙碎石基层质量好坏的两个关键因素是：从上到下碎石间的孔隙一定要填满，达到规定的密实度；表面粗碎石间的孔隙既要填满填隙料又不能覆盖粗碎石而自成一层，表面应看得见粗碎石，碎石的棱角可外露3~5 mm。它可保证沥青面层与基层黏结良好，避免沥青面层在基层顶面发生推移破坏。用薄沥青层封面可同时起到填隙作用。

2. 级配型

粗、细碎石集料和石屑各占一定比例的混合料，当其颗粒组成符合密实级配要求时，称为级配碎石。

1)级配碎石基层

级配碎石一般由筛分碎石和石屑组成。筛分碎石是指控制最大粒径(仅过一个规定筛孔的筛)后，由碎石机轧制的未经筛分的碎石料，并具有较好的级配。石屑是指碎石场5 mm筛的筛余料，其实际颗粒组成常为0~10 mm，并具有良好的级配。级配碎石宜用几种不同粒级的碎石组配而成。用作中间层的级配碎石更应用几种不同粒级的碎石组配而成，方能更好地保证碎石的颗粒组成符合规定要求，达到规定的强度和稳定性。为减小施工拌和机械的损耗，减少粗细集料离析现象，提高铺筑层的平整度，集料最大颗粒粒径必须有所限制。实际工作中,应创造条件采用最大粒径较小的集料。

级配碎石中间层较有利于减少其上沥青面层的裂缝。级配碎石中间层成功的关键,一是严格掌握碎石的颗粒组成,使其符合要求且含水量合适、拌和均匀;二是碾压到高密实度。

2)级配砾石(砂石)基层

如果采用天然砂砾作为基层材料(砂石基层),应先检查是否符合级配的规定。

级配砾石、级配碎石、级配碎(砾)石同属级配型集料。级配碎石是级配集料中最好的材料;级配砾石则是级配集料中最次的材料;级配碎(砾)石则处于二者之间。级配型基层的主要力学参数是弹性模量、抗剪强度、抗永久形变的能力。

由于级配砾石的颗粒组成和塑性指数的变异性较大,其强度的变化也可能较大,因此在确定使用前,应做承载比试验。

说一说

填隙碎石的强度主要依靠哪些来源？它的稳定性靠什么得到保证？

6.1.2 无机结合料稳定类(整体型)基层

无机结合料稳定类基层主要指稳定土类基层,包括石灰土、水泥稳定土和石灰工业废渣稳定土。

前两种稳定土采用水泥或石灰等结合料为稳定剂,稳定剂剂量以其质量占全部细土颗粒干质量的百分率表示,即稳定剂剂量 = 稳定剂质量/干土质量。石灰工业废渣稳定土以石灰质量:工业废渣质量:土的质量表示。

1. 石灰土的一般要求

(1)在冰冻地区,当石灰土用于潮湿路段时,冬季石灰土层中可能产生聚冰现象,从而使石灰土的结构遭受破坏,强度明显下降,使沥青路面过早破坏;在非冰冻地区,如石灰土经常处于过分潮湿状态,也不易形成较高强度的板体。因此,在这些情况下应采取隔水措施,防止水分侵入石灰土层。一般在冰冻地区的潮湿路段以及其他地区的过分潮湿路段,不宜采用石灰土做基层。

(2)石灰土基层应在春末和夏季施工。施工期的日最低气温应在 5 ℃以上,并应在第一次重冰冻(−3 ~ −5 ℃)到来之前一个月到一个半月前完成。石灰土基层宜经历半月以上温暖气候养生。多雨地区,应避免在雨季进行石灰土基层施工。

(3)在雨季施工石灰土基层,应采取排除表面积水的措施,防止运到路上的集料过分潮湿,并应采取措施保护石灰免遭雨淋。

(4)石灰堆放应采取防潮措施。

(5)石灰土基层必须采取措施防止表面水渗入基层。作为沥青路面的基层时,还应采取措施加强基层与面层的联结。

(6)石灰土不宜做高级路面的基层,它是各种半刚性材料中收缩性最大的材料,暴露的石灰土易干缩和冷缩而产生裂缝。石灰土基层宜在当天碾压完成,基层上未铺封层或面层时,禁止开放交通;当施工中断,临时开放交通时,应采取保护措施,不使表面遭受破坏。

养生温度对石灰土的抗压强度有明显影响,养生温度越高,其抗压强度也越高;当温度低于 5 ℃时。石灰土的强度几乎没有增长。

(7)各级道路用石灰土的 7 d 浸水抗压强度应符合表 6.1 规定。

表6.1　石灰土的7 d浸水抗压强度标准

（单位：MPa）

层位	公路等级	
	二级和二级以下公路	高速公路和一级公路
基层	≥0.8①	—
底基层	0.5～0.7②	≥0.8

注：①在低塑性土地区，石灰稳定砂砾土和碎石土的7 d浸水抗压强度应大于0.5 MPa。
②低限用于塑性指数小于7的黏性土，且低限值仅用于二级以下公路，高限用于塑性指数大于7的黏土。

2. 水泥稳定土的一般要求

（1）水泥稳定土的水泥剂量在5%～6%（质量分数）时，其收缩系数最小，超过6%后其收缩系数将增大，为减少其收缩性，应控制水泥剂量不超过6%。在只能用作基层或水泥稳定土的强度要求明显大于规定时，水泥剂量不受此限制。

从加水拌和到碾压终了的延迟时间对水泥土的强度和所能达到的干密度有明显影响。延迟时间越长，其强度和干密度的损失越大。施工中既应采用终凝时间长的水泥，又应规定施工的延迟时间。

不宜采用水泥稳定土做高级路面的基层，暴露的水泥土易干缩和冷缩而产生裂缝。

（2）水泥稳定土基层宜在春末和气温较高季节施工，与石灰土相同。

（3）路拌法施工时，必须严密组织，采取流水作业法施工，尽量缩短从加水拌和到碾压终了的延迟时间，此时间不应超过3～4 h，并应短于水泥的终凝时间。采用厂拌法施工时，运达工地摊铺的延迟时间不应超过2 h。

（4）水泥稳定土基层上未铺封层或面层时，除施工车辆可慢速（<30 km/h）通行外，禁止一切机动车通行。

（5）雨季施工水泥稳定土结构层时，应注意天气变化，勿使水泥和混合料遭雨淋。降雨时应停止施工，但已摊铺的水泥稳定土应尽快碾压密实。路拌法施工时，应采取措施排除下承层表面的水，勿使运到路上的集料过分潮湿。

3. 石灰工业废渣稳定土的一般要求

（1）可利用的工业废渣包括粉煤灰、煤渣、高炉矿渣、钢渣（可经过崩解达到稳定）及其他冶金矿渣、煤矸石、电石渣等。

（2）石灰工业废渣稳定土可分为石灰粉煤灰类和石灰其他废渣类两种。

（3）石灰工业废渣稳定土上未铺封层或面层时，应封闭交通，保护表层不受破坏。当施工中断，临时开放交通时，必须采取保护措施。

（4）为提高石灰工业废渣的早期强度，可掺加1%～2%（质量分数）的水泥。

4. 稳定土类基层施工时应遵守的规定

（1）土块应尽可能粉碎，土块最大粒径不得大于15 mm。

（2）配料应准确。

（3）路拌法施工时，稳定剂应摊铺均匀。

（4）洒水、拌和应均匀。

（5）应严格控制基层厚度和高程，其路拱横坡应与面层一致。

（6）应在混合料处于最佳含水量或接近最佳含水量（误差1%～2%）时进行碾压。

（7）宜先用12 t以上的平面压路机初压。

（8）必须保湿养生，不使表面干燥，也不应忽干忽湿。

（9）严禁采用薄层贴补的方法进行找补。

（10）为保护环境，减少大气污染，稳定土类基层施工，应尽量采用厂拌法或采用专用的稳定土拌和机拌制。不具备上述条件时方可采用路拌法施工，但应严防伤害植物和污染居民区。

6.1.3 其他基层

常用的其他路面基层结构有水泥混凝土(碾压混凝土)、沥青贯入式碎石、沥青碎石。由于这几种基层结构也可作为面层,故在面层施工时再作详细讲解。

挑一挑

级配型基层的主要力学参数有哪些内容?在冰冻地区,石灰土的使用一般有哪些要求?

______

______

______

知识点2 路面基层施工测量

路面施工是道路施工的最后一个环节,也是最重要的一个环节。因此,对施工放样的精度要求要比路基施工阶段高。为了保证精度、便于测量,通常在路面施工之前,将道路两侧的导线点和水准点引到路基上。导线点和水准点一般设置在桥梁、通道的桥台上或涵洞的压顶石上,以防止被破坏。引测的导线点和水准点,要进行附合或闭合,精度应满足一、二级导线和五等水准的要求。

路面基层施工测量工作仍然包含恢复中线、放样高程和边线测量。

6.2.1 路面基层中桩和边桩的测设

根据道路两侧的施工控制桩,按照施工控制桩钉桩的记录和设计路面宽度,推算出施工控制桩距路面边线(侧石内侧边线)和路面中心的距离,然后自施工控制桩沿横断面方向分别量出中线至路面边线的距离,即可钉出路面边桩和道路中桩,如图6.1所示。同时可按路面设计宽度尺寸复测路面边桩到路中线的距离,对边桩和中桩进行校核。上面是定中桩和边桩的常用方法,使用全站仪则一次便可确定所需桩位。

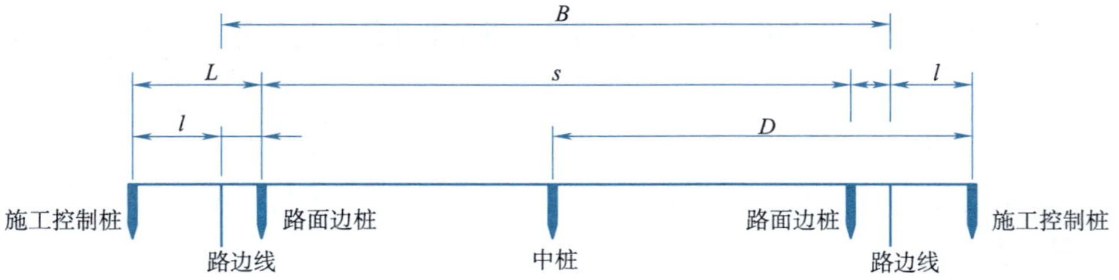

图6.1 中桩和边桩的测设

$$D = \frac{B}{2} + l,\quad L = \frac{B - s}{2} + l$$

式中 B——路基设计宽度;

l——施工控制桩距路边线的距离;

s——路面设计宽度;

L——施工控制桩到路面边桩的距离;

D——施工控制桩到中桩的距离。

在高等级公路路面施工中,有时不放中桩而直接根据设计图上边桩的坐标放出路面边桩。

6.2.2 路拱放样

1. 直线型路拱的放样

如图6.2所示,路拱矢高按式(6.1)计算,路拱任一点纵距按式(6.2)计算。

$$h = \frac{B}{2} \times i \tag{6.1}$$

式中　B——路面宽度；

h——路拱矢高(为路拱中心高出路面边缘的高度)；

i——设计路面横坡度,%。

$$y = x \times i \tag{6.2}$$

式中　x——横距；

y——纵距,O 为原点(一般取路面中心点)。

直线形路拱放样步骤如下：

(1)计算中桩填挖值,即中桩桩顶实测高程与路面各层设计高程之差。

(2)计算路面边线桩填挖值,即边线桩桩顶实测高程与路面基层设计高程之差。

(3)根据计算成果,分别在中、边桩上标定挂线,即得到路面基层的横向坡度。如果路面较宽可在中间加点。

施工时,为了使用方便,应预先将各桩号断面的填挖值计算好,以表格形式列出,称为平单,供放样时直接使用。

2. 抛物线形路拱的放样

如图 6.3 所示,路拱(无设计依据时)可用式(6.3)按抛物线形路拱计算

$$y = \frac{4h}{B^2} \times x^2 \tag{6.3}$$

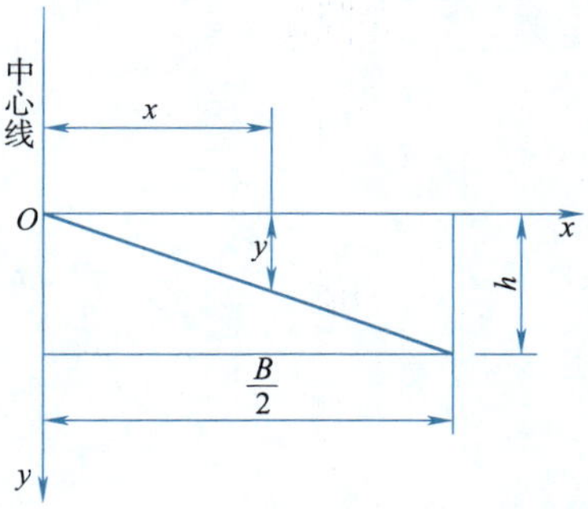

图 6.2　直线形路拱的放样

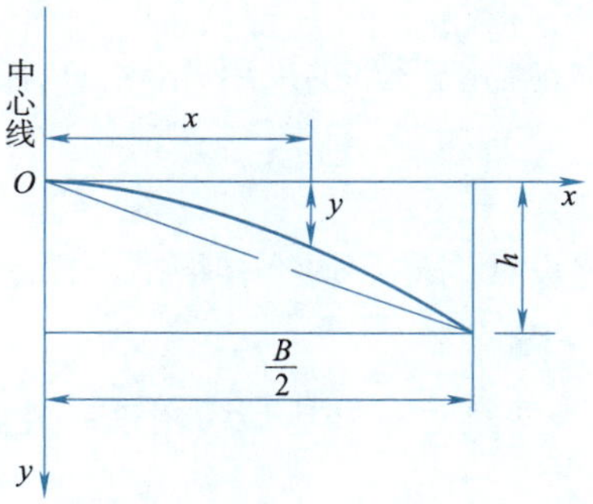

图 6.3　抛物线形路拱的放样

抛物线形路拱放样步骤如下：

(1)根据施工需要、精度要求选定横距 x 值,并按路拱公式计算出相应的纵距 y 值。

(2)在边桩上定出路面基层中心设计标高,并在路两侧挂线,此线就是基层路面中心高程线。

(3)自路中心向左、右分别量取光值,自路中心标高水平线向下量取相应的 y 值,就可得到横断面方向路面结构层的高程控制点。

施工时,可采用“平砖”法控制路拱形状。即在边桩上依路中心高程挂线后,按路拱曲线大样图所注的尺寸,如图 6.4(a)所示,以及路面结构大样图,如图 6.4(b)所示,在路中心两侧一定距离处,例如图 6.4(c)所示,在距路中心 150 cm、300 cm 和 450 cm 处分别向下量 5.8 cm、8.2 cm、11.3 cm,放置平砖,并使平砖顶面正处在拱面高度,铺撒碎石时,以平砖为标志就可找出设计的拱形。实施施工中使用更多的是路拱样板,随时可检测路拱误差。

在曲线部分测设路面边桩和下平砖时,应根据设计图样做好内侧路面加宽和外侧路拱超高的测设工作。

由于抛物线形路拱的坡度其拱顶部分过于平缓,不利于排水;边缘部分过于陡峭,不利于行车。为改

善此种情况，可采用变方抛物线计算，以适应各种宽度。常用的有改进的二次抛物线形、半立方抛物线形、改进的三次抛物线形几种计算方式。

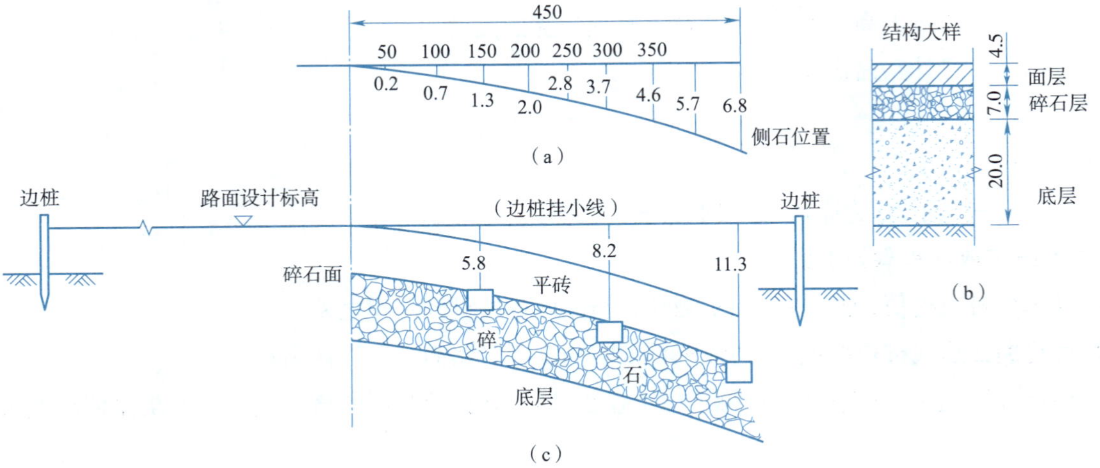

图 6.4　路拱样板放样

改进的二次抛物线形路拱采用式(6.4)计算。

$$y = \frac{2h}{B^2}x^2 + \frac{h}{B}x \tag{6.4}$$

半立方抛物线形路拱采用式(6.5)计算。

$$y = h \times \left(\frac{2x}{B}\right)^{3/2} \tag{6.5}$$

改进的三次抛物线形路拱采用式(6.6)计算。

$$y = \frac{4h}{B^3}x^3 + \frac{h}{B}x \tag{6.6}$$

在一般道路设计图样上均绘有路拱大样图和给定的路拱计算公式。

算一算

动画

道路纵断测量

路面基层中桩和边桩的测设一般有哪些要求？

6.2.3　路面基层放样的精度要求

路面放样的精度要求，应按照各地建设主管部门颁布的规定执行。其主要技术指标可参照表 6.2 和表 6.3。

表 6.2　水泥稳定粒料基层和底基层放样精度要求

序号	检查项目	基层		底基层	
		高速或一级	其他公路	高速或一级	其他公路
1	中线平面偏位/mm	±50		±50	
2	纵断高程/mm	+5，-10	+5，-15	+5，-15	+5，-20
3	宽度/mm	不小于设计值		不小于设计值	
4	横坡/%	±0.3	±0.5	±0.3	±0.5

表 6.3　石灰土基层和底基层放样精度要求

序号	检查项目	基层		底基层	
		高速或一级	其他公路	高速或一级	其他公路
1	中线平面偏位/mm	±50		±50	
2	纵断高程/mm	+5，-10	+5，-15	+5，-15	+5，-20
3	宽度/mm	不小于设计值		不小于设计值	
4	横坡/%	±0.3	±0.5	±0.3	±0.5

知识点3　碎(砾)石类基(垫)层施工

下面将重点介绍道路工程中常用的填隙碎石和级配碎石施工方法。

6.3.1　填隙碎石施工

用单一粒径的碎石作主骨料，形成嵌锁作用，用小一级碎石逐级填隙，并碾压成密实和稳定的结构层，这种结构称填隙碎石。实践证明，使用两种分开的不同尺寸的集料，可使堆放和运输过程中集料离析现象降到最小。填隙碎石用干、湿法施工均可，但干法施工特别适宜于干旱缺水地区。在压实良好时，填隙碎石的密实度通常为固体体积率的85%～90%，其强度与良好的级配碎石相同。填隙碎石的主要缺点是潮湿的填料实际上不可能靠振动压路机将孔隙填满；如企图用过多遍数的振动碾压使潮湿填隙料下移，往往可能使主骨料浮到填隙料层上，严重时会丧失稳定性。

1. 一般规定

填隙碎石的压实厚度，通常为碎石最大粒径的1.5～2.0倍，即10～12 cm。填隙碎石碾压后，作为基层的固体体积率应不小于85%，作为底基层应不小于83%。填隙碎石基层不洒透层沥青或未铺封层时，禁止开放交通。

2. 材料

填隙碎石的主骨料碎石最大粒径，当为基层时，不应超过60 mm；当为底基层时，不应超过80 mm。粗碎石可以用具有一定强度的各种岩石或漂石轧制，也可以用稳定的矿渣轧制（矿渣的干密度和质量应比较均匀，干密度不小于960 kg/m^3）。

3. 施工

填隙碎石施工方法分为干法施工和湿法施工两种。其中干法施工的工艺流程为：准备下承层→施工放样→备料→摊铺粗骨料→初压→撒布填隙料→振动压实→第二次撒布填隙料→振动压实→局部补撒填隙料及扫匀→振动压实填满孔隙—喷洒少量水→终压。

湿法施工的工艺流程在“振动压实填满孔隙”之前的工序与干法施工相同，而“振动压实填满孔隙”之后的工序为：洒水饱和→碾压滚浆→终压。

下面将对填隙碎石结构的部分施工要点进行介绍。

1）准备下承层及施工放样

下承层的平整度和压实度应符合规定，土基不论路堤或路堑，必须用12～15 t三轮压路机或等效的碾压机械进行碾压检验，如发现土过干，表层松散，应适当洒水；如土过湿，发生“弹簧”现象，应采用挖开晾晒、换土、掺石灰或集料等措施进行处理。

在槽式断面的路段，两侧路肩上每隔一定距离（如5～10 m）应交错开挖扫冰沟（即路基盲沟）。下承层准备好后，恢复中线，仅在两侧路肩外设指示桩，标出基层或底基层边缘的设计标高。

2）备料

根据各路段基层或底基层的宽度、厚度及松铺系数（1.2～1.3）计算备料量。碎石最大粒径与压实厚度之比为0.5左右时,松铺系数1.3;比值较大时,系数接近1.2。计算各段需要的粗碎石数量,逐段堆放。

填隙料的用量约为粗碎石质量的30% ~40%,粗碎石用平地机或其他合适的机具均匀地摊铺在预定的宽度上,表面应力求平整,并有规定的路拱。摊铺过程中,应随时检验松铺材料层的厚度是否符合预计要求,必要时,应进行减料或补料工作。

3)干法施工

粗碎石摊铺后用8 t两轮压路机初压3~4遍,使粗碎石稳定就位。随后用石屑撒布机或类似设备将干填隙料均匀地撒布在已压稳的粗碎石层上,松厚2.5~3.0 cm。填隙料撒铺后用振动压路机慢速碾压,将全部填隙料振入粗碎石的孔隙中。然后再次撒布松厚2.0~2.5 cm的填隙料,再次碾压,碾压过程中,对局部填隙料不足之处,人工进行找补;将局部多余填隙料用竹扫帚扫到路外或填隙料不足之处。

填隙料不应在粗碎石表面局部地自成一层,表面必须能见粗碎石。

设计厚度超过一层铺筑厚度,需要再铺一层时,应将已压成的填隙碎石层表面填隙料扫除一些,使粗碎石外露5~10 mm,然后再在上面铺筑第二层。

填隙碎石的终压用12~15 t三轮压路机碾压1~2遍,终压过程中不应有任何蠕动现象。终压之前,宜在表面少量洒水,洒水量在3 kg/m^2以上。

4)湿法施工

湿法施工与干法施工的区别在于终压前的洒水量应达饱和(但应注意勿使多余水浸泡下承层),用12~15 t三轮压路机跟在洒水车后进行碾压,在碾压过程中,将湿填隙料继续扫入所出现的孔隙中,洒水和碾压应一直进行到细集料和水形成粉砂浆为止。粉砂浆应有足够的数量以填塞全部孔隙,并在压路机机轮前形成微波纹状。

碾压完成后的路段应留一段时间让水分蒸发。结构层干燥后,表面多余的细料以及任何自成一薄层的细料覆盖层都应扫除干净。

设计厚度超过一层铺筑厚度,需要再铺筑一层填隙碎石层时,应待结构层干燥后,将已压成的表面填隙料扫除到使粗碎石外露5~10 mm,然后再在上面铺筑第二层。

练一练

填隙碎石施工方法有哪几种?其施工的工艺流程是什么?

____

____

____

6.3.2 级配碎石施工

级配碎石适用于不同等级公路的基层和底基层,也可用作较薄沥青面层与半刚性基层之间的中间层。在次干道及支路上,将级配碎石用作基层时,其最大粒径应控制在40 mm以内;在快速路和主干路上,将级配碎石用作基层以及半刚性路面的中间层时,其最大粒径宜控制在30 mm以下。

级配碎石用作半刚性路面的中间层时,应采用集中厂拌法拌制混合料,并宜用摊铺机摊铺混合料。

1. 材料

(1)未筛分碎石。轧制碎石的材料可以是各种类型的坚硬岩石、圆石或矿渣。其干密度和质量应比较均匀,干密度不小于960 kg/m^3。碎石机轧制出来的碎石应经过一个与规定最大粒径相符的筛筛分。

(2)单一粒径碎石。碎石机轧制出来的碎石通过几个不同筛孔过筛,可得出不同粒级的碎石,如40~20 mm、20~10 mm、10~5 mm碎石等。

(3)石屑。石屑或其他细集料可以使用一般碎石场的细筛余料,也可以利用轧制沥青路面用石料的细筛余料,或专门轧制的细碎石集料。

利用天然砂砾或粗砂代替石屑,颗粒尺寸应该合适。必要时应筛除其中的超尺寸颗粒。天然砂砾或粗砂应有较好的级配。

2. 路拌法施工

级配碎石路拌法施工的工艺流程为:准备下承层→施工放样→运输和摊铺未筛分碎石→洒水使碎石湿润→运输和撒布石屑→拌和并补充洒水→整形→碾压。其中未筛分碎石和石屑可在碎石场加水湿拌,其后续工艺流程为:在碎石场加水湿拌后的未筛分碎石和石屑运到现场摊铺→补充拌和及洒水→整形→碾压。

下面将对其中的部分施工要点进行介绍。

1)准备下承层及施工放样

与填隙碎石相同。

微课

粒料类垫层施工方法

2)备料

根据各路段基层或底基层的宽度、厚度及预定的干压密实度,并按确定的未筛分碎石和石屑配合比或不同粒级碎石和石屑配合比,分别计算出各路段所需石料数量,并计算每车材料的堆放距离。未筛分碎石和石屑可按预定比例在料场混合,以减轻施工现场的拌和工作量。运输未筛分碎石或未筛分碎石与石屑的混合料前,应在料场洒水,使其含水量较最佳含水量大1%(质量分数)左右,以减少运输过程中的集料离析现象。未筛分碎石的最佳含水量约为4%(质量分数),级配碎石的最佳含水量约为5%(质量分数)。

3)摊铺

集料在下承层上的堆置时间不应过长,运送只宜在摊铺前数天进行,摊铺前应通过试验确定集料的松铺系数。人工摊铺混合料的松铺系数约为1.4~1.5;平地机摊铺时,松铺系数约为1.25~1.35。

级配碎石的未筛分碎石摊铺平整后,在其较潮湿的情况下,向其上运送石屑,用平地机并辅以人工将石屑均匀摊铺在碎石层上,或用石屑撒布机撒布石屑。采用不同粒级的碎石和石屑时,应依次将大、中、小碎石分层摊铺,洒水使碎石湿润后再摊铺石屑。

4)拌和及整形、碾压

拌和工序应采用稳定土拌和机,在无此机具的情况下,也可采用平地机或多铧犁与缺口圆盘耙相配合进行拌和。一般需拌和5~6遍,拌和过程中,洒足所需水分。拌和结束时,混合料的含水量应该均匀,并较最佳含水量大1%(质量分数)左右;不出现粗细颗粒离析现象。

如级配碎石混合料在料场已经过混合,可视摊铺后有无粗细颗粒离析现象,用平地机进行补充拌和。

级配碎石基层的整形用平地机按规定的路拱进行。初步整平后,用拖拉机、平地机或轮胎压路机快速碾压一遍,以暴露潜在的不平整。

整形后,当混合料的含水量等于或略大于最佳含水量时,立即用12 t以上三轮压路机、振动压路或用轮胎式压路机进行碾压。一般需碾压6~8遍,以使密实度达到要求,表面已无明显轮迹为止。

3. 厂拌法施工

级配碎石混合料可以在中心站用多种机械进行集中拌和,拌和设备同无机结合料稳定粒料类。宜采用不同粒级的碎石和石屑,按预定配合比在拌和机内拌制成级配碎石混合料,当采用未筛分碎石和石屑拌和时,若其颗粒组成发生明显变化,应注意及时调整,以使混合料的颗粒组成和含水量达到规定的要求。

厂拌混合料宜采用沥青混凝土摊铺机、水泥混凝土摊铺机或稳定土摊铺机摊铺;并应设专人跟随在机械后边,注意消除粗细集料离析现象,一般道路施工无摊铺机时,也可以用自动平地机摊铺混合料。摊铺后的整形及碾压与路拌法施工相同。

思一思

级配碎石路拌法施工的工艺流程是什么?厂拌法施工有哪些具体的要求?

知识点 4　无机结合料稳定类基(垫)层施工

道路工程中使用的无机结合料稳定类基(垫)层主要是水泥、石灰和工业废渣稳定土基(垫)层,这些稳定土基(垫)层的显著特点是:整体性强、承载力高、刚度大、水稳定性好,而且较为经济,已广泛用于修建高等级公路路面基层或底基层。由于这类基层具有一定的刚度,故又称半刚性基层。

6.4.1　材料

微课

无机结合料稳定类基(垫)层施工

1. 集料

适宜做水泥或石灰稳定土基层集料的材料有:级配碎石、未筛分碎石、砂砾、碎石土、砂砾土、煤矸石和各种粒状矿渣等。碎石包括岩石碎石和矿渣碎石,有机质含量超过2%(质量分数)的土,不应单独用水泥稳定(如需采用,必须先用石灰进行处理,之后方可用水泥稳定)。硫酸盐含量超过0.25%(质量分数)的土,不能用水泥稳定。塑性指数在15~20的黏性土以及含有一定数量黏性土的中粒土和粗粒土均适于用石灰稳定,更适于用石灰和水泥综合稳定。

水泥稳定土用作基层时的集料最大粒径,在高速和一级公路不应超过30 mm,二级和二级以下公路不应超过40 mm;水泥稳定土用作底基层时,集料颗粒的最大粒径,在高速和一级公路不应超过40 mm,二级和二级以下公路不应超过50 mm。同时,土的均匀系数(通过量为60%的筛孔尺寸与通过量为10%的筛孔尺寸的比值)应大于5。水泥稳定土颗粒组成应在表6.4范围内。

用水泥稳定粒径较均匀的砂时,宜在砂中添加少部分塑性指数小于10的黏性土或石灰土,也可添加部分粉煤灰,加入比例可按使混合料的标准干密度接近最大值确定,一般为20%~40%。

半刚性基层材料所用碎、砾石应具有一定的抗压碎能力。高速和一级公路的集料压碎值不大于30%,二级和二级以下公路的集料压碎值不大于35%(底基层可放宽至40%)。

表6.4　用作基层时水泥稳定土颗粒组成范围

筛孔尺寸/mm	通过质量百分率/%	筛孔尺寸/mm	通过质量百分率/%
37.5	90~100	2.36	20~70
26.5	66~100	1.18	14~57
19	54~100	0.6	8~47
9.5	39~100	0.075	0~30
4.75	28~84		

2. 无机结合料

无机结合料目前最常用的是水泥、石灰、粉煤灰及工业废渣(常用的是煤渣)。

1)水泥

普通硅酸盐水泥、矿渣硅酸盐水泥和火山灰质硅酸盐水泥都可用于稳定土。但宜选用初凝时间3 h以上终凝时间较长(宜在6 h以上)强度等级又较低(常用32.5 MPa)的水泥。快硬水泥、早强水泥以及已受潮变质的水泥不得使用。

2)石灰

石灰质量应符合Ⅲ级以上的生石灰或消石灰的技术指标(表6.5)。实际使用时,要尽量缩短石灰的存放时间。石灰块必须充分消解才能使用,未消解的生石灰必须剔除。对于高速和一级公路,宜采用磨细生石灰粉。

表 6.5　石灰的技术指标

项　　目	钙质生石灰			镁质生石灰			钙质消石灰			镁质消石灰		
	等　级											
	Ⅰ	Ⅱ	Ⅲ	Ⅰ	Ⅱ	Ⅲ	Ⅰ	Ⅱ	Ⅲ	Ⅰ	Ⅱ	Ⅲ
有效钙镁含量(质量分数)/%	≥85	≥80	≥70	≥80	≥75	≥65	≥65	≥60	≥55	≥60	≥55	≥50
未消化残渣含量(5 mm 圆孔筛的筛余)/%	≤7	≤11	≤17	≤10	≤14	≤20						
含水量(质量分数)/%							≤4	≤4	≤4	≤4	≤4	≤4
细度　0.71 mm 方孔筛的筛余							0	≤1	≤1	0	≤1	≤1
细度　0.125 mm 方孔筛的筛余							≤13	≤20	—	≤13	≤20	—
钙镁石灰的分类界限(氧化镁质量分数)/%	≤5			>5			≤4			>4		

3）粉煤灰

粉煤灰是火力发电厂燃烧煤粉产生的粉状灰渣，其主要成分 SiO_2（二氧化硅）、Al_2O_3（三氧化二铝）和 Fe_2O_3（三氧化二铁）的总含量应大于 70%（质量分数），烧失量不应超过 20%（质量分数），比表面积宜大于 2 500 cm^2/g。干粉煤灰和湿粉煤灰都可以应用。干粉煤灰如堆在空地上应洒水以防止飞扬造成污染。湿粉煤灰的含水量不宜超过 35%（质量分数），使用时，凝固的粉煤灰应打碎或过筛，同时清除有害杂质。

4）煤渣

煤渣是煤经锅炉燃烧后的残渣，其主要成分是 SiO_2（二氧化硅）和 Al_2O_3（三氧化二铝），松干密度为 700～1 100 kg/m^3，煤渣的最大粒径不应大于 30 mm，颗粒组成宜有一定级配，且不含杂质。煤渣的含煤量宜少，最好低于 20%（质量分数）。

3. 水

凡饮用水均可用于稳定类基层施工。消解石灰、拌制混合料和混合料基层养生应采用清洁的地面水、地下水、自来水及 pH＞6 的水。

想一想

无机结合料稳定类基（垫）层主要材料包括哪些，并有哪些具体的要求？

6.4.2　混合料组成设计

1. 石灰和水泥稳定土的组成设计

（1）稳定土类基层的 7 d 浸水无侧限抗压强度应符合设计规定。

（2）配合比设计应根据设计要求的强度标准，通过试验选取最适宜的土，确定必需的或最佳的稳定剂剂量和混合料的最佳含水量，在需要改善混合料的物理力学性质时，还应确定掺合料的比例。

（3）稳定土类基层的各项试验应符合政府建设主管部门颁布的有关规定。

（4）原材料试验。在稳定土类基层施工前，应取所定土场中有代表性的土样进行土的相应试验，并对水泥、石灰进行试验。

①土的颗粒分析，级配不良的，宜改善其级配。

②液限和塑性指数。

③相对密度、击实试验。

④有机质含量（必要时做）。

⑤硫酸盐含量(必要时做)。

⑥石灰的有效钙和氧化镁含量。

⑦水泥强度等级和终凝时间。

(5)石灰土设计步骤。

①石灰土按下列石灰剂量配制同一土样不同石灰剂量的混合料:

用作基层时:对于塑性指数小于12的黏性土,石灰剂量分别为10%、12%、13%、14%、16%;对于塑性指数大于12的黏性土,石灰剂量分别为5%、7%、9%、11%、13%。

用作底基层时:对于塑性指数小于12的黏性土,石灰剂量分别为8%、10%、11%、12%、14%;对于塑性指数大于12的黏性土,石灰剂量分别为5%、7%、8%、9%、11%。

②确定混合料的最佳含水量和最大干密度,至少应做三个不同石灰剂量混合料的击实试验,即最小剂量、中间剂量和最大剂量,其余两个混合料的最佳含水量和最大干密度用内插法确定。

③按规定的压实度,分别计算不同石灰剂量的试块应有的干密度。

④按最佳含水量和计算的干密度制备试件。进行强度试验时,作为平行试验的最少试件数量应不小于表6.6中相应数据。试验结果的偏差系数大于表6.6中规定的值,则应重做试验,并找出原因,加以解决。如不能降低偏差系数,则应增加试件数量。

表6.6　试件数量与偏差系数

试件数量	偏差系数		
	<10%	10%～15%	10%～20%
细粒土	6	9	—

⑤试件在规定温度下保湿养生6 d、浸水24 h后,按《公路工程无机结合料稳定材料试验规程》进行无侧限抗压强度试验。

⑥计算试验结果的平均值和偏差系数。

⑦根据设计要求强度值,选定合适的石灰剂量。此剂量试件试验结果的平均抗压强度及应符合式(6.7)的要求。

$$\bar{R} \geqslant \frac{R_d}{(1 - Z_\alpha C_v)} \tag{6.7}$$

式中　R_d——设计抗压强度,MPa;

C_v——试验结果的偏差系数(以小数计);

Z_α——标准正态分布表中随保证率(置信度α)而变的系数,城市快速路和城市主干路应取保证率95%,即$Z_\alpha=1.645$;其他道路应取保证率90%,即$Z_\alpha=1.282$。

⑧实际采用的石灰剂量应比室内试验确定的剂量多0.5%～1.0%。采用集中厂拌时可只增加0.5%;采用路拌法施工时,宜增加1.0%。

(6)水泥稳定土设计步骤。

①分别按下列五种水泥剂量配制同一种土样、不同水泥剂量的混合料。

作基层时:对于塑性指数小于12的细粒土,水泥剂量分别为5%、7%、8%、9%、11%;对于其他细粒土,水泥剂量分别为8%、10%、12%、14%、16%。

作底基层时:对于塑性指数小于12的细粒土,水泥剂量分别为4%、5%、6%、7%、9%;对于其他细粒土,水泥剂量分别为6%、8%、9%、10%、12%。

在能估计到合适剂量的情况下,可将五个不同剂量缩成到三或四个。如要求用作基层的混合料有较高强度时,水泥剂量可用4%、5%、6%、7%、8%。

②水泥稳定土设计步骤和强度标准与石灰稳定土相同。

③水泥的最小剂量应符合表6.7的要求。

表 6.7　水泥的最小剂量(质量分数)

土类	拌和方法	
	路拌法	厂拌法
细粒土	5%	4%

2. 石灰工业废渣稳定土的组成设计

(1)在稳定土类基层施工前,应经试验确定粉煤灰、钢渣和煤渣的下列参数:

①粉煤灰的化学成分、细度和烧失量。

②钢渣的化学成分及力学性质。

③煤渣的化学成分及粒径分析。

(2)石灰工业废渣稳定土的浸水抗压强度应符合表 6.8。

表 6.8　石灰工业废渣稳定土的浸水抗压强度标准

应用层位	道路种类		
	高速公路一级公路	二级公路	二级及其以下等级道路
基层	≥0.70	≥0.55	≥0.50
底基层	≥0.50	≥0.45	—

注:以上为试件在温度(20 ±1)℃和湿度大于 90% 条件下湿法养生后的浸水抗压强度。

(3)石灰工业废渣稳定土的组成设计应根据表 6.9,通过试验选取最适于稳定的土,确定石灰与工业废渣的比例,确定石灰工业废渣与土的质量比例,再确定混合料的最佳含水量。

表 6.9　石灰钢渣类混合料常用配合比

混合料种类	钢渣	石灰	粉煤灰	土
石灰钢渣粉煤灰	60 ~ 70	10 ~ 7	30 ~ 23	—
石灰钢渣土	50 ~ 60	10 ~ 8	—	40 ~ 32
石灰钢渣	90 ~ 95	10 ~ 5	—	—

(4)对于 CaO 含量为 2% ~6%(质量分数)的硅铝粉煤灰,采用石灰粉煤灰做基层或底基层时,石灰与粉煤灰的比例可以是 1:2 ~1:9(质量比,后同)。

(5)采用二灰土做基层或底基层时,石灰与粉煤灰的比例可用 1:2 ~1:4(对粉土以 1:2 为宜),石灰粉煤灰与细粒土的比例可以是 3:7 ~9:1,此时石灰与粉煤灰之比宜为 1:2 ~1:3。

(6)采用石灰煤渣做基层或底基层时,石灰与煤渣的比例可用 20:80 ~15:85。

(7)采用石灰煤渣土做基层或底基层时,石灰与煤渣的比例可选用 1:1 ~1:4,石灰煤渣与细粒土的比例,可以是 1:1 ~1:4。混合料中石灰不应少于 10%(质量分数)。

(8)石灰钢渣类混合料常用配合比可参照表 6.9。

(9)石灰工业废渣稳定土设计步骤。

①制备不同比例的石灰工业废渣混合料,确定其各自的最佳含水量和最大干密度,确定同一龄期和同一压实度试件的抗压强度,选用强度最大的石灰、工业废渣比例。

②根据上述所得石灰、工业废渣比例,制备同一种土样的 4 ~5 种不同配合比例的石灰工业废渣稳定土,其配合比宜位于表 6.9 所列范围内。

③确定石灰工业废渣稳定土的最佳含水量和最大干密度(重型击实标准)。余下的设计步骤同石灰土,平均抗压强度要求见式(6.7)。

评一评

水泥稳定土的组成设计包括哪些步骤并有哪些具体的要求?

6.4.3 施工技术要求

1. 路拌法施工

半刚性基层或底基层路拌法施工的主要工序为:准备下承层→施工测量→备料→摊铺→拌和→整平与碾压成型→初期养护。

1)准备下承层与施工测量

施工前,应对下承层(土基或底基层)按质量验收标准进行验收。下承层表面应平整、坚实,具有规定的路拱。下承层标高符合设计要求之后,应恢复中线。直线路段每15~20 m设一桩,平曲线路段每10~15 m设一桩,并在两侧路面边缘外0.3~0.5 m处设指示桩,在指示桩上标出基层(或底基层)的边缘设计标高及松铺厚度等相关数据。

2)备料

所用材料应符合质量要求,并根据各路段基层(底基层)的宽度、厚度及预定的干密度,计算各路段需要的干燥集料数量。根据混合料的配合比、材料的含水量以及所用车辆的吨位,计算各种材料每车料的堆放距离,对于水泥、石灰等结合料,常以袋(或小翻斗车车斗)为计量单位计算结合料堆放距离、地点。也可根据各种集料所占比例及其干密度,计算每种集料松铺厚度,以控制集料施工配合比,而对水泥、石灰等结合料仍以每袋的摊铺面积来控制剂量。

同一供料路段内应由远而近卸料,卸料距离应严格掌握,避免路段上出现料不够或过多的情况。集料在下承层上的堆置时间不应过长,运送集料只宜比摊铺集料提前数天。

3)摊铺与拌和

用平地机、推土机或人工,按试验路段所求得的松铺系数进行摊铺,摊铺力求均匀。摊铺集料应在摊铺水泥的前一天进行,摊料长度应满足日进度的需要。摊料过程中,应将土块、超尺寸颗粒及其他杂物拣除。

用稳定土拌和机进行拌和时,拌和深度应达到稳定层底,应设专人跟随拌和机,随时检查拌和深度并配合机器操作人员调整拌和深度。严禁在拌和层底部留有“素土”夹层。应略破坏(约1 cm,不应过多)下承层的表面。通常应拌和两遍以上,工作速度以1.25~1.5 km/h最为适宜,拌和应自基层的最外沿向中心线靠拢。拌和中应适时测定含水量,如含水量过大,应进行自然蒸发,使含水量达到最佳值,若含水量小于最佳含水量则应补充洒水浸润后再拌和。

在没有专用拌和机械的情况下,也可用农用旋转耕作机与多铧犁或平地机相配合拌和,但应注意拌和效果及拌和时间不能过长。

混合料拌和均匀后应色泽一致,没有灰条、灰团和花面,没有粗细颗粒离析现象,且水分合适均匀。

4)整型与碾压

混合料拌和均匀后,立即用平地机初步整型和整平。在直线段,平地机由两侧向路中心刮平;在平曲线地段,平地机由内侧向外侧刮平。对于局部低洼处,应将表层耙松后找平。整型宜反复进行,每次整型都应按照规定的坡度和路拱进行,并应特别注意接缝的顺适平整,整型过程中,严禁任何车辆通行。

无机结合料稳定类结构层应用12 t以上的压路机碾压成形。用12~15 t三轮压路机碾压时,每层压实厚度不应超过15 cm;用18~20 t的三轮压路机碾压时,每层压实厚度不应超过20 cm。对于稳定中粒土和粗粒土,采用能量大的振动压路机时,每层的压实厚度根据试验确定。压实厚度超过时,应分层铺筑,每层的最小压实厚度为10 cm。压实应遵循先轻后重,先慢后快的原则,直线段由两侧路肩向中心碾压,即先边后中;平曲线地段,由内侧路肩向外侧路肩碾压。

碾压过程中,表面应始终保持潮湿,如水分蒸发过快,应及时补洒少量的水;如有“弹簧”“松散”“起皮”等现象,应及时翻开重新拌和,或用其他方法处理,使其达到质量要求。在碾压结束之前,用平地机再终平一次，使其纵向顺适，路拱和超高符合设计要求。终平应仔细进行，必须将局部高出部分刮除并扫出路外，对于局部低洼之处，不再进行找补，留待铺筑沥青面层时处理。

5）养生

养生时间应不少于7 d。水泥稳定类混合料碾压完成后应立即开始养生，二灰稳定类混合料在碾压完成后第二或第三天开始养生。养生宜采用不透水薄膜或湿砂进行，用砂覆盖时厚7～10 cm，并保持整个养生期间砂的潮湿状态。也可以用潮湿的帆布、粗麻布、草帘或其他合适的材料覆盖。养生结束，必须将覆盖物清除干净，并应立即喷洒透层沥青或做下封层。基层上不铺封层或面层时，不应开放交通。必须临时开放交通时，应采取覆盖、限重、限速等保护性措施。

2. 厂拌法施工

混合料在中心站集中拌和可以采用强制式拌和机、卧轴桨叶式拌和机等厂拌设备进行。塑性指数小、含土少的砂砾土、级配碎石、砂、石屑等集料也可以采用自落式拌和机拌和。

厂拌法施工前，应先调试拌和设备，目的在于找出各料斗阀门的开启刻度（简称开度），以确保设计配合比。拌和生产中，含水量应略大于最佳含水量，使混合料运到现场摊铺碾压时的含水量不小于最佳含水量。运输过程中，如运距较远，车上混合料应覆盖以防水分损失过多。如有粗细颗粒离析现象，应用机械或人工再充分拌和。

混合料摊铺应采用摊铺机进行，拌和机与摊铺机的生产能力应互相协调，以减少摊铺停机待料情况，保证施工的连续性。一般公路施工没有摊铺机时，也可以用自动平地机摊铺。

摊铺后的整形、碾压、养生与路拌法施工相同。

目前，我国高等级公路和半刚性基层施工，多采用集中拌和及摊铺机摊铺。修筑的基层平整度、高程、路拱、纵坡和厚度都能达到规范要求。实践证明提高高等级公路半刚性基层施工质量的根本出路在于机械化。因此，《公路工程国内招标文件范本》明确规定：水泥稳定土底基层、基层都不得采用人工拌和法施工。对于二级和二级以下的公路，可以采用路拌法。但对于二级公路，应采用专用的稳定土拌和机。对于高速和一级公路，除直接铺筑在土基上的底基层下层，可用稳定土拌和机进行路拌法施工外，其上的各个稳定土层都应用集中厂拌法拌制混合料，并应用摊铺机摊铺基层混合料。

比一比

混合料拌和均匀后的整形有哪些步骤和具体的要求？

____

____

____

知识点5 其他路基基层施工

6.5.1 水泥混凝土基层

水泥混凝土基层适用于机场、高速公路、一级公路、二级公路及采用复合路面的基层。它包括现浇水泥混凝土基层和碾压混凝土基层两类。

1. 水泥混凝土材料的选择

（1）水泥的品种、强度、安定性应符合现行国家标准《通用硅酸盐水泥》（GB 175—2023）的规定。水泥宜采用32.5或42.5强度等级的矿渣硅酸盐水泥。

（2）粉煤灰应采用Ⅲ级或Ⅲ级以上的粉煤灰。烧失量应小于15%（质量分数），SO_3含量应小于3%（质量分数）。

（3）粗细集料的质量应符合道路用Ⅲ级或Ⅲ级以上集料的技术要求。压碎值应不大30%，视密度不小于2.45 t/m^3。集料级配范围与水泥混凝土路面及水泥稳定粒料基层的要求相同。

(4)混凝土中采用的外加剂质量及应用技术应符合现行国家标准《混凝土外加剂》(GB 8076—2008)、《混凝土外加剂应用技术规范》(GB 50119—2013)和有关环境保护的规定。

2. 水泥混凝土(碾压)基层材料配合比设计

1)技术要求

(1)强度。基层混凝土设计强度应符合表6.10的规定。

表6.10　基层混凝土的设计强度标准值

(单位:MPa)

类型	交通等级	特重	重	中等
现浇	7 d施工质检抗压强度f_{cu7}	10.0	7.0	5.0
	28 d设计抗压强度标准值$f_{cu,k}$	15.0	10.0	7.0
碾压	7 d施工质检抗压强度f_{cu7}	8	6	5
	28 d设计抗压强度标准值$f_{cu,k}$	12	9	7

(2)工作度。

①现浇混凝土的摊铺坍落度应满足:轨道摊铺机不大于40 mm,三辊轴机组不大于30 mm,小型机具不大于20 mm。混凝土的和易性、流动性应适度,不泌水、无离析。

②碾压混凝土出搅拌机口的改进V_c值宜为5~10 s;碾压时的改进V_c值宜控制在(30±5)s(V_c为测定碾压混凝土拌和物稠度的一种改进的维勃工作度)。

微课

水泥标准稠度用水量试验方法

③基层混凝土中可掺Ⅲ级或Ⅲ级以上的粉煤灰,替代水泥的粉煤灰的超量取代系数宜取1.8~2.2。

(3)耐久性。

①为满足耐久性要求,基层的混凝土最大水灰(胶)比宜符合表6.11的规定。

表6.11　满足耐久性要求的混凝土最大水灰(胶)比

交通等级	特重		重		中等	
	现浇	碾压	现浇	碾压	现浇	碾压
最大水灰(胶)比	0.65	0.40	0.68	0.40	0.70	0.42
有抗冻要求的最大水灰(胶)比	0.60	0.38	0.63	0.38	0.65	0.40

②在受冻地区基层混凝土中应掺引气剂,并控制混凝土含气量为4%±1%(体积分数)。当水灰(胶)比不能满足抗冻耐久性要求时,宜使用引气减水剂。当高温摊铺蒸发量较大的现浇混凝土、碾压混凝土,宜使用引气缓凝减水剂。

2)配合比设计步骤

(1)确定28 d抗压强度。可按式(6.8)计算。

$$f_{cu,0}=f_{cu,k}+t_1 s_1 \tag{6.8}$$

式中　$f_{cu,0}$——混凝土的28 d抗压强度,MPa;

$f_{cu,k}$——混凝土的28 d设计抗压强度标准值,MPa,按表6.10取值;

t_1——抗压强度保证系数:机场、快速路取1.645,主干路取1.28,次干路取1.04;

s_1——抗压强度标准差,MPa,宜按不小于6组统计资料取值;无统计资料或试件组数小于6组时,可取1.5 MPa。

微课

水泥混凝土试件制作方法

(2)确定水灰比。应按式(6.9)计算,并取计算值与表6.11规定值两者中的小值。

$$\frac{W}{C}=\frac{Af_{ce}}{(f_{cu,0}+ABf_{ce,k})} \tag{6.9}$$

$$f_{ce}=\gamma f_{ce,k} \tag{6.10}$$

式中　$\frac{W}{C}$——水灰比;

f_{ce}——水泥混凝土实测 28 d 抗压强度值,MPa,无实测值时,也可按式(6. 10)计算;

A、B——回归系数,碎石及破碎砾石 $A=0.46$、$B=0.07$,卵石 $A=0.48$、$B=0.33$,碾压混凝土混合料必须采用碎石或破碎砾石,不得采用卵石;

$f_{ce,k}$——水泥抗压强度值,MPa;

γ——水泥抗压强度富余系数,应按统计资料取值;无统计资料时可在 1. 08 ~1. 13 范围内取值。

(3)确定现浇混凝土基层单位水泥(胶材)用量、用水量及砂率(基层为现浇混凝土时采用)。

①确定基层单位水泥(胶材)用量。

a. 单位水泥用量可按式(6. 11)计算。

$$C_P = 0.5\xi C_0 \tag{6.11}$$

式中　C_P——基层混凝土的单位水泥用量,kg/m³;

ξ——工作度及平整度放大系数,可取 1. 1 ~1. 3;

C_0——路面混凝土单位水泥用量,kg/m³。

b. 掺用粉煤灰时,单位胶材总量可按式(6. 12)计算。

$$J_z = 0.5C_0(1+F_P k) \tag{6.12}$$

式中　J_z——单位胶材总量,kg/m³;

F_P——代替水泥的粉煤灰掺量,可取值 0. 15 ~0. 30;

k——粉煤灰超量取代系数,可按 1. 8 ~2. 2 取值。

c. 不掺粉煤灰混凝土的单位水泥用量宜控制在 160 ~230 kg/m³;在受冻地区基层最小单位水泥用量不宜低于 180 kg/m³。掺粉煤灰时,单位水泥用量宜在 130 ~175 kg/m³,单位胶材的总量宜在 220 ~270 kg/m³之间;基层受冻地区最小单位水泥用量不宜低于 150 kg/m³。

②根据水灰(胶)比和单位水泥(胶材)用量,计算单位用水量。

③砂率可按表 6. 12 初选。

表 6. 12　基层混凝土的砂率

砂细度模数		2. 2 ~2. 5	2. 5 ~2. 8	2. 8 ~3. 1	3. 1 ~3. 4	3. 4 ~3. 7
砂率 S_P(%)	碎石混凝土	24 ~28	26 ~30	28 ~32	30 ~34	32 ~36
	卵石混凝土	22 ~26	24 ~28	26 ~30	28 ~32	30 ~34

注:破碎砾石可在碎石和卵石混凝土之间内插取值。

(4)确定碾压混凝土基层单位水泥用量、砂率、用水量及外加剂用量(基层为碾压混凝土时选用)。

①碾压混凝土基层的水泥掺量通常为 8% ~13%,强度要求低的底基层材料取下限,强度要求高的基层材料取上限。按强度要求,通过试配确定单位水泥用量。

②砂率按表 6. 13 选用。

表 6. 13　砂率表

粒径		砂率		
		水灰(胶)比 0. 38	水灰(胶)比 0. 40	水灰(胶)比 0. 42
碎石最大粒径范围/mm	15 ~20	30 ~34	32 ~36	34 ~38
	20 ~35	29 ~34	31 ~35	33 ~37
	35 ~40	29 ~33	30 ~34	32 ~36

③计算用水量。

不掺粉煤灰混合料的单位用水量按式(6. 13)计算。

$$W_{0c} = 137.7 - 20.55\lg V_c \tag{6.13}$$

式中　W_{0c}——碾压混凝土混合料的单位用水量,kg/m³;

V_c——碾压混凝土混合料拌和物的改进维勃稠度值,由试验确定。

掺加粉煤灰混合料的单位用水量按式(6.14)计算。

$$W_{0fc}=135.5-21.1\lg V_c+0.32F_c \tag{6.14}$$

式中 W_{0fc}——掺粉煤灰碾压混凝土混合料的单位用水量,kg/m³;

V_c——碾压混凝土混合料拌和物的改进维勃稠度值,取5~10 s;

F_c——替代水泥的粉煤灰用量,kg/m³。

④外加剂用量按式(6.15)计算。

$$Y_{0c}=vC_{0c} \tag{6.15}$$

式中 Y_{0c}——碾压混凝土混合料的单位外加剂用量,kg/m³;

v——外加剂掺量,%,按产品说明选用;

C_{0c}——碾压混凝土混合料的单位水泥用量,kg/m³。

(5)计算砂、石料用量(可用密度法或体积法)。在采用体积法计算时,应计入含气量。在计算碾压混凝土混合料中粗集料用量时还应考虑填充体积率(表6.14)并按式(6.16)计算。

表6.14 碾压混凝土粗集料填充体积率表

砂的细度模数 M_x	2.4	2.6	2.8	3.0
粗集料填充体积率 V_g,%	75	73	71	69

$$G_{0c}=\gamma_{cc}\times\frac{V_g}{100} \tag{6.16}$$

式中 G_{0c}——碾压混凝土粗集料单位体积用量,kg/m³;

γ_{cc}——碾压混凝土单位体积质量,kg/m³;

V_g——粗集料填充体积率,%。

3. 现浇水泥混凝土基层材料的拌和、运输及施工技术要求

现浇水泥混凝土基层材料的拌和、运输、立模、摊铺、振捣、抹面、养生、切缝、灌缝等施工除应符合水泥混凝土路面的规定外,还应符合下列要求。

(1)机场、城市快速路应采用轨道摊铺机摊铺,主干道宜采用三辊轴机组摊铺,其他等级的城市道路可采用小型机具人工摊铺。

(2)混凝土基层纵、横向接缝锯切应与水泥混凝土面层接缝位置相对齐,切缝深度不宜小于1/4板厚,最浅不宜小于50 mm,并使用沥青灌缝。高速公路、一级公路基层的横缝与面层横缝相对位置应向行车前进方向错位30~50 cm,并在缝上设置滑动封层。

(3)混凝土基层纵、横向缩缝中可不设拉杆和传力杆,但胀缝中必须安置胀缝板。所设置胀缝传力杆的直径、长度、间距、位置应符合设计要求并安装牢固,保证杆身与胀缝立面垂直。

(4)基层顶面缝宽在3~5 mm的裂缝应作填缝、贴缝处理,大于5 mm的多条裂缝应挖除重做。

4. 碾压混凝土基层施工技术规定

(1)碾压混凝土宜采用强制性拌和机拌和,拌和时间应比普通混凝土延长15~20 s。

(2)碾压混凝土的运输要求与普通混凝土相同,使用的摊铺机械、压实机械与热拌沥青混合料相同。

(3)混合料摊铺松铺厚度由试铺确定,采用高密实度摊铺机时,压实系数应控制在1.05~1.15。

(4)摊铺前,下承层顶面应清扫干净。晴热天气,顶面干燥时应洒水湿润。摊铺碾压长度以30~40 m为宜,摊铺速度应控制在0.6~1.0 m/min范围内。

(5)碾压方法、程序与热拌沥青混合料的路面相同。

(6)横向施工缝应采用阶梯形接缝,摊铺新料前,接缝处应涂刷水泥砂浆。

(7)碾压成形后应及时覆盖、洒水养护。

(8)胀缝宜采用混凝土枕垫或钢板枕垫,胀缩缝的缝位、缝宽、胀缝板安装及填缝料灌缝应同时符合设

计与规范要求。

搜一搜

水泥混凝土材料的选择要求和配合比设计步骤有哪些？

____

____

____

6.5.2　沥青贯入式碎石基层

沥青贯入式碎石材料适用于缺少热拌沥青混合料拌和及摊铺机械设备的联结层及基层。沥青贯入式路面基层的厚度宜为 4～8 cm，但乳化沥青贯入式路面基层的厚度不宜超过 5 cm。

沥青贯入式路面基层宜选择在干燥、炎热的季节施工，并宜在日最高气温低于 15 ℃到来以前半月结束。雨季不得堆工沥青贯入式路面基层。

在低温潮湿气候下用乳化沥青贯入时，应按乳液总用量不变的原则进行调整，上面层较正常情况适当增加，下面层较正常情况适当减少。乳化沥青用于贯入碎石时，成形慢、空隙也大、渗水较严重，它与热沥青贯入相比，洒布集料的层次要多，这样可以使乳液的流失减少。

沥青贯入碎石上的面层较薄、炎热地区以及有重载车通行时宜重点考虑满足沥青混合料的高温抗车辙性能要求；当沥青贯入碎石上的面层较厚、寒冷地区以及无重载车通行的路段宜重点考虑抗疲劳性能及抗裂性能的要求。

1. 材料规格和用量

（1）沥青贯入式的集料应选择有棱角、嵌挤性好的坚硬石料，其规格和用量宜根据贯入层厚按表 6.15 选用。当使用破碎砾石时，其破碎面应符合《沥青路面施工及验收规范》（GB 50092—1996）附录 A 的要求。沥青贯入层主层集料中大于粒径范围中值的数量不得少于 50%。

（2）沥青贯入层的主层集料最大粒径宜与贯入层厚度相同。当采用乳化沥青时，主层集料最大粒径可采用厚度的 0.8～0.85，数量按压实系数 1.25～1.30 计算。

（3）沥青贯入式路面的结合料可采用黏稠石油沥青、煤沥青或乳化沥青，并应符合下列规定：

①沥青贯入碎石基层使用的沥青标号：当沥青层厚度较薄时宜选用比表面层针入度小的沥青；当采用石油沥青时，在高温炎热地区及重载车道路上可使用 50 号或 30 号沥青，寒冷地区可使用 90 号沥青，一般地区使用 70 号或 50 号沥青。沥青用量应按表 6.15 选定。

②当采用煤沥青时，沥青用量应相应增加 15%～20%。

③当采用乳化沥青时，乳液用量按其中的沥青含量进行折算。表 6.15 所列的乳液用量适用于沥青含量为 60% 的乳化沥青。

表 6.15　做基层或联结层的贯入层材料规格和用量（方孔筛）

沥青品种	石油沥青					
厚度/cm	4		5		6	
规格和用量	规格	用量	规格	用量	规格	用量
第二遍嵌缝料	S12	5～6	S12（S11）	7～9	S12（S11）	7～9
第二遍沥青		1.4～1.6		1.6～1.8		1.6～1.8
第一遍嵌缝料	S10（S9）	12～14	S8	1.6～1.8	S8（S7）	16～18
第一遍沥青		2.0～2.3		2.6～2.8		3.2～3.4
主层石料	S5	45～50	S4	55～60	S3（S2）	66～76
沥青总用量/($kg \cdot m^{-2}$)	3.4～3.9		4.2～4.6		4.8～5.2	

续表

沥青品种	石油沥青				乳化沥青			
厚度/cm	7		8		5		6	
规格和用量	规格	用量	规格	用量	规格	用量	规格	用量
第四遍嵌缝料							S14	4～6
第四遍沥青								1.3～1.4
第三遍嵌缝料					S14	4～6	S12	8～10
第三遍沥青						1.4～1.6		1.4～1.6
第二遍嵌缝料	S10(S11)	8～10	S10(S11)	8～10	S12	9～10	S9	8～12
第二遍沥青		1.7～1.9		1.7～1.9		1.8～2.0		1.5～1.7
第一遍嵌缝料	S6(S8)	18～20	S6(S8)	20～22	S8	15～17	S6	24～26
第一遍沥青		4.0～4.2		4.9～5.1		2.5～2.7		2.4～2.6
主层石料	S2(S3)	80～90	S1	95～10	S4	50～57	S3	50～55
沥青总用量/(kg·m^{-2})	5.7～6.1		6.6～7.0		5.9～6.2		6.7～7.2	

注:1. 表中用量单位:集料单位为 m^3/1 000 m^2,沥青及沥青乳液单位为 kg/m^2。
2. 表中乳化沥青用量是指乳液的用量,并适用于乳液浓度约为60%(质量分数)的情况。
3. 在高寒地区及干旱风沙大的地区,可超出高限5%～10%。
4. 表面加铺拌和层部分的材料规格及沥青(或乳化沥青)用量按热拌沥青混合料(或常温沥青碎石混合料路面)的有关规定执行。
5. Si 代表石料规格。

④贯入式各层沥青用量应根据施工气温及沥青标号等在规定范围内选用,在施工季节气温较低的寒冷地区,或沥青针入度较小时,沥青用量宜采用高限。

2. 沥青贯入式路面的施工步骤

(1)撒布、摊铺主层集料。主层集料要摊铺平整,避免颗粒大小不均,并应检查松铺厚度。现场堆料及料底含有细粒土时,应筛除。撒布、摊铺后严禁车辆在铺好的集料层上通行。

(2)初压。主层集料撒布、摊铺后应采用6～8 t的钢筒式压路机进行初压,碾压速度宜为2 km/h。碾压应自路边缘逐渐向中心进行,每次轮迹应重叠约30 cm,接着应从另一侧以同样方法压至中心,碾压一遍后检验路拱和纵向坡度,当不符合要求时,应调整找平后再压,成形后用重碾碾压至集料无显著推移为止,每次轮迹重叠1/2左右,宜碾压4～6遍,直至主层集料嵌挤稳定,无显著轮迹为止。

(3)浇洒第一层沥青。主层集料碾压完毕后,应立即浇洒第一层沥青。浇洒沥青应符合下列要求:

①沥青的浇洒温度应根据沥青标号及气温,随况选择。石油沥青的洒布温度宜为130～170 ℃;煤沥青的洒布温度宜为80～120 ℃。当采用乳化沥青贯入时,应防止乳液下漏过多;乳化沥青在常温下洒布,当气温偏低需要加快破乳速度时,可将乳液加温后洒布,但乳液温度不得超过60 ℃。

②沥青洒布应均匀,无花白、积油、漏浇等现象,且不得污染其他构筑物。当发现浇洒沥青后有空白、缺边时,应及时进行人工补洒;当有沥青聚集时应刮除。

③沥青浇洒的长度应与集料撒布机的能力相配合,避免沥青浇洒后等待较长时间才撒布集料。

④前后两车喷洒的接茬应搭接良好。在每段接茬处,可用铁板或建筑纸等横铺在本段起洒点前及终点后,其长度宜1～1.5 m。当需要分幅浇洒时,纵向搭接宽度宜为10～15 cm。浇洒第二、第三层沥青的搭接缝应错开。

⑤除阳离子乳化沥青外,不得在潮湿的集料、基层或旧路面上浇洒沥青。

(4)洒布第一层嵌缝料。主层沥青浇洒完成后,应立即撒布第一层嵌缝料,且扫墁均匀,不得有重叠现象,不足处应找补。当使用乳化沥青时,嵌缝料撒布应在乳液破乳前完成。

(5)二次碾压。嵌缝料扫匀后应立即用8～12 t钢筒式压路机进行碾压,轮迹应重叠轮宽的1/2左右,宜碾压4～6遍,直至稳定为止。随压随扫,使嵌缝料均匀嵌入。当气温较高使碾压过程中发生较大推移现象时,应立即停止碾压,待气温稍低时再继续碾压。

(6)依次浇洒第二层及其后的沥青、撒布第二层及其后的嵌缝料并完成碾压。沥青贯入层应多层连续施工，使各层成为一整体。当部分采用乳化沥青时，应待其破乳、水分蒸发且成形稳定后方可铺筑后续层。当后续层不能连续施工，且要在短期内通行施工车辆时，贯入层最后一遍的嵌缝料用量应增加 2 ~ 3 m^3/1 000 m^2，在摊铺后续沥青层前，应清除已成贯入层表面的杂物、尘土以及浮动石料，再补充碾压一遍，并应浇洒黏层沥青。

举一举

沥青贯入式碎石材料要求和基层施工步骤有哪些？

6.5.3　沥青碎石基层

沥青碎石材料可以做基层；位于沥青混凝土面层底部时，有时也称底面层；位于沥青混凝土面层和半刚性基层之间，也称中间层（连接层）。

沥青碎石基层一般使用设计空隙率 3% ~6% 的密级配沥青稳定碎石混合料（ATB）和设计空隙率大于 18% 的排水式沥青稳定碎石混合料（APTB）。其种类按最大粒径、矿料级配、空隙率划分（以方孔筛为准），并按表 6.16 选用。

沥青碎石下为半刚性材料时，半刚性材料上面应做下封层，并应采取措施排除进入路面结构层内的水分，如排入渗水性能好的路基、做盲沟或利用进水井等。沥青碎石上面层较薄、炎热地区以及有重载车通行时宜重点考虑满足沥青混合料的高温抗车辙性能要求；当沥青碎石上面层较厚、寒冷地区以及无重载车通行的路段宜重点考虑抗疲劳性能及抗裂性能要求。

沥青碎石基层使用的沥青标号，当沥青层厚度较薄时宜选用比表面层针入度小的沥青，在高温炎热地区及重载车道路上可使用 50 号或 30 号沥青，寒冷地区可使用 90 号沥青，一般地区使用 70 号或 50 号沥青。做基层使用的沥青碎石的矿料级配范围见表 6.16、表 6.17。沥青碎石基层的最小压实厚度要求见表 6.18。

表 6.16　密级配沥青稳定碎石混合料基层级配范围

级配类型	通过下列筛孔（mm）的质量分数/%													
	53	37.5	31.5	26.5	19	16	13.2	9.5	4.75	2.36	1.18	0.6	0.3	0.15	0.075
特粗式 ATB ~40	100	90 ~100	75 ~92	65 ~85	49 ~71	43 ~63	37 ~57	30 ~50	20 ~40	15 ~32	10 ~25	8 ~18	5 ~14	3 ~10	2 ~6
特粗式 ATB ~30	—	100	90 ~100	70 ~90	53 ~72	44 ~66	39 ~60	31 ~50	20 ~40	15 ~32	10 ~25	8 ~18	5 ~14	3 ~10	2 ~6
粗粒式 ATB ~25	—	—	100	90 ~100	60 ~80	48 ~68	42 ~62	32 ~52	20 ~40	15 ~32	10 ~25	8 ~18	5 ~14	3 ~10	2 ~6

表 6.17　开级配排水式沥青稳定碎石混合料基层级配范围

级配类型		通过下列筛孔（mm）的质量分数/%								
		53	37.5	31.5	26.5	19	16	13.2	9.5	4.75
特粗式	APTB ~40	100	70 ~100	65 ~90	55 ~85	43 ~75	32 ~70	20 ~65	12 ~50	0 ~3
	APTB ~30	—	100	80 ~100	70 ~95	53 ~85	36 ~80	26 ~75	14 ~60	0 ~3
粗粒式	APTB ~25	—	—	100	80 ~100	60 ~100	45 ~90	30 ~82	16 ~70	0 ~3

表 6.18　沥青碎石基层最小压实厚度

公称最大粒径/mm	高速公路一级公路/mm	二级公路及以下/mm
26.5	80	80
31.5	100	90
37.5	120	100

沥青碎石基层应分层摊铺，且从下至上各层的最大公称粒径大的应铺在下面，厚度厚的应铺在下面。沥青碎石基层的堆工准备、混合料的材料、拌制、运输、摊铺、碾压及成形、接缝、开放交通等要求同热拌沥青混合料路面。

知识点6　路面基层施工检查验收标准

6.6.1　一般规定

与路基验收相同。

6.6.2　检查验收标准

1. 砂石基层

(1)表面应坚实、平整，不得有浮石、粗细料集中等现象。
(2)用 12 t 以上压路机碾压后轮迹深度不得大于 5 mm。
(3)砂石基层允许偏差应符合表 6.19 的规定。

表 6.19　砂石基层允许偏差

<table>
<tr><th rowspan="2">序号</th><th rowspan="2">项　目</th><th rowspan="2">允许偏差/mm</th><th colspan="4">检验频率</th><th rowspan="2">检验方法</th></tr>
<tr><th>范围</th><th colspan="3">点　数</th></tr>
<tr><td>1</td><td>厚度</td><td>+20，-10</td><td>1 000 m²</td><td colspan="3">1</td><td>用尺量</td></tr>
<tr><td rowspan="3">2</td><td rowspan="3">平整度</td><td rowspan="3">15</td><td rowspan="3">20 m</td><td rowspan="3">路宽/m</td><td><9</td><td>1</td><td rowspan="3">用 3 m 直尺量取最大值</td></tr>
<tr><td>9~15</td><td>2</td></tr>
<tr><td>>15</td><td>3</td></tr>
<tr><td>3</td><td>宽度</td><td>不小于设计规定</td><td>40 m</td><td colspan="3">1</td><td>用尺量</td></tr>
<tr><td>4</td><td>中线高程</td><td>±20</td><td>20 m</td><td colspan="3">1</td><td>用水准仪具测量</td></tr>
<tr><td rowspan="3">5</td><td rowspan="3">横坡</td><td rowspan="3">±20 且横坡差
不大于 ±0.3%</td><td rowspan="3">20 m</td><td rowspan="3">路宽/m</td><td><9</td><td>2</td><td rowspan="3">用水准仪具测量</td></tr>
<tr><td>9~15</td><td>4</td></tr>
<tr><td>>15</td><td>6</td></tr>
<tr><td>6</td><td>压实密度</td><td>≥2.3 t/m³</td><td>1 000 m²</td><td colspan="3">1</td><td>灌砂法</td></tr>
</table>

注：本表也适用于工业废渣铺筑的基层。

2. 碎石基层

(1)表面应坚实、平整，嵌缝料不得浮于表面或聚集形成一层。
(2)用 12 t 以上压路机碾压后，轮迹深度不得大于 5 mm。
(3)碎石基层允许偏差应符合表 6.20 的规定。

表 6.20　石灰土类基层允许偏差

<table>
<tr><th rowspan="2">序号</th><th rowspan="2">项　目</th><th rowspan="2">压实度及允许偏差</th><th colspan="4">检验频率</th><th rowspan="2">检验方法</th></tr>
<tr><th>范围</th><th colspan="3">点　数</th></tr>
<tr><td rowspan="2">1</td><td rowspan="2">压实度</td><td>轻型击实 98%</td><td rowspan="2">1 000 m²</td><td colspan="3" rowspan="2">1</td><td rowspan="2">用环刀法或灌砂法测定</td></tr>
<tr><td>重型击实 95%</td></tr>
<tr><td>2</td><td>厚度</td><td>+20 mm，-10 mm</td><td>1 000 m²</td><td colspan="3">1</td><td>用尺量</td></tr>
<tr><td>3</td><td>平整度</td><td>10 mm</td><td>20 m</td><td colspan="3">1</td><td>用 3 m 直尺量取最大值</td></tr>
<tr><td>4</td><td>宽度</td><td>不小于设计规定</td><td>40 m</td><td colspan="3">1</td><td>用尺量</td></tr>
<tr><td>5</td><td>中线高程</td><td>±20 mm</td><td>20 m</td><td colspan="3">1</td><td>用水准仪具测量</td></tr>
<tr><td rowspan="3">6</td><td rowspan="3">横坡</td><td rowspan="3">±20% 且横坡差
不大于 ±0.3%</td><td rowspan="3">20 m</td><td rowspan="3">路宽/m</td><td><9</td><td>2</td><td rowspan="3">用水准仪具测量</td></tr>
<tr><td>9~15</td><td>4</td></tr>
<tr><td>>15</td><td>6</td></tr>
</table>

3. 石灰土类基层

(1)灰土中粒径大于20 mm的土块、不得超过10%，且最大的土块粒径不得大于50 mm。石灰土应拌和均匀，色泽调和。石灰中严禁含有未消解颗粒。

(2)用12 t以上压路机碾压后，轮迹深度不得大于5 mm，并不得有浮土、脱皮、松散现象。

(3)石灰土类基层允许偏差应符合表6.21的规定。

4. 石灰、粉煤灰类混合料基层

(1)石灰、粉煤灰类混合料应拌和均匀，色泽调和一致。砂砾(碎石)最大粒径不大于50 mm，大于20 mm的灰块不得超过10%，石灰中严禁含有未消解颗粒。摊铺层无明显的粗细颗粒离析现象。

(2)用12 t以上压路机碾压后，轮迹深度不得大于5 mm，并不得有浮料、脱皮、松散现象。

(3)石灰、粉煤灰类混合料基层允许偏差应符合表6.21的规定。

表6.21 石灰、粉煤灰类混合料基层允许偏差

序号	项 目	压实度允许偏差	检验频率		检验方法
			范围	点数	
1	压实度	轻型击实98%	1 000 m^2	1	用灌砂法测定
		重型击实95%			
2	厚度	±10 mm	50 m	1	用尺量
3	平整度	10 mm	20 m	1	用3 m直尺量取最大值
4	宽度	不小于设计规定	40 m	1	用尺量
5	中线高程	±20 mm	20 m	1	用水准仪具测量
6	横坡	±20%且横坡差不大于±0.3%	20 m	1	用水准仪具测量

5. 水泥土基层和底基层

(1)土质应符合设计要求，土块应经粉碎；水泥用量应按设计要求控制准确。

(2)路拌深度应达到层底。

(3)混合料应处于最佳含水量状况下，用重型压路机碾压至要求的压实度。从加水拌和到碾压终了的时间不应超过3~4 h，并应短于水泥的终凝时间。

(4)碾压检查合格后，养生应符合规范要求。

(5)水泥土基层和底基层的允许偏差应符合表6.22的规定。

表6.22 水泥土基层和底基层允许偏差

序号	项 目		规定值或允许偏差				检验方法和频率
			基层		底基层		
			高速公路 一级公路	其他 公路	高速公路 一级公路	其他 公路	
1	压实度/%	代表值	—	≥95	≥95	≥93	按规范规定检查，每200 m测2点
		极值	—	≥91	≥91	≥89	
2	平整度/mm		—	≤12	≤12	≤15	3 m直尺：每200 m测2处，每处5尺(≈1.666 7 m)
3	纵断高程/mm		—	+5，-15	+5，-15	+5，-20	水准仪：每200 m测2个断面
4	宽度/mm		满足设计要求				尺量：每200 m测4个断面
5	厚度/mm	代表值	—	-10	-10	-12	按规范规定检查，每200 m测2点
		合格值	—	-20	-25	-30	
6	横坡/%		—	±0.5	±0.3	±0.5	水准仪：每200 m测2个断面
7	强度/MPa		满足设计要求				按规范规定检查

注：1. 本表摘自标准《公路工程质量检验评定标准》(JTG F80/1—2017)。
2. 通常城市快速路和主干路参照高速公路、一级公路；次干路和支路参照其他公路。

6. 水泥稳定粒料(碎石、砂砾或矿渣等)基层和底基层

(1)粒料应符合设计和施工规范要求。

(2)水泥用量和矿料级配应按设计控制准确。

(3)路拌深度应达到层底;摊铺时应注意消除离析现象。

(4)混合料应处于最佳含水量状况下,用重型压路机碾压至要求的压实度。从加水拌和到碾压终了的时间不应超过4 h,并应短于水泥的终凝时间。

(5)碾压检查合格后,养生应符合规范要求。

(6)水泥稳定粒料基层和底基层允许偏差应符合表6.23的规定。

表6.23 水泥稳定粒料基层和底基层允许偏差

序号	项目		规定值或允许偏差				检验方法和频率
			基层		底基层		
			高速公路 一级公路	其他 公路	高速公路 一级公路	其他 公路	
1	压实度/%	代表值	≥98	≥97	≥96	≥95	按规范规定检查,每200 m测2点
		极值	≥94	≥93	≥92	≥91	
2	平整度/mm		≤8	≤12	≤12	≤15	3 m直尺:每200 m测2处,每处5尺
3	纵断高程/mm		+5,-10	+5,-15	+5,-15	+5,-20	水准仪:每200 m测2个断面
4	宽度/mm		满足设计要求				尺量:每200 m测4点
5	厚度/mm	代表值	-8	-10	-10	-12	按规范规定检查,每200 m测2点
		合格值	-10	-20	-25	-30	
6	横坡/%		±0.3	±0.5	±0.3	±0.5	水准仪:每200 m测2个断面
7	强度/MPa		满足设计要求				按规范规定检查

注:本表摘自标准《公路工程质量检验评定标准》(JTG F80/1—2017)。

演一演

水泥稳定粒料(碎石、砂砾或矿渣等)基层和底基层允许偏差有哪些?

____

____

____

知识点7 路面基层施工资料整理

6.7.1 一般要求

与路基相同。

6.7.2 路面基层施工资料整理的内容

路面基层施工资料整理的内容一般有以下几个方面:

(1)路面基层技术交底。

(2)设计变更通知单、洽商记录(已发生时)。

(3)原材料、成品出厂质量合格证书、出厂检验报告和复试报告。

①土质检验报告。

②水泥检验报告。

③砂子检验报告。

④碎石检验报告。
⑤石灰检验报告。
⑥粉煤灰检验报告。
⑦稳定土质量合格证书。
(4)施工检验报告。
①有见证取样及送检要求的，应有见证记录，有见证试验汇总表。
②石灰类混合料的标准击实报告。
③二灰类混合料配合比设计报告。
④水泥类混合料配合比设计报告。
⑤用灰剂量检验报告。
⑥混合料级配检验报告。
⑦稳定土抗压强度检验报告。
⑧压实度检验报告。
⑨弯沉值检验报告。
(5)施工记录。
①施工日志。
②路面基层需处理时，所形成的记录。
(6)测量复核记录：定位放线、测量复核记录。
(7)隐蔽工程检查验收记录：分层的压实度记录。
(8)路面基层工程质量检验评定资料。
(9)质量事故报告及处理记录(已发生时)。

拢一拢

路面基层施工资料整理的内容一般有哪些？

自学自测

一、单选题(只有1个正确答案,每题10分,共4题)

1. 下列基层中属刚性基层的是(　　)。

A. 级配砂砾基层　B. 素混凝土基层　C. 沥青混凝土基层　D. 水泥稳定砂砾基层

2. 二灰稳定土中的二灰是指(　　)。

A. 石灰和粉煤灰　B. 水泥和粉煤灰　C. 石灰和火山灰　D. 火山灰和粉煤灰

3. 粒料类基层的级配型集料中最好的材料是(　　)。

A. 级配砾石　B. 天然砂砾　C. 级配碎石　D. 级配碎(砾)石

4. 水泥稳定土用作基层时的集料最大粒径,在高速和一级公路不应超过(　　)。

A. 20 mm　B. 30 mm　C. 40 mm　D. 50 mm

二、名词解释(简单扼要说明,每题10分,共4题)

1. 级配碎石:

2. 石屑:

3. 填隙碎石:

4. 筛分碎石:

三、判断题(对的划"√",错的划"×",每题5分,共4题)

1. 无机结合料目前最常用的是水泥、石灰、粉煤灰及工业废渣(常用的是煤渣)。(　　)

2. 水泥稳定土的水泥剂量在5%~6%(质量分数)时,其收缩系数最小,超过6%后其收缩系数将增大,为减少其收缩性,应控制水泥剂量不超过10%。(　　)

3. 适宜做水泥或石灰稳定土基层集料的材料有:级配碎石、未筛分碎石、砂砾、碎石土、砂砾土、煤矸石和各种粒状矿渣等。(　　)

4. 级配碎石的未筛分碎石摊铺平整后,在其较潮湿的情况下,向其上运送石屑,用平地机并辅以人工将石屑均匀摊铺在碎石层上。采用不同粒级的碎石和石屑时,应依次将小、中、大碎石分层摊铺,洒水使碎石湿润后再摊铺石屑。(　　)

任务实施

某国道公路工程基层施工标段全长56.510 km,其中一级公路长47.055 km。一级公路设计标准:平原微丘区,路基宽度23 m。行车道2×7.5 m,中央分隔带2.0 m,路缘带2×2×0.5 m,硬路肩2×1.5 m,土路肩2×0.5 m,最大纵坡2.6%,最小平曲线半径1 000 m。水泥混凝土路面设计:底基层为15 cm石灰土,基层为15 cm水泥稳定土,面层为24 cm C30水泥混凝土。本施工任务设计所涉及某国道路面基层施工,起点桩号K0+000,终点桩号K47+055,全长47.055 km,包括路面基层、路面面层等工程项目的施工。合同段有石灰土基层569 350 m^2(约214 076 t),水泥稳定土基层588 215 m^2(约224 908 t)。采用厂拌法集中拌和,自卸汽车运输,推土机及平地机摊铺的施工方法。碎石:选用某地方的碎石,0.5~3 cm部分占70%,2~4 cm部分占30%,砂子、水泥等地材需符合相关要求。请你根据情况编写公路路面基层施工方案,来指导项目部具体施工任务。

一、公路基层施工准备

根据以上背景材料,仔细分析,查阅相关资料,结合公路工程实施性施工组织设计的原则、依据、要求、主要内容、编制方法与步骤等,完成路面基层部分施工技术方案的编制。在项目经理部统一领导下,了解无机结合料稳定基层的特点及分类;熟悉混合料组成设计及材料要求;掌握厂拌法施工的工艺流程及质量要求。能够结合工程实际选用合适的基层材料,并进行混合料的试配;能够参与并组织厂拌法的现场施工。在此过程中培养工程意识、质量意识、经济意识并能很好地完成本职工作;善于语言表达,能够与工程相关的业主、设计单位、监理单位、分包商等各部门进行沟通与交流:遵守规范标准要求,善于观察和思考,养成发现问题、提出问题、及时解决问题的良好学习和工作习惯。

二、分析决策工作任务

本任务是道路施工现场施工和管理人员所必须具备的专业能力,涉及道路工程施工图识别、工程测量、道路工程材料与检测等专业知识,通过任务实施使学生初步了解无机结合料及基层施工的主要工作内容、所需的专业技术知识和职业能力,课程实训引入现场施工视频、图片等直观教学资源,以激发学习兴趣。同时也可以进行相应的工地现场观摩,使学生进入道路工程施工现场,了解现场无机结合料稳定土基层施工的准备工作和工作内容。在此过程中以下列内容作为工作任务质量完成情况的评判标准:

(1)公路基层任务完成的目标明确。

(2)了解施工准备工作内容。

(3)了解准备工作的内容并协助组织调配。

(4)掌握料场选择的方法,并能选择本次任务的料场位置。

(5)掌握基层处理的目的和方法。

(6)掌握选择填筑方案的方法和弯沉值、压实度检测方法,独立测量并计算压实度,能判断是否合格。

(7)注意事项明确并能在实训中严格按要求执行。

(8)讨论时能有针对性地提出问题并阐述自己的看法。

(9)实训报告按要求完成。

三、公路基层施工方法

1. 施工前的准备

(1)试验准备。备料前1个月,对用于基层的各种原材料按规范要求进行各种试验:①水泥性能试验。②碎石相对密度,吸水率试验。③碎石抗压强度和筛分试验。④碎石的压碎值试验。⑤重型击实试验等。

(2)材料准备。经试验合格后,进行各种原材料的备料工作,并严格按照有关规范要求的检测频率进行质量跟踪。

(3)摊铺工作面的准备。配合监理工程师加紧对下承层进行验收。在铺筑基层前应将下承层的浮渣、杂物等全部清除干净,保持表面整洁并洒水保持表面湿润,然后在下承层顶面洒少量水泥浆。在下承层上恢复中线,纵向每 10 ~ 20 m 设一桩,两侧路肩边缘外设指示桩。进行水准测量,在指示桩上明显标记出基层边缘的设计高程。

(4)试路段施工。根据批准的混合料配合比,施工一段不少于 200 m 的试验路段,以求得用于施工的集料配合比、松铺系数、摊铺方法和适用机具、含水率的增减和控制方法、压实机械的组合等施工工艺,借此指导大规模施工。

2. 拌和

采用带自动进料和计量装置的稳定土拌和机械进行拌和。水量控制:拌和过程中严格控制加水,含水率视天气、气温条件适当调整,略大于最佳含水率的 1% ~2% 。水泥控制:水泥剂量较试验确定后的剂量增加 0.5% 。粒料控制:在上料过程中,严格各种规格的粗细集料混装及各料仓串料、空料。安排 1 名质检员在出料口观测混合料的均匀度和含水率,并及时反馈给控制台进行调整,以保证混合料的质量。安排 2 名试验员按规范规定的频率在拌和时随时进行抽测。

3. 运输

采用大吨位自卸汽车运输,车辆数量安排 10 台汽车左右。在运输过程中,如运距较远必须加篷布覆盖以防水分蒸发。

4. 摊铺

基层摊铺:采用 1 台自动调平摊铺机按设计要求的宽度摊铺。

摊铺过程中应注意的事项:严格控制松铺厚度,并应经常校核松铺系数,因松铺系数会随摊铺机的机械参数如振动幅度、振动频率、混合料的级配、含水率等而变化。严格控制摊铺速度,不能时摊时停,摊铺速度根据拌和产量确定。严格控制摊铺机的各种机械参数,如布料器高度、转速、摊铺机的振捣频率、振幅等。

5. 压实

(1)压实机具配置:2 台振动压路机、1 台轮胎压路机和 1 台双钢轮压路机。

(2)碾压工艺:按“静—振—静”的组合方式进行,碾压遍数根据试验路得出的数据确定。

(3)碾压过程中技术要求:①当混合料在路段上粗略铺平后,应先用轮胎压路机或拖拉机、平地机快速碾压一遍,并予以整平。②基层经过整平后,用 12 t 以上的三轮光面压路机或重型轮胎压路机或振动压路机,在基本宽度内进行碾压。在直线段,应由两侧路肩向路中心碾压;在曲线段,应由内侧路肩向外侧路肩碾压。碾压时,重叠宽度为后轮宽度的 1/2,稳定层的边部及路肩应多压 2 ~3 遍。③当含水量大于最佳含水量 2% 时,应碾压 6 遍以上,前两遍碾压速度为 1.5 ~1.7 km/h,以后几遍则为 2 ~2.5 km/h。在碾压过程中,不得在已完成或正在碾压的路段上“掉头”或紧急制动,以免破坏基层表面。④在碾压的后期,应避免应力过大或碾压时间过长,以防止降低水泥稳定土的强度。最后“终压”时应采用光轮压路机,以提高基层表面的平整度。⑤最好采用轮胎压路机进行碾压,机重为 10 ~20 t,轮胎气压在 0.7 MPa 左右,轮数在 7 ~11 之间。

四、工作注意事项

(1)水泥稳定土基层分层施工时,如上层水泥稳定土采用重型振动压路机碾压,则下层水泥稳定土碾压完后,宜养护 7 d 后再铺筑上层水泥稳定土。底基层养生 7 d 后,方可铺筑基层。

(2)每一施工段碾压完成并经检查密实度合格后,应立即开始养护。基础养护期不应少于 7 d。养护宜采取湿治养护,如无纺布、麻布袋、砂等。在整个养护期间应保持潮湿状态,不应忽干忽湿。

(3)在干旱缺水地区也可采用不透水薄膜、乳化沥青养护。养护结束后，应将覆盖物清除干净。养护期间应限制重型车辆在基础上行驶。养护期后临时在基础上开放交通作为通道时，应采取保护措施。

(4)在碾压过程中防止出现“弹簧”、松散及起皮等现象，干燥时可补洒少量的水。当稳定土铺设于松软路基上时，最好选用中低线压力的振动压路机。当压实密度提高、铺料变硬和压路机产生轻度弹跳时，应减小振幅，以免损坏机件。

五、任务报告形成工作

把路面基层施工工作任务、主要原材料要求、混合料配合比设计、铺筑试验路段、水泥稳定土基层及基层施工程序、水泥稳定土基层施工工艺流程图、接缝处理、养生、碾压遍数、最佳含水率、施工现场情况、施工人员、现场图片、施工方法、施工实施策略等整理齐全完备后，形成公路路面基层实施方案，满足施工单位指导现场施工的需求，最后形成报告上报给监理、建设单位备案并存档。

笔记栏

工 作 单

计 划 单

学习情境三	铺筑路面工程施工	任务6	铺筑路面基(垫)层工程施工
工作方式	组内讨论、团结协作共同制订计划： 小组成员进行工作讨论，确定工作步骤。	计划学时	0.5学时
完成人	1.　2.　3.　4.　5.　6.		
计划依据：1. 某公路工程施工图；2. 教师分配的施工段落(里程桩号区间)			
序号	计划步骤	具体工作内容描述	
1	准备工作 (准备工具、材料，谁去做?)		
2	组织分工 (成立组织， 人员具体完成什么?)		
3	现场记录 (记录什么内容?)		
4	路面基层处理方式方法 (怎么处理? 要素有哪些?)		
5	核对工作 (谁去核对，核对什么?)		
6	整理资料 (谁负责? 整理什么?)		
制订计划说明	(写出制订计划中人员为完成任务的主要建议或可以借鉴的建议、需要解释的某一方面)		

决 策 单

<table>
<tr><td>学习情境三</td><td colspan="2">铺筑路面工程施工</td><td colspan="2">任务 6</td><td>铺筑路面基(垫)层工程施工</td></tr>
<tr><td colspan="3">决策学时</td><td colspan="3">0.5 学时</td></tr>
<tr><td colspan="6">决策目的:确定本施工任务需要进行路面基层施工工作有哪些内容,并确定其必要性</td></tr>
<tr><td rowspan="7">选择编制路面基层处理工作内容</td><td rowspan="2">工作内容</td><td colspan="2">内容类别</td><td rowspan="2">必要</td><td rowspan="2">非必要
(可说明原因)</td></tr>
<tr><td>数据记录</td><td>性质描述</td></tr>
<tr><td>原材料要求</td><td>碎石、砂粒径和水泥品质</td><td>粒径大小、细度模数</td><td></td><td></td></tr>
<tr><td>混合料配合比设计</td><td>各个材料比例值</td><td>含水率、含泥量</td><td></td><td></td></tr>
<tr><td>基层施工程序</td><td></td><td></td><td></td><td></td></tr>
<tr><td>基层施工工艺流程图</td><td></td><td></td><td></td><td></td></tr>
<tr><td>接缝处理、养生</td><td></td><td></td><td></td><td></td></tr>
<tr><td>决策方案描述</td><td colspan="5">(本施工任务要提出来编制路面基层施工处理工作最佳方案是什么,最差方案是什么,描述清楚,未来指导现场路面基层处理的施工方法、碾压技术、粒径大小、细度模数、养护要求等实际工作。)</td></tr>
</table>

作业单

<table>
<tr><td>学习情境三</td><td colspan="2">铺筑路面工程施工</td><td>任务6</td><td>铺筑路面基(垫)层工程施工</td></tr>
<tr><td rowspan="2">参加编制路面基层处理方案人员</td><td colspan="3">第　　组</td><td>开始时间：</td></tr>
<tr><td colspan="3">签名：</td><td>结束时间：</td></tr>
<tr><td>序号</td><td colspan="3">工作内容记录
(碾压技术、粒径大小、细度模数、养护要求等工作情况)</td><td>分工
(负责人)</td></tr>
<tr><td>1</td><td colspan="3"></td><td></td></tr>
<tr><td>2</td><td colspan="3"></td><td></td></tr>
<tr><td>3</td><td colspan="3"></td><td></td></tr>
<tr><td>4</td><td colspan="3"></td><td></td></tr>
<tr><td>5</td><td colspan="3"></td><td></td></tr>
<tr><td>6</td><td colspan="3"></td><td></td></tr>
<tr><td>7</td><td colspan="3"></td><td></td></tr>
<tr><td>8</td><td colspan="3"></td><td></td></tr>
<tr><td>9</td><td colspan="3"></td><td></td></tr>
<tr><td>10</td><td colspan="3"></td><td></td></tr>
<tr><td>11</td><td colspan="3"></td><td></td></tr>
<tr><td>12</td><td colspan="3"></td><td></td></tr>
<tr><td rowspan="2">小结</td><td colspan="3">主要描述完成的成果及是否达到目标</td><td>存在的问题</td></tr>
<tr><td colspan="3"></td><td></td></tr>
</table>

编制路面基层处理信息记录单

<table>
<tr><td>学习情境三</td><td colspan="2">铺筑路面工程施工</td><td>任务6</td><td colspan="2">铺筑路面基(垫)层工程施工</td></tr>
<tr><td>完成人姓名</td><td></td><td>组别</td><td></td><td>完成日期</td><td></td></tr>
<tr><td colspan="6">施工现场实施地点及桩号(手写):</td></tr>
<tr><td>原材料要求</td><td colspan="5"></td></tr>
<tr><td>混合料配合比设计</td><td colspan="5"></td></tr>
<tr><td>基层施工程序</td><td colspan="5"></td></tr>
<tr><td>基层施工工艺流程图</td><td colspan="5"></td></tr>
<tr><td>接缝处理、养生</td><td colspan="5"></td></tr>
<tr><td>检查人(签字)</td><td></td><td>检查存在的问题</td><td></td><td>检查时间</td><td></td></tr>
</table>

路面基层处理中施工方法记录单

（如多页可复印）

<table>
<tr><td>学习情境三</td><td colspan="2">铺筑路面工程施工</td><td>任务6</td><td colspan="2">铺筑路面基(垫)层工程施工</td></tr>
<tr><td>完成人姓名</td><td></td><td>组别</td><td></td><td>完成日期</td><td></td></tr>
<tr><td colspan="6">具体实施地点的名称(手写)：</td></tr>
<tr><td>施工现场路面基层处理情况说明或描述</td><td colspan="5"></td></tr>
<tr><td>草图</td><td colspan="5"></td></tr>
<tr><td>检查人(签字)</td><td></td><td>检查存在的问题</td><td></td><td>检查时间</td><td></td></tr>
</table>

检 查 单

<table>
<tr><td colspan="2">学习情境三</td><td colspan="2">铺筑路面工程施工</td><td colspan="2">任务 6</td><td colspan="2">铺筑路面基(垫)层工程施工</td></tr>
<tr><td colspan="2">检查学时</td><td colspan="3">课内 0.5 学时</td><td colspan="3">第　　组</td></tr>
<tr><td colspan="2">检查目的及方式</td><td colspan="6">教师过程监控小组的工作情况，如检查等级为不合格小组需要整改，并拿出整改说明</td></tr>
<tr><td rowspan="2">序号</td><td rowspan="2">检查项目</td><td rowspan="2">检查标准</td><td colspan="5">检查结果分级
(在检查相应的分级框内划“√”)</td></tr>
<tr><td>优秀</td><td>良好</td><td>中等</td><td>合格</td><td>不合格</td></tr>
<tr><td>1</td><td>准备工作</td><td>资源是否已查到、材料是否准备完整</td><td></td><td></td><td></td><td></td><td></td></tr>
<tr><td>2</td><td>分工情况</td><td>安排是否合理、全面，分工是否明确</td><td></td><td></td><td></td><td></td><td></td></tr>
<tr><td>3</td><td>工作态度</td><td>小组工作是否积极主动、全员参与</td><td></td><td></td><td></td><td></td><td></td></tr>
<tr><td>4</td><td>纪律出勤</td><td>是否按时完成负责的工作内容、遵守工作纪律</td><td></td><td></td><td></td><td></td><td></td></tr>
<tr><td>5</td><td>团队合作</td><td>是否相互协作、互相帮助、成员是否听从指挥</td><td></td><td></td><td></td><td></td><td></td></tr>
<tr><td>6</td><td>创新意识</td><td>任务完成不照搬照抄，看问题具有独到见解、创新思维</td><td></td><td></td><td></td><td></td><td></td></tr>
<tr><td>7</td><td>完成效率</td><td>工作单是否记录完整，是否按照计划完成任务</td><td></td><td></td><td></td><td></td><td></td></tr>
<tr><td>8</td><td>完成质量</td><td>工作单填写是否准确，记录单检查及修改是否达标</td><td></td><td></td><td></td><td></td><td></td></tr>
<tr><td>检查评语</td><td colspan="5"></td><td colspan="2">教师签字：</td></tr>
</table>

任务评价

1. 小组工作评价单

学习情境三	铺筑路面工程施工	任务6	铺筑路面基(垫)层工程施工			
评价学时			课内0.5学时			
班级:			第 组			
考核情境	考核内容及要求	分值(100)	小组自评(10%)	小组间互评(20%)	教师评价(70%)	实得分(Σ)
汇报展示(20)	演讲资源利用	5				
	演讲表达和非语言技巧应用	5				
	团队成员补充配合程度	5				
	时间与完整性	5				
质量评价(40)	工作完整性	10				
	工作质量	5				
	报告完整性	25				
团队情感(25)	社会主义核心价值观	5				
	创新性	5				
	参与率	5				
	合作性	5				
	劳动态度	5				
安全文明(10)	工作过程中的安全保障情况	5				
	工具正确使用和保养、放置规范	5				
工作效率(5)	能够在要求的时间内完成,每超时5分钟扣1分	5				

2. 小组成员素质评价单

学习情境三	铺筑路面工程施工		任务6		铺筑路面基(垫)层工程施工		
班级		第　　组	成员姓名				
评分说明	每个小组成员评价分为自评和小组其他成员评价2部分,取平均值计算,作为该小组成员的任务评价个人分数。评价项目共设计5个,依据评分标准给予合理量化打分。小组成员自评分后,要找小组其他成员不记名方式打分						
评分项目	评分标准	自评分	成员1评分	成员2评分	成员3评分	成员4评分	成员5评分
社会主义核心价值观(20分)	是否有违背社会主义核心价值观的思想及行动						
工作态度(20分)	是否按时完成负责的工作内容、遵守纪律,是否积极主动参与小组工作,是否全过程参与,是否吃苦耐劳,是否具有工匠精神						
交流沟通(20分)	是否能良好地表达自己的观点,是否能倾听他人的观点						
团队合作(20分)	是否与小组成员合作完成任务,做到相互协作、互相帮助、听从指挥						
创新意识(20分)	看问题是否能独立思考,提出独到见解,是否能够创新思维解决遇到的问题						
最终小组成员得分							

课后反思

学习情境三	铺筑路面工程施工		任务6	铺筑路面基(垫)层工程施工
班级		第　　组	成员姓名	
情感反思	通过对本任务的学习和实训，你认为自己在社会主义核心价值观、职业素养、学习和工作态度等方面有哪些需要提高的部分？			
知识反思	通过对本任务的学习，你掌握了哪些知识点？请画出思维导图。			
技能反思	在完成本任务的学习和实训过程中，你主要掌握了哪些技能？			
方法反思	在完成本任务的学习和实训过程中，你主要掌握了哪些分析和解决问题的方法？			

动画
水泥混凝土路面施工

任务7　铺筑水泥混凝土路面面层工程施工

任 务 单

<table>
<tr><td>学习情境三</td><td colspan="3">铺筑路面工程施工</td><td colspan="2">任务7</td><td>铺筑水泥混凝土路面面层工程施工</td></tr>
<tr><td colspan="4">任务学时</td><td colspan="3">8 学时 + 课外 4 学时</td></tr>
<tr><td colspan="7">布 置 任 务</td></tr>
<tr><td>工作目标</td><td colspan="6">1. 了解水泥混凝土路面的特点及对材料的要求。
2. 掌握水泥混凝土面层铺筑施工技术和施工流程。
3. 熟悉水泥混凝土路面施工方法及技术要求。
4. 理解水泥混凝土路面的施工特点及施工工艺。
5. 能够在学习和工作中锻炼专业能力、方法能力和社会能力等职业能力。
6. 培养学生具备施工技术规范、爱护施工设备的职业操守。
7. 培养学生具备严谨认真、保证质量等建设优质工程的爱国情怀。
8. 培养学生具备团队协作、沟通协调的社会能力。
9. 培养学生具备精益求精的工匠精神,培养学生劳动精神。</td></tr>
<tr><td>任务描述</td><td colspan="6">根据给定的道路工程路面施工设计图纸及施工规范,编制水泥混凝土面层施工方案,工作中严格遵循《公路工程技术标准》(JTG B01—2014)和《公路水泥混凝土路面施工技术规范》(JTG F30—2015)。具体任务要求如下:
1. 水泥混凝土面层工程概况描述。
2. 施工准备与组织管理。
3. 编制水泥混凝土路面滑模施工流程。
4. 编写水泥混凝土路面面层施工方法及施工要点。</td></tr>
<tr><td rowspan="2">学时安排</td><td>资讯</td><td>计划</td><td>决策</td><td>实施</td><td>检查</td><td>评价</td></tr>
<tr><td>2 学时 + 课外 2 学时</td><td>0.5 学时</td><td>0.5 学时</td><td>4 学时 + 课外 2 学时</td><td>0.5 学时</td><td>0.5 学时</td></tr>
<tr><td>对学生学习及成果的要求</td><td colspan="6">1. 每名同学均能按照自学资讯思维导图自主学习,并完成课前自学的问题训练和自学自测。
2. 严格遵守课堂纪律,学习态度认真、端正,能够正确评价自己和同学在本任务中的素质表现。
3. 每位同学必须积极参与小组工作,承担外业测量的相应劳动工作,做到能够积极主动不推诿,能够与小组成员合作完成工作任务。
4. 每位同学均需独立或在小组同学的帮助下完成技能训练工作单,并提请检查、签认,对提出的建议或有错误务必及时修改。
5. 每组必须完成全部“铺筑水泥混凝土路面面层工程施工”工作的报告工单,并提请教师进行小组评价,小组成员分享小组评价分数或等级。
6. 每名同学均完成任务反思,以小组为单位提交。</td></tr>
</table>

自学资讯思维导图

- 任务7　铺筑水泥混凝土路面面层工程施工
  - 知识点
    - 1. 水泥混凝土路面面层概述
      - 水泥混凝土路面有何特点?
      - 水泥混凝土路面对路基和基（垫）层有何要求?
    - 2. 水泥混凝土路面施工测量
      - 水泥混凝土路面施工测量方法有哪些?
      - 水泥混凝土路面放样的精度要求有哪些?
    - 3. 水泥混凝二路面施工准备工作
      - 路面施工现场布置包括哪些内容?
      - 水泥混凝土材料试配如何计算?
    - 4. 水泥混凝土路面施工
      - 水泥混凝土面层铺筑的技术方法有哪些?
      - 滑模式摊铺机施工水泥路面有何特点？有哪些工艺要求?
      - 轨道式摊铺机施工水泥路面有何特点？有哪些工艺要求?
      - 三辊轴机组施工方法适用条件及施工工艺有哪些?
    - 5. 水泥混凝土路面施工检查及验收
      - 水泥路面施工检查及验收一般规定有哪些?
      - 水泥路面检查验收标准包括哪些内容?
    - 6. 水泥混凝土路面施工资料整理
      - 水泥混凝土路面施工资料垫理一般要求有哪些?
      - 水泥混凝土路面的施工资料整理包括哪些内容?
  - 技能点
    - 1. 识读水泥混凝土路面施工工程设计图纸；
    - 2. 区分水泥路面施工类型和适用条件；
    - 3. 甄别水泥混凝土路面的特点及对材料的要求；
    - 4. 选择水泥混凝土路面施工方法及技术要求；
    - 5. 编制水泥混凝土路面的施工技术交底；
    - 6. 撰写水泥混凝土路面面层施工计划。
  - 职业素养
    - 1. 通过附属施工给予学生引申，结合案例讲解防护施工质量制约工程建设质量；
    - 2. 通过引入路桥人施工的艰辛，讲解施工工作的技术发展，培育学生的家国情怀；
    - 3. 在实践教学中引导学生安全第一的职业意识，如何避免交叉作业中的安全隐患；
    - 4. 通过多方评价审查学生是否严谨认真、诚实守信、不弄虚作假；
    - 5. 多次练习施工工艺与施工方法，培养精益求精的工匠精神。

课　前　自　学

普通水泥混凝土是由水泥、细集料(砂)、粗集料(碎石)、水和外加剂组成，必要时掺加掺合料，经拌和、摊铺、振捣(或压实)和养生而成的。水泥混凝土路面根据对材料的要求及组成成分分为素混凝土路面、钢筋混凝土路面、连续配筋混凝土路面、预应力水泥混凝土路面、钢纤维混凝土路面、装配式混凝土路面等。其中素混凝土路面只在接缝处和局部范围配置钢筋，是使用最广泛的一种水泥混凝土路面，本任务提到的水泥混凝土路面即是此种路面。

水泥混凝土路面具有刚度大、强度高、稳定性好、养护维修费用低等优点。在荷载重和交通量大的道路上，宜用水泥混凝土路面，特别是在土基软弱时，水泥混凝土路面更显优越性。同时，水泥混凝土的水稳定性和热稳定性均较好。在过水路面、冰冻地区和炎热地区，宜用水泥混凝土路面。此外，水泥混凝土路面粗糙度好、抗滑，适用纵坡大或小半径平曲线道路。致命缺点是受到地震等剧烈影响或地基变形等，路面板块翘曲变形，影响行车，翻建难度较大。另外，水泥混凝土路面还有接缝较多，养生期较长的弱点。

通过水泥混凝土路面任务的学习，培养综合运用技术、技能解决工程实际问题的能力；进行试验并探寻知识的能力；进行试验并探寻制定的能力；遵守规范标准要求，善于观察和思考，养成发现问题、提出问题、及时解决问题的习惯；培养团队精神和协作能力、口头及书面交流能力，从而塑造良好的个性人格和提高综合素质;培养在现场作业过程中严格遵守操作规程的习惯;培养综合运用理论知识分析问题和解决工程实际问题的能力;培养吃苦耐劳、刻苦钻研、热爱本职工作的精神。

知识点 1　水泥混凝土路面面层概述

路面面层是指用各种筑路材料铺筑在路基上供车辆行驶的构造物,是道路工程的重要组成部分。为了保证行车运输的安全性和舒适性,降低运输成本和延长道路寿命,路面应能够负担汽车的载重而不破坏,并保证汽车能以一定的行驶速度在道路上全天候通行。道路面层又分为水泥混凝土路面面层和沥青路面面层。本知识点讲述水泥混凝土路面面层相关施工技术与施工工艺。

通过有关混凝土路面材料、技术性能等诸多因素的学习,读者可掌握混凝土的各组成材料、新拌混凝土的和易性、硬化混凝土的力学性能等基本原理,配制出满足道路工程所要求的混凝土。水泥混凝土路面的使用性能很大程度上取决于施工质量,而施工质量又依赖于先进的施工机具。为保证水泥混凝土路面的施工质量,必须在拌和、运输、摊铺、养生的整个工艺过程,采用机械化施工与现代化施工质量检测手段。这里着重介绍水泥混凝土面层的配合比设计和施工工艺。混凝土路面施工完毕,施工单位应将全线以 1 km 作为一个检查段,按随机取样的方法选择对每一检查段的测点,按混凝土面层质量验收和允许偏差的规定进行自检,并向监理部门和建设单位提供全线检测结果及施工总结报告。施工质量监理单位应会同施工单位一起按随机抽样的办法选择一定数量的检查段进行抽样检查,抽样总长度不宜少于全程的 30%,检查的内容和频度应符合规范规定。混凝土路面完工后,应根据设计文件、交工资料和施工单位提出的交工验收报告,按国家建设工程竣工验收办法组织验收。验收时应提交设计文件、交工资料、交工验收报告、混凝土强度试验报告、材料检查及材料试验记录、基层检查记录、工程重大问题处理文件、施工总结报告、工程监理总结报告等。

水泥混凝土路面包括素混凝土、钢筋混凝土、连续配筋混凝土、预应力混凝土、装配式混凝土和钢纤维混凝土路面。目前采用最广泛的是现浇素混凝土路面,也称水泥混凝土路面(简称混凝土路面),也是本任务介绍的主要内容。

微课

混凝土面层施工方法

想一想

水泥混凝土路面包括哪些类型?

7.1.1　水泥混凝土路面的特点

1. 水泥混凝土路面的主要优点

(1)具有较高的抗压强度、抗弯拉强度,并有较好的抗磨耗能力。

(2)稳定性好。水稳定性、热稳定性均好,特别是它的性能随着时间的延长而逐渐提高,不存在沥青路面的老化现象。

(3)耐久性好。经久耐用,一般能使用 20 ~ 40 年,而且它能通行包括履带式车辆等在内的各种运输工具。

(4)养护费用少、经济效益高。与沥青混凝土路面相比,养护工作量和养护费用均少。但建筑投资较大,而分摊于每年的工程费用较少。因此,从长远角度来看,水泥混凝土路面的经济效益是比较显著的。

(5)有利于夜间行车。水泥混凝土路面色泽鲜明,能见度好,对夜间行车有利。

2. 水泥混凝土路面的主要缺点

(1)水泥和水的需要量大。在水泥混凝土路面施工季节突然增大水泥用量,国内多数地区会出现水泥供应不足的现象。缺水地区实现水泥混凝土路面大面积铺筑则更加困难。

（2）有接缝。接缝不但增加施工和养护的复杂性，而且容易引起行车跳动，影响行车的舒适性，同时又是路面的薄弱点，工人稍有疏忽，路面板边和板角处就会破坏，很难修复。接缝是影响混凝土路面使用性能和寿命的重要因素。

（3）开放交通较迟。一般水泥混凝土路面完工后，要经过 15～20 d 的湿法养生和 8～13 d 的自然养生，才能开放交通，如需提早开放交通，要采取特殊措施。

（4）修复困难。混凝土路面损坏后开挖很困难，修补工程量大，费用高，且影响交通。

答一答

水泥混凝土路面的主要优点有哪些？

微课

水泥混凝土面层修复

7.1.2　水泥混凝土路面对路基和基（垫）层的要求

1. 对路基的要求

路基应稳定、密实、均质，对路面结构提供均匀支承。而路基的均匀性是最难实现的，在桥头、软基、高填方、填挖方交界等处的路基段，更难做好。非稳定路基由于工期等不可抗拒的原因必须通车时，宜铺筑过渡路面，待路基完全稳定，方可铺筑永久结构层。

2. 对基层的要求

水泥混凝土路面的整体性强，刚度大，但变形能力差，基础稍有不均匀沉陷，路面板就会改变受力状态，导致板底产生很大的弯拉应力。此外，若基层的综合刚度不足，在重复荷载作用下容易产生累积塑性变形，造成路面板与基层间的局部脱离，使路面板过早破坏。为确保水泥混凝土路面经久耐用，基层应整体性好、透水性小，尺度正确和表面平整。基层还应具有抗冲刷的能力，以防在渗入水和重荷载的共同作用下，产生唧泥、板底脱空错台等病害，加速混凝土面板的断裂。

3. 对垫层的要求

混凝土路面一般不设垫层，在水文地质条件不良、路床湿度较大、路基可能产生不均匀沉降或不均匀变形时才设置。垫层可采用排水垫层或半刚性垫层。排水垫层宜采用砂、砂砾等颗粒材料，半刚性材料可采用低剂量无机结合料稳定粒料或土。垫层的宽度应与路基同宽，其最小厚度为 15 cm。

7.1.3　对材料的基本要求

组成水泥混凝土混合料的材料包括水泥、细集料、粗集料、水和外加剂。

1. 水泥

在大多数情况下，优先采用强度等级 42.5 MPa 的普通硅酸盐水泥，一般道路可使用强度等级 32.5 MPa 的普通水泥；如采用矿渣水泥，其强度等级不低于 42.5 MPa，不得采用火山灰水泥。水泥应采用质量稳定可靠的大厂水泥，见表 7.1。

表 7.1　混凝土路面用水泥强度等级与品种选用表

交通等级	混凝土等级	水泥品种与等级	交通等级	混凝土等级	水泥品种与等级
特重	C40	52.5P、52.5D	中等	C30	42.5PO、42.5D、42.5PS
重	C35	52.5P、52.5PO、52.5D、42.5D	轻	C25	42.5PO、42.5PS、32.5PO

注：表中 P、PO、D 和 PS 分别代表硅酸盐水泥、普通硅酸盐水泥、道路硅酸盐水泥和矿渣硅酸盐水泥。

2. 粗集料

粗集料主要指碎石或砾石，要求质地坚硬、洁净，最大粒径一般不应超过 40 mm，符合表 7.2 级配范围。碎（砾）石技术要求符合表 7.3 规定。

表 7.2　粗集料级配范围

级配类型	粒级/mm	筛孔尺寸圆孔/mm							
		40	30	25	20	15	10	5	2.5
		通过百分率(以质量计)/%							
连续	5 ~ 20	95 ~ 100	55 ~ 69	39 ~ 54	25 ~ 40	14 ~ 27	5 ~ 15	0 ~ 5	—
	2.5 ~ 30	—	95 ~ 100	67 ~ 77	44 ~ 59	25 ~ 40	11 ~ 24	3 ~ 11	0 ~ 5
	2.5 ~ 20	—	—	—	95 ~ 100	55 ~ 69	25 ~ 40	5 ~ 15	0 ~ 5
间断	5 ~ 40 2.5 ~ 30 2.5 ~ 20	95 ~ 100	55 ~ 69 95 ~ 100	39 ~ 54 67 ~ 77	25 ~ 40 44 ~ 59 95 ~ 100	14 ~ 27 25 ~ 40 25 ~ 40	14 ~ 27 25 ~ 40 25 ~ 40	0 ~ 5 3 ~ 11 5 ~ 15	0 ~ 5 0 ~ 5

表 7.3　碎(砾)石技术要求

项　　目	碎　　石		砾　　石
颗粒级配	见表 7.2		
石料强度等级	≥3 级		
空隙率/%	—		≤45
压碎指标值/%	水成岩	13 ~ 16	14 ~ 16
	变质岩或深成的火质岩	16 ~ 20	
	浅成的或喷出的火成岩	Z1 ~ 30	
针片、状颗粒含量/%	≤15		≤15
软弱颗粒含量/%	—		≤5
硫化物及硫酸盐含量(折算为 S_3)/%	≤1		
含泥量(冲洗法)/%	≤1		
有机物含量(比色法)			不深于标准色

3. 细集料

细集料可采用天然河砂或石屑。不仅要求质地坚硬、耐久、洁净，且应符合表 7.4 的要求，细集料的级配应符合表 7.5 的规定。

表 7.4　细集料技术要求

项　　目	技 术 要 求
颗粒级配	见表 7.5
含泥量(冲洗法)/%	≤3
硫化物及硫酸盐含(折算为 SO_3)/%	≤1
有机物含量(比色法)	颜色不深于标准溶液颜色

表 7.5　细集料标准级配范围

级配分区	筛孔尺寸/mm							细度模数 *M*x
	圆孔			方孔				
	10	5	2.5	1.25	0.60	0.30	0.45	
	通过百分率(以质量计)/%							
Ⅰ区	100	90 ~ 100	65 ~ 95	35 ~ 65	15 ~ 29	5 ~ 20	0 ~ 10	3.90 ~ 2.81
Ⅱ区	100	90 ~ 100	75 ~ 100	50 ~ 90	30 ~ 59	8 ~ 30	0 ~ 10	3.47 ~ 2.11
Ⅲ区	100	90 ~ 100	85 ~ 100	75 ~ 90	60 ~ 84	15 ~ 45	0 ~ 10	2.75 ~ 1.71

4. 水

清洗集料、拌和混凝土混合料及养生所用的水，不应含有油、酸、碱、盐类、有机物等。牲畜饮用的水一般均适用，否则要经化验符合下列要求时才可使用：

(1)硫酸盐含量(按 SO_4^{2-} 计)小于 2.7 mg/cm^3。

(2)含盐量不得超过 5 mg/cm^3。

(3)pH 不得小于 4。

(4)不得含有油污、泥和其他有害杂质。

微课

水泥混凝土面层混合料的材料

5. 外加剂

为了改善混凝土的技术性能,可在混凝土的制备过程中加入一定量外加剂。常用的有改变新拌混凝土工作性能的流变剂(减水剂、塑化剂和流化剂),调节凝结时间的调凝剂(缓凝剂和速凝剂),提高混凝土早期强度的早强剂(氯盐、硫酸钠),增加耐冻性的引气剂(松香热聚物、烷基磺酸钠等)四大类。在选用时,外加剂的质量应符合有关的规定,并应在充分调查试验和实地试拌后使用。

外加剂在储存时,应避光、避火、防冻。粉末状外加剂容易吸潮、固化,所以应储存在防潮仓库内。液体外加剂不要在可能引起变质的容器内储存。外加剂含有一定毒性,储存使用都要重视安全防护工作。

定一定

水泥混凝土路面对路基的要求有哪些?组成水泥混凝土混合料的材料包括哪些?

____

____

____

知识点 2　水泥混凝土路面施工测量

7.2.1　水泥混凝土路面施工测量方法

水泥混凝土路面施工测量方法详见"学习情境三　铺筑路面工程施工""任务 6 铺筑路面基(垫)层工程施工"中的 6.2 节。

下面用一个示例讲述应用技能。

例 7.1　如图 7.1 是混凝土路面的横断面形式,其中:中间隔离带宽 4.50 m,半幅行车道宽 8.50 m,基层厚度为 18 cm,面层厚度为 25 cm。

微课

水泥混凝土面层施工放样

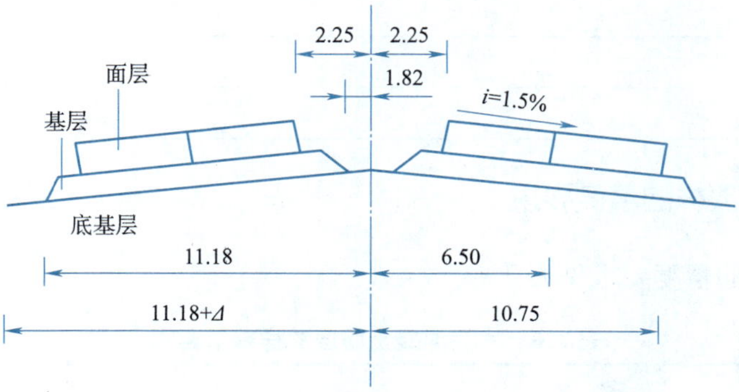

图 7.1　某混凝土路面的横断面示意图(单位:m)

注:图中 Δ 一般取 0.2 ~ 0.5 m。

1. 基层施工测量

基层设计标高为 $H = h + 0.18m$(h 为底基层中心设计标高),则距中心 1.82 m、11.18 m、11.43 m 处的基层设计标高为

$$H_{1.82} = H - 1.82mi$$

$$H_{11.18} = H - 11.18mi$$
$$H_{11.43} = H - 11.43mi$$

i 为路拱横坡，本例中取值为1.5%。

将以上计算的设计标高放样到实地，即为基层施工依据。

$H_{1.82}$、$H_{11.18}$是距中心1.82 m、11.18 m处的设计高程，施工时虚厚按松铺系数乘设计厚度（压实厚度）求得。

H、$H_{11.43}$在摊土机初步压实后找平时用。

基层高程误差主要有测量误差、施工误差、虚厚误差三个方面。

测量误差及消除或减少其影响的方法在工程测量课程中已讲授。

施工误差主要包括几方面：当某范围堆料过多，工人为了省力，堆底料没翻松，甚至将施工线提一提；当堆料过少，又会将料摊得过虚，或者将施工桩向下钉一钉。消灭施工误差的主要方法是要求施工员有能力检查，严格控制。

虚厚误差主要包括材料的密实度差别，摊铺后压实不均匀，路床标高误差等。主要的消除方法是拌和均匀，碾压细致（专人跟碾指挥）和及时找平。

2. 混凝土面层施工测量

如图7.1所示，由中线量出2.25 m、6.50 m及10.75 m边线，在基层上钉入钢桩，测出桩顶标高，根据混凝土面层的设计标高得出模板顶标高。当模板支好后，核查线形、模板牢固度与面板宽度。不合格者及时纠正，并经工序交接验收后才浇筑混凝土。

混凝土面层标高误差产生的原因主要由测量误差和施工误差两方面造成。施工误差主要包括以下几个方面：

（1）挂线误差：如丈量不准，施工线未系牢，施工线没有拉紧、出现中间下凹等。

（2）模板误差：如模板不牢固产生移位、震捣梁引起模板下沉、模板顶上的残余混凝土没有清除、模板变形等。

（3）其他误差：施工桩被车辆压弯、挤动、弄错桩号等。

对于水泥混凝土面层，尺寸出错后不能补做，所以参与施工的人员都应经常注重观察和检查模板质量和施工操作是否合乎要求，避免造成返工事故。

找一找

水泥混凝土路面基层高程误差主要包括哪些？

7.2.2 水泥混凝土路面放样的精度要求

水泥混凝土面层放样的精度要求见表7.6。

表7.6 水泥混凝土面层放样精度要求

序号	检查项目		混凝土面层	
			高速或一级	其他公路
1	中线平面偏位/mm		±20	
2	纵断高程/mm		±10	±15
3	宽度/mm	有侧石	±20	
		无侧石		
4	横坡/%		±0.15	±0.25

注：表中数据为规定值或允许偏差。

知识点 3　水泥混凝土路面施工准备工作

施工前的准备工作是施工全过程的重要环节，它直接影响着工程的进度、造价和质量。因此，施工前要做好施工组织、施工现场布置、混凝土材料试配、测量放样、基层检查与整修等准备工作。

7.3.1　施工组织

施工组织是施工单位根据设计文件、施工合同、施工条件及混凝土工程特点，确定施工方案，并编制施工组织设计文件，进行技术交底，技术准备等各项工作的总称。

7.3.2　施工现场布置

(1)施工前要协调、解决水电供应、现场交通通信、办公生活用房、工棚仓库和消防等设施。有碍施工的建筑物、灌溉渠道、地下管线等都应在施工前拆迁完毕。

(2)混凝土的搅拌场应根据施工路线长短、所采用的运输工具和施工方法来选择。选择在运距经济合理，水源充足且方便，便于堆放材料，排水条件良好和拌和机械搬运方便的地方。能采用商品混凝土的应尽量与供应商签订混凝土供应合同。无论哪种方案都要在施工前估算材料用量，制订材料供应计划，并在实际耗用中随时核对调整。

(3)施工前应备齐专用及一般工具设备和安全设施。

(4)应将上述内容绘制成平面布置图。

7.3.3　混凝土材料试配(现场搅拌方案)

施工前应根据供应的材料，做好混凝土材料的各项试验工作。料要选择两种尺寸的粗骨料，做好配合比试验。各种配合比至少做抗折、抗压试块各三组，每组做三块，试块分别经过 7 d、14 d、28 d 龄期测试，取得强度资料后，进行比较，选用其中级配优良，水泥用量最省、强度符合要求的设计配合比。施工时，再根据施工现场的实际情况和施工条件加以调整，作为施工配合比。

例7.2　已知某 C30 混凝土设计配合比为：水泥:砂:碎石:水 = 1:1.66:4.21:0.48，混凝土拌和前测得砂的含水量为 3%，碎石含水量为 1%，则施工配合比调整为：

$$\text{水泥:砂:碎石:水} = 1:\frac{1.66}{1-3\%}:\frac{4.21}{1-1\%}:(0.48-1.66\times3\%-4.21\times1\%)$$

$$=1:1.71:4.25:0.388。$$

即 100 kg(2 袋水泥)、171 kg 砂、425 kg 碎石、38.8 kg 水，为每拌和配料量(共 734.8 kg)。如果 734.8 kg 混合料的容积(按材料的容重计算)满足不了拌和机容量，则按拌和机的容量反求施工配比(水泥用量：包装水泥以 50 kg 为单位，散装水泥以 kg 为计量单位)。施工配比在现场材料发生变化(主要指含水量变化)时，施工员就要签发一份施工配料单。

7.3.4　测量放样

根据放好的中心线及边线定出接缝位置，接缝线与检查井的边缘至少应有 1 m 的距离。在弯道上必须保持横向分块线与路中心线垂直。因此接缝位置和形状常由施工员参照设计图样调整，以符合实际情况。对测量放样必须经常进行复核(包括浇捣混凝土过程)，要做到勤测、勤核、勤纠偏。

7.3.5　基层检查与整修

基层必须经过相关高程、横坡、弯沉、压实度验收，合格后才能施工混凝土路面。

在混凝土摊铺前，基层表面应洒水湿润，以免混凝土底部的水被干燥的基层吸去，底部混凝土将因水泥水化不全而变得疏松以致产生细裂缝。

看一看

水泥混凝土路面施工前要做好哪些准备工作？

知识点4　水泥混凝土路面施工

7.4.1　混凝土路面施工方法和特点

水泥混凝土面层铺筑的技术方法有滑模机械铺筑、轨道摊铺机铺筑、三辊轴机组铺筑、小型机具铺筑四种方法。其中滑模机械铺筑和轨道摊铺机铺筑机械化程度较高，三辊轴机铺筑和小型机具铺筑方法机动灵活，可根据道路等级、材料供应、施工技术条件等情况进行选择。

滑模机械铺筑是在已铺筑好的基层上直接行走，采用随机滑动模板进行摊铺作业，自动化程度高，可实现自动找平、自动导向、自动调速等，可一次性完成摊铺、密实、整平等施工工序，施工效率高，摊铺质量优良，铺筑的路面有较好的平整度和高抗弯拉强度。但滑模摊铺机需要较大规模的材料供应、混合料拌和及运输设备，费用较高，操作较复杂，对施工工序控制要求较高。滑模机械铺筑多用于高等级公路路面工程施工，也适用于城市道路及机场等水泥混凝土面层施工。

轨道摊铺机铺筑是在预先铺设好的钢轨上进行行走，采用固定轨道和固定模板进行摊铺。轨道摊铺操作简单容易，对混合料的要求相对较低。但其施工需要大量的钢轨和模板，钢轨和模板过重，安装劳动强度大，自动化程度、施工速度和施工质量相对较低。适用于一般道路水泥混凝土路面、城市街道、机场跑道及停机坪等水泥混凝土面层的铺筑。

三辊轴机组施工技术起源于美国，三辊轴机组由两个驱动器和三根轴组成。机械化程度适中，设备投入少，主要用于低等级混凝土路面的施工及高等级路面断板、碎板等局部少量板块的翻新改建。

小型机具施工是传统的施工方式，施工便捷，不需要大型设备，但是需要劳动力数量较多，因此在县乡、村镇道路建设中应用广泛。

不论采用哪种施工方法铺筑，都应达到规定的摊铺宽度和摊铺厚度；摊铺后的路面平整度误差应在设计规范允许的范围内，布料应均匀、不应产生混合料离析现象，振捣应均匀、充分，并达到规定的密实度，确保充分而有效的振实。

做一做

水泥混凝土面层铺筑的技术方法有哪几种？

微课

水泥混凝土路面滑模机械铺筑施工

7.4.2　滑模机械铺筑施工

滑模摊铺技术是指采用滑模摊铺机（图7.2）铺筑混凝土路面的施工工艺。其特征是不架设边缘固定模板，能够一次完成布料摊铺、振捣密实、挤压成型、抹面修饰等混凝土路面摊铺功能（图7.3）。一般情况下，滑模摊铺机械与技术，仅适用于二级以上高等级公路水泥混凝土路面的施工。

图 7.2　滑模摊铺机图

图 7.3　滑模摊铺机施工图

1. 准备工作

1)设备和机具

高速公路、一级公路尽量使用整幅 12.5 m 宽度的大型滑模摊铺机,以减少纵向连接部位的不平整及存水现象。二级公路最好使用 9 m 宽滑模摊铺机,二级及以下公路路面的最小摊铺宽度不得小于单车道设计宽度。二级公路上有条件时,最好采用中央设路拱的 8 ~9 m 宽滑模摊铺机。滑模摊铺主要配套机械见表 7.7。

表 7.7　滑模摊铺机施工主要机械和机具配套表

工作内容	主要施工机械设备	
	名　称	机型及规格
钢筋加工	钢筋锯断机、弯折机、电焊机	根据需要定规格和数量
测量基准线	水准仪、经纬仪、全站仪	根据需要定规格和数量
	基准线、线桩及紧线器	300 个桩、5 个紧线器、3 000 m 基准线
搅拌	强制式搅拌篓	≥50 m^3/h
	装载机	2 ~3 m^3
	发电机	≥1 200 kW
	供水泵和蓄水池	≥250 m^3
运输	运输车	4 ~26 m^3 由匹配计算确定
	自卸车	4 ~24 m^3 数量由匹配计算确定
摊铺	布料机、挖掘机、起重机等布料设备	根据需要定规格和数量
	滑模摊铺机 1 台	技术参数见有关规定
	手持振捣棒、整平梁、模板	根据人工施工接头需要定
抗滑	拉毛养生机 1 台	与滑模摊铺机同宽
	人工拉毛齿耙、工作桥	根据需要定规格和数量
	硬刻槽机刻槽宽度≥500 m,功率≥7.5 kW	数量与摊铺机进度匹配
切缝	软锯缝机	根据需要定规格和数量
	常规锯缝机或支架锯缝机	根据需要定规格和数量
	移动发动机	12 ~60 kW,数量由施工需要定
灌缝	灌缝机或插胶条工具	根据需要定规格和数量
养生	压力式喷洒机或喷雾器	根据需要定规格和数量
	工地运输车	4 ~6 t,按需要定
	洒水车	4.5 ~8 t,按需要定

注:可按装备、投资、施工方式等不同要求选配。

2)基准线设置

基准线是为摊铺机上的传感器提供一个精确的与路面平行的水平和竖向参考系。路面摊铺的几何精度和平整度很大程度上取决于基准线的测设精度。水平参考系的精度一般是由测桩水平面与基准线之间保持相同的距离来控制和保证。所以，基准线是滑模施工混凝土路面的“生命线”，准确安装设置基准线对于滑模摊铺极其重要。

基准线器具包括基准线、线桩和安装器具。基准线是直径 3 ~5 mm 的钢绞线，总长不小于 3 000 m；一套线桩器具包括一根直径 12 mm、长度 120 cm 的圆钢筋，一个架臂扣和夹线臂，总数不得小于 300 套；基准线安装器具包括固定扳手、大锤、水准仪或全站仪、水准尺、钢卷尺等。基准线桩应钉牢固。基准线在横向连接摊铺路面上利用缩缝进行固定和设置，线桩下部焊接角钢，用木楔楔牢。基准线张紧后的垂度不大于 1.0 m。基准线桩纵向间距，直线段不应大于 10 m，竖、平曲线路段视曲线半径大小应加密布置，最小 2.5 m。

3）基层与封层表面处理

把基层、封层表面及履带行走部位清扫干净。摊铺面板位置洒水湿润，但不得积水。热天高温条件下，有沥青封闭层或老沥青路面加铺时，可以加铺白色石灰膏降温。基层的降温和保湿措施是为了使面板底部正常凝结硬化，提供设计所需要的弯拉强度。

4）纵缝处理

为保证纵缝顺直及防水密封，横向连接摊铺时，前次摊铺路面纵缝溜肩胀宽部位需切割顺直；侧边拉杆校正扳直，缺少的拉杆用钻孔植入锚固，并把纵向施工缝的上半部缝壁满涂沥青。

5）板厚检查

板厚控制必须在摊铺前的拉线上进行，否则摊铺后不合格很难弥补，因此，必须严格控制基层标高；同时，在面板标高误差范围内，适当调整面板高程，确保高速行车路面的动态平整度及行车无跳车感觉。

2. 布料

布料时将混凝土初步铺开并充满每一个角落，使密实度接近于平均，且无骨料分离现象。滑模摊铺路面时，可配备 1 台挖掘机或装载机辅助布料。将卸在摊铺机前的料堆均匀平摊在摊铺机前，机前料堆的正常高度应在螺旋布料器叶片最高点以下，且不得缺料。卸料、布料应与摊铺速度协调，以免造成长时间待料或坍落度损失过大的现象。采用布料机布料时，松铺系数应视坍落度大小由试铺确定。布料机与摊铺机之间施工距离宜控制在 5 ~10 m。

3. 技术要领

微课
水泥混凝土坍落度试验

1）振捣棒位置

振捣棒可通过振动使水泥混凝土摊铺层达到均匀密实。多根振捣棒固定在支架上，按一定的间距横向排列，振捣棒支架可通过上下移动来调整振捣棒的位置。振捣棒位置是保证面板不产生纵向收缩裂缝的关键，下缘位置应在挤压板最低点以上，振捣棒的横向间距不宜大于 45 cm，且应均匀排列，两侧边缘振捣棒与摊铺边缘距离不宜大于 250 mm。振捣棒操作顺序如图 7.4 所示。

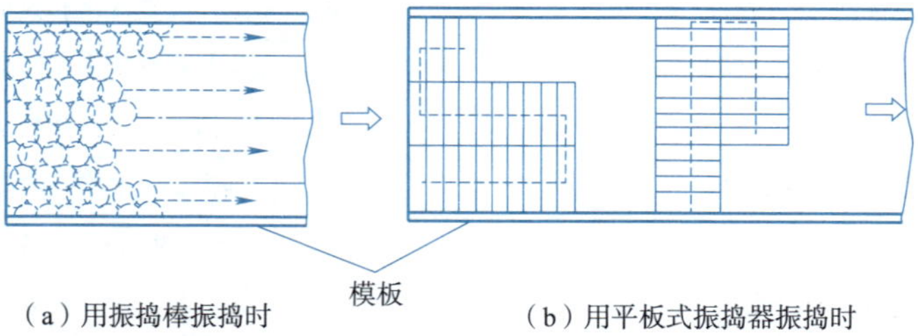

（a）用振捣棒振捣时　　（b）用平板式振捣器振捣时

图 7.4　振捣棒操作顺序

2）挤压底板

挤压底板的作用是将振捣提浆后的混凝土挤压得更加密实；同时，挤压拖抹出混凝土路面的标准断面、光滑的外观和良好的纵横向平整度。滑模摊铺机满负荷时可铺筑的路面最大纵坡为：上坡 5%，下坡

6% ,上坡时,挤压底板前仰角宜适当调小,并适当调轻抹平板压力;坡度较大时,为了防止摊铺机过载推不动,宜适当调整挤压底板前仰角。下坡时,前仰角宜适当调大,并适当调大抹平板压力。板底不小于3/4长度接触路表面时抹平板压力适宜。

3)超铺角

超铺角是为了补偿脱模后软混凝土路面边缘的溜边现象,有设与不设两种方式。设超铺角的摊铺机两边缘超铺高程,根据拌和物的稠度宜在3～8 mm间调整。带振动搓平梁的摊铺机应将搓平梁前缘调整到与挤压板后缘高程相同,搓平梁的后缘应比挤压底板后缘低1～2 mm,并与路面高程相同。

4)拉杆设置

摊铺单车道路面,根据路面的设计要求配置一侧或双侧打入纵缝拉杆的机械装置。拉杆打入分手推、液压、气压几种方式,压力应满足一次打(推)到位的要求,不允许多次打入或人工后打。摊铺两个以上车道时,除侧向打拉杆的装置外,还应在假纵缝位置中间配置一个以上中间自动插入装置,该装置有机前插和机后插两种配置。带振动搓平梁和振动修复板的滑模摊铺机应选择机后插入式;其他滑模摊铺机可使用机前插入式。前插时,应保证拉杆的设置位置;后插时,要消除插入上部混凝土的破损缺陷,应有振动搓平梁或局部振动板来保证修复插入缺陷,保证其插入部位上的密实度。

4. 路面修整

滑模摊铺时,表面整修工作由摊铺机完成,通过自动抹平板装置进行路面抹面。根据路面的纵坡变化调整自动抹平板的压力,对表面有少量局部麻面和明显缺陷的部位,应补充适量砂浆并进行机械修整。整个表面修整应以机械修整为主,人工修整为辅。通过调整和控制摊铺速度,振捣频率,夯实杆、振动搓平梁和抹平板位置、速度和频率,使面板表面砂浆层厚度控制在4 mm左右,以便施工抗滑构造。

微课
水泥混凝土面层修整

当出现混合料供应不上,或搅拌站出现故障等情况时,停机等待时间不得超过当时气温下混凝土初凝时间的4/5,超过此时间应将滑模推铺机开出工作面,并做施工缝。摊铺结束后,要及时清洗滑模摊铺机并在当日进行保养。

忆一忆

滑模式摊铺机施工水泥混凝土路面特点与工艺要求?滑模摊铺技术包括什么?

___

___

___

7.4.3 轨道摊铺机施工

轨道摊铺机(图7.5)是由摊铺机、整面机、修光机等组成的摊铺列车。轨模既是列车的行驶轨道,又是水泥混凝土的模板。摊铺机上装有摊铺器(又称布料器)用来将倾卸在路基上的水泥混凝土按一定的厚度均匀地摊铺在路基上。摊铺机在摊铺水泥混凝土时(图7.6),轨模是固定不动的,一次性完成摊铺、振捣、压实、平整、光面成形等工序。其优点是可以倒车反复做路面,缺点是轨模板过重,安装劳动强度大。

图7.5 轨道铺机图

图7.6 轨道摊铺机施工图

1. 布料

使用轨道摊铺机前部配备的螺旋布料器或刮板布料,料堆不得过高过大,亦不得缺料;也可使用挖掘机、装载机或人工辅助布料。螺旋布料器前的拌和物应保持在面板以上 100 mm 左右,布料器后宜配备松铺高度控制刮板;也可使用有布料箱的轨道摊铺机精确布料。箱式轨道摊铺机的料斗出料口关闭,装进拌和物并运到布料位置后,轻轻打开料斗出料口,待拌和物堆成"堤状",左右移动料斗布料。轨道摊铺时的适宜坍落度,宜控制在 20 ~ 40 mm。

2. 振实

轨道摊铺机振捣棒组应配备超高频振捣棒,最高 11 000 次/min,工作频率为 6 000 ~ 10 000 次/min。

振捣方式有斜插连续拖行和间歇垂直插入两种。当面板厚度超过 150 mm,坍落度小于 30 mm 时,必须插入振捣;连续拖行振捣时,宜将作业速度控制在 0.5 ~ 1.0 m/min 之间,并随着坍落度的大小而增减。间接振捣时,当一处混凝土振捣密实后,将振捣棒组缓慢拔出,再移动到下一处振实,移动距离不宜大于 500 mm。

3. 表面修整

往复式整平滚筒前的混凝土堆积物,应涌向横坡高的一侧,保证路面横坡高端有足够的料找平。及时清理因整平推挤到路面边缘的余料,并及时铲除和清洁轨模上的混凝土沾染物,以保证整平精度和整平机械在轨道上的作业行驶。

轨道摊铺机上宜配备纵向或斜向抹平板。纵向抹平板随轨道摊铺机作业行进,可左右贴表面滑动并完成表面修整;斜向修整抹平板作业时,抹平板沿斜向左右滑动,同时随机身行进,完成表面修整。

7.4.4 三辊轴机组施工

三辊轴机组(图 7.7)施工比较适用于我国二级、三级、四级公路及县乡公路水泥混凝土路面的施工,特别是近年来,我国使用的小型机具越来越少,大有用三辊轴机组逐步代替小型机具施工的趋势。

图 7.7　三辊轴整平机

1. 模板的安装与拆除

1)模板要求

三辊轴机组施工时,三辊轴机要在模板上行走,必须采用具有足够刚度的钢模板,模板高度应与面板的设计厚度一致,误差为 2 mm。用于设置纵缝和施工缝的模板,根据设计要求需留传力杆或拉杆的置放孔。模板之间的接头处应设有牢固的拼接装置,且装拆要方便,模板的数量应能满足施工周转的要求。

2)模板安装

装模板前应对基层进行检测,基层的各项技术指标应符合基层施工规范的质量要求。模板的平面位置与高程应符合设计要求,支模前要先进行模板安装及摊铺位置的测量放样,每 20 m 设一中心桩,每 100 m 要布设水准点,还要核对路面标高、面板分块、膨胀和构造物的位置。

模板应安装稳固、顺直、和平整,能承受摊铺、振捣、整平时的冲击和振动作用。模板间的连接应紧密平顺,底部不得有漏浆、前后错茬、高低错台等现象。

模板与混凝土拌和物接触的表面应涂脱模剂、隔离剂等,接头应粘贴胶带或塑料薄膜密封,便于拆模,防止漏浆、跑料。模板安装就位后要横向拉线,并检查混凝土板中部的厚度,测量值小于设计厚度时,应将高出的基层削平,以保证混凝土路面板的厚度。

3)模板拆除

拆除模板的时间与施工时当地的昼夜平均气温和所用的水泥品种有关,气温高、水泥中掺加的混合料少者,拆模时间短,反之则拆模时间长。拆除模板时不得损坏混凝土板边、板角及传力杆和拉杆周围的混凝土，模板拆除后应立即清除黏附的砂浆，并冲洗干净，有变形或局部损坏时应及时校正和修理，以备下次使用。

2. 布料

三辊轴机的摊铺能力不是很强，要特别注意布料的均匀性，准确控制布料高度。铺料之前，基层应清扫干净，并洒水润湿。运料车运来的混合料应设专人指挥均匀卸料，在摊铺宽度范围内宜分多堆卸料。可人工布料，也可用装载机或挖掘机布料和送料。采用人工布料时，应尽量防止布料整平过的混凝土表面上留下人为踩踏的脚印，还要防止将泥土踩踏入路面中。布料的松铺系数应根据混凝土拌和物的坍落度和路面横坡而定。坍落度小时取高值，反之取低值。超高路段横坡高侧取高值，横坡底侧取低值，但不得低于模板顶面。

3. 密排振实

混凝土拌和物布料长度大于 10 m 时，应开始振捣作业。密排振捣棒组间歇插入振实时，每次移动距离不宜超过振捣棒有效作用半径的 1.5 倍，并不得大于 50 cm，振捣时间宜为 15 ~ 30 s，以保证有效振捣密实。排式振捣机应匀速缓慢、不间断地行进。作业速度以拌和物表面不露粗骨料、液化表面不再冒气泡并泛出水泥浆为准。

4. 拉杆安装

面板振实后，应立即安装纵缝拉杆。单车道摊铺的混凝土路面，应在侧模预留孔中按设计要求插入拉杆钢筋；一次摊铺双车道路面时，除应在侧模孔中插入拉杆外，还要在中间纵缝部位使用拉杆插入机插入拉杆钢筋，拉杆插入机的限位开关应调整到适当的位置，以便按设计要求将拉杆安装在面板中间。插入拉杆后再次振捣混凝土拌和物以便拌和物充分包裹拉杆。

5. 人工找补

安装拉杆后，要立即检查混凝土的平整情况，并进行人工找补。高处要适当铲除，低处要用同一批拌和物进行填补。在操作时工作人员不能踏入拌和物中，要站在人行工作桥上进行找补，不能留下脚窝，也不能将尘土带入拌和物中。

6. 整平作业

三辊轴机组施工最关键的是料位高差和振动滚压遍数的控制。

三辊轴整平机按作业单元分段整平，作业单元长度宜为 20 ~ 30 m，如果作业长度过短，机械反复调头，难以摊平；作业长度过长时，轴前高出的混凝土拌和物被长距离推移，在振动轴的离心作用下，逐渐分层离析，形成水灰比很大的水泥浆，遇到低凹处，水泥稀浆便会渗入补充，这些地方在混凝土硬化后强度低，耐磨性和摩擦系数也大大降低，会成为路面的薄弱部位。

振捣机振实与三辊轴整平两道工序之间的时间间隔不宜超过 15 min。三辊轴滚压振实料位高度宜高于模板顶面 5 ~ 20 mm，过高时应铲除，过低及时补料。

三辊轴整平机在一个作业长度内，应采用前进振动和后退静滚的方式逐渐交叉作业，宜分别进行 2 ~ 3 遍，最佳滚压遍数应经过试铺确定。

振动滚压完成后，应将振动辊轴抬离模板，用整平轴前后静滚整平，直至平整度符合要求、表面砂浆厚度均匀为止，表面平均砂浆厚度宜控制在 4 mm ± 1 mm。

7. 精平饰面

三辊轴整平机前方表面过厚、过稀的砂浆必须刮除丢弃，应采用 3 ~ 5 m 刮尺进行饰面，在纵、横两个方向认真进行饰面，每个方向不得少于两遍，第一遍为整平饰面，第二遍为精平饰面。将刮尺纵向摆放，横向推拉，推拉应速度均匀，每次推拉应一次完成，中间不能停顿，并调整好刮尺底面与路面的接触角度，刮尺前缘应离开路面，使刮出的浆始终被刮尺压住。刮平过程中要注意刮尺和混凝土表面全面接触，如果刮尺底面和混凝土拌和物之间有空隙，说明混凝土表面有低洼处，应及时补浆。刮尺饰面应在三辊轴机完成整平作业后尽快进行，否则饰面效果差。

想一想

水泥混凝土路面布料要求有哪些？精平饰面如何进行施工？

7.4.5 小型机具施工

小型机具施工虽然机械化程度很低，施工质量受操作人员技术水平的影响较大，施工速度慢，但由于受机械设备、施工方法和投资等因素的限制，目前仍然在混凝土路面施工中得到广泛的应用。

1. 模板的安装与拆除

小型机具施工模板的安装与拆除与三辊轴机组施工时方法相同。

2. 摊铺

混凝土拌和物摊铺前，应做好检查准备工作：确认模板的位置及支撑稳固情况符合要求，模板底面与基层之间密实无缝隙，传力杆、拉杆等已正确安设；基层如有破损要进行修复，并洒水润湿，用厚度标尺板全面检测板厚，与设计值相符方可开始摊铺。

专人指挥自卸车准确将料卸在划定的范围内，尽可能分卸成多堆。人工布料应用铁锹反扣，严禁抛掷和镂耙以防混凝土离析。人工摊铺混凝土拌和物的坍落度应控制在 5 ~ 20 mm 之间，拌和物松铺系数通过现场试验确定，宜控制在 1.10 ~ 1.25 之间。

3. 振实

拌和物摊铺均匀后，采用插入式振捣棒、振动板和振动梁配合进行振捣成型。

1）插入式振捣棒振实

先用振捣棒对拌和物进行振捣，每车道路面应使用 2 根振捣棒，组成横向振捣棒组，沿横断面连续振捣密实，并应注意路面板底、内部和边角处不得欠振或漏振。每次振捣持续时间不宜少于 30 s，以拌和物全面振动液化，表面不再冒气泡和泛水泥浆为准，不宜过振。振捣棒的移动间距不宜大于 500 mm，至模板边缘的距离不宜大于 200 mm，应避免碰撞模板、钢筋、传力杆和拉杆。振捣棒插入深度宜离基层 30 ~ 50 mm，振捣棒应轻插慢提，不得猛插快拔，严禁在拌和物中推行和拖拉振捣棒振捣。振捣时应辅以人工补料，应随时检查振实效果和模板、拉杆、传力杆及钢筋网的移位、变形、松动、漏浆等情况，并及时纠正。

2）振动板振实

插入式振捣棒振捣过后，可用振动板纵横交错两遍以全面提浆振实，每车道路面应配备 1 块振动板，振动板位移时，应重叠 100 ~ 200 mm，振动板在一个位置的持续振捣时间不应少于 15 s，移位控制以振动板底部和边缘泛浆厚度 3 mm ± 1 mm 为限。缺料的部位应进行人工找平。

3）振动梁振实

振动板振捣完后，可用振动梁进一步振实并整平提浆。每车道路面宜使用 1 根振动梁，振动梁应具有足够的刚度和质量，底部应焊接或安装深度 4 mm 左右的粗集料压实齿，以保证 4 mm ± 1 mm 的表面砂浆厚度。振动梁应垂直路面中线沿纵向拖行，往返 2 ~ 3 遍，使表面泛浆均匀平整。拖振整平过程中，缺料部位应用混凝土拌和物填补，不得用纯砂浆找平，料多的部位应铲除。

4）整平饰面

整平饰面包括滚杠提浆整平、抹面机压浆整平、精整饰面三道工序，这三道工序缺一不可。

(1) 每车道路面需配备 1 根振动梁。整平时，第一遍应短距离缓慢一进一退拖滚或推滚，以后应较长距离匀速拖滚 2 遍，并始终将水泥浆赶在滚杠前方。多余水泥浆宜铲除。

(2) 拖滚后的表面宜采用 3 m 刮尺，纵横各 1 遍整平饰面，或采用叶片式或圆盘式抹面机往返 2 ~ 3 遍压实整平饰面，每车道路面不宜少于 1 台。

(3)抹面完成后应进行清边整缝,包括清除黏浆,修补缺边、掉角。应使用抹刀将抹面机留下的痕迹抹平,再用3 m刮尺,纵横各1遍精平饰面。当烈日暴晒或风大时,应加快表面的修整速度,或在防雨篷遮阴下进行。整平饰面后的面板表面应无抹面印痕,致密均匀,平整度应达到规定要求。

记一记

水泥混凝土路面浇筑时插入式振捣棒振实如何进行施工?

____

____

____

7.4.6 面层接缝和抗滑构造的施工与养生

1. 纵缝

当一次摊铺宽度小于路面总宽度时,应设纵向施工缝。其位置宜与车道线一致,构造采用平缝加拉杆型。当板厚度≥26 cm时,可采用插拉杆企口型纵向施工缝。施工时,应在振实过程中从侧模顶留孔中插入拉杆。侧向拉杆应牢固,不得松动、碰撞或拔出。若发现拉杆松脱或漏插,应在横向相邻路面摊铺前钻孔重新置入。带有拉杆纵缝设置方法如图7.8所示。

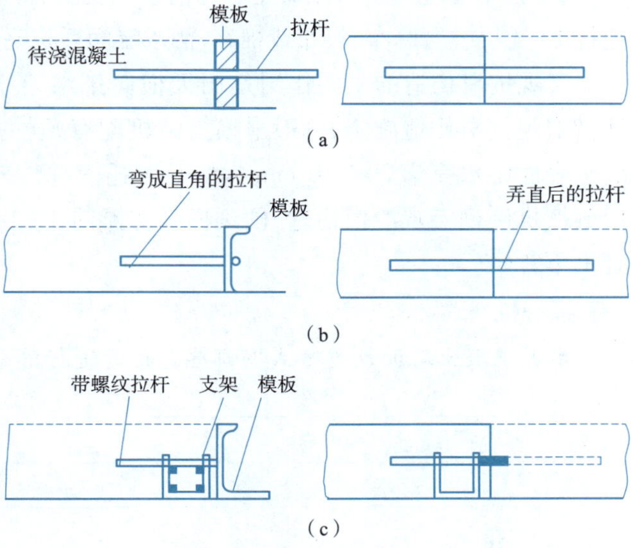

图7.8 带有拉杆纵缝设置方法

2. 横缝

每日施工结束后,或因特殊情况造成中断时间超过30 min时,应设横向施工缝。横向施工缝采用平缝加传力杆型。浇筑端头施工缝混凝土时,先浇一层混凝土到传力杆高度以上,安放传力杆并固定好,检查传力杆的位置符合要求后,再浇上一层混凝土,并用振捣棒仔细振实。当先施工端的混凝土强度达到拆模要求后,方可进行另一端的施工,从施工缝开始浇筑时,振捣棒不得碰撞传力杆。

3. 胀缝

胀缝应采用前置钢筋支架法施工,也可采用预留一块面板,高温时再铺封。前置法施工,应预先加工、安装和固定胀缝钢筋支架,并在使用手持振捣棒振实胀缝板两侧的混凝土后再摊铺。

微课
水泥混凝土面层胀缝施工

4. 切缝

目前水泥混凝土路面切缝设备有软切缝机、普通切缝机、支架切缝机等。切缝方式有全部硬切缝、软硬结合切缝和全部软切缝三种。切缝方式的选用,应由施工期间该地区路面摊铺完毕到切缝时的昼夜温差确定,见表7.8,路面切缝机如图7.9所示。

表7.8 根据施工气温所推荐的切缝方式表

昼夜温差①/℃	切缝方式	缩缝切深
<10	最长时间不得超过24 h	硬切缝1/4~1/5板厚
10~15	软硬结合切缝,每隔1~2条提前软切缝,其余用硬切缝补切	软切深度不应小于60 mm;不足者应硬切补深到1/3板厚,已断开的缝不补切
>15	宜全部软切缝,抗压强度为1~1.5 MPa,人可行走。软切缝不宜超过6 h	软切深度大于60 mm,未断开的接缝,应硬切补深到不小于1/4板厚

注:降雨后引起路面温度骤降,面板温差在表中规定范围内,应按表中方法,提早切缝。

5. 灌缝

高速公路、一级公路推荐使用树脂、橡胶和改性沥青类填缝材料；二级、三级公路可用热灌沥青和胶泥类填缝材料。先采用 0.50 MPa 压力水流或压缩空气清除接缝中砂石杂物和清洗缝槽，确保缝壁及内部清洁、干燥；再挤压嵌入直径 9～12 mm 多孔泡沫塑料背衬条；然后灌缝，灌缝深度宜为 15～20 mm，最浅不得小于 15 mm。灌缝顶面热天应与板面齐平；冷天应填为凹面，中心低于板面 1～2 mm。填缝必须饱满、均匀、厚度一致并连续贯通，填缝料不得缺失、开裂和渗水。

图 7.9　路面切缝机

6. 抗滑构造制作

微课

水泥混凝土抗滑构造施工

为提高路面的抗滑能力，保证路面行车安全，应在混凝土表面制作抗滑构造。抗滑构造要求深度均匀、不损坏构造边棱，耐磨、抗冻及不影响路面的平整度。抗滑构造分为微观抗滑构造和宏观抗滑构造。

水泥路面的微观抗滑构造能够加强潮湿状态下路面的侧向摩擦，是雨天高速行车保证安全的技术措施。路面摊铺完毕或精整平表面后，应采用拉毛工艺制作路面微观抗滑构造；使用钢支架拖挂 1～3 层叠合麻布、帆布或棉布，洒水湿润后拉毛处理，布片接触路面的长度以 0.7～1.5 m 为宜。

宏观抗滑构造的主要作用是雨天横向排水，有软做宏观抗滑构造和硬刻宏观抗滑构造两种方法。软做宏观抗滑构造施工，一般滑模摊铺机配有塑性拉毛机托槽，无拉毛机时，可用人工拉槽施工。在混凝土表面沁水完毕 20～30 min 内应及时托槽，槽深 2～3 mm，槽宽 3～5 mm，横向间距 15～25 mm。使用刻槽机硬刻宏观滑模构造，硬刻槽宜在摊铺 3～14 d 内完成，最小刻槽宽度不小于 50 cm，刻槽机重量宜重不宜轻。

练一练

水泥混凝土路面切缝方式有哪些？何时进行路面抗滑构造制作并如何进行施工？

____

____

____

7. 养生

微课

水泥混凝土面层养生

混凝土面板在完成后应及时湿润养生，以防止混凝土板产生收缩裂缝，保证混凝土水化过程的进行。一般采用喷洒养生剂同时保湿覆盖的方式养生。在雨季或养生用水充足的情况下，也可采用覆盖保湿膜、土工毡、土工布、麻袋、草袋等洒水湿养生方式，不宜使用围水方式养生。养生时间应根据混凝土弯拉强度增长情况而定，不宜小于设计弯拉强度的 80%，应特别注意前 7 d 的保湿养生，一般养生天数宜为 14～21 d。在养生初期，严禁人、畜及车辆通行，在达到设计强度的 40% 以后，行人方可通行，在达到设计弯拉强度后，方可开放交通。养生施工如图 7.10 和图 7.11 所示。

图 7.10　路面混凝土养生施工图

图 7.11　路面混凝土养生施工

7.4.7　季节性施工

1. 雨季施工

我国有些地区特别是江南地区，每年有一定时间的雨季或梅雨，在路面当天浇筑的中途，突然下雨将会给施工带来很多的不便，特别是由于水分增大而无法控制混凝土的质量，使其强度降低。表面磨耗层砂浆会被雨水冲洗，日后可能出现露砂露石，因此必须做好下列各点：

(1)经常与当地气象台取得联系，了解近期的天气预报，抓紧在不下雨时间施工。尤其是对当天的晴雨情况要及时掌握，一般有雨不施工。

(2)预先搭设一定数量的工作雨棚。移动式工作雨棚可用毛竹及铅丝绑扎而成，或木条制成。专业筑路单位，建议采用 ϕ25 ~ 40 mm 的钢管制成晴雨棚较妥，棚上覆盖塑料布或油布。

(3)对钢铺筑的路面，遇下雨时即以工作雨棚放上，也可以利用它继续铺筑。一般在下雨时，应铺筑完未浇完的一块板，并停工做工作缝，不要再另行铺筑另一块。

(4)如局部面层砂浆已被雨水冲掉，可另拌少量同级配砂浆及时加以修补，如表面被雨水冲刷严重，面积较大，并且石子已经显露，将工作雨棚放好后，立即拌制 1:1.5 ~ 1:2.0 水泥砂浆加以粉面，厚度不超过 4 mm，水灰比为 0.4。

2. 夏季施工

夏季气温高，混凝土中水分容易蒸发，特别是在高温烈日下会带来以下问题：高温情况下会出现坍落度严重降低，失去原有施工和易性，给混凝土操作、振捣密实等带来困难。水分过快地蒸发，混凝土表面很难振出足够的砂浆磨耗层(约 3 mm 厚)，并对表面整平和收水抹面带来困难。高温烈日下可以使混凝土表面产生严重收缩裂缝。

夏季施工为防止水分过早大量蒸发，一般应采取以下措施。

(1)预先估计到混凝土在运输、摊铺过程中水分过快蒸发所造成的坍落度的降低，事先调整好配合比，适当增加用水量。至于用水量增加多少，应根据运距、气候、日照和风力大小来决定，一般在 30 ℃气温下，要保持气温 20 ℃时的坍落度，就要增加单位用水量 4 ~ 7 kg。

(2)混凝土在运输时要遮盖，及时运送至工地，中途不要耽搁过久。

(3)摊铺、振捣、收水抹面与养护各道工序应衔接紧凑，尽可能缩短施工时间。

(4)在已摊铺好的路面上，可搭设凉棚(用雨季施工的雨棚代替)，以避免混凝土表面遭到烈日暴晒。

(5)建筑防风墙，以减弱吹到混凝土表面的风速，减少水分蒸发。

(6)遇到高温烈日和大风时，在已振捣的混凝土面层，可适当喷洒少量水加以湿润，能防止混凝土内水分过量蒸发，同样，在收水抹面时，因表面过分干燥而又无法操作的情况下容许喷洒少量水于表面进行收水扫毛或滚槽。

微课

水泥混凝土运输与卸载

3. 冬季施工

混凝土强度的增长主要依靠水泥的水化作用。若在日平均温度低于 5 ℃或者最低气温低于 0 ℃时施工，必须采取冬季施工措施。若日平均气温低于 0 ℃，一般应停止施工。

冬季温度降到 0 ℃以下时(一般混凝土冻结温度为 -3 ℃)，具有和易性的混凝土即产生冰冻，表面则产生冰晶，混凝土解冻后，这种印迹仍然存在。早期受冻的混凝土强度可降低 40% ~ 50%，强度大幅度降低的原因为：结冰时混凝土中水的体积增加 9%，解冻后则不再恢复；集料周围有层水膜或水泥浆膜，在结冰后其黏结力被破坏。

严重受冻的混凝土可以形成一堆互不起作用的混合物。因此，混凝土路面应尽可能在气温高于 5 ℃时进行施工。

碰一碰

水泥混凝土路面季节施工方式有哪些？它们又是如何进行施工的？

知识点5　水泥混凝土路面施工检查及验收

7.5.1　一般规定

同基层。

7.5.2　检查验收标准

(1)模板必须支立牢固,不得倾斜、漏浆。

(2)板面边角应整齐,不得有大于0.3 mm的裂缝,并不得有石子外露和浮浆、脱皮、印痕、积水等现象。

(3)伸缩缝必须垂直,缝内不得有杂物。伸缝必须全部贯通,传力杆必须与缝面垂直。

(4)切缝直线段应直,曲线段应平顺,不得有夹缝,灌缝不得外溢,缝口要干净。

(5)混凝土(包括预制混凝土)面层允许偏差应符合表7.9的规定。

表7.9　混凝土(包括预制混凝土)面层允许偏差

<table>
<tr><th rowspan="2">序号</th><th rowspan="2" colspan="2">项目</th><th rowspan="2">允许偏差/mm</th><th colspan="4">检验频率</th><th rowspan="2">检验方法</th></tr>
<tr><th>范围</th><th colspan="3">点数</th></tr>
<tr><td>1</td><td rowspan="2">支模</td><td>直顺度</td><td>5</td><td>50 m</td><td colspan="3">1</td><td>拉20 m小线量取最大值</td></tr>
<tr><td>2</td><td>高程</td><td>±5</td><td>20 m</td><td colspan="3">1</td><td>用水准仪测量</td></tr>
<tr><td>3</td><td rowspan="11">混凝土</td><td>抗压强度※</td><td>不低于设计规定</td><td rowspan="2">每台班</td><td colspan="3" rowspan="2">1组</td><td rowspan="2">用规范的规定</td></tr>
<tr><td>4</td><td>抗折强度※</td><td>试块强度平均值
不低于设计规定</td></tr>
<tr><td>5</td><td>厚度</td><td>-5</td><td>每块</td><td colspan="3">2</td><td>用尺量</td></tr>
<tr><td>6</td><td>平整度</td><td>5</td><td>块</td><td colspan="3">1</td><td>用3 m直尺量取最大值</td></tr>
<tr><td>7</td><td>相邻板高差</td><td>3</td><td>缝</td><td colspan="3">1</td><td>用尺量</td></tr>
<tr><td>8</td><td>宽度</td><td>-20</td><td>40 m</td><td colspan="3">1</td><td>用尺量</td></tr>
<tr><td>9</td><td>中线高程</td><td>±20</td><td>20 m</td><td colspan="3">1</td><td>用水准仪测量</td></tr>
<tr><td rowspan="3">10</td><td rowspan="3">横坡</td><td rowspan="3">±10且不大于
±0.3%</td><td rowspan="3">20 m</td><td rowspan="3">路宽/m</td><td><9</td><td>2</td><td rowspan="3">用水准仪测量</td></tr>
<tr><td>9~15</td><td>4</td></tr>
<tr><td>>15</td><td>6</td></tr>
<tr><td>11</td><td>纵缝直顺</td><td>10</td><td>100 m缝长</td><td colspan="3">1</td><td>拉20 m小线量取最大值</td></tr>
<tr><td>12</td><td>横缝直顺</td><td>10</td><td>40 m</td><td colspan="3">1</td><td>沿路宽拉线量取最大值</td></tr>
<tr><td>13</td><td>蜂窝麻面面积</td><td>≤2%</td><td>每块每侧面</td><td colspan="3">1</td><td>用尺量蜂窝总面积</td></tr>
</table>

知识点6　水泥混凝土路面施工资料整理

7.6.1　一般要求

同基层。

7.6.2　水泥混凝土面层的施工资料整理内容

(1)技术交底资料。

(2)设计变更通知单记录(已发生时)。

(3)原材料、成品出厂质量合格证书,出厂检验报告和复试报告。

①水泥检验报告。
②碎石检验报告。
③砂子检验报告。
④外加剂检验报告。
⑤钢筋检验报告。
⑥商品混凝土质量合格证书(已有时)。
(4)施工检验报告。
①有见证取样及送检要求的,应有见证记录,有见证试验汇总表。
②配合比设计报告。
③强度报告。
(5)施工记录。
①施工日志。
②混凝土面层需处理时,所形成的记录。
(6)定位放线、测量复核记录。
(7)隐蔽工程检查验收记录。
(8)混凝土面层质量检验评定资料。
(9)质量事故报告及处理记录(已发生时)。
(10)竣工测量资料。
(11)竣工图。
(12)工程竣工验收文件。

串一串

水泥混凝土路面施工检查及验收包括哪些？施工资料整理如何进行？

自学自测

一、单选题(只有1个正确答案,每题10分,共4题)

1. 下面不属于路面施工方法的是(　　)。

A. 路拌法　　B. 厂拌法　　C. 层铺法　　D. 灌砂法

2. 水泥混凝土路面的板宽与板长之比,一般以(　　)为宜。

A. 1:10　　B. 1:5　　C. 1:1.3　　D. 1:1

3. 水泥混凝土路面的路拱横坡度一般为(　　)。

A. 1.5% ~2.5%　　B. 1% ~2%　　C. 2% ~3%　　D. 2.5% ~3.5%

4. 在水泥混凝土路面施工中,当一次铺筑宽度小于路面总宽度时应设(　　)。

A. 纵向施工缝　　B. 横向施工缝　　C. 纵向缩缝　　D. 横向缩缝

二、名词解释(简单扼要说明,每题10分,共4题)

1. 路面:

2. 滑模摊铺技术:

3. 横向施工缝:

4. 抗滑构造深度:

三、判断题(对的划"√",错的划"×",每题5分,共4题)

1. 水泥用量越大,混凝土收缩越小。　(　　)

2. 当采用合理砂率时,能使混凝土获得所要求的流动性,良好的黏聚性和保水性,而水泥用量最大。　(　　)

3. 有抗渗性要求的混凝土不宜选用矿渣硅酸盐水泥。　(　　)

4. 混凝土的流动性用沉入度来表示。　(　　)

任务实施

哈尔滨到伊春高速公路第六合同段为双向四车道公路，起点桩号 K0 +000，终点桩号 K15 +200，全长 15.200 km，设计速度 120 km/h，路基宽度 28 m，包括路面基层、路面面层等工程项目的施工。路面结构：26 cm 水泥混凝土面层，15 cm 厚 6% 水泥稳定砂砾基层，17 cm 厚 4.5% 水泥稳定砂砾底基层。基层顶采用沥青封层防水。混凝土路面宽 2 × 11.75 m，每幅路面分两次摊铺，建议采用滑模摊铺机机械施工工艺，先摊铺主板 8.25 m，再摊铺 3.5 m 宽的边板。路面每半幅划分为三块板，半幅混凝土板宽 11.75 m，按从中到边的顺序，混凝土板块的宽度依次为 4.5 m、3.75 m、3.5 m，板长均为 5 m。横向缩缝按照正交切缝，所有缩缝均插入传力杆，采用方式为预制钢筋支架法。纵向缩缝及纵向施工缝均设置直径 60 mm 拉杆。填挖交界处以及高度大于 3 m 的半填半挖处路面采用单层钢筋网补强。在软基路段使用重配筋的连续钢筋混凝土路面。请你根据情况编写水泥混凝土路面面层施工方案，来指导项目部具体施工任务。

一、施工准备与组织管理

本工程采用滑模机械，其施工机械化程度高、进度快、工程质量好，施工组织管理必须严密科学。必须建立高效强有力的组织机构，即项目经理部，确定人员，明确职责。建立快速反应的通信系统。一个大型的滑模摊铺水泥混凝土路面施工系统需要 140 ~ 170 人，其中包括施工人员、机械人员、管理人员与服务人员。建立分工和职责明确的结构以及目标管理责任制。

(1)滑模摊铺机组。需要 4 ~ 8 人，一班工作需至少 4 人，两班工作需要 8 人。进行滑模摊铺施工操作、清洗、保养、加燃料及润滑油、加水、调整和监视传感器及摊铺机工况等。

(2)现场施工班。需要 50 人。进行指挥车辆卸料、布料、胀缝支架与缩缝支架施工、路面整修、辅助工作等。

(3)测量班。需要 5 ~ 6 人。负责测量放样工作。

(4)搅拌站。需要 30 ~ 40 人。负责管理和调度搅拌、装载机、推土机、水电供应、钢筋构件加工制作及安装。

(5)车队。需要 30 ~ 40 人。负责混凝土运输、砂石料运输、现场供水、供油、钢筋构件等进出运输。

微课

水泥混凝土布料施工

(6)试验室。需要 6 ~ 8 人。负责原材料试验、混凝土配合比试验、路面检测、自检报告编写等。

(7)材料供应组。由 5 ~ 8 人组成材料供应组。负责各种材料的采购、供货、称量控制，水、水泥、石子、砂、钢筋等。

二、分析决策工作任务

本任务主要介绍水泥混凝土面层的施工工艺，要求读者了解混凝土路面的原材料；熟悉混凝土配合比设计基本原理；掌握水泥混凝土路面施工工艺；能够应用混凝土配合比来计算原材料；能够根据混凝土工程要求来控制质量；具备制定工作计划的能力。以水泥混凝土路面施工为重点，通过有关混凝土路面材料、技术性能等诸多因素的学习，掌握混凝土的各组成材料、新拌混凝土的和易性、硬化混凝土的力学性能等基本原理，配制出满足道路工程所要求的混凝土。水泥混凝土路面的使用性能很大程度上取决于施工质量，而施工质量又依赖于先进的施工机具。为保证水泥混凝土路面的施工质量，必须在拌和、运输、摊铺、养生的整个工艺过程，以施工现场技术员的身份进行普通混凝土材料检测及评定。可以按以下步骤进行：①学习普通混凝土的配合比设计和材料计算；②编写检测方案；③普通混凝土主要性质检测；④完成检测任务，填写检测报告；⑤根据检测结果进行合格判定；⑥检测结果汇报。

三、水泥混凝土路面滑模施工流程

（1）施工准备：①技术准备；②拌和站设置；③现场试验室及配合比设计；④运输车辆与运距；⑤基层验收；⑥机械准备。

（2）混合料拌和。

（3）混合料运输。

（4）传力杆及钢筋网安放。

（5）水泥混凝土路面滑模铺筑。

（6）抗滑构造施工。

（7）混凝土面板养生。

（8）接缝施工。

微课

水泥混凝土拌和站运转

四、水泥混凝土路面面层施工方法及施工要点

1. 混凝土的施工准备。

（1）熟悉施工图样，做好施工组织工作。选择混凝土拌和场地；根据施工路线的长短和采用的运输工具，混凝土可集中在一个场地拌制，也可以在沿线选择几个场地，随工程进展情况而迁移，条件许可时还可采用商品混凝土。拌和场地的选择首先要考虑使运送混合料的运距最短，同时拌和场地还要接近水源和电源。此外拌和场地应有足够的面积，以供堆放砂石材料和搭建水泥库房。

（2）进行材料试验和配合比设计，根据技术设计要求与当地材料供应情况，做好混凝土各组成材料的试验，进行混凝土各组成材料的配合比设计。该部分内容可参考《道路建筑材料》相关部分。

（3）基层检查与修整。基层的宽度、路拱度、标高、表面平整度和压实度，均应检查是否符合要求，如有不符之处，应予修整。半刚性基层的修整时机很重要，过迟难以修整而且很费工。当在旧砂石路面上铺筑水泥混凝土路面时，所有旧路面的坑洞、松散等损坏处以及路拱、横坡或宽度不符合要求之处，均应事先翻修、调整、压实。

混凝土摊铺前，基层表面应洒水湿润，以免混凝土底部的水分被干燥的基层吸出变得疏散以致产生细裂缝。

2. 测量放样。

（1）根据设计图样，放出路中心线及路边线，并检查基层标高和路拱横坡。除应在路中心线上每 20 m 设一中心桩外，应在曲线起点和纵坡转折点等设中心桩，并相应在路边各设一对边桩，还应标出胀缩位置。每隔 100 m 设临时水准点一个。

（2）根据放好的中心线及边线，在现场根据施工图测设混凝土分块线。分块应先由交叉路口开始分向其他路段。在曲线段及交叉口处分块，要保证横向分块线与路中心线互相垂直。当分块线距检查井或其他井盖边缘不足 1 m 时，应移动分块线位置，保证有 1 m 的距离。

测量放样必须经常进行复核。立模前、立模后、浇捣前都应复核，要做到勤测、勤核、勤纠偏。

3. 混凝土的模板安装。

（1）边模安设。在摊铺前应先安装两侧模板。侧模按预先标定的位置安放在基层上，两侧用铁钉打入基层的固定位置。模板顶面用水准仪检查其标高，不符合要求时予以调整，模板的平面位置和高程控制都很重要，稍有歪斜和不平，便会反映到面层，使其边线不齐、厚度不准或表面呈波浪形。施工时必须经常检验模板位置，严格控制偏差。

（2）传力杆安设。当两侧模板安装好后，应该在需要设置传力杆的胀缝或缩缝位置上安设传力杆。混凝土板连续浇筑时设置胀缝传力杆的作法，一般是在嵌缝板上预留圆孔，以便传力杆穿过；嵌缝板上面设木制或铁制压缩板条；其旁放一块胀缝模板，按传力杆位置和间距，在胀缝模板下部挖成倒 U 形槽，使传力杆通过。传力杆两端固定在钢筋支架上，支架脚楔入基层内。

对于混凝土板不连续浇筑结束时设置的胀缝，宜采用顶头木模固定传力杆的安装方法。即在端模板外侧增设一块定位模板，板上同样按照传力杆间距及杆径钻成孔眼，将传力杆穿过端模板孔眼并直至外侧定位模板孔眼。两模板之间可用传力杆一半长度的横木固定。继续浇筑邻板时，拆除挡板、横木及定位模板，设置胀缝板、木制压缝条和传力杆套管。

4. 混凝土的制备与运输。

拌和混凝土时，要准确掌握配合比，特别是严格控制用水量。每工班开始拌和前应测定砂的含水量，并根据天气变化情况，每隔一定时间测定一次，如有变化应在配合比用水量中加以调整。拌和机旁应挂小黑板，记明在拌混凝土的配合比例，每拌用水、水泥、砂、碎石的具体数量。各拌砂石料都必须通过磅秤，称量准确后，才能送入料斗。拌和机每拌时间，常温季节不得少于 1 min（不少于 24 转），冬季不少于 1.5 min（不少于 36 转）使其充分拌和均匀。拌和机在开拌前，应先用水空转数分钟，将拌和鼓筒清洗干净后可开始进料拌和。每台班结束后，应用碎石和水空转数分钟，将拌和机冲洗干净。对每台班拌和的混凝土至少应检查两次坍落度并予记录。

微课
水泥混凝土混合料投入拌和楼

混凝土拌好出仓运输中，要防止产生离析、泌水、砂浆流失、流动性降低等现象，为尽量避免这些不良现象，应缩短运输时间，修好平坦的运输通道。如用手推车运输，距离不宜超过 100 m；当采用自卸汽车或翻斗车运输时，混凝土装卸不可过满，运输时间（夏季）不宜超过 30 min，冬天不宜超过 60 min。

5. 混凝土的摊铺振捣。

运来的混凝土要卸在铁板上，并以较快的速度检查混凝土的坍落度（一般机捣时，坍落度控制在 0 ~ 3 cm、人工捣实时控制在 2 ~ 4 cm）。如混凝土有离析现象，应用铁铲翻拌均匀，摊铺时严禁抛撒，要用扣铲摊铺，以免混凝土发生离析。如用车辆直接将混凝土卸入模板时，应保持基层的稳定平整。混凝土摊铺路面厚度大于 20 cm 时也可分两次进行，先铺板厚的一半，铺后用平板式振捣器振捣一遍，随即加铺混凝土到模板顶。由于振捣时混凝土的沉落，摊铺高度应高出模板顶面 1 ~ 2 cm，经整平后即用插入式振捣器；沿模板四周先行振捣，插入式振捣器的移动间距不宜大于作用半径的 1.5 倍，振捣时应尽量避免碰撞模板和钢筋，插入式沿边振捣后即可再用平板式振捣器振捣，每次移动平板式振捣器前后位置需重叠 1/3 或 10 ~ 20 cm，平板式振捣器在同位置振动时不得停留过久，一般 10 ~ 15 s 即应移动，以表面振出原浆、混凝土不再沉落即可。在设有胀缝处严禁用平板式振捣器在传力杆部位上方振捣，以免有损邻板边缘的混凝土。

微课
水泥混凝土坍落度现场测试

在平板式振捣器振捣时，发现有表面低洼处应用混凝土找平，然后用振捣梁振实整平。振捣梁两端搁在纵向模板上，或搁在已浇筑好的两侧混凝土板上，以便控制路面标高，因此事先必须将模板顶上清理干净，振捣梁要在混凝土面上来回各振捣一次，多余的混凝土随振捣梁的行走而刮除。使用振捣器时，应有专人负责操作和拉收电源线，电线开关应经常检查，以防漏电，发生事故。

6. 切缝及灌缝。

（1）切缩缝：混凝土经过养生达到设计强度的 50% ~ 60% 时，按照缩缝的位置，使用切割机切缝，所切之缝一般为 6 ~ 8 mm。切割机在切缝前，应检查电源、水源，并检查刀片与机身中心线是否呈 90°，刀片与墨线是否成直线，在调整好刀片的连刀深度后，开始切缝，切缝时要随时调整刀片切割方向，使其符合规定要求。

（2）纵缝设置：对企口式纵缝一般设有具有凸榫的模板，待浇捣的混凝土完全凝固后拆除模板，混凝土侧面即形成凹槽。当浇捣另一幅混凝土板时，应先在凹槽壁上涂抹沥青然后浇捣。如既是企口又设置横拉杆的，必须把预先嵌入凸榫圆槽内的半拉杆调直，再往槽上部嵌放压缝板，然后浇捣混凝土，纵缝的凸榫模板拆除时，应注意不要损伤混凝土板的企口，特别是凹槽上部的混凝土。

（3）胀缝设置：在立模板时就在相应的胀缝位置设有胀缝板

（4）灌缝：为了防止雨水、泥土等落入混凝土路面接缝（缩缝、纵缝及胀缝）内，必须采用柔性材料将切割后的缝内灌填充实。灌缝时注意温度和配合比。

7. 养护

采用湿治养护或塑料薄膜养护法进行养护。

8. 拆模

拆模时间应根据气温和混凝土的强度情况确定，一般拆模时间是：平均气温 25 ℃以上时，36 ~ 48 h；10 ~ 25 ℃时，48 ~ 60 h；5 ~ 10 ℃时，60 ~ 70 h 后可拆。拆模时应先拆下模板外侧支撑（内侧支撑已于混凝土路面现浇到位时拆除）、外侧小钢钎等模板固定部分，然后用偏头小铁棒插入模板与混凝土路面之间轻轻向外撬动模板，小心取出模板并清洗后上脱模剂，整齐堆码以便下次使用。不可损伤混凝土的边缘角口或企口。

9. 安装路缘石及灌混凝土缝

测量放样按照路缘石的要求进行施工。

10. 开放交通

混凝土达到设计强度后即可开放交通，开放前应做好现场的清理工作。

五、工作注意事项

（1）熟悉图样，做好施工组织工作。

（2）注意施工安全，戴好安全帽。

（3）现场操作应严格按照施工要求进行，严禁违规操作。

（4）在施工过程中，保证模板的位置和稳定；保证混凝土混合料的振捣质量并对混凝土进行养护。

（5）其他相关事项。在任务实施期间应认真、仔细地熟悉施工图样，每天做好任务实习日记待结束时写好实施方案报告。

六、任务报告形成工作

把水泥混凝土路面面层滑模施工流程、混凝土布料、摊铺、振捣、混凝土表面修整、水泥混凝土面层接缝、抗滑与养生、摊铺机选型、拌和机选型配备、混合料运送车选型及数量、卸料机械配置、混合料铺筑养生机械配置、拌和运输系统配置、施工注意事项、施工现场情况、施工人员、现场图片、施工方法、施工实施策略等整理齐全完备后，形成水泥混凝土路面面层滑模摊铺机施工方案，满足施工单位指导现场施工的需求，最后形成报告上报给监理、建设单位备案并存档。

笔记栏

工 作 单

计 划 单

<table>
<tr><td>学习情境三</td><td>铺筑路面工程施工</td><td>任务 7</td><td>铺筑水泥混凝土路面面层工程施工</td></tr>
<tr><td>工作方式</td><td>组内讨论、团结协作共同制定计划：
小组成员进行工作讨论，确定工作步骤</td><td>计划学时</td><td>0.5 学时</td></tr>
<tr><td>完成人</td><td colspan="3">1.　　2.　　3.　　4.　　5.　　6.</td></tr>
<tr><td colspan="4">计划依据：1. 某公路工程施工图；2. 教师分配的施工段落（里程桩号区间）</td></tr>
<tr><td>序号</td><td>计划步骤</td><td colspan="2">具体工作内容描述</td></tr>
<tr><td>1</td><td>准备工作
（准备工具、材料，谁去做？）</td><td colspan="2"></td></tr>
<tr><td>2</td><td>组织分工
（成立组织，
人员具体完成什么？）</td><td colspan="2"></td></tr>
<tr><td>3</td><td>现场记录
（记录什么内容？）</td><td colspan="2"></td></tr>
<tr><td>4</td><td>水泥混凝土路面
面层处理方式方法
（怎么处理？要素有哪些？）</td><td colspan="2"></td></tr>
<tr><td>5</td><td>核对工作
（谁去核对，核对什么？）</td><td colspan="2"></td></tr>
<tr><td>6</td><td>整理资料
（谁负责？整理什么？）</td><td colspan="2"></td></tr>
<tr><td>制订计划
说明</td><td colspan="3">（写出制订计划中人员为完成任务的主要建议或可以借鉴的建议、需要解释的某一方面）</td></tr>
</table>

决 策 单

<table>
<tr><td>学习情境三</td><td colspan="2">铺筑路面工程施工</td><td>任务 7</td><td colspan="2">铺筑水泥混凝土路面面层工程施工</td></tr>
<tr><td colspan="3">决策学时</td><td colspan="3">0.5 学时</td></tr>
<tr><td colspan="6">决策目的:本施工任务需要进行水泥混凝土路面面层施工工作有哪些内容,并确定其必要性</td></tr>
<tr><td rowspan="7">选择编制水泥混凝土路面面层处理工作内容</td><td rowspan="2">工作内容</td><td colspan="2">内容类别</td><td rowspan="2">必要</td><td rowspan="2">非必要
(可说明原因)</td></tr>
<tr><td>数据记录</td><td>性质描述</td></tr>
<tr><td>面层混凝土布料、摊铺、振捣</td><td>布料间距、摊铺厚度</td><td>车辆水平距离、振捣的要求</td><td></td><td></td></tr>
<tr><td>混凝土表面修整</td><td>水泥浆厚度、平整度</td><td>厚度数值、误差值</td><td></td><td></td></tr>
<tr><td>水泥混凝土面层接缝</td><td></td><td></td><td></td><td></td></tr>
<tr><td>混凝土抗滑与养生</td><td></td><td></td><td></td><td></td></tr>
<tr><td>路面面层滑模施工流程</td><td></td><td></td><td></td><td></td></tr>
<tr><td>决策方案描述</td><td colspan="5">(本施工任务要提出来编制水泥混凝土路面面层施工处理工作最佳方案是什么,最差方案是什么,描述清楚,未来指导现场水泥混凝土路面面层滑模施工流程、混凝土布料、摊铺、振捣、混凝土表面修整、水泥混凝土面层接缝、抗滑与养生、摊铺机选型等实际工作。)</td></tr>
</table>

作 业 单

<table>
<tr><td>学习情境三</td><td>铺筑路面工程施工</td><td>任务7</td><td>铺筑水泥混凝土路面面层工程施工</td></tr>
<tr><td rowspan="2">参加编制水泥混凝土面层处理方案人员</td><td colspan="2">第　　组</td><td>开始时间：</td></tr>
<tr><td colspan="2">签名：</td><td>结束时间：</td></tr>
<tr><td>序号</td><td colspan="2">工作内容记录
（水泥混凝土面层布料、摊铺、振捣等工作情况）</td><td>分工
（负责人）</td></tr>
<tr><td>1</td><td colspan="2"></td><td></td></tr>
<tr><td>2</td><td colspan="2"></td><td></td></tr>
<tr><td>3</td><td colspan="2"></td><td></td></tr>
<tr><td>4</td><td colspan="2"></td><td></td></tr>
<tr><td>5</td><td colspan="2"></td><td></td></tr>
<tr><td>6</td><td colspan="2"></td><td></td></tr>
<tr><td>7</td><td colspan="2"></td><td></td></tr>
<tr><td>8</td><td colspan="2"></td><td></td></tr>
<tr><td>9</td><td colspan="2"></td><td></td></tr>
<tr><td>10</td><td colspan="2"></td><td></td></tr>
<tr><td>11</td><td colspan="2"></td><td></td></tr>
<tr><td>12</td><td colspan="2"></td><td></td></tr>
<tr><td rowspan="2">小结</td><td colspan="2">主要描述完成的成果及是否达到目标</td><td>存在的问题</td></tr>
<tr><td colspan="2"></td><td></td></tr>
</table>

编制特殊土路基处理信息记录单

<table>
<tr><td>学习情境三</td><td colspan="2">铺筑路面工程施工</td><td>任务 7</td><td colspan="2">铺筑水泥混凝土路面面层工程施工</td></tr>
<tr><td>完成人姓名</td><td></td><td>组别</td><td></td><td>完成日期</td><td></td></tr>
<tr><td colspan="6">施工现场实施地点及桩号(手写):</td></tr>
<tr><td>面层混凝土布料、摊铺、振捣</td><td colspan="5"></td></tr>
<tr><td>混凝土表面修整</td><td colspan="5"></td></tr>
<tr><td>水泥混凝土面层接缝</td><td colspan="5"></td></tr>
<tr><td>混凝土抗滑与养生</td><td colspan="5"></td></tr>
<tr><td>路面面层滑模施工流程</td><td colspan="5"></td></tr>
<tr><td>检查人(签字)</td><td></td><td>检查存在的问题</td><td></td><td>检查时间</td><td></td></tr>
</table>

特殊土路基处理中施工方法记录单

（如多页可复印）

<table>
<tr><td>学习情境三</td><td colspan="2">铺筑路面工程施工</td><td>任务 7</td><td colspan="2">铺筑水泥混凝土路面面层工程施工</td></tr>
<tr><td>完成人姓名</td><td></td><td>组别</td><td></td><td>完成日期</td><td></td></tr>
<tr><td colspan="6">具体实施地点的名称（手写）：</td></tr>
<tr><td>施工现场水泥混凝土面层处理情况说明或描述</td><td colspan="5"></td></tr>
<tr><td>草图</td><td colspan="5"></td></tr>
<tr><td>检查人（签字）</td><td></td><td>检查存在的问题</td><td></td><td>检查时间</td><td></td></tr>
</table>

检查单

<table>
<tr><td>学习情境三</td><td colspan="2">铺筑路面工程施工</td><td colspan="2">任务7</td><td colspan="3">铺筑水泥混凝土路面面层工程施工</td></tr>
<tr><td>检查学时</td><td colspan="4">课内0.5学时</td><td colspan="3">第　　组</td></tr>
<tr><td>检查目的及方式</td><td colspan="7">教师过程监控小组的工作情况，如检查等级为不合格，小组需要整改，并拿出整改说明</td></tr>
<tr><td rowspan="2">序号</td><td rowspan="2">检查项目</td><td rowspan="2">检查标准</td><td colspan="5">检查结果分级
（在检查相应的分级框内划“√”）</td></tr>
<tr><td>优秀</td><td>良好</td><td>中等</td><td>合格</td><td>不合格</td></tr>
<tr><td>1</td><td>准备工作</td><td>资源是否已查到、材料是否准备完整</td><td></td><td></td><td></td><td></td><td></td></tr>
<tr><td>2</td><td>分工情况</td><td>安排是否合理、全面，分工是否明确</td><td></td><td></td><td></td><td></td><td></td></tr>
<tr><td>3</td><td>工作态度</td><td>小组工作是否积极主动、全员参与</td><td></td><td></td><td></td><td></td><td></td></tr>
<tr><td>4</td><td>纪律出勤</td><td>是否按时完成负责的工作内容、遵守工作纪律</td><td></td><td></td><td></td><td></td><td></td></tr>
<tr><td>5</td><td>团队合作</td><td>是否相互协作、互相帮助、成员是否听从指挥</td><td></td><td></td><td></td><td></td><td></td></tr>
<tr><td>6</td><td>创新意识</td><td>任务完成不照搬照抄，看问题具有独到见解、创新思维</td><td></td><td></td><td></td><td></td><td></td></tr>
<tr><td>7</td><td>完成效率</td><td>工作单是否记录完整，是否按照计划完成任务</td><td></td><td></td><td></td><td></td><td></td></tr>
<tr><td>8</td><td>完成质量</td><td>工作单填写是否准确，记录单检查及修改是否达标</td><td></td><td></td><td></td><td></td><td></td></tr>
<tr><td>检查评语</td><td colspan="5"></td><td colspan="2">教师签字：</td></tr>
</table>

任 务 评 价

1. 小组工作评价单

学习情境三	铺筑路面工程施工		任务 7	铺筑水泥混凝土路面面层工程施工		
评价学时			课内 0.5 学时			
班级：			第　　组			
考核情境	考核内容及要求	分值（100）	小组自评（10%）	小组间互评（20%）	教师评价（70%）	实得分（∑）
汇报展示（20）	演讲资源利用	5				
	演讲表达和非语言技巧应用	5				
	团队成员补充配合程度	5				
	时间与完整性	5				
质量评价（40）	工作完整性	10				
	工作质量	5				
	报告完整性	25				
团队情感（25）	社会主义核心价值观	5				
	创新性	5				
	参与率	5				
	合作性	5				
	劳动态度	5				
安全文明（10）	工作过程中的安全保障情况	5				
	工具正确使用和保养、放置规范	5				
工作效率（5）	能够在要求的时间内完成，每超时 5 分钟扣 1 分	5				

2. 小组成员素质评价单

<table>
<tr><td>学习情境三</td><td colspan="2">铺筑路面工程施工</td><td>任务 7</td><td colspan="5">铺筑水泥混凝土路面面层工程施工</td></tr>
<tr><td>班级</td><td></td><td>第　　组</td><td>成员姓名</td><td colspan="5"></td></tr>
<tr><td>评分说明</td><td colspan="8">每个小组成员评价分为自评和小组其他成员评价 2 部分,取平均值计算,作为该小组成员的任务评价个人分数。评价项目共设计 5 个,依据评分标准给予合理量化打分。小组成员自评分后,要找小组其他成员不记名方式打分</td></tr>
<tr><td>评分项目</td><td colspan="2">评 分 标 准</td><td>自评分</td><td>成员 1 评分</td><td>成员 2 评分</td><td>成员 3 评分</td><td>成员 4 评分</td><td>成员 5 评分</td></tr>
<tr><td>社会主义核心价值观(20 分)</td><td colspan="2">是否有违背社会主义核心价值观的思想及行动</td><td></td><td></td><td></td><td></td><td></td><td></td></tr>
<tr><td>工作态度(20 分)</td><td colspan="2">是否按时完成负责的工作内容、遵守纪律,是否积极主动参与小组工作,是否全过程参与,是否吃苦耐劳,是否具有工匠精神</td><td></td><td></td><td></td><td></td><td></td><td></td></tr>
<tr><td>交流沟通(20 分)</td><td colspan="2">是否能良好地表达自己的观点,是否能倾听他人的观点</td><td></td><td></td><td></td><td></td><td></td><td></td></tr>
<tr><td>团队合作(20 分)</td><td colspan="2">是否与小组成员合作完成任务,做到相互协作、互相帮助、听从指挥</td><td></td><td></td><td></td><td></td><td></td><td></td></tr>
<tr><td>创新意识(20 分)</td><td colspan="2">看问题是否能独立思考,提出独到见解,是否能够创新思维解决遇到的问题</td><td></td><td></td><td></td><td></td><td></td><td></td></tr>
<tr><td>最终小组成员得分</td><td colspan="8"></td></tr>
</table>

课后反思

学习情境三	铺筑路面工程施工		任务7	铺筑水泥混凝土路面面层工程施工
班级		第　　组	成员姓名	
情感反思	通过对本任务的学习和实训，你认为自己在社会主义核心价值观、职业素养、学习和工作态度等方面有哪些需要提高的部分？			
知识反思	通过对本任务的学习，你掌握了哪些知识点？请画出思维导图。			
技能反思	在完成本任务的学习和实训过程中，你主要掌握了哪些技能？			
方法反思	在完成本任务的学习和实训过程中，你主要掌握了哪些分析和解决问题的方法？			

任务8　铺筑沥青路面面层工程施工

任务单

<table>
<tr><td>学习情境三</td><td colspan="2">铺筑路面工程施工</td><td colspan="2">任务8</td><td colspan="2">铺筑沥青路面面层工程施工</td></tr>
<tr><td colspan="3">任务学时</td><td colspan="4">课内7学时+课外4学时</td></tr>
<tr><td colspan="7">布置任务</td></tr>
<tr><td>工作目标</td><td colspan="6">1. 了解沥青路面面层的特点及对材料的要求。
2. 掌握沥青路面面层铺筑施工技术和施工流程。
3. 熟悉沥青路面面层施工方法及技术要求。
4. 理解沥青路面面层的施工特点及施工工艺。
5. 能够在学习和工作中锻炼专业能力、方法能力和社会能力等职业能力。
6. 培养学生具备施工技术规范、爱护施工设备的职业操守。
7. 培养学生具备严谨认真、保证质量等建设优质工程的爱国情怀。
8. 培养学生具备团队协作、沟通协调的社会能力。
9. 培养学生具备精益求精的工匠精神，培养学生的劳动精神。</td></tr>
<tr><td>任务描述</td><td colspan="6">根据给定的道路工程路面施工设计图纸及施工规范，编制沥青路面面层施工方案，工作中严格遵循《公路工程技术标准》(JTG B01—2014)和《公路沥青路面施工技术规范》(JTG F40—2004)具体任务要求如下：
1. 沥青路面面层工程概况描述。
2. 沥青混凝土面层施工准备。
3. 编制沥青混凝土面层施工的处理措施。
4. 编写详细沥青混凝土面层施工的质量控制与检测。</td></tr>
<tr><td rowspan="2">学时安排</td><td>资讯</td><td>计划</td><td>决策</td><td>实施</td><td>检查</td><td>评价</td></tr>
<tr><td>2学时+课外2学时</td><td>0.5学时</td><td>0.5学时</td><td>3学时+课外2学时</td><td>0.5学时</td><td>0.5学时</td></tr>
<tr><td>对学生学习及成果的要求</td><td colspan="6">1. 每名同学均能按照自学资讯思维导图自主学习，并完成课前自学的问题训练和自学自测。
2. 严格遵守课堂纪律，学习态度认真、端正，能够正确评价自己和同学在本任务中的素质表现。
3. 每位同学必须积极参与小组工作，承担外业测量的相应劳动工作，做到能够积极主动不推诿，能够与小组成员合作完成工作任务。
4. 每位同学均需独立或在小组同学的帮助下完成技能训练工作单，并提请检查、签认，如有错误务必及时修改。
5. 每组必须完成全部“铺筑沥青路面面层工程施工”工作的报告工单，并提请教师进行小组评价，小组成员分享小组评价分数或等级。
6. 每名同学均完成任务反思，以小组为单位提交。</td></tr>
</table>

自学资讯思维导图

- 任务8　铺筑沥青路面面层工程施工
  - 知识点
    - 1. 沥青路面面层概述
      - 沥青路面的基本特性是什么?
      - 沥青路面有哪些分类?
    - 2. 沥青面层施工测量
      - 沥青面层的放样内容包括哪些?
      - 沥青路面施工前的准备工作有哪些?
    - 3. 透层、粘层及封层施工
      - 透层作用及适用范围包括哪些?
      - 封层的施工工序有哪些步骤?
    - 4. 沥青表面处治路面施工
      - 什么是沥青表面处治?
      - 沥青表面处治有哪些施工方法?
      - 沥青表面处治施工程序如何?
    - 5. 沥青贯入式路面施工
      - 沥青贯入式路面的适用范围和施工程序是什么?
      - 沥青贯入式路面的特点有哪些?
    - 6. 热拌沥青混合料路面施工
      - 热拌沥青混合料如何分类?
      - 沥青路面压实成型施工时有何要求?
      - 施工中拌合、运输、压实和接缝的注意事项是什么?
    - 7. 沥青路面的季节性施工
      - 沥青路面底层的低温施工如何进行?
      - 沥青贯入式和沥青表面处治路面的低温施工?
    - 8. 沥青路面施工检查及验收
      - 沥青路面施工检查及验收一般规定?
      - 施工前及施工过程中的材料检验内容和要求有哪些?
    - 9. 沥青路面施工资料整理
      - 沥青路面施工资料整理一般要求有哪些?
      - 沥青面层的施工资料整理内容包括哪些?
  - 技能点
    - 1. 识读沥青路面面层工程设计图纸;
    - 2. 区分沥青路面施工类型和适用条件;
    - 3. 甄别沥青路面的特点及对材料的要求;
    - 4. 选择沥青路面施工方法及技术要求;
    - 5. 编制沥青路面的施工技术交底文件;
    - 6. 撰写沥青路面施工计划和施工方案。
  - 职业素养
    - 1. 通过面层施工给予学生引申，结合案例讲解沥青路面水准制约工程建设质量;
    - 2. 通过引入路桥人施工艰辛，讲解施工工作的技术发展，培育学生的家国情怀;
    - 3. 在实践教学中引导学生安全第一的职业意识，如何避免交叉作业中的安全隐患;
    - 4. 通过多方评价审查学生是否严谨认真、诚实守信、不弄虚作假;
    - 5. 施工工艺与施工方法多次练习培养精益求精的工匠精神。

课　前　自　学

沥青路面是在矿质材料中掺入路用沥青材料铺筑的各种类型的路面,是道路建设中一种被广泛采用的高级路面(包括次高级路面),因其路面呈黑色,又称黑色路面。沥青结合料提高了铺路用粒料抵抗行车和自然因素对路面损害的能力,使路面平整、少尘、不透水、经久耐用、行车舒适、施工期短、养护维修简便、易于分期修建。沥青路面广泛应用于公路干线和城市道路路面面层结构,成为目前我国铺筑面积最多的一种路面形式。

(1)沥青路面的特点。沥青路面由于使用了黏结力较强的沥青材料,而使经过嵌挤压实的矿料之间的黏结力大大加强,路面的使用质量和耐久性都大为提高。表面平整,坚实,无接缝,行车平稳舒适,噪声小。

路面强度可根据矿料的粒径、颗粒级配和沥青用量的不同进行调节，以适应不同的需要。面层透水小，特别是密实沥青混凝土面层透水更小，能大大防止地表水进入路面基层和路基，从而使路面强度稳定。但同时土基和基层内水分也难以排出，在潮湿路段，若路面结构处理不当，易发生土基和基层变软的现象，导致路面破坏。沥青混合料的生产可工厂化，质量易于得到保证。面层适宜于机械化施工，且施工进度快，摊铺完成后就可开放交通，分期建设和后期修补也较方便。但沥青路面抗弯强度低，温度稳定性差，夏季高温暴晒，路面易变形而破坏；冬季低温时，沥青材料变脆而开裂。另外，履带式车辆不能在沥青路面上行驶。

（2）沥青路面的分类。沥青路面分为沥青混凝土路面、沥青碎石路面、沥青贯入式路面、沥青表面处治路面四类。

（3）沥青路面的施工工艺分为三类。①层铺法：用分层洒布沥青，采用分层铺撒矿料和碾压的方法修筑，按这种方法重复几次，做成一定厚度的面层。优点是施工工艺和设备简单、工效高、进度快、造价低；缺点是路面成型期长，沥青洒布不匀容易泛油。沥青表面处治和贯入式路面按此法修筑。②路拌法：在施工现场以不同的方式（人工或机械）将冷料热油或冷油拌和、摊铺和碾压，通过拌和，沥青分布比层铺法均匀，可缩短路面成型期。路拌沥青碎石混合料与拌和式沥青表面处治即按此法修筑，由于污染较大，城市中很少使用。道路维修有部分使用。③厂拌法：集中设置拌和基地，采用专用设备，将具有一定级配的矿料和沥青加热拌和，然后将混合料运至工地热铺或冷铺，碾压成型。此法需黏稠的沥青和精选的矿料，混合料质量越高，使用寿命越长，但一次造价高。

知识点1　沥青路面面层概述

沥青路面是应用最广泛的一种路面结构形式，在设计时要严格遵守设计原则，对于不同地区，要根据不同的特点，有针对性地选择不同的材料，进行混合料组成设计。要适时掌握和应用新技术、新理论、新方法和新工艺。本教学任务主要介绍了沥青表面处治、热拌沥青混合料、沥青贯入式等类型的沥青路面，就其施工方法和步骤、施工中注意事项及施工要点进行了详细的讲解。要保证沥青路面的施工质量，必须做到：下承层的强度、平整度、清洁度符合验收标准要求；沥青、粗集料、细集料、填料及其混合料等建筑材料符合规范或设计要求；具有合理和规范的施工工艺流程，明确的工序质量检测标准，并能严格执行。对于沥青混合料，要严格控制原材料质量、材料配合比、拌和温度和拌和时间等；合理选择和使用施工机械设备，并确保机械设备完好；加强施工动态质量管理。

品一品

沥青路面根据施工工艺可分为哪些类型？沥青路面的基本特点包括哪些内容？

____

____

____

沥青路面是由以沥青材料作为结合料黏结矿料修筑而成的面层与各类基层和垫层所组成的路面结构。由于沥青路面使用沥青结合料，因而增加了矿料间的黏结力，提高了混合料的强度和稳定性，使路面的使用质量和耐久性都得到提高。与水泥混凝土路面相比，沥青路面具有表面平整、无接缝、行车舒适、耐磨性好、振动小、噪声低、施工期短、养护维修简便、适宜分期修建等优点。

沥青路面是我国高速公路的主要路面形式，这是由于它具有下列良好性能：①足够的力学强度，能承受车辆荷载施加到路面的各种作用力。②一定的弹性和塑性变形能力，能承受应变而不破坏。③与汽车轮胎的附着力较好，可保证行车安全。④有高度的减振性，可使汽车快速行驶，平稳且噪声小。⑤不扬尘，且容易清扫和冲洗。⑥维修工作比较简单，且沥青路面可再生利用。

沥青路面属柔性路面,其强度与稳定性在很大程度上取决于土基和基层的特性。沥青路面的抗弯强度较低,因而要求路面的基础具有足够的强度和稳定性,所以,在施工时必须掌握路基土的特性并进行充分压实。在低温时,沥青路面的抗变形能力很低,在寒冷地区为了防止土基不均匀冻胀而使沥青路面开裂,需设置防冻层。对于交通量大的路段,为使沥青路面具有一定的抗弯拉和抗疲劳开裂的能力,宜在沥青面层下设置沥青混合料的联结层。采用较薄的沥青面层时,特别是在旧路面上加铺面层时,要采取措施加强面层与基层之间的黏结,以防水平力作用引起沥青面层的剥落、推挤、拥包等破坏。

用沥青作结合料铺筑的面层统称沥青路面。由于用沥青作结合料修筑的路面呈黑色,故又称黑色路面。相对于道路基层及底基层而言,沥青路面亦可称为沥青面层,如图 8.1 所示。

图 8.1　沥青路面

8.1.1　沥青路面的基本特性

沥青路面是现代城市道路和公路广泛采用的路面。与水泥混凝土路面相比,它具有以下特点:

(1)路表平整、无接缝,行车舒适、少尘土。

(2)具有一定的粗糙度,耐磨、减振和吸声性能好,对行车有利。

(3)施工方便,易于养护,能及时开放交通。

(4)便于分期修建和再生利用。

沥青路面的缺点是抗弯拉强度低,故要求基层具有足够的强度和稳定性。沥青路面的温度稳定性差:夏季高温时易变软、强度下降,路面易出现车辙、波浪现象;冬季低温下,沥青材料老化,易导致裂缝。随着沥青老化,路面逐渐松散,故沥青路面的使用寿命至多为混凝土路面的 1/4。此外,沥青路面不适于履带车行驶,易被硬物体破坏。路面龄期在 10 d 之内,机械漏油、黏性液和牛粪都会引起表面融裂。沥青路面的施工受季节和气候的影响较大,在低温季节和雨季,一般不能施工。

学一学

沥青路面的缺点有哪些?

______

______

______

8.1.2　沥青路面的分类

(1)根据沥青路面的施工工艺可分为沥青表面处治路面、沥青贯入式路面、沥青混凝土路面、沥青碎石路面、乳化沥青碎石混合料路面。

(2)根据混合料的施工温度可分为热拌热铺沥青混合料路面、常温沥青混合料路面。

(3)根据沥青路面矿料组成可分为密实类路面、嵌挤类路面。

8.1.3　沥青路面对基层的要求

沥青路面的基层,必须符合下列要求:

(1)基层应能承受车轮荷载作用,在行车荷载反复作用下,不应超过允许的残余变形,也不允许产生剪切和弯拉破坏。为此,基层应具有必要的强度,强度包括矿料颗粒本身的强度和结构的整体强度两方面。

(2)沥青路面,特别是表面处治和贯入式路面,在使用初期,透水性较大,雨季时表面水有可能透过沥青面层进入基层和底基层中,导致基层材料含水量增加而强度降低。因此,必须用水稳定性好的材料作基层,在潮湿多雨地区尤需重视这个问题。

(3)为了保证沥青路面的厚度均匀一致以及表面的平整度和拱度,基层应平整,其路拱度应与路面一致。

(4)基层应与路面结合良好,以减少路面底部的拉应力和拉应变,以防止路面发生滑动、推移等破坏。

(5)以旧沥青路面作基层时,应根据旧路面质量,对原有路面修补、铣刨、加铺罩面层。旧沥青路面的整平应按高程控制铺筑,旧沥青路面的正确整平方法如图 8.2 所示,分层整平的一层最大厚度不宜超过 100 mm。

(6)以旧的水泥混凝土路面作基层加铺沥青面层时,应根据旧路面质量,确定处治工艺,确认能满足基层要求后,方能加铺沥青层。

图 8.2　旧沥青路面整平方法示意图

8.1.4　沥青路面对材料的要求

1. 沥青

路面沥青可采用道路石油沥青、煤沥青、乳化沥青、液体石油沥青,其中以改性石油沥青为好。使用时,应根据交通量、气候条件、施工方法、沥青路面类型、材料来源等情况选用。沥青种类和沥青标号等见表 8.1,其中关于表 8.1 中的气候分区见表 8.2。对高速公路、一级公路、城市主干路,应选用符合“重交通量道路石油沥青技术要求”规定的沥青(AH 类);对于其他道路,应采用符合“中、轻交通量道路用石油沥青技术要求”规定的沥青(A 类);对于沥青表面处治、沥青贯入式路面、常温沥青混合料路面以及透层、黏层与封层尚可采用乳化沥青,乳化沥青的技术要求满足规范规定。其他各层的沥青可采用相同的标号,也可采用不同的标号。标号不符合使用要求时,可采用不同标号的沥青掺配,但掺配后的技术指标应抽样检验,不符合要求者不得使用。

表 8.1　不同地区沥青结构层的沥青标号

地区(按气候分)	沥青种类	沥青标号			
		表面处治	贯入式	沥青碎石	沥青混凝土
寒冷地区	石油沥青	AH—130 AH—140 A—180 A—200	AH—130 A—140 A—180 A—200	AH—90 AH—110 A—100 A—140	AH—90 AH—110 A—100 A—140
	煤沥青	T—5　T—6	T—6　T—7	T—6　T—6	T—7　T—8
温和地区	石油沥青	AH—110 AH—130 A—140 A—180	AH—110 A—100 A—140	AH—90 AH—110 A—100 A—140	AH—70 AH—90 A—60 A—100
	煤沥青	T—6　T—7	T—6　T—7	T—7　T—8	T—7　T—8
较热地区	石油沥青	AH—90 AH—110 A—60 A—100 A—140	AH—90 AH—110 A—60 A—100 A—140	AH—70 AH—90 A—100 A—60	AH—50 AH—70 A—60 A—100
	煤沥青	T—6　T—7	T—7	T—7　T—8	T—7　T—8　T—9

表 8.2　沥青路面施工气候分区参考表

气候分区	年度最低月平均气温/℃	年内日平均气温≥5 ℃的日数/d	所属地区
寒冷地区	低于 -10	少于 215	黑龙江、吉林、青海等省，新疆、宁夏、西藏等自治区，辽宁省营口以北，内蒙古包头以北，山西省大同以北，河北省承德、张家口以北，陕西省榆林以北，甘肃省除天水一带
温和地区	0 ~ -10	215 ~270	辽宁省营口以南，内蒙古包头以南，山西省大同以南，河北省承德、张家口以南，陕西省榆林以南、西安以北，甘肃省天水一带，山东省、河南省南阳以北，江苏省徐州、淮阴以北，安徽省宿州市、亳州市以北
较热地区	高于 0	多于 270	河南省南阳以南，江苏省徐州、淮阴以南，安徽省宿州市、亳州市以南，陕西省西安以南，四川成都东南，广东、广西、湖南、湖北、福建、浙江、江西、云南、贵州、台湾等省区

黏稠石油沥青是比较理想的沥青材料，它能牢固地粘住石料，很少泛油，不透水，使用期限也长。但其初期成形较慢，渗透性以及与石料的裹覆能力较差，对基层与矿料表面的清洁程度要求较高，且价格较贵。对于液体沥青来说，快凝液体沥青是比较适宜的，这种沥青经稀释后渗透性好，凝结时间较短，且不管老路面是否光滑、有无灰尘，都能很好地结合。采用慢凝液体沥青时，则由于成形期长，路面滑溜现象突出。

煤沥青渗透性好，与石料黏结性好，以煤沥青作为结合料所做成的表面处治面层水稳定性能、抗滑性都好，但对温度很敏感，容易老化，国内已很少使用。

渣油是多蜡慢凝液体石油沥青（即普通石油沥青），简称多蜡液体沥青。渣油的特点是稠度低，黏结性和热稳定性都差，但老化慢，低温稳定性好，当渣油用于表面处治时要注意遵守有关的技术规定和操作规程，以保证渣油表面处治层的使用质量。目前，渣油已很少使用。

2. 粗集料（矿料）

沥青路面集料的粒径应以方孔筛为准，圆孔筛的标准仅供参考。粗集料（碎石、筛选碎石、破碎碎石、矿渣等）应该洁净、干燥、无风化、无杂质，具有足够的强度、耐磨性，质量应符合表 8.3 的规定，粗集料规格按照表 8.4 进行区分。

表 8.3　沥青混合料用粗集料技术要求

指　　标	高速公路、一级公路	二级公路及以下
石料压碎值/%	≤28	≤30
洛杉矶磨耗损失/%	≤30	≤40
视密度/$(t \cdot m^{-3})$	≥2. 50	≥2. 45
吸水率/%	≤2. 0	≤3. 0
对沥青的黏附性	≥4 级	≥3 级
坚固性/%	≤12	—
细长扁平颗粒含量（质量分数）/%	≤15	≤20
泥土含量（质量分数）（粒径 <0. 075 mm 颗粒）/%	≤1	≤1
软石含量（质量分数）/%	≤5	≤5
石料磨光值（PSV）	≥42	—
道瑞磨耗值（AAV）/%	≤14	地区指标
冲击值（LAV）/%	≤28	地区指标

注：1. 坚固性试验根据需要进行测试。
2. 用于高速公路、一级公路时，多孔玄武岩的视密度可放宽至 2. 45 t/m^3，吸水率可放宽至 3%，但必须得到主管部门的批准。
3. 石料冲击值根据各地需要进行测试。
4. 钢渣浸水后的膨胀率应不大于 2% 。

表 8.4　沥青路面用粗集料规格(方孔筛)

规格	公称粒径/mm	通过下列筛孔(方孔筛,mm)的质量分数/%												
		106	75	63	53	37.5	31.5	26.5	19.0	13.2	9.5	4.75	2.36	0.6
S1	40~75	100	90~100	—	—	0~15	—	0~5	—	—	—	—	—	—
S2	40~60	—	100	90~100	—	0~15	—	0~5	—	—	—	—	—	—
S3	30~60	—	100	90~100	—	—	0~15	—	0~5	—	—	—	—	—
S4	25~50	—	—	100	90~100	—	—	0~15	—	0~5	—	—	—	—
S5	20~40	—	—	—	100	90~100	—	—	0~15	—	0~5	—	—	—
S6	15~30	—	—	—	—	100	90~100	—	—	0~15	—	0~5	—	—
S7	10~30	—	—	—	—	100	90~100	—	—	—	0~15	0~5	—	—
S8	15~25	—	—	—	—	—	100	95~100	—	0~15	—	0~5	—	—
S9	10~20	—	—	—	—	—	—	100	95~100	—	0~15	0~5	—	—
S10	10~15	—	—	—	—	—	—	—	100	95~100	0~15	0~5	—	—
S11	5~15	—	—	—	—	—	—	—	100	90~100	40~70	0~15	0~5	—
S12	5~10	—	—	—	—	—	—	—	—	100	95~100	0~10	0~5	—
S13	3~10	—	—	—	—	—	—	—	—	100	95~100	40~70	0~15	0~5
S14	3~5	—	—	—	—	—	—	—	—	—	100	85~100	0~25	0~5

注:1. 用干燥的生石灰或消石灰粉、水泥作为填料的一部分,其用量宜为粗集料总量的 1% ~2% 。
2. 当沥青的黏附性稍差或含水量偏大时可在沥青中掺加抗剥离剂,掺配量由试验确定。
3. 将粗集料用石灰浆处理后使用,也可提升集料与沥青黏附能力,该技术尚无全国统一标准。
4. S 为筛(sift)的第 1 个英语字母大写。

对用于抗滑表层沥青混合料的粗集料,应该选用坚硬、耐磨、韧性好的碎石或碎砾石,矿渣及软质集料不得用于抗滑表层。用于高速公路、一级公路沥青路面表层以及各类道路抗滑层用的粗集料,应符合表 8.3 中磨光值、道瑞磨耗值和冲击值的要求。在坚硬石料来源缺乏的情况下,允许掺加一定比例普通集料作为中等或小颗粒的粗集料,但掺加比例不应超过粗集料总质量的 40% 。

破碎砾石的技术要求与碎石相同,但破碎砾石用于高速公路、一级公路沥青混合料时,5 mm 以上的颗粒中有一个以上的破碎面的含量不得少于 50% (质量比)。

钢渣作为粗集料时,仅限于三级及三级以下道路,并应经过试验论证,经许可后使用。钢渣应有 6 个月以上的存放期,质量应符合表 8.3 的要求。

对于酸性岩石的石料(如花岗岩、石英岩等)用于高速公路、一级公路时,宜使用针入度较小的沥青,并采取抗剥离措施,使其对沥青的黏附性符合表 8.3 的要求。

沥青路面所用粗集料有未筛分碎石、轧制砾石和筛选砾石时,应符合下列要求:

(1)选用时应考虑路面结构、使用条件,按照表 8.5 的规定选用。选用的粗集料必须具有足够的强度和耐磨性,以选择质地坚硬、软弱及扁平颗粒含量少、强度不低于表 8.6 中规定的Ⅲ级碎石或砾石标准。

表 8.5　各种沥青路面所用粗集料等级

使用条件		石料等级			
		表面处治路面	贯入式路面	沥青碎石路面	沥青混凝土路面
交通量	小于 2 000 辆/昼夜	3	3	3	3
	2 000 ~5 000 辆/昼夜	—	3	3	3
	大于 5 000 辆/昼夜	—	—	2	2
沥青路面上作磨耗层或防滑面层		1	—	1	1
沥青面层下层、联结层		—	3	3	3

(2)必须与沥青材料有良好的黏结力。用水煮法测定,其黏结力应大于 3 级。

(3)应干燥、无风化,清洁、无杂质。

(4)颗粒形状通常以接近立方体且多棱角为佳。扁平细长颗粒含量应少于 20% 。轧制砾石在 5 mm 以上的颗粒,其中 75% 以上应至少有一个破碎面,且强度均匀。筛选砾石因其嵌挤锁结能力差,仅在轻交通量的沥青表面处治中使用。

表 8.6　道路用石料技术分级表

岩石级别	主要岩石名称	石料等级	技术性质	
			饱水状态时极限抗压强度/MPa	磨耗率(%)(用双筒式磨耗机测试)
Ⅰ(岩浆岩组)	花岗岩、玄武岩、安山岩、辉绿岩等	1	>120	<4
		2	100~120	4~5
		3	80~100	5~7
		4	60~80	7~10
Ⅱ(石灰岩组)	石灰岩、白云岩等	1	>100	<5
		2	80~100	5~6
		3	60~80	6~12
		4	30~60	12~20
Ⅲ(砂岩组)	石英岩、砂岩	1	>100	<5
		2	80~100	5~9
		3	50~80	9~10
		4	30~50	10~15
Ⅳ(片麻岩组)	片麻岩、花岗片、麻岩组	1	>100	<4
		2	80~100	4~5
		3	60~80	5~7
		4	30~60	7~12

上述关于粗集料的质量要求适用于各种沥青路面结构。

从表 8.6 可见石料等级按照饱水状态时极限抗压强度划分,但一般单位难于按规定试验,故目前多用石料压碎值指标,测定此指标所用试验设备简单、操作方便,不仅可以反映石料硬度或抗压碎能力,且可评定碎石或砾石的硬度和抗压碎能力,石料压碎值指标见表 8.7。试验方法可参见《沥青路面施工及验收规范》。

表 8.7　石料压碎值指标

昼夜交通量/辆	压碎值/%	
	岩浆岩	石灰岩、砂岩、片麻岩组
小于 2 000	≤30	≤35
2 000~5 000	≤25	≤39
大于 5 000	≤20	≤25

3. 细集料

细集料(天然河砂、机制砂或石屑)应洁净、干燥、无风化、无杂质,并有适当的级配范围,其质量技术应符合表 8.8 要求。

热拌沥青混合料的细集料宜采用优质的天然河砂或人工砂,并与沥青有良好的黏结能力。在缺砂地区,也可使用石屑,但用于高速公路、一级公路沥青面层及抗滑表层的石屑用量不宜超过砂的用量,若使用与沥青黏结性能差的天然砂及酸性岩石破碎的人工砂或石屑时,应采取抗剥离措施。

表 8.8　沥青混合料用粗集料技术要求

指标	高速公路、一级公路	二级公路及以下
视密度/(t·m^{-3})	≥2.50	≥2.45
坚固性(粒径 0.3 mm 部分)/%	≤12	—
砂当量	≥50	≥40

注:1. 坚固性试验根据需要进行。
2. 当进行砂当量试验有困难时,也可用水洗法测定小于 0.075 mm 的颗粒含量(仅适用于天然河砂):对高速公路、一级公路、城市快速路、主干路要求不大于 3%,对其他公路与城市道路要求不大于 5%。

细集料的规格按表 8.9 和表 8.10 选用。但所选用的细集料的级配,与粗集料和填料配制成的砂制混合料,应符合沥青混凝土材料级配组成及油石比的要求。当一种细集料不能满足级配要求时,可采用两种或两种以上的细集料掺和使用。

表 8.9　沥青面层用天然砂规格

方孔筛/mm	圆孔筛/mm	通过各筛孔的质量分数/%		
		粗砂	中砂	细砂
9.5	10	100	100	100
4.75	5	90~100	90~100	90~100
2.36	2.5	65~95	75~100	85~100
1.18	1.2	35~65	50~90	75~100
0.6	0.6	15~29	30~59	60~84
0.3	0.3	5~20	8~30	15~45
0.15	0.15	0~10	0~10	0~10
0.075	0.075	0~5	0~5	0~5
细度模数 M_x		3.7~3.1	3.0~2.3	2.2~1.6

表 8.10　沥青面层用石屑规格

规格	公称粒径/mm	通过下列筛孔的质量分数/%					
		方孔筛/mm	9.5	4.75	2.36	—	—
		圆孔筛/mm	10	5	2.5	0.6	0.075
S15	0~5	100		85~100	40~70	—	0~15
S16	0~3	—		100	85~100	20~50	0~15

表 8.11　沥青混合料用矿物质质量技术要求

指标		高速公路、一级公路	二级公路及以下
视密度/(t·m^{-3})		≥2.50	≥2.45
含水量/%		≥1	≥1
粒度范围/%	粒径<0.6 mm	100	100
	<0.15 mm	90~100	90~100
	<0.075 mm	75~100	70~100
外观		无团粒结块	—
亲水系数		<1	—

沥青混合料的填料宜采用石灰岩或岩浆岩中的强基性岩石(憎水性石料)经磨细得到的矿粉。原石料中泥土含量应小于 3%,并应除净其他杂质。矿粉要求干燥洁净,其质量应符合表 8.11 的要求。当采用水泥、石灰、粉煤灰作填料时,其用量不宜超过矿料总量的 2%。高等级路面面层不宜采用粉煤灰作填料。

采用粉煤灰作填料时,其烧失量应小于 12%,塑性指数应小于 4,并应经试验确认与沥青有良好的黏附性。沥青混合料的水稳定性能应满足要求,采用回收粉尘时,掺有粉尘填料的塑性指数不得大于 4。粉煤灰或回收粉尘的用量不得超过填料总量的 2%。

比一比

沥青路面按结构形式可分成哪几种形式？沥青路面对粗集料与矿粉有哪些要求？

知识点 2　沥青面层施工测量

路面面层的放样内容仍然是恢复中线、测量边线和放样高程。方法与基层相同。

沥青面层的施工精度和施工放样要求见表 8.12 和表 8.13。

表 8.12　路面面层施工精度要求

序号	检查项目		沥青贯入式面层	沥青表面处治面层
1	中线平面偏位/mm		±30	±30
2	纵断高程/mm		±20	±20
3	宽度/mm	有侧石	±30	±30
		无侧石	不小于设计值	不小于设计值
4	横坡/%		±0.5	±0.5

表 8.13　路面面层施工放样要求

序号	检查项目		沥青混凝土面层和沥青碎(砾)石面层	
			高速或一级	其他公路
1	中线平面偏位/mm		±20	
2	纵断高程/mm		±15	±20
3	宽度/mm	有侧石	±20	±30
		无侧石	不小于设计值	
4	横坡/%		±0.3	±0.5

知识点 3　透层、黏层及封层施工

8.3.1　透层施工

1. 透层作用及适用范围

微课
沥青面层施工方法

透层是在无沥青材料的可渗透基层上，浇洒低黏度沥青(煤沥青、乳化石油沥青或液体石油沥青)，透入基层表面所形成的一个薄沥青层。其作用是增进基层与沥青面层的黏结力，封闭基层表面的孔隙、防止基层吸收表面处治的第一次喷洒沥青。在铺筑面层前还能临时地保护基层，使其不易松散。沥青路面的级配砂粒、级配碎石基层及水泥、石灰、粉煤灰等无机结合料稳定土或粒料的半刚性基层上，必须浇洒透层沥青(相似于建筑上的底漆)。

2. 透层的沥青材料和用量

透层沥青宜采用慢裂的洒布型乳化沥青 PC-2、PA-2(高等级道路采用 PC-2)，也可采用中、慢凝液体石油沥青 AL(S)-1、AL(S)-2、AL(M)-1、AL(M)-2 或煤沥青 T-1、T-2。其稠度应通过试洒确定。一般对表面致密的半刚性基层、细粒料基层及气温较低时，宜用渗透性好的较稀的透层沥青；基层空隙较大、粗料基层及气温较高时，宜采用较稠的透层沥青。采用沥青的标号应根据基层的种类、疏密状态、施工季节等条件通过试洒确定，其材料规格应符合表 8.14 的要求。

表 8.14 沥青路面透层及黏层材料规格与用量

用途		乳化沥青		液体石油沥青		煤沥青	
		规格	用量/(L·m^{-2})	规格	用量/(L·m^{-2})	规格	用量/(L·m^{-2})
透层	粒料基层	PC-2 PA-2	1.1~1.6	AL(M)-1 或 AL(M)-2 AL(S)-1 或 AL(S)-2	0.9~1.2	T-1 T-2	1.0~1.3
	半刚性基层	PC-2 PA-2	0.7~1.1	AL(M)-1 或 AL(M)-2 AL(S)-1 或 AL(S)-2	0.6~1.0	T-1 T-2	0.7~0.1
黏层	沥青旧路面	PC-3 PA-3	0.3~0.6	AL(R)-1 或 AL(R)-2 AL(M)-1 或 AL(M)-2	0.3~0.5	T-3 T-4 T-5	0.3~0.6
	混凝土旧路面	PC-3 PA-3	0.3~0.5	AL(R)-1 或 AL(R)-2 AL(M)-1 或 AL(M)-2	0.2~0.4	T-3 T-4 T-5	0.3~0.5

透层沥青用量取决于基层的吸收性能，一般应使透层沥青在 4~8 h 内渗入基层表面 3~6 mm，且不留多余沥青。施工时可以通过试洒确定用量，并应符合表 8.14 的规定。

3. 透层施工要求

对于石灰(水泥)稳定土、石灰稳定工业废渣(土)等基层，宜在基层完工后表面稍干即浇洒，以利基层的养生。对级配砂砾等基层，宜待基层完工、表面开始变干时，再进行浇洒。若基层完工时间较长，浇洒透层前应在基层表面先浇洒少量的水(轻微湿润基层 10 cm 深左右)，待表面干燥后即可浇洒透层沥青，这样有利于沥青透入。

透层沥青的浇洒温度控制范围：对 AL(M)-1、AL(S)-1 沥青为 30~50 ℃；AL(M)-2、AL(S)-2 沥青为 40~60 ℃；T-1 为 25~50 ℃。加热温度不能超过上述温度高限 10 ℃。气温低于 10 ℃、遇大风或即将降雨时，不得浇洒透层沥青。

浇洒透层前，基层应清扫干净，对路缘石及人工构造物应适当保护，以防污染。浇洒时，应按设计用量一次浇洒均匀，并及时用人工补洒遗漏处。浇洒应达到无流淌，且不在表面形成油膜。浇洒透层后严禁车辆、行人通行。

在无机结合料稳定半刚性基层上浇洒透层沥青后，宜立即撒布用量为 2~3 m^3/1 000 m^{2}的石屑或粗砂罩面。在无结合料的粒料基层上浇洒透层沥青后，当不能及时铺筑面层，并有施工车辆通行时，应增加 10% 透层沥青，再撒罩面石屑或粗砂，并限制车速。

透层沥青洒布后若局部有多余的透层沥青未渗入基层，则应予清除；若局部出现透层沥青剥落，则应予修补；若有多余的浮动石屑或砂时，则应予扫除，并保证及时铺筑面层。用乳化沥青作透层时，应待其充分渗透，水分蒸发后(此段时间不宜少于 24 h)方可铺筑面层。

8.3.2 黏层施工

1. 黏层作用及适用范围

黏层是为加强路面的面层与旧沥青层之间、面层与水泥混凝土路面之间、面层与已建构造物(如路缘石、卧石、窨井周围等)的黏结而洒布的沥青材料薄层，其作用是使路面结构完全黏结成一个整体。

黏层常用于以下情况：

(1)旧沥青路面作基层时。

(2)水泥混凝土路面或桥面上铺筑沥青面层时。

(3)双层式或三层式热拌热铺沥青混合料路面在铺筑上层前，其下的沥青层已被污染时。

(4)所有与新铺沥青混合料相接触的构筑物侧面，如路缘石、雨水进水口、各种检查井。

(5)在陡坡、急弯、交叉口和停车站等沥青面层容易产生推移的地段。

2. 黏层沥青材料与用量

黏层的沥青材料宜选用快裂的洒布型乳化沥青，也可采用快、中凝液体石油沥青或煤沥青，并与面层用相同品种和标号的沥青制成符合表 8.14 要求的规格，其用量需通过试验确定。

3. 黏层施工要求

黏层沥青宜用沥青洒布车喷洒，且应喷洒均匀。在路缘石、雨水进水口、检查井等局部应用人工涂刷，浇洒过量处应予刮除。

黏层下卧层的表面应清扫干净。扫不干净时要用水刷净，待表面干燥后浇洒。当气温低于 10 ℃：或基面潮湿时，不得浇洒黏层沥青。

浇洒黏层沥青后，除沥青混合料运输车外，严禁其他车辆、行人通过。并应及时铺筑沥青层，但乳化沥青应待破乳（即乳化沥青与石料完全黏附），水分蒸发完后铺筑。

8.3.3　封层施工

1. 封层作用及适用范围

封层是为封闭路表空隙、防止水分浸入面层或基层而铺筑的沥青混合料薄层。铺筑在面层表面的称为上封层，铺筑在面层下面的称为下封层。上封层用于空隙较大、透水严重、有裂缝的旧沥青路面，需要加铺磨耗层改善抗滑性能的旧沥青路面，以及需要铺筑磨耗层或保护层的新建沥青路面。下封层用于沥青面层位于多雨地区且空隙较大、渗水严重，或基层铺筑后尚未及时铺筑面层须开放交通的情况，在我国道路工程的半刚性基层中使用普遍。在半刚性基层混合料养生期间和最佳含水量时，铺筑乳化沥青密封保护层（下封层），可防止混合料中水分的蒸发，使混合料水化作用充分进行，达到较高的强度；防止雨水、雪水下渗；临时交通时还可保护基层表面；并且可以黏结基层与沥青面层，延迟反射裂缝。

2. 封层的材料要求

封层用的沥青品种可以根据封层的位置、当地材料供应情况、油膜状态、基层渗透状况、是否发生流淌以及经济性等因素按照表 8.15 选用。半刚性基层下封层洒布量为 0.7～1.83 L/m^2。

表 8.15　沥青路面封层用沥青材料

层位	乳化沥青
上封层	PC-3、PA-3、BC-3、BA-3
下封层	PC-2、PA-2、BC-2、BA-2

为抵抗少量临时交通以及恶劣气候，封层可加入 S14 规格的集料，用量为 2～3 m^3/1 000 m^2。临时交通有重交通发生时，加入集料规格为 S12 的封层，集料用量为 4～5 m^3/1 000 m^2。相应乳化沥青的洒布量应同时增加，以保证沥青膜的厚度。半刚性基层如果越冬，建议做两遍封层，下层加入集料规格 S12，上封层加入集料规格 S14。

3. 封层的施工工序

封层可采用拌和法或层铺法施工的单层式沥青表面处治，也可采用乳化沥青稀浆封层。半刚性基层下封层施工工序如下：

（1）清扫基层表面，吹走或清洗基层表面浮尘，避免封层油膜被隔离。

（2）洒水预湿基层，可以打开基层表面的微小空隙与降低粉尘。

（3）乳化沥青洒布。在基层表面略干时，洒布乳化沥青，由于乳化沥青良好的亲水性，沥青微粒能随着水分较好地渗入基层。乳化沥青应洒布均匀，数量准确，无白花条。

（4）集料撒布。在乳化沥青适当下渗、破乳之前进行集料的撒布。

（5）碾压。撒布一段集料后，立即用 6～8 t 压路机碾压，碾压速度开始时不得超过 2 km/h，慢压一遍后可逐遍增加碾压速度。

析一析

沥青路面的透层、黏层及封层如何施工？它们适用条件有哪些要求？

知识点4　沥青表面处治路面施工

1. 沥青表面处治路面的主要作用和适用范围

沥青表面处治路面属于中、低级路面，并有作为封层起防水、抗磨耗、防滑和改善碎(砾)石路面的使用品质的作用，大多使用于以下场合：

(1)在中等交通量(300～2 000 辆/昼夜)的碎(砾)石面层上加铺表面处治层，可起到投资不多而较大地提高路面使用品质及降低养护费用的作用。

(2)旧沥青路面表面空隙较多，可加铺表面处治层作为防水层。

(3)旧沥青路面表面因不断磨耗而过于光滑时，可加铺由带有棱角的硬质矿料做成的表面处治层，以恢复和提高路表面的抗滑能力。

(4)交通量有增长或旧路面强度不足时，可采用先补强、后加铺多层表面处治的方法，改善路面使用状况。

沥青表面处治路面的路拱度一般采用 1.5%～2.0%；在雨量大的地区以及其他需要防止表面水下渗的情况，可采用 2.5%。

2. 沥青表面处治路面的特点

沥青表面处治路面需要一个"成形"阶段，因此沥青表面处治的施工要求在寒冷季节(日最高温度低于 +15 ℃)到来以前半个月结束，以便确保当年能在一定的高温条件下，借助行车碾压，使路面成形。当备有沥青洒布机具、施工路段较长、交通量较大且气温适宜时，宜采用层铺法施工；当运输车辆较多及料场位置适中时，宜采用集中拌和法施工；当缺少运输车辆、施工路段交通量较小或施工气温较高时，可采用就地拌和法施工。使用比较普遍的是层铺法，其优点是：使用沥青洒布机，工效高、进度快、适合大面积施工；如能和撒料机配合使用，则更能显著地降低劳动强度。但采用层铺法施工时，其初期因未完全成形，容易出现矿料飞散，若施工时用油偏多，日后又容易出现泛油等病害。为确保规定的油石比和缩短成形期，也可采用拌和法施工。

3. 沥青表面处治路面的施工

1)施工前的准备工作(适用于各类沥青路面)

(1)基层质量检查和整修。施工前应对基层或旧路面的强度(弯沉值)、密实度、宽度、平整度、拱度等要素进行检查，确认其合乎施工规范要求。具体检查测量方法见学习情境三铺筑路面工程施工任务6铺筑路面基(垫)层工程施工6.2路面基层施工测量。弯沉值用弯沉仪测定。基层或旧路面若有坎坷不平、松散、凹坑和软弱之处，应在面层铺筑之前整修完毕并经过复核验收。

(2)沥青的准备(如果是厂拌法施工则工地无需此项工作)：

①根据工程所需沥青数量备足材料，沥青运至工地后一般应逐桶进行初步检验，不同规格的沥青应分别堆放，并加以标记。然后，每堆均取2～3个试样进行试验，检验其技术指标是否合乎质量要求；不合格产品严禁使用。

②沥青加热站的准备工作包括设置油锅、开挖预热火道、开辟贮油场地、搭盖油工休息棚、设置防火设备及工伤救护药品等。休息棚应设在上风一边、临时性的油池必须搭盖棚顶，疏通周围排水渠道，以利排水。熬制沥青时要按照安全技术要求准备防火、卫生与救护设施。

③如沥青中含有水分时，应在使用前进行脱水，还要准备配油(将不合标准的几种沥青配制成合格的沥青油)及黏层沥青等。

(3)矿料准备：

①按计划备足矿料，不同规格的矿料应分别堆置，不得混杂。

②各种矿料到达工地后，应对其规格和质量进行检查，发现不符合要求的经过筛分试验确定处理办法。若有污染者，要用水冲洗干净。

③当工人铺料时，矿料应安排在基层验收后进料（分段流水作业）。现场条件允许时随进随铺；有困难时也可在路肩或在工地开辟料场存放。

（4）施工机具的准备和检修。沥青表面处治的施工机具主要有：沥青洒布汽车、矿料撒铺车和压路机。

①沥青洒布汽车（俗称洒油汽车）：主要检查其油泵系统、浇油管道、量油表、保温设备等，如有故障，应进行检修。然后将一定数量沥青装入油罐，在路上先行试浇，校核其洒油量。浇油工人应根据试浇确定数据，控制洒油量。每天收车后，要用少量柴油清洗油泵系统和喷油嘴。每次喷洒前应保持喷嘴干净、管道畅通，喷嘴角度应一致，与喷管之间的夹角为15°～25°。

②矿料撒铺车：应检查其传动系统和液压调整系统，事先进行试撒，确定撒铺每种规格的矿料时应控制的间隙。

③压路机：应检查其规格和使用性能（如转向、起动、倒退、停驶等方面），检查滚筒表面的磨损情况，如有凹陷或坑槽不得使用。

（5）落实现场交通管制措施。如设置现场警示标志，安排执勤人员、防护或隔离设施等。

（6）编排施工组合、做好技术交底及安全卫生防护工作。

2）施工方法

（1）层铺法。

层铺法表面处治分先油后料与先料后油两种方法，一般多用先油后料的方法。当路肩过窄不能堆放全部矿料或临近低温施工时，为使路面加速泛油成形，会采用先料后油法。本书着重叙述先油后料法的施工。

①单层式。即浇洒一次沥青，撒铺一次矿料，厚度控制在1.0～1.5 cm，碾压成形，再用车压实、稳定。适用于交通量300辆/d的路面，使用年限约3～5年。共分7个施工工序：清扫基层和放样→浇洒透层沥青或黏层沥青→浇洒第一次主层沥青→撒铺第一次矿料→碾压→交通控制→初期养护。

②双层式。即浇洒二次沥青，撒铺二次矿料，厚度控制在1.5～2.5 cm。适用于交通量为300～1 000辆/d的路面，使用年限约6～10年。共分11个施工工序：安装路缘石（砖）→清扫基层和放样→浇洒透层沥青或黏层沥青→浇洒第一次主层沥青→撒铺第一次矿料→碾压→浇洒第二次沥青→撒铺第二次矿料→碾压→交通控制→初期养护。

③三层式。即浇洒三次沥青，撒铺三次矿料，厚度控制在2.5～3.0 cm。适用于交通量为1 000～2 000辆/d的路面，使用年限约10年。共分14个施工工序：安装路缘石（砖）→清扫基层和放样→浇洒透层沥青或黏层沥青→浇洒第一次主层沥青→撒铺第一次矿料→碾压→浇洒第二次沥青→撒铺第二次矿料→碾压→浇洒第三次沥青→撒铺第三次矿料→碾压→交通控制→初期养护。

交通控制是指通车初期限制车速20 km/h以下，并指挥车辆由路边向路中心逐辆移动轮胎轨迹，使路面得到全幅均匀碾压。初期养护指交通导车在压实过程中出现泛油则洒石屑和砂中和，缺油松散则补浇沥青的过程。

（2）拌和法。

拌和法按拌和温度可分为冷拌和热拌，按拌和地点可分为路拌和场拌。拌和法的施工质量容易保证、用油量低、路面成形快，可适当延长施工季节。但如用人工拌和，则劳动强度大，施工进度慢，受气候影响大。

①路拌法施工工序：筛备矿料→安装路缘石（砖）→清扫放样→沿路分堆备料→人工干拌（指拌匀级配矿料）→加沥青拌匀→摊铺整形→碾压→初期养护。

②场拌法施工工序：熬油→定量配料→机械（或人工）集中在场地拌和→运料→安装路缘石（砖）→清扫放样→卸料→摊铺整形→碾压→初期养护。

在拌和时要严格控制油石比。场拌（即厂拌）时装车温度不得超过90 ℃，摊铺混合料的温度不低于

40 ℃。摊铺时要扣锹铺料，不要远锹扬撒，整形时也不得多用齿耙，以防粗细料分离。

碾压和初期养护都与层铺法相同。

3）施工要点和注意事项

（1）工序要连续。每个作业段长度应根据设备生产能力来安排。当天施工的路段必须当天完成，以免发生沥青冷却不能裹覆矿料、尘土污染等不良后果。

（2）不得在潮湿的矿料或基层上洒油。施工中如下雨，应待矿料晾干后才能继续施工。

（3）现场应设有工地试验站，建立健全工地质量检查制度，严格检验材料和施工质量并作好原始记录。同时，要做好施工安全卫生工作。

（4）表面处治层的施工季节要尽量安排在夏季，否则气温太低，使表面处治层不易成形而易发生松散、脱粒现象。

（5）严格控制基层的工程质量和面层的油石比与用油量。

（6）加强初期养护工作。这是表面处治层施工的最后一道工序，也是保证施工质量的重要环节，渣油表面处治层更是如此。养护期间，应进行专门的组合分工。指挥交通（限制车速 20 km/h 以下）导车碾压、补料补油、清扫、供料供油等工作。应在路中每隔 50 m 设一临时标志，按先边后中的原则控制行车碾压，使路面全幅均匀泛油压实。当处治层全面泛油后，应撒初期养护料（2 ~ 5 mm 矿料或粗料），用量为 3 ~ 5 m^3/1 000 m^2，并仔细扫匀，促使处治层全面稳定。

思一思

沥青表面处治路面的主要作用和适用范围包括哪些？

____

____

____

知识点 5　沥青贯入式路面施工

沥青贯入式路面是在初步压实的碎石（或轧制碎石）上，用沥青浇灌，再分层撒铺嵌缝料和浇洒沥青，并通过分层压实而形成的一种较厚的路面面层。其厚度通常为 4 ~ 8 cm，属于次高级路面；适用交通量为 2 000 ~ 5 000 辆/d、使用年限为 12 年左右的道路面层（面层厚度由设计决定），也可作为高级沥青路面的基层及联结层。

8.5.1　沥青贯入式路面的特点

沥青贯入式路面的强度与稳定性主要由矿料的相互嵌挤和锁结作用而形成，属于嵌挤类路面。根据沥青贯入深度分为深贯入式（6 ~ 8 cm）和浅贯入式（4 ~ 5 cm）两种。

沥青贯入式路面具有强度高、稳定性好、施工简便和不易产生裂缝、温度稳定性好等优点，其缺点为沥青材料在矿料中不均匀，矿料密实处沥青材料不易贯入，而在矿料空隙较大处沥青材料又容易结成块，因而强度不够均匀。

沥青贯入式路面是一种多孔隙结构。为了防止水由表面透入，增强路面的水稳定性，必须封面（在作为基层或联结层使用时除外）。如果路面表层采用拌和法施工，则其下部宜采用贯入式，这种混合式路面面层结构称为沥青上拌下贯式路面，贯入式部分厚度为 5 ~ 8 cm。上拌下贯式路面具有成形快、质量好、平整度好等优点，面层厚度由设计决定，在施工时要采用贯入和拌和两套机械设备。

8.5.2　沥青贯入式路面的材料要求

当地区气候较冷、施工气温较低、矿料较软或粒径偏细时，应采用稠度较低的沥青材料；反之则应采用稠度较高的沥青材料。适用于贯入式路面的沥青材料标号见表 8.1。沥青贯入式路面所用矿料，应本着因地制宜与就地取材的原则，应符合表 8.5 的规定。4～6 cm 厚贯入式路面的主层矿料最大粒径采用与面层等厚，其用量按松铺系数 1.1 计算；7～8 cm 厚的主层矿料最大粒径为面层厚度 0.9 倍或相等，其用量按松铺系数 1.15～1.20 计算。主层矿料中大粒径颗粒含量不得少于 70%，其嵌缝料应与前层矿料嵌锁紧密，后一层嵌缝料最大尺寸与前一层矿料的最小尺寸相当，其用量应按平铺一层计算，既不重叠，也不留有空白。沥青贯入式路面材料用量见表 8.16（矿料尺寸对应的筛分规格详见表 8.4）。

表 8.16　沥青贯入式路面材料用量表

厚度/cm	矿料								石油沥青/($kg\cdot m^{-2}$)			
	主层		第一遍嵌缝料		第二遍嵌缝料		封面料		分层用量			合计
	尺寸/mm	用量/($m^3\cdot$1 000 m^{-2})	尺寸/mm	用量/($m^3\cdot$1 000 m^{-2})	尺寸/mm	用量/($m^3\cdot$1 000 m^{-2})	尺寸/mm	用量/($m^3\cdot$1 000 m^{-2})	1	2	3	
4	20～40	44	10～20(15)	12～14	5～10	7～8	3～5	3～5	1.8～2.1	1.6～1.8	1.0～1.2	4.4～5.1
5	30～50	55	15～25	16～18	5(10)～15	10～12	3～5	3～5	2.4～2.6	1.8～2.0	1.0～1.2	5.2～5.8
6	30～60	66	15～25(30)	16～18	5(10)～15	10～12	3～8(5)	4～6	2.8～3.0	2.0～2.2	1.0～1.2	5.8～6.4
7	30(40)～70(60)	80	15～30(25)	18～20	10(5)～15	11～13	3～8(5)	4～6	3.3～3.5	2.4～2.6	1.0～1.2	6.7～7.3
8	30(40)～70	96	15～30(25)	20～22	10(5)～15	11～13	3～8(5)	4～6	4.0～4.2	2.6～2.8	1.0～1.2	7.6～8.2

注：1. 采用煤沥青时按石油沥青用量乘以 1.2 计算。
2. 矿料数量不包括施工损耗数量。矿料括号内尺寸指建议采用的另一种尺寸。
3. 嵌缝料尺寸，细料多时用低、中限；反之用高、中限。针入度较小沥青用量取高限，反之取低限。
4. 施工期间应另备每 2～3 m^3/1 000 m^2 的石屑、粗砂或中砾石（和最后一次封面料尺寸相同），供初期养护使用。
5. 在寒冷及干旱风沙大的地区，用量可超出高限 5%～10%。

8.5.3　沥青贯入式路面施工

1. 准备工作

与沥青表面处治的施工准备工作相同。

2. 施工程序

安装路缘石（砖）→清扫基层和放样→浇洒黏层或透层沥青→撒铺主层矿料→碾压 1→浇洒沥青 1→撒嵌缝料 1→碾压 2→浇洒沥青 2→撒嵌缝料 2→碾压 3→浇洒沥青→撒铺封面料→最后碾压→初期养护。

矿料应撒铺均匀，避免大小颗粒集中，并不断检查松铺厚度和用路拱板校验路拱。铺好的矿料层应严禁车辆通行。碾压 1：先用 6～8 t 轻型压路机以 2 km/h 的速度初碾 3～4 遍，使矿料基本稳定，无显著推移；然后再用 10～12 t 中型压路机以 3～5 km/h 的速度碾压 2～4 遍，直至矿料嵌挤紧密，无显著轮迹；碾压中如发现矿料有过多压碎，应立即停止碾压，以免影响沥青贯入。碾压 2 与碾压 3：用中型压路机碾压 4～6 遍，并随压随扫使嵌缝料均匀嵌入主层石料中。最后碾压：用 6～8 t 轻型压路机碾压 2～4 遍。通车初期应限速 20 km/h 并导车压实。初期养护见表 4-16 注中第 4 条说明。

8.5.4　沥青上拌下贯式路面施工

下部采用贯入式时不做封层，上部采用热拌沥青表面处治 1.5～2 cm 厚封层的沥青路面。若采用乳化石油沥青作上拌下贯式路面并且铺于半刚性基层上时则需要做下封层。

上拌下贯式路面适用于次高级路面，其材料规格用量见表 8.17。

表 8.17　沥青上拌下贯式路面材料规格和用量

厚度/cm	矿料								石油沥青用量		
	主层		第一遍嵌缝料		第二遍嵌缝料		上拌沥青混合料		下贯部分/(kg·m^{-2})		上拌部分/(kg·m^{-2})
	尺寸/mm	用量/(m^3·1 000 m^{-2})	尺寸/mm	用量/(m^3·1 000 m^{-2})	尺寸/mm	用量/(m^3·1 000 m^{-2})	尺寸/mm	用量/(m^3·1 000 m^{-2})	第一次	第二次	
4	20~40	44	10~15(20)	12~14	5~10	5~7	3~10 或 0~10 或 0~15	21~35	2.0~2.3	1.4~1.6	4.5%~7.0%
5	30~50	55	15~25	16~18	5(10)~15	7~9	3~10 或 0~10		0.6~2.8	1.6~1.8	
6	30~60	66	15~25(30)	16~18	5(10)~15	7~9	或 0~15		3.2~3.4	1.6~1.8	
7	30~70	80	15~25(30)	18~20	10(5)~15	8~10			4.0~4.3	1.6~1.8	

注:1. 嵌缝料规格括号内尺寸指建议采用的另一种尺寸。
2. 采用煤沥青时,按石油沥青用量乘以 1.2 计算。
3. 其他注释同表 8.16 注第 2~5 条。

准备工作和下贯部分施工与沥青贯入式路面相同,上拌部分施工与拌和法沥青表面处治路面施工相同。上拌部分应与下贯部分连续施工。摊铺上拌混合料前应清除下贯部分表面的浮动矿料、杂物和尘土。如不易清除,则应浇洒黏层油。若因故不能连续施工而又不能断绝交通时,应给下贯部分加封层。初期养护工作与表面处治相同。

举一举

沥青贯入式路面的特点和材料要求有哪些?

知识点 6　热拌沥青混合料路面施工

用沥青混凝土和沥青碎石采用热拌热铺法铺筑的沥青路面统称热拌沥青混合料路面。这类路面属于高级路面,常用于高速公路、一级公路上,大都采用厂拌法施工。

沥青混凝土可用"AC"表示(As-phalt Concrete);沥青碎石可用"AM"表示(Asphalt Macadam)。沥青混凝土和沥青碎石以强度原理而言分别属于密实类和嵌挤类。相关区分与划分见表 8.18、表 8.19。

表 8.18　沥青混凝土与沥青碎石区别

项目	压实后	级配组成		强度原理			其他特点				
名称	空隙率	矿粉	粗骨料	黏结力	内摩擦力	强度	热稳定性	抗滑移性	耐久性	施工成形	实际使用
沥青混凝土	≤10%	必须有	较少	为主	为辅	最高	较差	较差	好	较难	较窄
沥青碎石	>10%	无或极少	较多	为辅	为主	较高	好	好	较差	方便	较广

表 8.19　沥青混凝土和沥青碎石路面粒径划分及空隙率划分

名称	按矿料标准最大直径(粒径)划分种类/mm					按空隙率划分种类		
	特粗式	粗粒式	中粒式	细粒式	砂粒式	空隙率	级别	主要用于
沥青混凝土		AC-5	AC-25	AC-15	AC-15	3%~6%	Ⅰ型	城市道路
		AC-30	AC-20	AC-10		6%~10%	Ⅱ型	公路
沥青碎石	AM-50	AM-35	AM-25	AM-15		10%~15%	半开级配	公路
	AM-40	AM-30	AM-20	AM-10		>15%	开级配	低噪声路面

热拌沥青混合料路面根据不同地区、道路等级及所处层位功能要求可从表 8.20 中选择适当的结构组合。

表 8.20　沥青混合料路面结构组合表

面层结构层次	高速公路、一级公路		二级公路		二级公路以下	
	三层式沥青混凝土	两层式沥青混凝土	两层式沥青混凝土	两层式沥青碎石	沥青混凝土	沥青碎石
上面层	AC-15 AC-20 AC-25	AC-15 AC-20	AC-15 AC-20	AC-15	AC-5 AC-10 AC-15	AM-10
中间层	AC-25 AC-30					
下面层	AC-30 AC-35	AC-25 AC-30 AC-35	AC-25、AC-30、 AC-35 或 AM-30 （或 AM-35）	AM-30 AM-5	AC-25、AC-30 或 AM-30、AM-35	AC-30 或 AM-35、 AM-40、AM-50

表 8.20 中，当上面层及下面层均用沥青碎石时须作下封层。上面层宜用沥青混凝土铺筑以确保平整度，并提高抗渗性。

8.6.1　沥青混凝土路面分类

1. 按所用的沥青材料分类

（1）地沥青混凝土（用石油沥青为结合料）。

（2）煤沥青混凝土（用煤沥青为结合料）。

2. 按摊铺时的温度分类

（1）热拌热铺（摊铺温度 100～150 ℃）。

（2）热拌冷铺（摊铺温度与大气温度相同）。

3. 按沥青混合料最大粒径分类

（1）按矿料最大粒径的不同，可分为 AC-35、AC-30、AC-25、AC-20、AC-15、AC-10、AC-5 等七种类型。数字代表矿料最大粒径（mm）。

（2）在生产上按最大粒径的不同，又可分为粗粒式（最大粒径为 30～35 mm）、中粒式（最大粒径为20～25 mm）、细粒式（最大粒径为 10～15 mm）、沥青砂（最大粒径为 5 mm，即砂粒式）。

4. 按结构形式分类

沥青混凝土路面按结构形式可分为单层式和双层式。单层式厚 4～6 cm，双层式厚度一般为 7～9 cm（下层厚 4～5 cm，上层厚 3～4 cm）。

21 世纪初，国内在高等级公路建设中，已经开始使用上述最大粒径、路面厚度和结构层次，而且使用了路用改性沥青、防反射裂纹布和防裂网。

记一记

简述热拌沥青混合料路面的分类。

____

____

____

微课

热拌沥青混合料路面施工

8.6.2　沥青混凝土路面的材料要求

1. 沥青材料

在气温较高和交通繁重的条件下，细粒式沥青混凝土应选用稠度较高的沥青；中、粗粒式沥青混凝土则采用稠度较低的沥青。我国大部分地区热铺沥青混凝土多采用标号为 A-100、A-60 的石油沥青或标号为 T-8、T-9 的煤沥青(详见表 8.1 和表 8.2)。沥青混凝土材料级配组成及油石比见表 8.21。

表 8.21 沥青混凝土材料级配组成及油石比

类型			通过下列筛孔(mm)的质量分数/%													沥青/%
			35	30	25	20	15	10	5	2.5	1.2	0.6	0.3	0.15	0.075	
粗粒式	AC-35	Ⅱ	95 ~ 100	—	75 ~ 95	—	55 ~ 75	40 ~ 60	25 ~ 45	15 ~ 35	—	5 ~ 18	4 ~ 14	3 ~ 8	2 ~ 5	4.0 ~ 5.5
	AC-30	Ⅱ	—	95 ~ 100	75 ~ 95	—	55 ~ 75	40 ~ 60	25 ~ 45	15 ~ 35	—	5 ~ 18	4 ~ 14	3 ~ 8	2 ~ 5	4.0 ~ 5.5
中粒式	AC-25	Ⅰ	—	—	95 ~ 100	—	—	70 ~ 80	50 ~ 65	35 ~ 50	25 ~ 40	18 ~ 30	13 ~ 21	8 ~ 15	4 ~ 9	5.0 ~ 6.5
		Ⅱ	—	—	95 ~ 100	—	—	50 ~ 70	30 ~ 50	20 ~ 35	13 ~ 25	9 ~ 18	6 ~ 13	4 ~ 8	3 ~ 7	4.5 ~ 6.0
	AC-20	Ⅰ	—	—	—	95 ~ 100	—	70 ~ 80	50 ~ 65	35 ~ 50	25 ~ 40	18 ~ 30	13 ~ 21	8 ~ 15	4 ~ 9	5.0 ~ 6.5
		Ⅱ	—	—	—	95 ~ 100	—	50 ~ 70	30 ~ 50	20 ~ 35	13 ~ 25	9 ~ 18	6 ~ 13	4 ~ 8	3 ~ 7	4.5 ~ 6.0
细粒式	AC-15	Ⅰ-1	—	—	—	—	95 ~ 100	—	70 ~ 80	55 ~ 65	40 ~ 50	30 ~ 40	21 ~ 28	12 ~ 20	6 ~ 10	6.0 ~ 7.5
		Ⅰ-2	—	—	—	—	95 ~ 100	—	55 ~ 70	40 ~ 55	30 ~ 40	20 ~ 30	16 ~ 21	10 ~ 15	5 ~ 9	5.5 ~ 7.0
		Ⅱ	—	—	—	—	95 ~ 100	—	35 ~ 55	25 ~ 40	18 ~ 30	12 ~ 20	8 ~ 16	5 ~ 10	4 ~ 8	5.0 ~ 6.5
	AC-10	Ⅰ-1	—	—	—	—	—	95 ~ 100	70 ~ 80	55 ~ 65	40 ~ 50	30 ~ 40	21 ~ 28	12 ~ 20	6 ~ 10	6.0 ~ 8.0
		Ⅰ-2	—	—	—	—	—	95 ~ 100	55 ~ 70	40 ~ 55	30 ~ 40	26 ~ 30	16 ~ 21	10 ~ 15	5 ~ 9	5.5 ~ 7.5
		Ⅱ	—	—	—	—	—	95 ~ 100	35 ~ 55	25 ~ 40	18 ~ 30	12 ~ 20	8 ~ 16	5 ~ 10	4 ~ 8	5.0 ~ 7.0
砂粒式	AC-5	Ⅱ	—	—	—	—	—	—	95 ~ 100	65 ~ 85	45 ~ 65	30 ~ 52	17 ~ 37	11 ~ 28	8 ~ 12	7.0 ~ 9.0

注:1. AC-＊＊中 AC 代表沥青混凝土混合料,后面数字代表矿料最大粒径,mm;Ⅰ型空隙率为 3% ~6%,Ⅱ型空隙为 6% ~10%。
2. 沥青用量系外加,故称油石比。表列用量指石油沥青。如用煤沥青时增加 20%。沥青混凝土混合料的技术指标应符合表 8.22 的要求,其极限抗弯强度应满足弯拉应力验算的要求。
3. 表中“沥青(%)”表示“沥青用量的油石比”。

2. 碎石或砾石

碎石或砾石应选用强度不低于 3 级、耐磨、立方体有棱角的颗粒和与沥青黏结力较强的碱性石料(石灰岩、白云岩等)。若选用酸性石料(如花岗岩等),则在使用前应掺加少量(0.6% ~2%)表面活性的掺合料(如碱土金属皂、松脂盐酸等)预先碱化,以改善石料与沥青的黏结力。所用的石料必须清洁干燥,不应含有污泥等杂质,黏土及灰尘含量应不大于 1%;其技术性能应符合表 8.3、表 8.5 的要求。

3. 砂

天然的河砂及人工砂均可选用。砂应具有一定的级配组成,粒径为 0.074 ~0.25 mm、0.25 ~0.50 mm、0.50 ~2.0 mm 的颗粒成分最好大致相等。砂应清洁、坚硬、不含杂质,含泥量不大于 4%,并符合表 8.11 要求。

4. 矿粉

一般采用石灰石粉作为矿粉,其中粒径小于 0.074 mm 的成分宜不少于 80%;亦可采用水泥、消石灰粉作为矿粉,但消石粉不宜超过 3%。矿粉在沥青混凝土中的作用是填充混合料的空隙、增强矿料和沥青的黏结力，提高混合料的强度和稳定性。矿粉的技术指标要求见表 8.11。

5. 级配组成及油石比

沥青混凝土材料级配组成及油石北要求见表 8.22。

表 8.22　沥青混凝土混合料的技术指标

项目		BZZ-100 级大于 500 轴次/d（击实次数双面各 75 次）			BZZ-100 级小于 500 轴次/d（击实次数双面各 50 次）		
		细粒式	中粒式	粗粒式	细粒式	中粒式	粗粒式
稳定度/N		≥4 500	≥5 000	≥6 000	≥4 000	≥4 500	≥5 000
流值/1 · 100 cm^{-1}		20 ~ 40			20 ~ 45		
孔隙率/%	Ⅰ	3 或 2 ~ 6			3 或 2 ~ 6		
	Ⅱ	6 ~ 10			6 ~ 10		
饱水率/%	Ⅰ	2 或 1.5 ~ 9			2 或 1.5 ~ 5		
	Ⅱ	5 ~ 9			5 ~ 9		
饱和率/%	Ⅰ	75 ~ 80			75 ~ 80		
	Ⅱ	60 ~ 75			60 ~ 75		
残留稳定度	Ⅰ	>75			>75		
	Ⅱ	>70			>70		

注：1. Ⅰ型为密实级配，空隙率 3% ~6%，Ⅱ型空隙率为 6% ~10%。
2. 在拌和厂或现场产品检验时，如材料比重测定困难，可采用饱水率代替空隙率。
3. BZZ-100 级表示标准轴载的等级。

8.6.3　沥青混凝土路面施工的具体方法

1. 施工前的准备工作

沥青混凝土路面在铺筑之前，应根据施工验收资料检查与清理基层，保证基层弯沉值、压实度及高程合格，表面坚实、平整、洁净和干燥；应准备和检修施工机具，并进行试运转，确定其保持完好状态；要落实各种材料，备齐检测仪器，制订施工计划，安排好施工组合，完成施工放样等各项工作。

2. 沥青混凝土路面施工程序

微课

热拌沥青混合料路面施工工艺流程

（1）安装路缘石。

（2）清扫基层和测量放样。沥青面层铺筑前，应检查工程范围内的井盖框、路缘石、消防栓等是否已固定到要求的高程和位置，侧壁是否已涂好沥青黏层，顶面是否已有保护隔离设施。在面层铺筑前 4 ~ 8 h，粒料类的基层表面应洒布透层沥青；旧路面上应洒布黏层沥青。

（3）摊铺沥青混合料。

①选择摊铺机械。沥青混合料摊铺机有履带式和轮胎式两种。其构造和技术性能大致相同，一般由料斗、链式传送器、螺旋摊铺器、振捣板、摊平板、行驶部分和发动机等组成，如图 8.3 所示。自动倾卸汽车将沥青混合料卸到摊铺机料斗后，经链式传送器将混合料往后传到螺旋摊铺器，随着摊铺机向前行驶，螺旋摊铺器即在摊铺带宽度上均匀地摊铺混合料，随后由振捣板捣实，并由摊平板整平。摊铺机的摊铺工艺过程如图 8.4 所示。

高速公路、一级公路等应尽可能采用全路幅面全宽一次铺筑。一台摊铺机械不足路宽时，可以采用多台摊铺机械组成平行梯队联合作业。所谓梯队是指相邻两台摊铺机的纵向间距约 10 ~ 20 m，纵向搭接约 10 cm，且不得造成前面摊铺的混合料冷却。当混合料供应能满足不间断摊铺时，也可采用全宽度摊铺机一幅摊铺，施工队伍将混合料铺满全宽，一次摊铺长度宜大于 100 m。摊铺机械作业前，要事先按施工条件拟定其行驶路线，按照计划进行摊铺。

摊铺机自动找平时，中、下两层宜采用由一侧钢丝绳引导的高程控制方式，表面层宜采用摊铺层前后

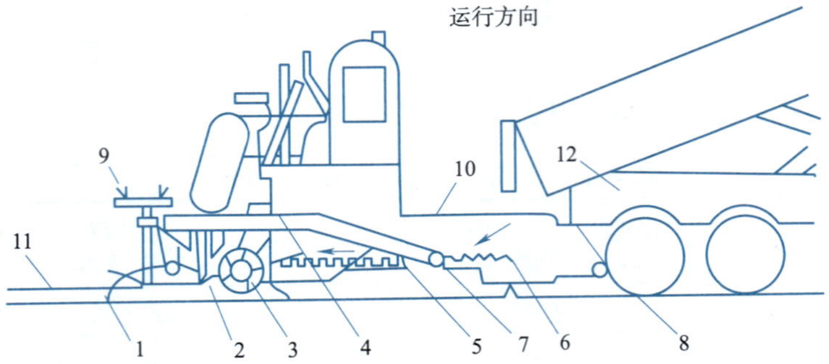

1—摊平板；2—振捣板；3—螺旋摊铺器；4—水平臂；5—链式传送器；6—履带；
7—枢轴；8—顶推辊；9—厚度控制器；10—料斗；11—摊铺面；12—自卸汽车。

图 8.3　沥青混合料摊铺机

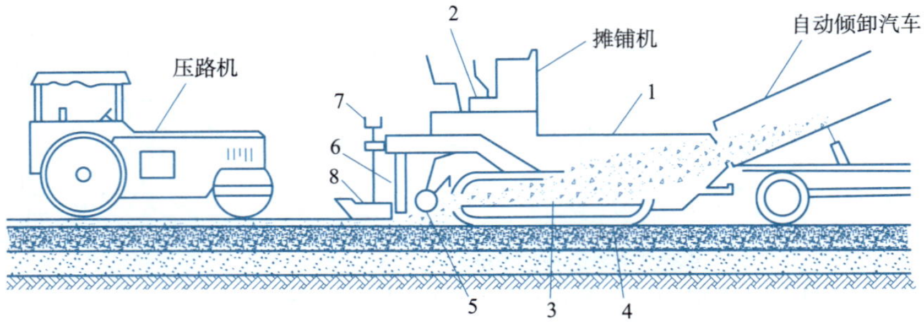

1—料斗；2—驾驶台；3—送料器；4—履带；
5—螺旋摊铺器；6—履带；7—厚度调节螺杆；8—摊平板。

图 8.4　沥青混合料摊铺机摊铺工艺流程

保持相同高的雪橇式摊铺厚度控制方式。经摊铺机初步压实的摊铺层其平整度和横坡坡度要保证达到规定要求。铺筑多层混合料时，上、下层的接缝应错开，纵缝错开 15 cm 以上，横罐错开 1 m 以上。主干路表面层接缝应削齐整平，接缝处均应涂刷沥青黏层，接缝表面应予以烫平。

②确定摊铺温度。沥青混合料的摊铺温度与沥青品种、标号、黏度、摊铺厚度及气温有关。较稠沥青的施工温度可选择接近高限，较稀沥青的施工温度可选择接近低限，正常施工最低不得低于 110 ℃，也不得高于 165 ℃，选用值参见表 8.23。

表 8.23　热拌沥青混合料的施工温度

沥青种类		石油沥青			煤沥青	
沥青标号		AH—50 AH—70 AH—90 A—60	AH—110 AH—130 A—100 A—140 A—180	A—200	T—8 T—9	T—5 T—6 T—7
沥青加热温度/℃		150 ~ 170	140 ~ 160	130 ~ 150	100 ~ 130	
矿料温度	间隙式拌和机	比沥青加热温度高 10 ~ 20 ℃（填料不加热）			比沥青加热温度高 15 ℃（填料不加热）	
	连续式拌和机	比沥青加热温度高 5 ~ 10 ℃（填料加热）			比沥青加热温度高 8 ℃（填料加热）	
沥青混合料出厂正常温度/℃		140 ~ 165	125 ~ 160	120 ~ 150	90 ~ 120	80 ~ 110
混合料贮料仓贮存温度		贮存过程中温度降低不超过 10 ℃			贮存过程中温度降低不超过 10 ℃	
运输到现场温度		不低于 120 ~ 150 ℃			不低于 90 ℃	
摊铺温度	正常施工	不低于 110 ~ 130 ℃，不超过 165 ℃			不低于 80 ℃，不超过 120 ℃	
	低温施工	不低于 120 ~ 140 ℃，不超过 175 ℃			不低于 100 ℃，不超过 140 ℃	

续表

沥青种类		石油沥青	煤沥青
碾压温度	正常施工	110～140 ℃,不低于 100 ℃	80～110 ℃
	低温施工	120～150 ℃,不低于 110 ℃	90～120 ℃
碾压终了温度	钢轮压路机	不低于 70 ℃	不低于 50 ℃
	轮胎压路机	不低于 80 ℃	不低于 60 ℃
	振动压路机	不低于 65 ℃	不低于 50 ℃
开放交通温度		路面冷却后	

③控制摊铺速度。沥青混凝土路面摊铺速度应缓慢(2～6 m/min)、均匀、连续。在摊铺过程中,摊铺机螺旋送料器应不停转动,料斗两侧应保持有不少于送料器高度2/3 的混合料,并保证在摊铺全宽度断面上不出现离析现象。当摊平板按所需厚度固定后,不得随意变更。

④确定摊铺厚度。沥青混合料的松铺系数由试铺法确定,大致在 1.15～1.35。摊铺过程中应随时检查摊铺层厚度及路拱、横坡,可按平均厚度校验,不符合要求时应及时进行调整。

拢一拢

沥青混凝土路面施工前的准备工作有哪些内容?

(4)碾压。沥青混合料路面碾压程序为:初压—复压—终压;碾压原则与其他沥青路面相同。沥青混合料摊铺整平之后,应趁热及时进行碾压。初压可用 6～8 t 双轮压路机以 15～20 km/h 的速度先碾压两遍,使混合料得到初步稳定。随即用 10～12 t 三轮压路机或轮胎式压路机复压 4～6 遍,复压后路面应无显著轮迹。紧接着采用 6～8 t 双轮压路机终压,以 3 km/h 的碾压速度碾压 2～4 遍,消除碾压中产生的轮迹并确保表面平整度与路拱度。在碾压过程中,发现有凹凸之处,可先用齿扒拉松,然后用手工补料修补,最后整平压实。

碾压工作中的注意事项如下:

①压路机的轴应圆顺光滑,转动时不能有振动现象,以免使路面发生波浪和麻眼等病害。

②压路机在碾压时应直线进退,不能任意左右摇摆、调头或突然刹车。否则会损害路面质量。

③不能将压路机停放在刚完成的新路面上。压路机漏油时应立即退出工作面修理。

④压路机进出碾压区域时,应从老路上正方向进出,不能斜向从边上进出。

⑤不要将烘热工具的柴炭炉灰、柴油等杂物散落在新铺的路面上。

⑥碾压时压路机钢轮上要不断用柴油掺水(1∶2,体积比)的混合液涂刷,以防粘轮。

(5)接缝处理。沥青混凝土路面一般都会有纵向或横向接缝。即使是全幅宽摊铺时,面层横向接缝也不可避免,至少每天会有一条工作缝。接缝处理不好时,会使路面在接缝处不平,并因压实度不匀、结合强度不足而产生裂纹,甚至松散。

①纵向接缝。沥青混凝土路面纵向接缝可以采用热接或冷接。热接是两台摊铺机一前一后成梯队同步摊铺沥青混合料;冷接是在不同时间分幅摊铺时采用的方法。一般以热接为好。上、下层的纵缝应错开 15 cm,表层的纵缝最好设在路面标线处。

热接缝是奉摊铺的热迟合料留下 10～20 mm 的宽度暂时不压,作为后摊铺部分的基准高程面,然后作跨缝碾压。

冷接缝是先铺筑的半幅设置挡板或压实后将缝边用切刀切齐,铺筑后半幅前将接缝边缘清扫干净,刷黏层沥青。摊铺后半幅混合料时应重叠在已铺层上 5～10 cm,借此加热已铺筑的沥青混合料,碾压前将这部分混合料铲除。碾压时压路机应大部分压在已碾压好的路面上,仅有 10～15 cm 的宽度压在新铺层上,然后逐渐移动跨过纵缝碾压,如图 8.5 所示。

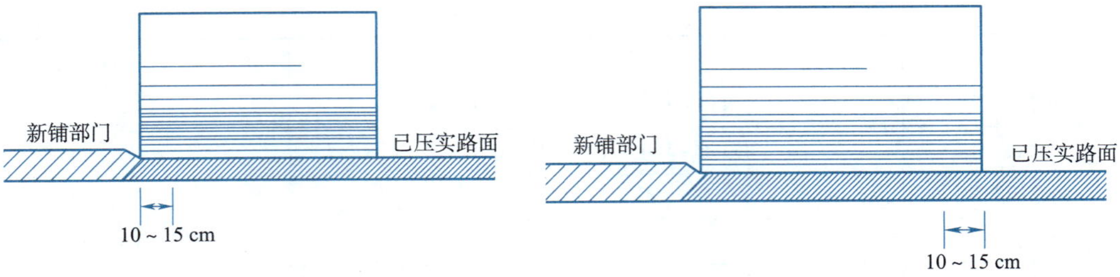

图 8.5　纵向接缝的碾压示意图

②横向接缝。沥青混凝土路面横向接缝可采用平接缝和斜接缝两种方法筑成，如图 8.6 所示。高速公路、一级公路和城市快速路、主干路中上面层的横缝应采用垂直的平接缝，其他层次以及其他道路的各层次均可采用斜接缝。相邻两幅及上下层的横缝应错开 1 m 以上。为使接缝位置得当，应在已铺层顶面顺路面中心方向在 2 ~ 3 个位置先后放一把 3 m 直尺，并找出表面纵坡或已铺层厚度开始发生变化的断面，然后用锯缝机沿此断面切割成垂直面，并将已铺层不符合要求的尾部铲除（也可以人工或机械铲除不符合要求的尾部，形成毛接缝）。为便于铲除混合料，可事先在施工临近结束时，在预定摊铺宽度范围内先铺一层牛皮纸或撒一薄层砂，摊铺机铺料结束驶离现场后，人工将端部混合料铲齐后碾压，然后找出切割的位置，趁热将尾部铲除。继续摊铺前，在切割断面上涂刷薄层沥青，并用热沥青混合料将接缝附近的沥青混合料加热。

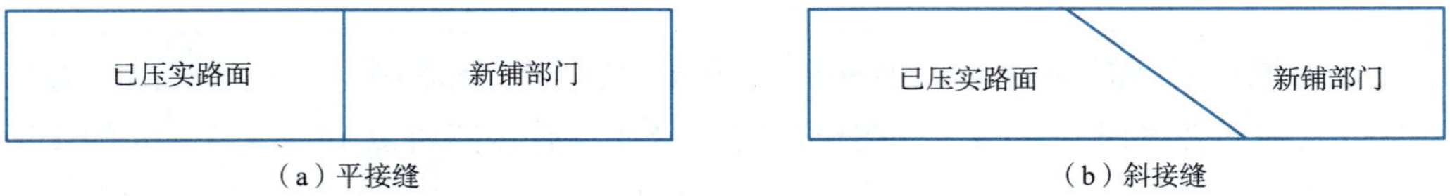

图 8.6　沥青路面横向冷接缝

（6）开放交通。沥青混凝土路面应在完全冷却以后才能开放交通，一般在施工完毕后第二天开放。如急需开放交通可以洒水加速冷却。

8.6.4　沥青碎石路面施工

沥青碎石路面施工同沥青混凝土路面。沥青碎石路面与沥青混凝土路面的主要区别在于碎石的级配组成不同，施工方法完全一致。

评一评

沥青路面热接与冷接的区别是什么？路面沥青可采用哪些类别的沥青？

____

____

____

知识点 7　沥青路面的季节性施工

沥青路面（除乳化沥青外）施工有很强的季节性，路面质量与施工季节的气温和外界自然条件有密切关系，故在低温与雨季施工时，应采取不同的施工措施。

8.7.1　低温施工

1. 沥青路面底层的低温施工

对砂石底层，应注意其含水量。如需洒水碾压，则可掺入 5% ~10%（质量分数）的氯盐（根据施工气温确定掺量)，随洒水随碾压，必须当天完工。

对石灰土底层，由于灰土在低温条件下硬化缓慢、强度低、水稳定性和耐冻性差，常导致沥青路面损坏，因此在接近冬季施工时，一般要求在冰冻前一个月停止灰土施工，并在灰土上覆盖砂土磨耗层，以便临时通车，待来年春季再铺筑沥青路面。个别的急需工程，可按石灰土的质量掺盐(4% ~5%)以防冻，但食盐成本高，且不易溶化，因此应采用工业废料硝盐作为防冻剂。

2. 热铺沥青混凝土路面的低温施工

热铺沥青混凝土路面施工气温在5 ℃以下或冬季气温虽在5 ℃以上，但有大风时，施工中应采取下列措施：

(1)适当提高沥青混凝土混合料出厂温度，一般石油沥青混合料为160 ~ 180 ℃，煤沥青混合料为120 ~ 130 ℃。

(2)运输沥青混合料用的车辆应有严密的覆盖设备保温。石油沥青混合料到达工地温度不低于140 ℃，煤沥青混合料不低于110 ℃。

(3)摊铺机的摊平板及其他接触热混合料的机械、工具要经常加热，并用喷雾器在其上喷一薄层油料(柴油)。在工地现场应准备好挡风、加热、保温工具和设备等。

(4)卸料后应用苫布等及时覆盖保温。

(5)摊铺时间宜选在上午9时至下午4时，做到快卸料、快摊平、快碾压。

(6)在摊铺沥青混合料前，宜用喷灯将接缝处加热至60 ~ 75 ℃，接缝处除用热夯、烙铁等夯实、烫平外，还要用压路机沿缝加强碾压。

(7)碾压时应备有足够数量的压路机。石油沥青混合料的开始碾压温度宜在90 ~ 100 ℃，碾压终了温度不得低于50 ℃；煤沥青混合料开始碾压温度宜在80 ℃以上，碾压终了温度不得低于40 ℃。

(8)集中人员与机具，缩短摊铺与碾压的时间，并加强工地现场与沥青拌和厂的联系，做到定量、定时、定车组织生产，及时供料，避免接缝过多。

3. 沥青贯入式和沥青表面处治路面的低温施工

由于贯入式和表面处治路面都是就地洒油，油的热量极易散发而很快降温，因此对施工季节气温的要求更高一些。一般情况下，春季气温低于10 ℃及秋季气温低于15 ℃时，就得采取低温施工措施。当气温低于5 ℃时不得施工。

低温施工时，碾压碎石要尽量少洒水。必要时水中可掺入6% ~9%(质量分数)的氯盐以防止霜冻，洒水宜在洒油前半日内完成。要选用较稀的沥青(石油沥青采用的针入度为170 ~ 200，煤沥青用T—5、T—6)。浇洒沥青应在气温较高时进行，洒油、撒料、扫匀和碾压四个工序要紧密衔接，不能间断，每次洒布长度不宜过长。

8.7.2　雨季施工

除乳化沥青以外的其他沥青路面是不允许在下雨时施工的。但路面施工线长、点多，又都是露天作业，很难完全避免在施工中遇到下雨，因此雨季施工必须采取一些应对措施。

(1)注意气象预报，加强工地现场与沥青拌和厂的联系。现场要缩短施工路段，各工序要紧凑衔接。

(2)准备好运输沥青混合料汽车的苫布和料堆摊铺地点的覆盖物等防雨设备，基层路肩做好排水措施。

(3)下雨或基层潮湿时，均不得摊铺沥青混合料。对未经压实即遭雨淋的沥青混合料，应全部清除，更换新料。

数一数

沥青贯入式和沥青表面处治路面的低温施工有哪些要求?

知识点8　沥青路面施工检查及验收

8.8.1　一般规定

(1)沥青面层施工完成后,在正式交验之前,必须先经外观检查合格,方能检验。

(2)交验工程必须具备施工单位的自检、互检、专检手续,完整的施工交接记录,测量及其他各种检测记录等。

(3)如发现受检资料不符合要求,必须补全改正,否则不予验收。

微课

交接测量桩点

8.8.2　检查验收标准

1. 施工前及施工过程中的材料检验

(1)在工程开始前以及施工过程中材料来源或规格发生变化时,应对材料来源、材料质量、数量、供应计划、材料场堆放及储存条件等进行检查。

(2)施工前的材料质量检查应按规定的批次进行检查。

(3)施工过程中材料检查要求应符合表8.24的规定。

表8.24　施工过程中材料质量检查的内容与要求

材　料	检查项目	检查频度	
		高速公路、一级公路	二级公路及以下
粗集料	外观(碎石品种、含泥量等)	随时	随时
	颗粒组成、压碎值、磨光值、洛杉矶磨耗值	必要时	必要时
	含水量、堆密度	施工需要时	施工需要时
细集料	颗粒组成	必要时	必要时
	含水量、堆密度	施工需要时	施工需要时
矿粉	外观	随时	随时
	<0.075 mm含量、含水量	必要时	必要时
石油沥青	针入度	每100 t测1次	每100 t测1次
	软化点	每100 t测1次	必要时
	延度	每100 t测1次	必要时
	含蜡量	必要时	必要时
煤沥青	黏度	每50 t测1次	每100 t测1次
乳化沥青	黏度、沥青含量	每50 t测1次	每100 t测1次

注:1. 表中内容不包括材料进场时的检查。
2. “必要时”是指施工企业、监理、质量监督部门、业主等各个部门对其质量发生怀疑,提出需要检查时,或是指根据需要商定的检查频度。

(4)对实行监理制度的工程项目,应按其规定程序进行。

2. 施工过程中的质量检查

(1)现场应对混合料质量及施工温度进行观测,随时检查厚度、压实度和平整度,并逐个断面测定成形尺寸。如发现异常,应停止施工,及时处理,待主管部门同意后方可复工。

(2)施工单位的质量检测结果应按 100 m 为单位整理成表。

(3)关键工序或重要部位宜拍摄照片或进行录像,作为实态记录保存。

(4)施工过程中工程质量和外形尺寸质量的控制标准应符合表 8.25、表 8.26 的规定。

3. 交工验收阶段的工程质量检查与验收

(1)工程完工后,施工单位应将全线以每 100 ~ 500 m 作为一个评定路段进行评审,然后申请交工验收。

(2)工程完工后应全线测定路面平整度、宽度、纵断面高程、横坡度等,并绘制竣工图。

(3)交工验收阶段检查与验收的各项质量指标应符合表 8.27 的规定。

知识点 9　沥青路面施工资料整理

8.9.1　一般要求

同基层,工程质量的控制标准等见表 8.25 ~ 表 8.27。

表 8.25　沥青面层施工过程中工程质量的控制标准

<table>
<tr><td rowspan="2">路面类型</td><td rowspan="2" colspan="2">项　　目</td><td rowspan="2">检 查 频 度</td><td colspan="2">质量检查或允许偏差</td><td rowspan="2">试 验 方 法</td></tr>
<tr><td>高速公路
一级公路</td><td>二级公路
及以下</td></tr>
<tr><td rowspan="4">沥青表面处治及贯入式路面</td><td colspan="2">外观</td><td>随时</td><td rowspan="4">—</td><td>集料嵌挤密度,沥青撒布均匀,无花白料,接实无油包</td><td>目测</td></tr>
<tr><td colspan="2">集料撒布量</td><td rowspan="2">不少于 1 ~ 2 次/日</td><td rowspan="3">符合规范的规定</td><td rowspan="2">按相应施工长度的实际用量计算</td></tr>
<tr><td colspan="2">沥青撒布量</td></tr>
<tr><td colspan="2">沥青撒布温度</td><td>每车 1 次</td><td>温度计测量</td></tr>
<tr><td rowspan="14">热拌沥青混合料路面</td><td colspan="2">外观</td><td>随时</td><td colspan="2">表面平整密实,不得有轮迹、裂缝、推挤、油丁、油包、离析、花白料现象</td><td>目测</td></tr>
<tr><td colspan="2">接缝</td><td>随时</td><td colspan="2">紧密平整、顺直、无跳车</td><td>目测,用 3 m 直尺测量</td></tr>
<tr><td rowspan="3">施工温度</td><td>出厂温度</td><td rowspan="2">不少于 1 次/车</td><td colspan="2" rowspan="3">符合规范的规定</td><td rowspan="3">温度计测量</td></tr>
<tr><td>摊铺温度</td></tr>
<tr><td>碾压温度</td><td>随时</td></tr>
<tr><td colspan="2">矿料级配:与生产设计标准级配的差</td><td rowspan="5">每台拌和机 1 次或 2 次/日</td><td rowspan="2">方孔筛</td><td rowspan="2">圆孔筛</td><td rowspan="5">拌和厂取样,用抽提后的矿料筛分,应至少检查 0.075 mm, 2.36 mm, 4.75 mm,最大集料粒径及中间粒径等 5 个筛孔,中间粒径宜为:细、中粒式为 9.5 mm(圆孔 10 mm);粗粒式为 13.2 mm(圆孔 15 mm)</td></tr>
<tr><td>方孔筛</td><td>圆孔筛</td></tr>
<tr><td>0.075 mm</td><td>0.075 mm</td><td>±2%</td><td>±2%</td></tr>
<tr><td>≤2.36 mm</td><td>≤2.5 mm</td><td>±6%</td><td>±7%</td></tr>
<tr><td>≥4.75 mm</td><td>≥5.0 mm</td><td>±7%</td><td>±8%</td></tr>
<tr><td colspan="2">沥青用量(油石比)</td><td>每台拌和机 1 次或 2 次/日</td><td>±0.3%</td><td>±0.5%</td><td>拌和厂取样,离心法抽提(用射线法沥青含量测定仪随时检查)</td></tr>
<tr><td colspan="2">浸水马歇尔试验</td><td>必要时</td><td colspan="2">符合规范的规定</td><td>拌和厂取样成形试验</td></tr>
<tr><td colspan="2">压实度</td><td>每 2 000 m^2 检查 1 次,1 次不少于钻 1 个孔</td><td>马歇尔试验密度的 96%,试验段钻孔密度的 99%</td><td>马歇尔试验密度的 95%,试验段钻孔密度的 99%</td><td>现场钻孔(或挖坑)试验(用核子密度仪随时检查)</td></tr>
<tr><td colspan="2">抗滑表面(构造深度)</td><td>不少于 1 次/日</td><td colspan="2">符合设计要求</td><td>砂铺法</td></tr>
</table>

注:构造深度根据设计需要决定是否检测,且只对表层测定。

表 8.26　施工过程中沥青面层外形尺寸质量的控制标准

路面类型	项目		检查频度	质量检查或允许偏差		试验方法
				高速公路一级公路	二级公路及以下	
沥青表面处治	厚度		不少于每 2 000 m^2 一点	—	−5 mm	挖坑（路中及路侧各一点）
	平整度（最大间隙）		随时		10 mm	用 3 m 直尺检测
	宽度		设计断面逐个检测		±30 mm	用尺量
	横坡度				±0.5%	用横断面仪或水准仪检测
沥青贯入式路面	厚度		不少于每 2 000 m^2 一点	—	−8% 或 −5 mm	挖坑
	平整度（最大间隙）		随时		8 mm	用 3 m 直尺检测
	宽度		设计断面逐个检测		±30 mm	用尺量
	横坡度				±0.5%	用横断面仪或水准仪检测
热拌沥青混合料路面	厚度	总厚度	不少于每 2 000 m^2 一点	−8 mm	−8% 或 −5 mm	随时量取，成形后钻孔或挖坑检测
		上面层		−4 mm	−4 mm	
	平整度	上面层	随时	3 mm	5 mm	用 3 m 直尺在纵横各方向检测
		中下面层	随时	5 mm	7 mm	
	宽度	有侧石	设计断面逐个检测	±2 cm	±2 cm	用尺量
		无侧石		不小于设计宽度		用尺量
	纵断面高程			±15 mm	±20 mm	用水准仪检测
	横坡度			±0.3%	±0.5%	用横断面仪或水准仪检测

表 8.27　沥青面层交工检查与验收质量标准

路面类型	项目		检查制度（每一副车行道）	质量检查或允许偏差			试验方法
				高速公路一级公路	二级公路及以下		
沥青表面处治及沥青贯入式路面	外观		全线	—	密实、不松散		目测
	厚度	代表值	每 5 000 m^2 测 1 点		表处	−8 mm	挖坑
			每 5 000 m^2 测 1 点		贯处	−15 mm	—
		极值	每 5 000 m^2 测 1 点		表处	−8 mm	挖坑
			每 5 000 m^2 测 1 点		贯处	−15 mm	—
	平整度	标准差	全线连续		表处	4.5 mm	3 m 平整度仪
			全线连续		贯处	3.5 mm	—
		最大间隙	每 2 00 m 测 2 处，各连续 10 尺		表处	10 mm	3 m 直尺
					贯处	8 mm	—
	宽度	有侧石	每 100 m 测 2 个断面		±3 cm		用尺量
		无侧石	每 100 m 测 2 个断面		不小于设计宽度		
	纵断面高程		每 100 m 测 2 个断面		±20 mm		水准仪
	横坡度		每 100 m 测 2 个断面		±0.4%		
	沥青用量		每 5 000 m^2 测 1 点		±0.5%		抽提
	矿料用量		每 5 000 m^2 测 1 点		±5%		抽提后筛分
沥青混凝土及沥青碎石路面	面层总厚度	代表值	每 4 000 m^2 测 1 点	−8 mm	−10 mm		钻孔
		极值	每 4 000 m^2 测 1 点	−15 mm	−15 mm		
	上面层厚度	代表值	每 4 000 m^2 测 1 点	−4 mm	—		
		极值	每 4 000 m^2 测 1 点	−8 mm	—		

续表

路面类型	项目		检查制度（每一副车行道）	质量检查或允许偏差		试验方法
				高速公路一级公路	二级公路及以下	
沥青混凝土及沥青碎石路面	平整度	标准差	全线连续	2.0 mm	2.6 mm	3 m平整度仪
		最大间隙	每1 km测10处，各连续10尺	—	5 mm	3 m直尺
	宽度	有侧石	每100 m测2个断面	±2 cm	±3 cm	用尺量
		无侧石	每100 m测2个断面	—	不小于设计宽度	
	纵断面高程		每100 m测5个断面	±15 mm	±20 mm	水准仪
	横坡度		每100 m测5个断面	±0.3%	±0.4%	
	沥青用量		每4 000 m^2测1点	±0.3%	±0.5%	抽提
	矿料级配		每4 000 m^2测1点	符合设计级配		抽提后筛分
	压实度代表值		每4 000 m^2测1点	95%（98%）	94%（98%）	钻孔取样法
	弯沉		全线每20 m测1点	符合设计要求		贝克曼梁
			全线每5 m测1点	符合设计要求		自动弯沉仪
	抗滑表层	构造深度	每100 m测2点	符合设计要求		砂铺法
		摩擦系数摆值	每100 m测5点	符合设计要求		摆式仪
		横向力系数μ	全线连续	符合设计要求		横向力摩擦系数测定车

注：各项指标应按单个测值评定，有关代表值的计算应按规范规定进行。

8.9.2　沥青面层的施工资料整理内容

（1）沥青面层技术交底。

（2）设计变更通知单、洽商记录（已发生时）。

（3）原材料、成品出厂质量合格证书，出厂检验报告和复试报告。沥青面层施工过程中工程质量的控制标准见表8.25。

①沥青检验报告。

②粗集料检验报告。

③细集料检验报告。

④矿粉检验报告。

⑤沥青混合料质量合格证书。

（4）施工检验报告。

①有见证取样及送检要求的，应有见证记录，有见证试验汇总表。

②沥青混合料配合比设计报告。

③沥青混合料中沥青含量检验报告。

④沥青混合料矿料级配检验报告。

⑤沥青马歇尔检验报告。

⑥沥青混合料压实度检验报告。

⑦弯沉值检验报告。

（5）施工记录。

①施工日志。

②沥青面层需处理时，所形成的记录。

(6)测量复核记录,包括定位放线、测量复核记录。

(7)隐蔽工程检查验收记录。

(8)沥青面层质量检验评定资料。

(9)质量事故报告及处理记录(已发生时)。

(10)竣工测量资料。

(11)竣工图。

(12)工程竣工验收文件。

学一学

沥青路面施工检查及验收内容包括哪些?沥青路面施工资料整理如何进行?

自 学 自 测

一、单选题(只有1个正确答案,每题10分,共4题)

1. 相对于水泥混凝土路面,沥青混凝土路面的优点是(　　)。

A. 维修方便　　B. 热稳定性好　　C. 强度高　　D. 耐久性好

2. 石油沥青标号划分的主要依据是(　　)。

A. 延度　　B. 针入度　　C. 软化点　　D. 脆点

3. 下列符号代表沥青玛蹄脂碎石混合料的是(　　)。

A. OGFC　　B. ATB　　C. AM　　D. SMA

4. 我国的沥青混合料配合比设计方法为(　　)。

A. 维姆法　　B. 筛析实验法　　C. 马歇尔法　　D. 重型击实法

二、名词解释(简单扼要说明,每题10分,共4题)

1. 沥青路面:

2. 沥青贯入式路面:

3. 沥青碎石:

4. 黏层:

三、判断题(对的划"√",错的划"×",每题5分,共4题)

1. 石油沥青的温度敏感性用针入度表示。(　　)

2. 评价石油沥青胶凝类型的指标是软化点。(　　)

3. 透层是在无沥青材料的可渗透基层上,浇洒低黏度沥青(煤沥青、乳化石油沥青或液体石油沥青),透入基层表面所形成的一个薄沥青层。(　　)

4. 沥青贯入式路面结构层的厚度,一般为4~8 cm。(　　)

任务实施

哈尔滨至双城高速公路某合同段，主线部分起止点桩号为 K81 +000 ~ K99 +470，全线长度为 18.470 km，外加某互通及连接线工程。主要工程量是水泥稳定碎石基层为 783 724 m^2、中粒式沥青混凝土为 297 360 m^2、粗粒式沥青混凝土为 156 725 m^2、细粒式沥青混凝土 452 917 m^2等。

(1)主线路面结构：哈尔滨至双城方向(特重交通)采用 4 cm 细粒式密级配 AC-13 型改性沥青混凝土上面层；6 cm 中粒式密级配 AC-20 型改性沥青混凝土中面层；8 cm 粗粒式 AC-25 型沥青混凝土；40 cm 水泥稳定碎石基层；20 cm 水泥稳定碎石底基层。双城至哈尔滨方向(重交通)采用 4 cm 细粒式密级配 AC-13 型改性沥青混凝土上面层；6 cm 中粒式密级配 AC-20 型改性沥青混凝土中面层；6 cm 中粒式密级配 AC-20 型沥青混凝土；38 cm 水泥稳定碎石基层；20 cm 水泥稳定碎石底基层。

(2)桥面铺装：桥面铺装采用 4 cm 细粒式密级配 AC-13 型 SBS 改性沥青混凝土上面层；6 cm 中粒式密级配 AC-20 型 SBS 改性沥青混凝土下面层；10 cm 双钢(单层钢筋网 + 钢纤维)防水混凝土，其间设桥面防水层。

(3)匝道路面结构：单喇叭式互通的匝道路面结构为：4 cm 细粒式密级配 AC-13 型 SBS 沥青混凝土上面层；6 cm 中粒式密级配 AC-20 型沥青混凝土中面层；38 cm 水泥稳定碎石基层；20 cm 水泥稳定碎石底基层。枢纽的匝道路面结构为 4 cm 细粒式密级配 AC-13 型 SBS 改性沥青混凝土上面层；6 cm 中粒式密级配 AC-20 型沥青混凝土中面层；6 cm 粗粒式 AC-20 型沥青混凝土下面层；38 cm 水泥稳定碎石基层；20 cm 水泥稳定碎石底基层。

请你根据情况编写沥青混凝土面层施工方案、方法及技术措施，来指导项目部具体施工任务。

一、沥青混凝土面层施工准备

本合同段路面工程主线部分起止点桩号为 K81 +000 ~ K99 +470，主线长度 18.470 km。路面部分主要进行水泥稳定碎石基层与底基层，沥青混凝土下面层、中面层、上面层施工，现浇混凝土加固路肩施工、中央分隔带排水等工程施工。沥青混凝土面层的施工，采用一台间歇式沥青拌和楼集中拌和，大吨位自卸汽车运至施工现场，作业面由 2 台摊铺机成梯形单幅一次铺筑沥青混凝土面层，在规定的温度范围内，按试验段得出的碾压组合碾压成型。下面层采用基准钢丝法控制沥青混凝土的高程和厚度，中面层和上面层均采用平衡梁法控制铺筑层的厚度。通过任务实施让学生能够理论联系实际，切实掌握沥青路面的施工方法；学会使用测量仪器；学会识读施工图样，能画出一张施工平面布置图；增强同学们的动手能力。

(1)场地准备：在拌和设备安装完毕后，料场及拌和设备周围一定范围内应将场地表面硬化处理，防止集料被污染。运输便道也铺填适当碎石以保证场地的洁净及运料车的通行，做好场内的排水系统，确保场内无积水。做好料场的隔离设施，避免集料混杂，从而影响级配。

(2)原材料准备：对所需的材料作全面的检查，择优选用，实行准入制，即在购买地方材料之前必须经监理工程师或其授权机构确认合格并签发相应准入证后，方可进行采购入场。准备足够的储料场和储料设备，提前做好储料工作，保证沥青路面的正常铺筑。改性沥青采用现场加工生产 SBS 改性沥青，这样有利于保证改性沥青的各项技术指标，从而保证改性沥青混合料的各项技术指标，最终保证结构层的整体质量。基质沥青：采用国产道路沥青，质量按设计文件和现行的《公路沥青路面施工技术规范》的各项技术指标严格要求，对批量进货检测合格后储存应用于改性沥青加工。对选购的 SBS 改性剂，先进行室内改性沥青加工生产，并进行配伍性试验，对加工生产的改性沥青的各项技术指标进行检测。经过正确的生产工艺和适合的生产条件下加工的改性沥青，通过试验手段检测各项技术指标是否合格，从而验证改性剂是否能应用于生产。

(3)生产改性沥青所需的设备、人员、安装准备：施工所需的拌和机械、运输机械、摊铺机械、碾压机械并试运行。

①设备选用移动式SBS改性沥青设备，其生产能力为每台10～12 t/h，整套设备分为四大系统，即控制系统、加热系统、计量系统、剪切系统。

②项目经理部由一名副经理负责操作人员培训、设备调迁、安装调试、加工生产等。拌和站管理和操作人员：由拌和站具体分工负责，必须经过岗前培训，能熟练掌握SBS改性沥青加工工艺和生产条件及成品储存。检测人员：由中心试验室和工地试验室配备两名试验员专职负责检测。

③安装：根据拌和场地和沥青拌和的位置对设备进行安装，尽量便于改性沥青生产后的应用，包括配套的动力设施。

④调试：主要对设备的SBS与基质沥青的上料系统、SBS与基质沥青的计量称重系统、加热恒温系统、溶胀搅拌系统、高速剪切研磨系统、空气机供应系统、成品储存系统、自动控制系统、动力供应系统进行调试。

二、分析决策工作任务

通过本次任务实施来了解影响沥青路面面层施工质量的因素，掌握控制沥青路面摊铺质量的方法，例如沥青路面高温稳定性较差，主要是指沥青混合料于高温季节在车辆荷载作用下抵抗变形的能力。沥青路面在夏季出现的推挤、车辙、拥包等病害基本上属于高温稳定性的范畴，其原因主要是在高温时沥青混合料的抗剪切能力不足。因此，使用形状接近立方体、有棱角和表面粗糙的碎石，以及增加碎石用量等都可以提高沥青混合料的高温稳定性。另外沥青路面产生裂缝，从内因看是沥青混合料的性质决定，从外因看主要是外界环境温度的变化所诱发，车辆荷载的作用起次要作用。由于温度的下降，沥青混合料的刚度大大增加，在温差较大或路表结构层产生较大的温度梯度时，较易在沥青路面表层先产生开裂，继而发展到面层深部，其裂缝形式一般为从上到下，而且裂缝一般为等间距。使用稠度较低、温度敏感性低的沥青，可以减少或延缓路面的开裂。路面所在地区的温度越低，开裂一般越严重。沥青材料的老化，致使混合料变硬、变脆，因此对低温更为敏感，使路面产生开裂的可能性增大。我们通过本次任务的学习来研究、探索并总结这些问题的原理，以此掌握以下的施工技术要求。

(1)掌握常用沥青类面层的类型、特性及其应用。

(2)掌握常用沥青类结构层原材料及其混合料的技术要求。

(3)能正确叙述热拌沥青混合料结构层的施工工艺流程。

(4)掌握热拌沥青混合料结构层的施工技术要点。

(5)能够正确进行相关的施工记录与计算，正确分析沥青混合料结构层施工中的质量问题，提出解决方法。

(6)能够正确叙述沥青封层的施工工艺流程。

(7)掌握沥青封层的施工技术要点。

(8)能够在施工过程中对沥青类面层进行质量控制。

(9)掌握沥青类面层的施工质量检测项目与检测方法。

(10)能够检测沥青路面的压实度、渗水系数、平整度和摩擦系数。

三、路基施工步骤

(1)施工前准备工作。施工前应熟悉图样及现场，绘制施工平面布置图。绘制前应掌握整个工期期间的气温条件、施工方向、混合料的总需与日需数量、摊铺手段、劳动组合摊铺机施工10～12人，手工摊铺18～20人、交通管理控制方法、现场碾压机械设备的搭配等，然后绘制成施工平面布置图，也可采用网络图的方法，既简单又明了，使各环节不易发生差错。

(2)施工放样。按路面设计标高、坡度及应铺混合料松厚，进行测量并计算各点标高，在路中及四分之一路宽处设置桩或木制条尺，以便摊铺时作为控制高度之用。在复杂的平交叉口，应订出路拱或横坡方格网等高线各点样桩。安装路缘石，按照设计要求测定侧平石的位置和施工标高，严格控制顶面高度，使侧石稳固，线条直顺，勾缝严密；平石不得阻水。应把施工范围所有公用设施和地下管线的井盖，在沥青混凝土面层施工之前按设计标高升降妥善，对路面上的导线点，施工前应与有关部门联系予以确认。

(3)浇洒透层、封层和黏层沥青。浇洒涂刷透层油或黏层油除按要求操作以外，必须认真细致，既不能漏刷，也不能重叠过多，以免高温下溢油影响沥青层的稳定。

①透层。在基层碾压成型后，表面稍变干燥，但尚未硬化的情况下喷洒透层油，透层物采用固化物含量50%的乳化沥青，用量为1.2～1.4 kg/m^2(具体用量经试验确定)，喷洒后渗透入基层的深度不小于5 mm，并能与基层连接成为一体。喷洒后均匀洒布0～5 mm厚的石屑，并用轮胎压路机碾压1～2遍，然后尽早铺筑沥青面层。

②封层。采取沥青洒布机两次洒布乳化沥青，第一次洒布经过稀释的乳化沥青，以提高渗透性。洒布量约为0.8～1.0 L/m^2；待乳化沥青破乳后，洒布第二次乳化沥青，用量约为1.0～1.2 L/m^2，撒布后人机结合撒布石屑，用量5～6 $m^3/1\,000\ m^2$。撒布一段集料后，立即用钢筒双轮压路机碾压，碾压时每次轮机应重叠约30 cm，从路边逐渐至路中，以此作为一遍。

③黏层。采用沥青洒布机在中面层、下面层表面浇洒黏层油。黏层油采用快裂或中裂SBS改性乳化沥青(固化物含量50%)，用量为0.3～0.5 L/m^2，桥面混凝土面层上洒布量为0.6～0.8 L/m^2。

(4)沥青混合料的拌和与运输。

①拌和。沥青混合料应用拌和机拌和，拌和时应注意拌和温度和拌和时间。拌和温度控制包括沥青加热温度、矿料加热温度和沥青混合料出厂温度。拌和时间可通过试拌确定，要求所有集料颗粒全部被沥青裹覆，无花白颗粒，颜色均匀一致，无结团成块和粗细颗粒离析现象。通常间歇式拌和机每一锅拌和时间为30～50 s。沥青混合料拌和后，如果不立即摊铺，可放入成品储料仓。为避免沥青混合料的老化，在有保温设备的储料仓中，拌和后的混合料贮存时间不得超过72 h。

②运输。热拌沥青混合料应采用自卸汽车运输，为了减少运输车辆在摊铺机前频繁换车卸料的情况，应采用大型自卸式运输车，载质量应在15 t以上。为了避免向现场供料不足引起摊铺机停工，运输车的运量应比拌和厂的生产能力及摊铺能力有所富余，一般规定运输能力应超过摊铺能力的30%左右，保证在现场摊铺机前方常有4～5车沥青混合料待卸。为减少运输途中的热量损失，防雨或防止污染环境，应在混合料上覆盖遮布。夏季运输时间短于0.5 h时，可不加覆盖。为防止沥青与车厢黏结，车厢侧板和底板上应涂一层掺水柴油，油与水的比例为1:3。运至摊铺地点时，若发现沥青混合料已经结团、被雨淋湿或温度不符合规定时，应予以废弃。

(5)摊铺与压实。沥青混合料摊铺时用摊铺机作业，应注意摊铺温度、摊铺速度和摊铺厚度。在摊铺过程中，要做到勤量厚度，保证虚厚一致，勤于检查，及时找补，保证平整度。混合料摊铺整平后，应随即对平石边、各种井盖、进水口四周及接头处趁热用14 cm×14 cm的方头铁撞柱在碾压前先行夯实。铁撞柱需先烘热后夯打。夯打时，三分之一平面在井盖或老路边上，三分之二在新铺面层上，每一夯前后均要重叠二分之一，不能遗漏。混合料在整平夯边后，混合料的温度若已降到用手触感不烫手也不粘手时，即可开始碾压。碾压时应分层碾压，碾压机械应先轻后重，碾压速度应先慢后快，碾压顺序应由路边移向路中心，相邻碾压带应重叠1/3～1/2轮宽，初压每处碾压2遍，复压为4～6遍，终压为2～4遍。在碾压过程中，发现有不平之处，应用齿扒拉松后手工补料修补整平。碾压时要注意检查碾压温度。

(6)沥青混合料路面接缝处理。接缝分为纵缝和横缝，接缝处应紧密、平顺，烫缝不应枯焦。

(7)开放交通。应待沥青路面温度冷却后再开放交通。

四、沥青混凝土面层施工的处理措施

(1)每天拌和的第一盘沥青混合料易出现废料：主要原因是拌和设备刚开始启动，集料和沥青预加热没有达到规定的温度。解决措施是适当减少进入烘干筒的材料数量和提高开始时火焰温度，保证在开机时粗、细集料和沥青的加热温度略高于规定值。

(2)热仓料出现超尺寸颗粒：主要原因可能是最大筛孔的振动筛破损或振动筛上超尺寸颗粒从边框空

隙落到下层筛网。有时也极易造成“油包”等现象。解决措施是检查振动筛，调整冷料仓上料速度。

(3)出现花白料：主要原因可能是料温偏低、拌和时间偏短或吸尘不理想，无形中造成填充料的量偏多。解决的办法是根据检查确定的原因或升高集料加热温度，或增加拌和时间，或减少矿粉用量。

(4)枯料：原因可能是原材料中细集料含水率偏大，造成在烘干筒中细集料加热温度达到规定值，而粗集料的温度大大超过了规定值。避免料场中细集料受雨淋，对于含水率大于7%的细集料不允许使用。

(5)没有色泽：主要原因是沥青加热温度过高，一般的石油沥青当温度超过180 ℃时，沥青极易老化。解决措施是控制沥青的加热温度到施工规定的温度界限内。

(6)矿料颗粒形成明显变化：引起的原因可能是冷料颗粒组成发生了大的变化或振动筛网上热料过多，来不及正常筛分就进入热料仓，最终导致热料仓中集料颗粒组成发生了大的变化。检查原因或采取相应的措施，或经试验重新确定混合料配合比。

(7)混合料离析现象：沥青混合料的离析(主要是粗集料或细集料分别过于集中)一般分为集料离析和温度离析两种，从路表面看有片状的也有条状的。这是造成沥青混合料不均匀性的一个主要原因。产生离析的原因较多，概括起来主要有混合料的级配、拌和机械施工情况、装料和运输途中情况、摊铺碾压情况等因素，每一个施工环节都可能造成离析。

(8)摊铺后沥青层表面异常现象：在摊铺层表面有时可看到个别超尺寸颗粒被熨平板带动形成的或长或短的小沟。在摊铺层表面有少数超尺寸颗粒因被熨平板带动而在其后面形成小坑洞。消除这类缺陷的根本办法是分析拌和场超尺寸颗粒进入混合料的原因：可能是热料二次筛分用的最大筛孔尺寸偏大，也可能是最大筛孔尺寸的筛网有破洞或其周边有较大缝隙所致。出现这类问题时，可采用人工及时补撒适量的细集料予以消除。

五、沥青混凝土面层施工的质量控制与检测

沥青施工质量管理应该满足沥青路面施工技术规范的要求。必须铺筑试验段，通过混合料的试拌、试铺，确认混合料的矿料和油石比，通过试验段的铺筑，做好试验段总结，规范整个施工工艺的全过程，确定所有的施工参数。

①在施工过程中，有专职的质量检测机构负责施工质量检查与试验。

②在施工过程中，按施工的内容、频率及质量标准，进行检验，当检测结果达不到规定要求时应追加检测数量，查找原因，作出处理。

③沥青混合料拌和场必须对拌和均匀性、拌和温度、出场温度及各个料仓的用量进行检查，对取样进行马歇尔试验、检测混合料的矿料级配和沥青用量。

④混合料铺筑现场必须对混合料质量进行观测，并随时检查厚度、压实度和平整度，并逐个断面测定成型尺寸。

⑤施工厚度质量控制，除应在摊铺及压实时量取，并测量钻孔试件厚度外，还应校验由每一天的沥青混合料总量与实际铺筑的面积计算出的平均厚度。

⑥施工压实度的检查以钻孔法为准。用核子密度仪检查时，应通过与钻孔密度的标定关系进行换算，并增加检测次数。施工过程中，钻孔的试件宜编号贴上标签予以保存，以备工程交工验收时使用。

⑦施工的关键工序或重要部位，宜拍摄照片或进行录像，作为实态记录及保存资料的一部分。

六、施工作业的其他事项

(1)施工前必须熟悉施工图样，做好施工组织工作。

(2)在施工现场应注意施工安全，戴好安全帽、手套，必要时应戴口罩。

(3)沥青混凝土路面施工中应特别注意沥青材料的施工温度，应随时检查沥青混合料的拌和温度、运输温度、摊铺和碾压温度。

(4)在混合料摊铺时检查其松铺厚度，确保路面平整，路拱高度与设计一致。

(5)在碾压过程中应严格按照碾压要求进行,控制好碾压速度、碾压温度和碾压遍数。

(6)其他相关事项,在实训期间应认真、仔细地熟悉施工图样,每天做好实习日记,待实训结束时写好实训报告。实训报告的主要内容包括工程名称、工程概况、天气状况、施工程序以及施工过程中遇到的实际问题、施工各方相互关系的协调等。

七、任务报告形成工作

把沥青混凝土面层施工方案、方法、技术措施、沥青混合料组成设计、沥青采用、矿粉选择、细集料、粗集料、现场图片、内业资料填写、施工注意事项等整理齐全完备后,形成沥青混凝土面层施工实施方案,满足施工单位指导现场施工的需求,并编制沥青混凝土面层施工的特殊情况处理措施方案,最后形成报告上报给监理、建设单位备案并存档。

笔记栏

工 作 单

计 划 单

<table>
<tr><td>学习情境三</td><td colspan="2">铺筑路面工程施工</td><td>任务 8</td><td>铺筑沥青路面面层工程施工</td></tr>
<tr><td>工作方式</td><td colspan="2">组内讨论、团结协作共同制订计划：
小组成员进行工作讨论，确定工作步骤</td><td>计划学时</td><td>0.5 学时</td></tr>
<tr><td>完成人</td><td colspan="4">1.　2.　3.　4.　5.　6.</td></tr>
<tr><td colspan="5">计划依据：1. 某公路工程施工图；2. 教师分配的施工段落（里程桩号区间）</td></tr>
<tr><td>序号</td><td>计划步骤</td><td colspan="3">具体工作内容描述</td></tr>
<tr><td>1</td><td>准备工作
（准备工具、材料，谁去做？）</td><td colspan="3"></td></tr>
<tr><td>2</td><td>组织分工
（成立组织，
人员具体完成什么？）</td><td colspan="3"></td></tr>
<tr><td>3</td><td>现场记录
（记录什么内容？）</td><td colspan="3"></td></tr>
<tr><td>4</td><td>沥青混凝土面层
施工方式方法
（怎么处理？要素有哪些？）</td><td colspan="3"></td></tr>
<tr><td>5</td><td>核对工作
（谁去核对，核对什么？）</td><td colspan="3"></td></tr>
<tr><td>6</td><td>整理资料
（谁负责？整理什么？）</td><td colspan="3"></td></tr>
<tr><td>制订计划
说明</td><td colspan="4">（写出制订计划中人员为完成任务的主要建议或可以借鉴的建议、需要解释的某一方面）</td></tr>
</table>

决 策 单

<table>
<tr><td>学习情境三</td><td>铺筑路面工程施工</td><td colspan="2">任务8</td><td colspan="2">铺筑沥青路面面层工程施工</td></tr>
<tr><td colspan="2">决策学时</td><td colspan="4">0.5 学时</td></tr>
<tr><td colspan="6">决策目的：确定本施工任务需要进行沥青混凝土面层施工工作有哪些内容，并确定其必要性。</td></tr>
<tr><td rowspan="7">选择编制沥青混凝土面层施工工作内容</td><td rowspan="2">工作内容</td><td colspan="2">内容类别</td><td rowspan="2">必要</td><td rowspan="2">非必要
（可说明原因）</td></tr>
<tr><td>数据记录</td><td>性质描述</td></tr>
<tr><td>沥青混凝土面层细集料</td><td>粒径大小</td><td>干净、坚硬、干燥，无风化、无杂质</td><td></td><td></td></tr>
<tr><td>沥青混凝土面层粗集料</td><td>抗压、抗磨耗性能数值</td><td>洁净、级配要求、质量</td><td></td><td></td></tr>
<tr><td>沥青采用选择</td><td></td><td></td><td></td><td></td></tr>
<tr><td>沥青混合料组成设计</td><td></td><td></td><td></td><td></td></tr>
<tr><td>矿粉选择</td><td></td><td></td><td></td><td></td></tr>
<tr><td>决策方案描述</td><td colspan="5">（本施工任务要提出来编制沥青混凝土面层施工工作最佳方案是什么，最差方案是什么，描述清楚，未来指导现场沥青混凝土面层施工方案、方法、技术措施、沥青采用、矿粉选择、细集料、粗集料等实际工作。）</td></tr>
</table>

作业单

<table>
<tr><td>学习情境三</td><td>铺筑路面工程施工</td><td>任务8</td><td>铺筑沥青路面面层工程施工</td></tr>
<tr><td rowspan="2">参加编制沥青混凝土面层施工方案人员</td><td colspan="2">第　　组</td><td>开始时间：</td></tr>
<tr><td colspan="2">签名：</td><td>结束时间：</td></tr>
<tr><td>序号</td><td colspan="2">工作内容记录
（施工方案、方法、技术措施、沥青采用等工作情况）</td><td>分工
（负责人）</td></tr>
<tr><td>1</td><td colspan="2"></td><td></td></tr>
<tr><td>2</td><td colspan="2"></td><td></td></tr>
<tr><td>3</td><td colspan="2"></td><td></td></tr>
<tr><td>4</td><td colspan="2"></td><td></td></tr>
<tr><td>5</td><td colspan="2"></td><td></td></tr>
<tr><td>6</td><td colspan="2"></td><td></td></tr>
<tr><td>7</td><td colspan="2"></td><td></td></tr>
<tr><td>8</td><td colspan="2"></td><td></td></tr>
<tr><td>9</td><td colspan="2"></td><td></td></tr>
<tr><td>10</td><td colspan="2"></td><td></td></tr>
<tr><td>11</td><td colspan="2"></td><td></td></tr>
<tr><td>12</td><td colspan="2"></td><td></td></tr>
<tr><td rowspan="2">小结</td><td colspan="2">主要描述完成的成果及是否达到目标</td><td>存在的问题</td></tr>
<tr><td colspan="2"></td><td></td></tr>
</table>

编制特殊土路基处理信息记录单

学习情境三	铺筑路面工程施工		任务8	铺筑沥青路面面层工程施工	
完成人姓名		组别		完成日期	
施工现场实施地点及桩号(手写):					
沥青混凝土面层细集料					
沥青混凝土面层粗集料					
沥青采用选择					
沥青混合料组成设计					
矿粉选择					
检查人(签字)		检查存在的问题		检查时间	

特殊土路基处理中施工方法记录单

（如多页可复印）

<table>
<tr><td>学习情境三</td><td colspan="2">铺筑路面工程施工</td><td>任务 8</td><td colspan="2">铺筑沥青路面面层工程施工</td></tr>
<tr><td>完成人姓名</td><td></td><td>组别</td><td></td><td>完成日期</td><td></td></tr>
<tr><td colspan="6">具体实施地点的名称（手写）：</td></tr>
<tr><td>施工现场沥青混凝土面层施工情况说明或描述</td><td colspan="5"></td></tr>
<tr><td>草图</td><td colspan="5"></td></tr>
<tr><td>检查人（签字）</td><td></td><td>检查存在的问题</td><td></td><td>检查时间</td><td></td></tr>
</table>

检 查 单

学习情境三	铺筑路面工程施工		任务8		铺筑沥青路面面层工程施工		
检查学时	课内0.5学时				第　　组		
检查目的及方式	教师过程监控小组的工作情况，如检查等级为不合格小组需要整改，并拿出整改说明						
序号	检查项目	检 查 标 准	检查结果分级（在检查相应的分级框内划“√”）				
			优秀	良好	中等	合格	不合格
1	准备工作	资源是否已查到、材料是否准备完整					
2	分工情况	安排是否合理、全面，分工是否明确					
3	工作态度	小组工作是否积极主动、全员参与					
4	纪律出勤	是否按时完成负责的工作内容、遵守工作纪律					
5	团队合作	是否相互协作、互相帮助、成员是否听从指挥					
6	创新意识	任务完成不照搬照抄，看问题具有独到见解创新思维					
7	完成效率	工作单是否记录完整，是否按照计划完成任务					
8	完成质量	工作单填写是否准确，记录单检查及修改是否达标					
检查评语						教师签字：	

任 务 评 价

1. 小组工作评价单

学习情境三	铺筑路面工程施工		任务8		铺筑沥青路面面层工程施工	
评价学时			课内0.5学时			
班级:			第　　组			
考核情境	考核内容及要求	分值（100）	小组自评（10%）	小组间互评（20%）	教师评价（70%）	实得分（Σ）
汇报展示（20）	演讲资源利用	5				
	演讲表达和非语言技巧应用	5				
	团队成员补充配合程度	5				
	时间与完整性	5				
质量评价（40）	工作完整性	10				
	工作质量	5				
	报告完整性	25				
团队情感（25）	社会主义核心价值观	5				
	创新性	5				
	参与率	5				
	合作性	5				
	劳动态度	5				
安全文明（10）	工作过程中的安全保障情况	5				
	工具正确使用和保养、放置规范	5				
工作效率（5）	能够在要求的时间内完成，每超时5分钟扣1分	5				

2. 小组成员素质评价单

<table>
<tr><td>学习情境三</td><td colspan="2">铺筑路面工程施工</td><td colspan="2">任务 8</td><td colspan="4">铺筑沥青路面面层工程施工</td></tr>
<tr><td>班级</td><td></td><td>第　　组</td><td colspan="2">成员姓名</td><td colspan="4"></td></tr>
<tr><td>评分说明</td><td colspan="8">每个小组成员评价分为自评和小组其他成员评价 2 部分,取平均值计算,作为该小组成员的任务评价个人分数。评价项目共设计 5 个,依据评分标准给予合理量化打分。小组成员自评分后,要找小组其他成员不记名方式打分</td></tr>
<tr><td>评分项目</td><td>评 分 标 准</td><td>自评分</td><td>成员 1 评分</td><td>成员 2 评分</td><td>成员 3 评分</td><td>成员 4 评分</td><td>成员 5 评分</td></tr>
<tr><td>社会主义核心价值观(20 分)</td><td>是否有违背社会主义核心价值观的思想及行动</td><td></td><td></td><td></td><td></td><td></td><td></td></tr>
<tr><td>工作态度(20 分)</td><td>是否按时完成负责的工作内容、遵守纪律,是否积极主动参与小组工作,是否全过程参与,是否吃苦耐劳,是否具有工匠精神</td><td></td><td></td><td></td><td></td><td></td><td></td></tr>
<tr><td>交流沟通(20 分)</td><td>是否能良好地表达自己的观点,是否能倾听他人的观点</td><td></td><td></td><td></td><td></td><td></td><td></td></tr>
<tr><td>团队合作(20 分)</td><td>是否与小组成员合作完成任务,做到相互协作、互相帮助、听从指挥</td><td></td><td></td><td></td><td></td><td></td><td></td></tr>
<tr><td>创新意识(20 分)</td><td>看问题是否能独立思考,提出独到见解,是否能够创新思维解决遇到的问题</td><td></td><td></td><td></td><td></td><td></td><td></td></tr>
<tr><td>最终小组成员得分</td><td colspan="7"></td></tr>
</table>

课 后 反 思

学习情境三	铺筑路面工程施工		任务8	铺筑沥青路面面层工程施工
班级		第　　组	成员姓名	
情感反思	通过对本任务的学习和实训，你认为自己在社会主义核心价值观、职业素养、学习和工作态度等方面有哪些需要提高的部分？			
知识反思	通过对本任务的学习，你掌握了哪些知识点？请画出思维导图。			
技能反思	在完成本任务的学习和实训过程中，你主要掌握了哪些技能？			
方法反思	在完成本任务的学习和实训过程中，你主要掌握了哪些分析和解决问题的方法？			

参考文献

[1] 交通运输部公路科学研究院. 公路路面基层施工技术细则:JTG/TF 20—2015[S]. 北京:人民交通出版社,2015.
[2] 交通运输部公路科学研究院. 公路水泥混凝土路面施工技术细则:JTG F30—2014[S]. 北京:人民交通出版社,2014.
[3] 交通部公路科学研究所. 公路沥青路面施工技术规范:JTG F40—2004[S]. 北京:人民交通出版社,2004.
[4] 中交第一公路勘察设计研究院. 公路勘测规范:JTG C10—2007[S]. 北京:人民交通出版社,2007.
[5] 中华人民共和国住房和城乡建设部. 工程测量通用规范:GB 55018—2021[S]. 北京:中国建筑工业出版社,2021.
[6] 中交第一公路勘察设计研究院有限公司. 多年冻土地区公路设计与施工技术细则:JTG/T D31-04—2012[S]. 北京:人民交通出版社,2012.
[7] 中交第一公路勘察设计研究院有限公司. 公路软土地基路堤设计与施工技术细则:JTG/T D31-02—2013[S]. 北京:人民交通出版社,2013.
[8] 交通运输部公路局,中交第一公路勘察设计研究院有限公司. JTG B01—2014 公路工程技术标准[S]. 北京:人民交通出版社股份有限公司,2014.
[9] 交通运输部公路科学研究院. 公路工程质量检验评定标准:JTG F80/1—2017[S]. 北京:人民交通出版社股份有限公司,2018.
[10] 中华人民共和国交通运输部. 公路工程标准施工招标文件[M]. 北京:人民交通出版社股份有限公司,2018.
[11] 中交第三公路工程局有限公司. 公路路基施工技术规范:JTG/T 3610—2019[S]. 北京:人民交通出版社股份有限公司,2019.
[12] 中交一公局集团有限公司. 公路桥涵施工技术规范:JTG/T 3650—2020[S]. 北京:人民交通出版社股份有限公司,2020.
[13] 潘全祥. 施工现场十大员技术管理手册. 测量员[M]. 2 版. 北京:中国建筑工业出版社,2005.
[14] 本书编委会. 公路工程测量与施工放线一本通[M]. 北京:中国建材工业出版社,2009.
[15] 徐忠阳. 路面工程技术[M]. 北京:人民交通出版社,2014.
[16] 王天成,张志伟. 道路工程施工技术[M]. 北京:中国铁道出版社,2015.
[17] 肖念婷. 路基路面工程[M]. 北京:机械工业出版社,2018.
[18] 王立争. 道桥工程施工放样[M]. 北京:人民交通出版社股份有限公司,2018.
[19] 赵云华. 土木工程识图(道路桥梁类)[M]. 2 版. 北京:机械工业出版社,2020.
[20] 李捷. 高寒高海拔特殊地区公路修筑技术[M]. 西安:西北工业大学出版社,2020.
[21] 李书艳. 道桥工程施工组织与管理[M]. 北京:北京理工大学出版社,2020.
[22] 程培峰. 路基路面工程[M]. 北京:科学出版社,2020.
[23] 刘汉东. 基础工程[M]. 北京:机械工业出版社,2021.
[24] 刘金凤. 桥涵施工技术[M]. 北京:人民交通出版社股份有限公司,2021.
[25] 王修山. 道路与桥梁施工技术. 北京:化学工业出版社,2021.
[26] 莫延英. 路基路面工程技术. 北京:北京交通大学出版社,2021.
[27] 徐秀维,张爱芳. 道路工程施工技术[M]. 2 版. 北京:化学工业出版社,2021.
[28] 黄晓明. 路面设计原理与方法[M]. 4 版. 北京:人民交通出版社股份有限公司,2021.
[29] 王天成. 路桥工程测量技术[M]. 北京:中国铁道出版社有限公司,2022.
[30] 钱国平. 道路岩土工程[M]. 北京:人民交通出版社股份有限公司,2022.